单中惠 总主编

杜威教育研究大系

国家出版基金项目
NATIONAL PUBLICATION FOUNDATION

杜威教育信条

单中惠 选编

山东教育出版社

·济南·

图书在版编目（CIP）数据

杜威教育信条 / 单中惠选编 . — 济南：山东教育出
版社，2024.6

（杜威教育研究大系 / 单中惠总主编）

ISBN 978-7-5701-2709-2

Ⅰ.①杜… Ⅱ.①单… Ⅲ.①杜威（Dewey，John 1859—1952）—教育思想—研究 Ⅳ.①G40-097.12

中国国家版本馆CIP数据核字（2023）第198891号

丛书策划：蒋　伟　孙文飞
责任编辑：齐　爽　周红心
责任校对：舒　心
装帧设计：王玉婷

DUWEI JIAOYU XINTIAO

杜威教育信条

单中惠　选编

主　　管：山东出版传媒股份有限公司
出版发行：山东教育出版社
地　　址：济南市市中区二环南路 2066 号 4 区 1 号　　邮　编：250003
电　　话：（0531）82092660　　网　址：www.sjs.com.cn
印　　刷：山东临沂新华印刷物流集团有限责任公司
版　　次：2024 年 6 月第 1 版　　印　次：2024 年 6 月第 1 次印刷
规　　格：710 毫米 × 1000 毫米　1/16　　印　张：33
字　　数：470 千　　定　价：136.00 元

如印装质量有问题，请与出版社发行部联系调换。（电话：0531-82092686）

总　序

单中惠

　　美国哲学家和教育家约翰·杜威（John Dewey，1859—1952）走过了93 年的人生道路。在整个学术生涯中，杜威从哲学转向教育，既注重教育理论，又注重教育实验，始终不渝地进行现代教育的探索，创立了一种产生世界性影响的教育思想体系，成为现代享有盛誉的西方教育思想大师。凡是了解杜威学术人生或读过杜威著作的人，都会惊叹其知识的渊博、思维的敏锐、观点的新颖、批判的睿智、志向的坚毅、撰著的不辍。综观杜威的学术人生，其学术生涯之漫长、学术基础之厚实、学术成果之丰硕、学术思想之创新、学术影响之广泛，确实是其他任何西方教育家都无法相比的。

　　杜威的著述中蕴藏着现代教育智慧，他的教育思想具有恒久价值。这种恒久价值主要体现在五个方面：阐释了学校变革与社会变革的关系；强调了教育目标应该是学生发展；倡导了课程教材的心理化趋向；探究了行动和思维与教学的关系；阐明了教育过程是师生合作的过程。特别值得指出的是，杜威的那些睿智的教育话语充分凸显了创新性。例如，关于社会和学校，杜威提出："社会改革是一种有教育意义的改革"，"社会重构和教育重构是相互关联的"，"学校是一个社会共同体"，"教会儿童如何生活"，等等。关于儿童和发展，杜威提出："身体和心灵两方面的发展相辅而行"，"身体健康乃各种事业的根本"，"心智不是一个储藏室"，"解放了的好奇心就是系统的发现"，"教育的首要浪费是浪费生命"，等等。关于课程和教材，杜威提出："课程教材心理化"，"在课堂上拥有新生命"，"批量生产造就了埋没个人才能和技艺的批量教育"，"教师个人必须尽其所能地去挖掘和利用教材"，等等。关于思维和学习，杜威提出："教育的原理就是学行合一"，"做中学并不意味着用工艺训练课或手工课取代教科书的学习"，"学习就是要学会思维"，"讲课是刺激和指导反思性思维的时间和场所"，等等。关于创造与批判，杜威提出："创造与批判是一对伙伴"，"发展就等于积极地创造"，"批判和自我批判是通往创造性释放之路"，等等。关于道德教育和职业教育，杜威提出："道德教育的重要就因为它无往不在"，"道德为教育的最高最后的目的"，"品格发展是学校一切工作的最终目的"，"职业教育的首要价值是教育性的"，"普通教育与职业教育同时并行"，等等。关于教师职业和教师精神，杜威提出："教师职业是全人类最高贵的职业"，"教师是学校教育改革的直接执行者"，"教师必须是充满睿智的心灵医师"，"教师是艺术家"，"确保那些热爱儿童的教师拥有个性和创造性"，"教育科学的最终实现是在教育者的头脑里"，等等。

　　杜威的教育名著及其学术思想，受到众多哲学家、教育学家的推崇。例如，美国哲学家和教育家胡克（Sidney Hook）特别强调了杜威的《民主主义与教育》一书的经典价值："在任何领域中，在原来作为教科书出版的著作中，《民主主义与教育》是唯一的不仅达到了经典著作的地位，而且成为今天所有关心教育的学者不可不读的一本书。"① 英国教育史学家拉斯克（Robert R. Rusk）和斯科特兰（James Scotland）在他们合著的《伟大教育家的学说》（1979）一书中则指出："在过去的一百年里，提

────────────

① ［美］约翰·杜威.杜威全集·中期著作第9卷［M］.俞吾金，孔慧，译.上海：华东师范大学出版社，2012：导言.

供指导最多的人就是约翰·杜威。……在教育上，我们不得不感谢杜威，因为他在对传统的、'静止的、无趣的、贮藏的知识理想'的挑战中做出了自己最大的贡献，使教育与当前的生活现实一致起来。……在20世纪70年代后期，在杜威去世后的四分之一世纪里，有一些迹象表明教育潮流再一次趋向杜威的方向。"①

尽管杜威也去过日本（1919）、土耳其（1924）、墨西哥（1926）、苏联（1928）访问或讲演，但他印象最深刻的是在中国的访问和讲演。从1919年4月30日至1921年8月2日，杜威在中国各地访问讲学总计两年零三个月又三天。其间，他的不少哲学和教育著作也在中国翻译出版，对近现代中国教育的发展以及近现代中国教育家陶行知、陈鹤琴、黄炎培等产生了不可忽视的影响。因此，西方教育学者中对近代中国最为熟悉，对近代中国教育影响领域最广、程度最深和时间最长的，当属杜威。

杜威在华期间，蔡元培在他的60岁生日晚餐会演说中曾这样说：杜威"博士不绝的创造，对于社会上必更有多大的贡献"②。我国近现代学者胡适在《杜威先生与中国》（1921）一文中也写道："自从中国与西洋文化接触以来，没有一个外国学者在中国思想界的影响有杜威先生这样大。"③ 因此，杜威女儿简·杜威（Jane Dewey）在她的《约翰·杜威传》（1939）一书中这样提及杜威和中国的交往："不管杜威对中国的影响如何，杜威在中国的访问对他自己也具有深刻的和持久的影响。杜威不仅对同他密切交往的那些学者，而且对中国人民表示了深切的同情和由衷的敬佩。中国仍是杜威所深切关心的国家，仅次于他自己的国家。"④

---

① ［英］罗伯特·R.拉斯克，詹姆斯·斯科特兰.伟大教育家的学说［M］.朱镜人，单中惠，译.济南：山东教育出版社，2013：266-288.

② 蔡元培.在杜威博士之60生日晚餐会上之演说.//沈益洪.杜威谈中国［M］.杭州：浙江文艺出版社，2001：330.

③《晨报》，1921年7月11日。

④ Jane M. Dewey. Biography of John Dewey. // Panl Arthur Schilpp. The Philosophy of John Dewey. Evanston and Chicago: North-western University, 1939：42.

　　教育历史表明，如果我们要研究美国教育的发展，要研究世界教育的发展，要研究中国教育的发展，那我们就必须研究杜威教育思想。正如美国学者罗思（R. J. Roth）在他的《约翰·杜威与自我实现》（1961）一书的"序言"中所指出的："未来的思想必定会超过杜威……可是很难想象，它在前进中怎么能够不通过杜威。"这段话是那么睿智深刻，又是那么富有哲理。

　　在中华人民共和国成立后，杜威教育研究在相当长的一个时期里成为学术禁区。1980年，我国著名教育史学家、华东师范大学教育系赵祥麟教授在《华东师范大学学报（哲社版）》当年第2期上发表了《重新评价杜威实用主义教育思想》一文，首先提出对杜威教育思想进行重新评价，在我国教育界特别在教育史学界产生了很大的影响。应该说，这是我国改革开放后对杜威教育思想重新评价的"第一枪"，引领了对杜威教育思想的再研究。赵祥麟教授这篇文章中最为经典的一段话——"只要旧学校里空洞的形式主义存在下去，杜威的教育理论将依旧保持生命力，并继续起作用"，它不仅被我国很多教育学者在杜威教育研究中所引用，而且被刊印在人民教育出版社2008年出版的五卷本《杜威教育文集》的扉页上。

　　自改革开放以来，在实事求是精神的引领下，我国教育学界对杜威教育思想进行了重新评价，并使杜威教育思想研究得到了深化。其具体表现在：杜威教育研究的成果更加多样，多家出版社组织翻译出版杜威教育著作，研究生开始关注杜威教育研究，中小学教师对阅读杜威教育著作颇有兴趣，等等。

　　特别有意义的是，华东师范大学出版社出版了由刘放桐教授主编、复旦大学杜威与美国哲学研究中心组译的中文版《杜威全集》38卷，其中包括《杜威全集·早期著作（1882—1898）》5卷、《杜威全集·中期著作（1899—1924）》15卷、《杜威全集·晚期著作（1925—1953）》17卷以及《杜威全集·补遗卷》。刘放桐教授在《杜威全集》"中文版序"（2010）中强调指出，杜威"被认为是美国思想史上最具影响的学者，甚至被认为是美国的精神象征；在整个西方世界，他也被公认是 20 世纪少数几个最伟大的思想家之一"。应该说，《杜威全集》中文版提供了珍贵的一手资料，不仅有助于杜威哲学思想的研究，而且也有助于杜威教育思想的研究。

2016 年是杜威的最重要的标志性著作《民主主义与教育》出版 100 周年。作为对这位西方教育先辈的一个纪念，美国杜威协会（John Dewey Society）于 2016 年 4 月、欧洲教育研究学会（European Education Research Association）于同年 9 月 28 日至 10 月 1 日分别在美国华盛顿和英国剑桥大学召开了《民主主义与教育》一书出版 100 周年纪念会。2019 年是杜威诞辰 160 周年，也是他来华访问讲演 100 周年。美国芝加哥大学、哥伦比亚大学师范学院等高等学府的学者，分别举行了纪念杜威访华 100 周年的学术研讨会。

与此同时，在我国，不仅众多教育学者发表了与杜威教育相关的文章，而且一些教育学术期刊也开设了相关的纪念专栏或专题，还有一些全国或地方教育学术团体举行了各种形式的纪念性学术研讨活动。中华教育改进社、北京师范大学教育历史与文化研究院等还共同发起了纪念杜威来华 100 周年系列活动。其中，2019 年 4 月 28 日举行了"杜威与中国教育高端学术会议"，人民网、新华网、光明网、中国社会科学网等分别对此进行了报道。事实表明，如果没有改革开放，我国教育学界就不会有对杜威教育思想的重新评价，也就不会有杜威教育研究的深化。

杜威是 20 世纪美国乃至世界上最有影响的教育家之一，他给教育带来了一场深刻的革命。杜威教育研究是西方尤其是美国教育研究中的一个重要领域，也是一个既有恒久价值又有现实意义的重要课题。对于当今我国学校的教育教学和课程改革，杜威教育思想也具有重要的现实意义。"杜威教育研究大系"的出版，既可以展示我国改革开放以来杜威教育研究的成果，又可以推动杜威教育研究在我国的进一步深化，还有助于教育学者和学校教师更深入更理性地认识与理解杜威教育思想。这是"杜威教育研究大系"出版的目的之所在。

"杜威教育研究大系"由我国杜威教育研究知名学者、华东师范大学教育学系单中惠教授任总主编，由合肥师范学院教师教育研究中心朱镜人教授、沈阳师范大学教育学院关松林教授和河南大学教育学部杨捷教授任副总主编。"杜威教育研究大系"共 11 分册，具体包括：

《杜威与实用主义教育思想》（单中惠 / 著）

《杜威教育经典文选》（朱镜人 / 编译）

《杜威在华教育讲演集》（王凤玉、单中惠 / 编）

《杜威教育书信选》（徐来群 / 编译）

《杜威教育名著导读》（单中惠 / 著）

《杜威心理学思想研究》（杨捷 / 主编）

《杜威教育信条》（单中惠 / 选编）

《杜威教育在日本和中国》（关松林 / 主编）

《杜威教育在俄罗斯》（王森 / 著）

《杜威评传》（单中惠 / 编译）

《学校的公共性与民主主义——走向杜威的审美经验论》（［日］上野正道 / 著，赵卫国 / 主译）

在确定"杜威教育研究大系"的总体框架时，我们主要考虑了四个原则：一是综合性。不仅体现杜威在理论与实践结合的基础上对教育各个方面进行的综合性论述，而且阐述他把哲学、心理学和教育学结合起来，以及对世界各国教育产生的广泛影响。二是创新性。凸显杜威教育著述中的创新精神和教育智慧，以及杜威教育研究的新视角、新发现、新观点和新方法。三是多样性。既有西方学者的研究，也有我国学者的研究；既有总体的研究，又有专题的研究，还有比较的研究；既有理论研究，又有著作研究，还有资料研究。四是基础性。对于杜威教育研究这个主题来讲，整个研究无疑具有重要的学术价值，但有些研究在某种意义上还是基础性研究，冀望在研究视野及研究深度和广度上推进我国杜威教育研究。当然，这四个方面也是"杜威教育研究大系"力图呈现的四个特点。

杜威教育研究是一项具有重要意义的工作，又是一项十分艰辛的工作。就拿一手资料《杜威全集》（*Collected Works of John Dewey*）来说，南伊利诺伊大学卡邦代尔分校杜威研究中心前主任博伊兹顿（Jo Ann Boydston）主编英文版《杜威全集》，从1969年出版早期著作第一卷到2012年出版补遗卷，这项38卷本的汇编工作前后共花费了43年时间；由复旦大学刘放桐教授主持翻译的中文版《杜威全集》启动于2004年，从2010年翻译出版早期著作起，至2017年最后翻译出版补遗卷，也历时13年。因此，就杜威教育研究而言，如果再算上难以计数的二手资料和三手资料以及大量的相关资料，那要在相关研究中取得丰硕的创新成果并非一件易事，这需要我国教育学者坚持不懈地潜心研究。在这个意义上，"杜威教育研究大系"的出版虽然是我国改革开放以来杜威教育研究的一个具有标志性的系列成果，但也只能说是初步的研究成果。

对当今我国教育改革和发展来说，杜威教育思想仍然具有重要的现实价值。那是因为，尽管杜威与我们生活在不同时代，但杜威所探讨的那些问题在现实的教育中并没有消失，后人完全可以在杜威教育思想探讨的基础上对那些教育问题进行更深入的思考和分析，并从杜威教育思想中汲取智慧。在杜威教育研究不断深化和提升的过程中，首先要有更理性的研究意识，其次要有更广阔的研究视野，还要有更科学的研究方法。当然，展望杜威教育研究的未来，我国教育学者应该努力把新视角、新发现、新观点、新方法作为关注的重点。

"杜威教育研究大系"是山东教育出版社承担的"十三五"国家重点图书出版规划项目，也是2022年度国家出版基金资助项目。"杜威教育研究大系"的出版，得到了山东教育出版社领导的高度重视和大力支持，在此谨致以最诚挚的敬意。"杜威教育研究大系"项目从启动到完成历时五年多，在此应该感谢整个团队各位同人的愉悦合作。

在西方教育史上，约翰·杜威无疑是一位具有新颖的教育理念和产生巨大影响力的伟大教育家，但他自己还是最喜爱"教师"这一称呼，并为自己做了一辈子教师而感到无比的自豪。在此，谨以"杜威教育研究大系"献给为教师职业奉献一生的约翰·杜威教授。

2023 年 8 月

目　录

前　言

　　当代西方教育大师、美国著名教育家杜威在教育理论和教育实践结合的基础上，把哲学、心理学和教育学统合起来，进行了长期的思索和潜心的研究。在从 1884 年的《康德的心理学》(*The Psychology of Kant*，系杜威在约翰斯·霍普金斯大学的博士学位论文)到 1952 年的《克拉普〈教育资源的使用〉一书引言》(*Introduction to The Use of Resources in Education by Elsie Ripley Clapp*)的近七十年间，杜威发表和出版了众多的教育及心理学论著，引起了世界各国教育学者和学校教师的极大关注，产生了持久的世界性学术影响。

　　在杜威的教育和心理学论著中，也许最值得人们关注的是，他于 1897 年 1 月出版的《我的教育信条》(*My Pedagogic Creed*)。作为杜威的一篇具有纲领性意义的教育论著，它不仅清晰而简要地阐释了他对教育的信仰，而且引领了他后来的教育实践和理论研究。诚如美国教育家布鲁纳(Jerome S. Bruner)所言，杜威在这篇教育文献中预示了他以后的大部分教育著作中的观点。[1] 因此，可以说，杜威此后出版的教育及心理学论著，实际上就是对他

---

　　①Jerome S. Bruner. After John Dewey, What? //James C. Stone, Frederick W. Schneider. *Readings in the Foundations of Education*. New York：Macmillan, 1971：95.

自己的教育信仰的不断拓展和深入阐释。

由此，本书起名为《杜威教育信条》显然是十分合适的。从杜威众多的教育和心理学论著中精选出的这些教育信条，既很好地汇集了杜威对教育问题的深刻睿智而富有哲理的智慧箴言，也很好地体现了杜威在教育问题上潜心思考而富有创新的心灵感悟。

在西方，最早的格言集当推古代罗马帝国时期传记作家、教育家普鲁塔克（Plutarchos）的《格言》（*Apophthegmata*），此书在后代一直被人们所诵读。应该说，无论对社会的文明发展来说，还是对人类的教育培养来说，历史上众多伟人的名言、格言和箴言都无可争辩地具有十分重要的现代意义。古代罗马雄辩家、教育家昆体良（Marcus F. Quintilianus）曾这样说过：格言使人终生难忘，一旦铭刻在心中，就能有益于良好性格的形成。近代德国作家歌德（Johann W. von Goethe）也指出：在社会上，名言集和格言集是最大的财富。这些传世名家的精彩话语，清楚地点明了编选《杜威教育信条》一书的目的。

《杜威教育信条》一书汇集了杜威的教育信条1700余则。为了方便阅读和感悟，选编按照这些教育信条的内容分类，将全书分为18编。具体包括：第一编"哲学与教育"；第二编"新教育与旧教育"；第三编"教育与生活"；第四编"学校与社会"；第五编"民主与教育"；第六编"身体与心灵"；第七编"儿童发展与个性"；第八编"心智与经验"；第九编"兴趣与努力"；第十编"课程与教材"；第十一编"理论与实践"；第十二编"知与行"；第十三编"学习与思维"；第十四编"创造与批判"；第十五编"伦理道德与品格养成"；第十六编"职业教育与大学教育"；第十七编"儿童与成人"；第十八编"教师职业精神与职业责任"。在每一编中，还根据不同的主题把杜威教育信条列出了若干节，以方便读者在阅读时能够对其基本内容做到一目了然。

杜威的整个学术人生充分体现了他的知识渊博、思维敏锐、观点新颖和批判睿智。特别是他既注重教育理论，又躬行教育实践，其生涯之漫长和影响之广泛无疑是其他任何西方教育家都无法相比的。通过《杜威教育信条》一书，人们可以从对杜威教育信条所蕴含的真知灼见中，在教育思想上得到诸多启迪。杜威的这些教育信条将使人们不仅可以更快地了解杜威教育思想的精粹，而且可以更好地与杜威进行教育上的心灵对话。在这个意义上，《杜威教育信条》一书不啻是打开了一个通向杜威教育智慧宝库的门户。

《杜威教育信条》一书所汇集的教育信条选自：刘放桐主编的《杜威全集·早期著作》第1—5卷（华东师范大学出版社2010年版）、《杜威全集·中期著作》第1—15卷（华东师范大学出版社2012年版）、《杜威全集·晚期著作》第1—17卷（华东师范大学出版社2015年版），以及《杜威全集·补遗卷》（华东师范大学出版社2017年版）；赵祥麟和王承绪编译的《杜威教育论著选》（华东师范大学出版社1981年版）；单中惠和王凤玉编的《杜威在华教育讲演》（华东师范大学出版社2016年版）；凯瑟琳·坎普·梅休和安娜·坎普·爱德华兹合著的《杜威学校》（王承绪、赵祥麟、赵端瑛、顾岳中译，华东师范大学出版社1991年版）；Martin S. Dworkin, *Dewey on Education*（New York：Teachers College Press，Columbia University，1959）；《民主主义与教育》（王承绪译，人民教育出版社1990年版），《我们怎样思维·经验与教育》（姜文闵译，人民教育出版社1991年版），《学校与社会·明日之学校》（赵祥麟、任钟印、吴志宏译，人民教育出版社1994年版）；《人的问题》（傅统先、邱椿译，上海人民出版社1965年版），《哲学的改造》（许崇清译，商务印书馆1958年修订版），《自由与文化》（傅统先译，商务印书馆2013年版），《杜威五大讲演》（胡适口译，安徽教育出版社1999年版）；以及杜威的书信等。在选编时，对其中一些教育信条根据英文进行了修饰或修改。

最后，期盼读者在诵读和品味杜威教育信条时，对本书提出宝贵的意见与建议。

单中惠

第一编 哲学与教育

■ 哲学是教育的一般理论

　　教育与哲学的联系，甚至比与上面概述的教育原理和教育科学所显示的联系更加紧密和重要。哲学可以被定义为教育的一般理论。这种教育理论与教育的艺术或实践是相适应的。

——《教育百科全书》第三、四、五卷词条（1912—1913），

《杜威全集·中期著作》第 7 卷，2012：225

　　如果一种哲学理论对教育上的努力毫无影响，那这种理论必然是矫揉造作的。这种教育观点使我们能够做到：哲学问题在哪里产生和泛滥，就在哪里研究它们；哲学问题在哪里立足安家，就在哪里研究它们；对哲学问题的承认或否定在哪里产生了实际影响，就在哪里研究它们。如果我们愿意把教育看作塑造人们对于自然和人类的基本理智的和情感的倾向的过程，那哲学甚至可以解释为教育的一般理论。

——《民主主义与教育》（1916），1990：344

　　"教育哲学"并非把现成的观念从外面应用于起源与目的根本不同的实践体系；教育哲学不过是就当代社会生活的种种困难，明确地表述培养正确的理智习惯和道德习惯的问题。所以，我们能够给哲学下的最深刻的定义就是：哲学就是教育的最一般方面的理论。

——《民主主义与教育》（1916），1990：347

　　哲学方法，或发现真理的标志，不在于像经验论者那样确立一个先验的客体，也不在于像唯理论学派那样确立一个抽象的原则。

——《康德和哲学方法》（1884），

《杜威全集·早期著作》第 1 卷，2010：32

■ 哲学对教育应承担的职责

除非对学校教育在当代生活中的地位能进行像哲学工作所提供的那种广泛的和同情的考察，使［学校］教育的目的和方法富有生气，否则学校教育的工作往往成为机械的和经验主义的事情。

——《民主主义与教育》（1916），1990：345

因为教育是一个过程，我们所需要的改造可以通过它完成，而不至于永远是所想做的事情的假设。所以，我们完全有理由提出，哲学乃是一种审慎地指导实践的教育理论。

——《民主主义与教育》（1916），1990：348

哲学、教育以及社会理想与方法的改造是携手并进的。如果现在特别需要教育的改造，如果这一需要迫切要求重新考虑传统的哲学体系的基本思想，这是因为随着科学的进步、工业革命和民主主义的发展，社会生活发生了彻底的变革。

——《民主主义与教育》（1916），1990：347

一种有生命力的哲学本身就是一种批评、记录和预言。因此，对于生活的协调运作来说，哲学是一种有价值的、可能也是不可或缺的辅助与指导。

——《〈经验之中〉导言》（1927），

《杜威全集·晚期著作》第 3 卷，2015：267

教育仍然是对性格的培养，包括智力、道德、审美等方面，而不仅仅是培训技能以及教授知识。但是，好的个性的形成具体指什么以及如何对她进行智力指导，仍然是备受怀疑和争论的事情。我并非想说哲学对这些问题有现成的答案，但我十分确定，这个问题是哲学要考量的问题之一，并且教育对哲学提出了一些问题……哲学若想从闭塞的空间走出来，接受实践的检验，那么教育问题就会为它提供最直接紧要的机会。

——《哲学与教育》（1930），

《杜威全集·晚期著作》第 5 卷，2015：230

■ 教育是哲学的一个实验室

凭借教育的艺术，哲学可以创造按照严肃的和考虑周到的生活概念利用人类力量的方法。教育乃是一个使哲学上的分歧具体化并受到检验的实验室。

——《民主主义与教育》（1916），1990：346

我呼吁使教育哲学成为哲学的一个领域，教育哲学这个词的最高意义是实践。事实上，我记得自己说过所有的哲学都直接地或间接地与教育问题相联系，如果您在最广泛意义上理解教育，那就不要仅仅把教育限制在学校的这几年里。

——《致有关人士》（*John Dewey*，*William S. Tacey*，*Richard Hope to whom it may concern*，18 September，1949）

教育是如此重要的一种生命关怀，以至于在任何情况下，我们都应当期待发现一种教育哲学，正如存在着艺术哲学和宗教哲学一样。也就是说，我们应当这样来对待这个问题，就是要揭示出存在的本质，使教育成为生命的一种必需的不可或缺的活动。

——《教育百科全书》第三、四、五卷词条（1912—1913），

《杜威全集·中期著作》第 7 卷，2012：224

教育哲学并不是一般哲学的一个穷亲戚，即使哲学家们时常这样地对待它。最后讲来，它是哲学最有重要意义的一个方面。我们经过教育的过程而获取知识，而这些教育过程又不止于单纯地获取知识和有关的技巧形式。它们还企图把所获取的知识统一起来，形成持久的性向和态度。如果我们说，教育是把知识和生活中实际发生作用的价值统一起来的唯一突出的手段，那么，这样说也不算过分。

——《科学与哲学之关系是教育的基础》（1938），

《人的问题》，1965：133

它们就将面临学校教育与社会情境的需要和可能性的关系问题。如果教育要面临后面这个问题，那么就产生了重新调整课程内容、教学方法和学校的社会组织问题。这些问题将要怎样解决？这个问题教育哲学不能一下子全部解决。但是，它能促使我们认识这些问题的性质，并能在满意地解决这些问题的唯一方法方面提供有价值的建议。……通过理论联系实践，使得教育哲学将会成为一个有生气的、不断成长的东西。

——《科学与哲学之关系是教育的基础》（1938），

《人的问题》，1965：134

■ 教育哲学的任务

"教育哲学"这个名称代表着寻求统一的教育方法和目标，实际上，它是社会理想和制度理论的一个分支，理想通过制度来实现。

——《周年纪念致词》（1936），

《杜威全集·晚期著作》第 11 卷，2015：137

教育哲学的任务是需要引入一套新的概念，以指导新型的实践。因此，背离传统习惯而建立［一种］教育哲学，是一件相当困难的事情。同样道理，根据一套新的概念来管理学校，比之因循守旧是更为困难的。

——《经验与教育》（1938），

《我们怎样思维·经验与教育》，1991：246

解决教育问题的出路在于：在科学地形成的理智控制下，系统地发展个人和社会经验中各种潜在的价值。教育哲学的直接任务，就是从一开始通过大学来澄清这种发展的意义和主旨，澄清学校活动和学校学习的方法。……忠于经验和科学方法可能性的教育哲学，本身不可能带来所需要的改变，但它可以通过理清要走的路和要达至的目标而为所需的改变提供帮助。

——《终极价值或终极目的取决于前件或先验推断还是实际或经验探究》（1938），《杜威全集·晚期著作》第 13 卷，2015：232

我们并不是说教育哲学万不可少，不过是很重要。我们且从反面看，倘使人类没有教育哲学，对于教育事业必定不去研究、不去思想，但看人家怎么教，我也怎么教，从前怎么教，现在也怎么教；或学他人的时髦，或由自己的喜欢，成一种循环的、无进步的教育。这就是没有教育学说的流弊。教育哲学就是要使人知道所以然的缘故，并指挥人去实行不务盲从、不沿习惯的教育。

——《关于教育哲学的讲演》（1920），

《杜威在华教育讲演》，2016：5-6

教育哲学，像任何理论一样，必须用文字和符号来表述。但是，它不仅是一种语言的表述，而且还是指导教育的一种计划。像任何计划一样，它必须依据应当做什么和怎样去做来建立它的结构。教育是在经验中、由于经验和为着经验的一种发展过程，愈是明确地和真诚地坚持这种主张，对于教育是什么应有一些清楚的概念就愈加显得重要。

——《经验与教育》（1938），

《我们怎样思维·经验与教育》，1991：255

教育哲学应该提出来要讨论的问题：（1）怎样可以使特别阶级的教育变成大多数、变成普及；（2）怎样可以使偏重文字方面的教育与人生日用的教育得一个持平的比例；（3）怎样可以使守旧的教育，一方面能保存古代传下来的最好一部分，一方面能养成适应现在环境的人才。这就是教育哲学应该提出来讨论的问题。以上三个问题当中，第三个最为重要。

——《关于教育哲学的讲演》（1920），

《杜威在华教育讲演》，2016：7-8

教育哲学对于认识教育到底是什么而言，是基本的和重要的需要。我们必须把这些情况视为学校指示方向的指导。在这些情况中，我们发现，满足社会的需要是发展教育的真正力量，然后根据需要制定规划，这种发现和规划的需要，是教育哲学的需要。

——《教育哲学的必要性》（1934），

《杜威全集·晚期著作》第 9 卷，2015：153-154

我们要是不喜欢暗中摸索，听其自然，就应该用教育哲学去指挥引导，按照我们预定的方针，达到我们希望的目的。……教育不是个人的事业，是社会的、公家的、政府的责任，是人类社会进化最有效的一种工具。

——《关于教育哲学的讲演》（1920），

《杜威在华教育讲演》，2016：8

■ 新教育实践中的教育哲学

如果要详细阐明在新教育实践中所蕴含的教育哲学，那么，我认为我们可以在现时存在的各种进步学校中发现一些共同的原理：反对从上面的灌输，主张表现个性和培养个性；反对外部纪律，主张自由活动；反对向教科书和教师学习，主张从经验中学习；反对通过训练获得孤立的技能和技术，主张把技能和技术当作达到直接的切身需要的手段；反对或多或少地为遥远的未来作准备，主张尽量利用现实生活中的各种机会；反对固定的目的和材料，主张熟悉变化着的世界。

——《经验与教育》（1938），

《我们怎样思维·经验与教育》，1991：250

教育哲学必须解决的一个最重要的问题，就是要在非正规的和正规的、偶然的和有意识的教育形式之间保持恰当的平衡。……一种是人们自觉地学得的知识，因为他们知道这是通过特殊的学习任务学会的；另一种是人们不自觉地学得的知识，因为他们通过和别人的交往，吸取他们的知识，养成自己的品格。避免这两种知识之间的割裂，成为发展专门的学校教育的一个越来越难以处理的任务。

——《民主主义与教育》（1916），1990：10

简单地说，我的出发点是反对传统教育的哲学和实践，这便对信仰新教育的人们提出了一个新的教育难题。……我认为，在全部不确定的情况当中，有一个永久不变的东西可以作为我们的借鉴，即教育和个人经验之间的有机联系。或者说，新的教育哲学专心致志地寄希望于某种经验和实验的哲学。

——《经验与教育》（1938），

《我们怎样思维·经验与教育》，1991：253

教育哲学是教育学的资源，因为它为教育学提供了普遍使用的初步假设。……教育哲学为教育科学提供的是假设，而不是固定不变的原则或真理。在使用这些假设启发和引导具体的观察与理解时，必须检验和修改这些假设。……教育哲学可以起到三个作用：让教育科学更广泛，更自由，更有建设性成果。

——《教育科学的源泉》（1929），

《杜威全集·晚期著作》第 5 卷，2015：21

当这时代倘没有教育哲学的指挥，一定不能从这许多互相抵触、互相冲突的里面，选出哪一种是我们应该采取的潮流趋势来。教育与长进（growth）是很有关系的，教育就是长进。没有教育，就没有长进。教育不进步，社会也不能进步。

——《关于教育哲学的讲演》（1920），

《杜威在华教育讲演》，2016：6

如果说教育哲学有什么重要影响，那么，让教育哲学学习者的判断范围得以扩大、思想得以解放，就是它的重要影响。……教育哲学不仅需要从实际教育经验中获得有关目的和价值的原材料，而且需要直接的教育经验对其进行检验、证实、修改并提供进一步的材料。说教育哲学起着中间作用和工具作用而非创造作用或决定作用，也就是这个意思。

——《教育科学的源泉》（1929），

《杜威全集·晚期著作》第 5 卷，2015：22

在现代教育的改革任务中，需要自由的和深思熟虑的参加，我们必须清醒地认识到这一点。最终达到这种清醒的认识，并且顺应其要求而对旧的观念进行变革，这就是当代教育哲学面对的具体问题。

——《教育百科全书》第三、四、五卷词条（1912—1913），

《杜威全集·中期著作》第 7 卷，2012：230-231

人类喜欢用极端对立的方式去思考。他们惯用"非此即彼"的公式来阐述他们的信念，认为在两个极端之间没有种种调和的可能性。当他们被迫承认极端的主张行不通的时候，他们仍然认为他们的理论完全正确，只是实际环境迫使他们不得不采取折中的方案。教育哲学也不例外。

——《经验与教育》（1938），

《我们怎样思维·经验与教育》，1991：248

一种新的运动往往有一种危险，即当它抛弃它将取而代之的一些目标和方法时，它可能只是消极地而不是积极地、建设性地提出它的原则。因此，在实践中，它是从被它抛弃的东西里获取解决问题的启示，而不是建设性地发展自己的哲学，从而寻求解决问题的答案。

——《经验与教育》（1938），

《我们怎样思维·经验与教育》，1991：250

只有教育革新者才感到需要教育哲学。……进步教育的教训是，它迫切需要一种以经验哲学为基础的教育哲学，比之以往革新者，它的需要更为迫切。

——《经验与教育》（1938），

《我们怎样思维·经验与教育》，1991：256

■ 教育哲学与科学的互相协作

在知识与行动、理论与实践之间的分裂现在严重而有害地影响着教育和社会。在克服这样的分裂中，教育哲学和科学能够而且应该共同协作。如果我们说在理论与实践之间的愉快结合终将是教育哲学与科学互相协作，寻求共同目的的主要意义，这话也不算是过分。

——《科学与哲学之关系是教育的基础》（1938），

《人的问题》，1965：135

在就每一种教育和训练方法而言所作出的每一种教育措施和建议中，蕴含着某种哲学。因此，在教育中被称为"科学"的东西和"哲学"的东西之间不存在任何可能的对立。

——《作为基础的教育哲学》（1933），

《杜威全集·晚期著作》第 8 卷，2015：60

人类面临的未来前景十分广阔，与之相比，以往的人类历史显得还很短暂，犹如人在婴儿期里度过的一小段时光。从当下人类的迫切需要来看哲学，从科学进一步发展后人类可利用的资源来看哲学，这是衡量我们是否头脑清醒、是否具有审慎智慧的标尺。

——《哲学有未来吗？》（1948），

《杜威全集·晚期著作》第 16 卷，2015：302

用生活的经验来解释教育的意义，教育的计划和设计就要建立和采纳一种明智的理论。如果你觉得合适，可称之为经验的哲学。……我曾提请大家注意构成经验的两条基本原则，以便说明这种理论的必要性。这两个原则是交互作用和连续性。

——《经验与教育》（1938），

《我们怎样思维·经验与教育》，1991：273

第二编　新教育与旧教育

■ 新教育与旧教育的冲突

　　总有一天我们会看到，真正的问题是真正有教育意义的教育和事实上失去教育意义的教育之间的关系问题；是常规的机械的旧教育和鲜活的发展的新教育之间的冲突。后者事实上表现为这样一种努力，即努力发现并运用当今生活环境中真正有教育意义的材料和方法。

——《〈小红校舍〉序言》（1942），

《杜威全集·晚期著作》第 15 卷，2015：237

　　教育理论的历史表明了教育内发论和教育外铄论两种观念的对立。前者认为，教育以自然禀赋为基础；后者认为，教育是克服自然的倾向，通过外力强制而获得习惯的过程。就现时学校的实际情况来看，这种对立的倾向表现为传统教育和进步教育两者之间的对立。

——《经验与教育》（1938），

《我们怎样思维·经验与教育》，1991：248

　　总的来说，正如"旧教育"（old education）的缺点是在为成熟的儿童和成熟的成人之间做了极不合理的比较，把前者看作是尽快和尽可能要送走的东西；而"新教育"（new education）的危险也就在于把儿童现在的能力和兴趣本身看作是决定性的重要的东西。其实，儿童的学识和成就是不固定的、变动的，它们每日每时都在变化着。

——《儿童与课程》（1902），

《学校与社会·明日之学校》，1994：122–123

　　如果"旧教育"倾向于轻视能动的素质和儿童的现在经验固有的那种发

展力量，而且因而认为指导和控制正是武断地把儿童置于一定的轨道上，并强迫他在那里走，那么"新教育"的危险就在于把发展的观念全然是形式地和空洞地来理解。

——《儿童与课程》（1902），

《学校与社会·明日之学校》，1994：124–125

真正的进步教育运动最合理和最宝贵的特点之一，就是它力图打破把教室和校园之外的几乎所有东西隔离开来的围墙。……进步教育所反对的传统学校没能在实践中发现，学习在儿童入学前的数年间就已经在进行；而且，当儿童回到家，身处家庭和社区生活的活动中时，也仍然在继续。因此，传统学校不会寻找最简单有效的学习方法，它也没有兴趣了解学习是如何作为每个人正常生活的必要特征而发生的。

——《〈威廉·赫德·克伯屈：教育中的开拓者〉介绍》（1951），

《杜威全集·晚期著作》第 17 卷，2015：46

旧式教育的坏处，即在要把知识在学生脑里堆积贮藏起来。有时教他复演出来给大众看。新教育应该把这种弊端除去。养成习惯以后，做起事来，时间、劳力可以经济又能发生兴趣。……教育所要养成的习惯必须了解所做的意义，有实地做事的方法，而又有手到心随的趣味。

——《教育与学校的几个关键问题》（1920），

《杜威在华教育讲演》，2016：74–75

不独理论上有不同的地方，在实地上也大生差异。教育学说的冲突，第一就是文雅和实用；第二就是自由和训练；第三就是保守和进取。

——《教育与学校的几个关键问题》（1920），

《杜威在华教育讲演》，2016：108

大凡社会上每有保守和进取两派。前一派主张遵循故例；后一派主张进步改造，不肯率循途径。不过这两派都不该走极端。教育是设法保存文化使社会生命延长，所以，旧文化的如何保存、新文化的如何启发、新旧两方面怎样调和，是教育上的一个大问题。

——《教育与学校的几个关键问题》（1920），

《杜威在华教育讲演》，2016：113

心理的要素，就是个人的要素。学校里头的教授法应该适应个人的天性和心理，使个性发展。学校应当适应儿童的本性，在教育上是一个极大变迁。……所以，要人得充分的发展，必须适合他的本性才好。现在的教育对于因袭的教育，可以算是教育革命——旧教育以学科为惟一的要素，现在的教育以儿童的活动、天性、本能为惟一的元素，使学科去适应他的天性。

——《教育之心理的要素》（1921），

《杜威在华教育讲演》，2016：197

现代教育的新趋势，就是注重个人本能（instinct）的趋势。……儿童的本能是教育上很重要的东西。一切学问和训练，必然要拿人类天然的、生来的本能做根据，利用他自动的能力，发展他原有的天性，才是新教育的宗旨。从前的教育，把学生当作被动的，把许多教授的材料装进学生心里去，就算了事；现在的教育，是要学生自动，是以学生个人的本能做主，拿教育做发展他们本能的工具。

——《现代教育之趋势》（1919），

《杜威在华教育讲演》，2016：266

过去的教育曾致力于培育个人获取物质财富的那股雄心，今日的教育更要为培育社会化的精神力量，使人能够社会化地开展活动并作出坚持不懈的努力。

——《美国的教育：过去和未来》（1931），

《杜威全集·晚期著作》第 6 卷，2015：82

从前教育是用灌注的方法的，旧训、成法传下来，叫小孩子装下去：这是维持旧训、成法的教权。现在把教育看作改革思想的机关和工具，决不能再用灌注的旧法，应该引出儿童个人天然的能力，使他充分发展，利用本能，逐渐至于思想判断。这个教育简直是解放，不使他受旧训、成法的束缚。

——《社会哲学与政治哲学》（1920），

《杜威五大讲演》，1999：81

从前的教育只做到把现有的教材传授给儿童，就算完事。现代的教育，不但要发展个人的才能，还要注意把个人才能的发展指引到有益于社会的一个方向上去。因此，教育家的问题不单是观察儿童的本能，还要研究此时此地的社会需要，挑出几种主要的社会生活，用来安排在学校里……

——《现代教育之趋势》（1919），

《杜威在华教育讲演》，2016：274

故根本改革端在教育。而所谓教育者，要为主动的而非被动的。旧的教育，徒以养成为习惯；新的教育，乃能发挥思想。

——《习惯与思想》（1921），

《杜威在华教育讲演》，2016：346

这里所说的"学科"，就是任何高中和大学学习课程目录中被各种各样标题指称的东西。我倾向于认为，这一问题关系到可方便地分别称之为教育的传统主义者和现代主义者的最后分歧所在。虽说有极个别人或许两者都不是，但他们在这两种倾向中统来统去。

——《摆脱教育困惑的出路》（1931），

《杜威全集·晚期著作》第 6 卷，2015：64

教育理想常趋向一方发。倘注重旧的，则制造出做旧事业的人；若注重新者，则制造出做新事业的人。愿诸君自审之。

——《自动道德重要之原因》（1921），

《杜威在华教育讲演》，2016：349–350

他们经常地或者说总是在脸上露出一种许多家长都会有的愿望，即孩子们应该拥有一种比现在更加快乐的、健康的生活，包括反抗让人困倦和厌烦的一些老师。即使这样，他们还是抓住了其中的深刻联系。现代生活的灵活性和机动性、新鲜感和多样性，与一般传统学校中那种古板的规矩和枯燥的习俗形成一种不断强化的、令人吃惊的冲突。

——《当前教育中的趋势》（1917），

《杜威全集·中期著作》第 10 卷，2012：95

生活处处都存在着新旧传统的冲突，以及由此引发的困惑，而这种冲突在教育领域里表现得最为尖锐，所造成的困惑也最具危害性。

——《哲学与教育》（1930），

《杜威全集·晚期著作》第 5 卷，2015：228

所谓新教育和进步学校的兴盛，就其本质而言，就是对传统教育不满意的结果。事实上，它们就是对传统教育的一种批判。……［传统教育］它规定的教材、学习和行为的种种方法，不适合儿童的现有能力，两者之间差距极大。

——《经验与教育》（1938），

《我们怎样思维·经验与教育》，1991：249

公平地说，旧式教育是旧的社会秩序的一部分，这个秩序的瓦解是当前历史时期的一个内容。必须建立新的社会秩序，必须设计出新型的教育，作为这个包罗一切的人类秩序建构的一个内在的部分。一个所谓的宣传家说，抛弃旧教育是引发当前混乱和冲突的原因。这可能是当前危机中最可笑的说法。

——《为了新教育》（1941），

《杜威全集·晚期著作》第14卷，2015：203

我坚信，根本的问题并不在新教育和旧教育的对比，也不在于进步教育和传统教育的对立，而在于究竟什么东西才有资格配得上"教育"这一名称。……根本的问题在于教育的性质，而不在于给它加上什么修饰的形容词。我们所缺少的而又是必需的教育，是纯粹的和简单的教育。

——《经验与教育》，

《我们怎样思维·经验与教育》，1991：305

■ 旧教育是修道院式教育

请允许我冒昧地把［传统教育］这种类型的教育称为"修道院式教育"。这是一个比喻的说法，并不过于注重其原本的意思。它是一种让少数人而非多数人接受的教育。它源于欧洲的传统……正如我说过的那样，这种教育的内容就是有关学问的大量符号。数学是有关数字的符号，书面或印刷文字是有关语法和文学的符号，如此等等。这种教育游离于普通人的日常生活之外，把它叫作"修道院式教育"或许未必是乱扣帽子。

——《教育：修道院、贸易柜台还是实验室》（1932），

《杜威全集·晚期著作》第 6 卷，2015：85

目前的［传统］教育是如此鼠目寸光（只要想想大部分人辍学的年龄，就更不用说他们在离开学校之前学到了什么），以至于大量的人除了接受他们所发现和适应的工业状况外，别无选择。他们在艺术、智力方面的活动，以及在有价值的层面上的社会交往方面的兴趣尚未被唤醒，即使它已被唤醒，他们也不具备足够的手段求满足它。

——《工业与动机》（1922），

《杜威全集·中期著作》第 13 卷，2012：246

过去一想到学校，我们就想象出一种校园建筑，在特定的几年时间里，孩子们一个个进进出出，为了习得阅读、书写、绘画、拼写的能力，学习地理、历史等学科的相关信息，这对他们以后的人生是极为重要的。学校建筑设计、学校设施、学校管理都围绕这一理念而设计。摆放着固定桌椅的校舍、严厉的纪律与整齐划一的摆设、黑板和粉笔，可能还有一些书和字典、一个讲台和一本百科全书，以及一些小地图，这就是传统学校的基本样子，学生为了个人的人生理想求学于此。

——《学校教育的社会意义》（1916），

《杜威全集·晚期著作》第 17 卷，2015：64

如果我们想象一下普通的教室，一排排难看的课桌按几何顺序摆着挤在一起，以便尽可能没有活动的余地，课桌几乎全都是一样大小，桌面刚好放得下书籍、铅笔和纸，外加一张讲桌，几把椅子，光秃秃的墙，可能有几张图画，凭这些我们就能重新构成仅仅能在这种地方进行的教育活动。一切都是为

"静听"准备的……

——《学校与社会》（1899），

《学校与社会·明日之学校》，1994：42

对大多数教师和家长来说，"学校"这个词就是"训练"的同义词，它意味着安静，意味着一排排儿童端在课桌旁，聆听着教师的讲课，只有当要他们发言时才能开口。因此，如果一所学校不具备这些基本的条件，那它就不是所好学校……

——《明日之学校》（1915），

《学校与社会·明日之学校》，1994：294

传统的教室是一种灾难，它几乎与现实生活完全脱节，过于正式的教学材料十分沉重，造成了情绪极度沮丧，这些都迫切需要改革。

——《新式学校存在多少自由？》（1930），

《杜威全集·晚期著作》第 5 卷，2015：249

那直背式的课桌，就等于婴儿的襁褓。还有头要朝前看，手要折起来，所有这些对于上学的儿童来说，正好比是束缚甚至是精神上的折磨。难怪每天必须这样坐上几小时的学生，一旦束缚解除，就会爆发出阵阵过分的喧哗和打闹。

——《明日之学校》（1915），

《学校与社会·明日之学校》，1994：296

你们当中的年长者回想起至今童年时就读的那种小学的模样，你们会回忆起一长列房间，室内仅有的设备只是一排排用螺钉固定在地板上的板凳、不准触摸的黑板和翻脏了的课本。如今，新型的建筑物取代了这些沉闷单调的装置。

——《美国的教育：过去和未来》（1931），

《杜威全集·晚期著作》第 6 卷，2015：77

传统教育认为学校环境只要有课桌、黑板和小小的学校场地就足够了，教师不必深切地熟悉当地社会的自然、历史、经济、职业等方面的情况，以便用来作为教育的资源。

——《经验与教育》（1938），

《我们怎样思维·经验与教育》，1991：265

在死记硬背的学校里，儿童一动不动地坐着，合上课本，经受教师提问的煎熬。教师提问是为了了解应该由学生单独"温习"的课程记住了多少。

——《明日之学校》（1915），

《杜威全集·中期著作》第 8 卷，2012：182

拥有一个开放的头脑，才能有效地应付各种变化。但是，太多的传统教育，尤其是在学校里和其他教导的形式中，却倾向于创造封闭的头脑——而封闭的头脑就是关闭对变化的认识，从而不能对付它。

——《在两个世界之间》（1944），

《杜威全集·晚期著作》第 17 卷，2015：383

■ 旧教育消极地对待儿童

说得夸张些：旧教育消极地对待儿童，机械地使儿童集合在一起，课程和教学法的划一。概括地说，重心是在儿童以外。重心在教师，在教科书以及在你所喜欢的任何地方和一切地方，唯独不在儿童自己的直接的本能和活动。在那个基础上，儿童的生活就说不上了。关于儿童的学习，可以谈得很多，但学校不是儿童生活的地方。

——《学校与社会》，

《学校与社会·明日之学校》，1994：43—44

旧教育不注意［儿童］他的天性，只使他处于被动的地位，教授什么，他就学什么，它的弊病第一是光阴和精力的消耗。

——《教育之心理的要素》（1921），

《杜威在华教育讲演》，2016：197

旧法不照儿童生长的次序，骤然把现成的知识教儿童，儿童只要考试及格就抛弃了，至多也不过记得几个专门名词而已。我们所讲的方法是依照人的知识的生长，一步一步上去的。譬如树木一年一年地往上长。这些有系统的知识都可以变成他的知识系统中的一部分。

——《关于教育哲学的讲演》（1920），

《杜威在华教育讲演》，2016：45

传统［教育］的计划，本质上是来自上面的和来自外部的灌输。它把成人的种种标准、［种种］教材和种种方法强加给仅是正在缓慢成长而趋向成熟的儿童。它所规定的教材、学习和行为的种种方法，不适合儿童的现有能力，二者之间差距极大。这些教材和方法，超出年轻的学习者已有的经验范围，是他们力不能及的东西……结果那些教材和行为规则必定还是硬塞给儿童。

——《经验与教育》（1938），

《我们怎样思维·经验与教育》，1991：249

寻常的儿童没有进学校以前全身的活动很多；等到一入了学校，那种活动就减少了。一天到晚静坐着，好像没有什么事做。教师费了大部分时间去压制这种活动，以为能够静就算是美德。其实活动是一种最上的工具，因此和环境接触可以得到最亲切的知识，这实在是很重要的。学校里因为压制天然的活动，所以，他们耳目及发音器具的活动就变成了机械的。还有很大的影响就是产出被动的知识，不能有创造、有发明，把知识刻在脑中，好像蓄音械器一般，动了一动就会将蓄贮的知识滔滔地吐出来。

——《教育与学校的几个关键问题》（1920），

《杜威在华教育讲演》，2016：88

儿童在学校里总是不被鼓励主动执行，而总是被要求和严令禁止——"站好""别乱动""别说话""别做这个""别弄那个""坐好了，学习书本上的知识"——尽管儿童心怀一些不安分的愿望，这些命令还是射进了他的内心。这是最成功的毁掉执行力的方式，它将儿童变得不会主动行动。

——《在杨百翰学院作的教育学讲座》（1901），

《杜威全集·晚期著作》第17卷，2015：284-285

传统学校……忽视了学生能力的多样性和构成个性的不同个体的需要。他们几乎认为，所有学生都非常类似豆荚中的豆子……他们不能识别成长中的首创性来自学生自身的需要和力量。成长的相互作用中的第一步，来自个体内在的迫切要求，来自他们自己"要这样努力"。

——《教育哲学的必要性》（1934），

《杜威全集·晚期著作》第9卷，2015：155

现在的学校只有两个方面的责任：一个是教员，一个是教科书；而学生负被动的责任。他不过把先生所教、书上所有的照样背出来，没有预测效果的能力和判断的能力，自然没有所谓对于自己所做的事的结果的责任心了。

——《关于教育哲学的讲演》（1920），

《杜威在华教育讲演》，2016：62

传统教育的弊病不在于教育者自身承担提供情境的责任，它的弊病在于没有顾及创造经验的另一个因素，即受教育者的能力和目的。

——《经验与教育》（1938），

《我们怎样思维·经验与教育》，1991：268-269

学校要养成这种注意，必先看他能否把精神集中，做事能否不加强迫而自集中注意，然而寻常一般学校中的做事往往不能使生徒的心境与注意合而为一，常使二者分离而不能集中一点。这种的二心在学校中就发生无穷的流弊。有时学生方面有教师的严行监督，虽心不在焉也不得不勉强做他的功课；有时候表面上看看好像学生在那里喃喃默诵，实则他的白昼梦想竟不知到了什么地方。

——《教育与学校的几个关键问题》（1920），

《杜威在华教育讲演》，2016：117

人们大致能够看到教学中存在的那些缺陷和不足，并发现之所以有这些缺陷和不足，正是因为缺少情感的投入。存在着两个普遍使人们深感遗憾的特点，即学生方面的单纯地被动接受，以及教科书和教师方面的一味地灌输。

——《欣赏和修养》（1931），

《杜威全集·晚期著作》第6卷，2015：95

如果学校是为了用某种教条的形式逐渐灌输信念，那么被称作"教育"的这个地方就有灌输信念这种功能，学校就仅仅成为一个宣传机构。现在，学校灌输信念的这一功用还在发展。在某种程度上,这可归结于:科学并未被当作理智地处理所有问题的唯一的普遍方法。

——《作为社会问题的科学统一》(1938),

《杜威全集·晚期著作》第 13 卷,2015:239

■ 旧教育将学习等同于学问

我们的学校和其他教导形式最严重的缺陷之一就是:他们不认为学习是一个活跃的、不断前进的过程,而是将学习等同于被叫作"学问"的东西,而学问又等同于对事实和原理(其获取几乎不带有积极的个人观察,而只被储存到记忆中)的拥有。学习被视为获得被储存在教科书上的东西,或者由别人告诉他们的东西;被视为是那种可以由考试来检验的、消极的东西。

——《在两个世界之间》(1944),

《杜威全集·晚期著作》第 17 卷,2015:383

学校里任何僵死的、机械的和形式主义的东西的根源,在儿童的生活和经验从属于课程的情况下恰好找得到。正因为这样,"学习"已经变成令人厌烦的同义语,一堂课等于一种苦役。

——《儿童与课程》(1902),

《学校与社会·明日之学校》,1994:119

传统教育认为,学生获得某些技能和其后来(或在大学或在成人生活中)所需要的学科知识,就是为未来的需要和环境做准备,认为这是理所当然的事情。

——《经验与教育》（1938），

《我们怎样思维·经验与教育》，1991：270

在传统教育中，太多地强调把现成的材料（书本、实物教学、教师的谈论，等等）传授给儿童；并且，儿童还完全排他地被迫承担起背诵这种现成材料的任务，以致只有培养反思性注意力的偶然机会和动机。

——《非教育的教学》（1909），

《杜威全集·中期著作》第 4 卷，2012：161

在传统教育中，过于重视给儿童提供现成的材料（书籍、实物教学课、教师的谈话等等），儿童就这样几乎被完全要求去服从履行背诵现成材料的赤裸裸的责任，仅仅只有偶然的机会和动因去发展反思性注意——这样说是不太过分的。几乎没有考虑根本的需要——引导儿童将一个问题作为他自己的问题去认识，使他自动地去注意以找到它的答案。

——《学校与社会》（1899），

《学校与社会·明日之学校》，1994：106

[在旧学校里] 知识是由他人已经发现的现成材料所构成，掌握语言就是接近这个知识仓库的方法。研究学问，不过是要从这一现成的知识仓库中拨些东西出来，而不是由自己去发现什么东西。

——《明日之学校》（1915），

《学校与社会·明日之学校》，1994：351

让我们把注意力转移到 [传统] 学校，我们发现，……二手材料是以"批发和零售"的方式被提供的，但不管怎样，它们都是现成的。总的发展趋势就是使心灵活动降低到简易地或被动地接收现成的材料——总之，就是死记硬背，附带一些对判断力和积极研究的简单使用。

——《教育中的民主》（1903），

《杜威全集·中期著作》第 3 卷，2012：177

我们在实践中一贯采用的方法，就是把学生当作一张复制的照片，或者让学生站在一条管道的末端接受经由这条管道从遥远的学问宝库输送过来的材料。

——《摆脱教育困惑的出路》（1931），

《杜威全集·晚期著作》第 6 卷，2015：72

学生〔在传统学校里〕所受的功课，觉得对他们没有意思、没有用处；好比聚了许多鹅鸭鱼肉之类不能吃，把彼腌起来预备将来受用。现在学校的功课，用脑力记忆者，等将来有机会用时再拿出来用，不同这预备腌腊一样吗？

——《现代教育的趋势》（1921），

《杜威在华教育讲演》，2016：290

学校——以效率的名义，又受到当前社会环境中极为强烈的机械力量的压迫——用僵化而无思想的习惯的形成代替了明智的定向。通过这样一些不恰当的手段，知识的获取被转变成积聚单纯的信息；背诵不是判断的助力，而是被转变成它的替代者。

——《〈雷诺阿的艺术〉序言》（1935），

《杜威全集·晚期著作》第 11 卷，2015：392

一般的或传统的学校环境……教师和课本垄断了学校交互行为中的观念

和理性层面。学校对学生的要求就是尽快和尽可能精确地复制，学生不需要对复制对象作出自己的判断，也不需要去找出或告诉教师获得这一对象的最好方法。"正确答案"是学校的不变要求，而所谓的正确答案不过是与课本和教师保持一致。学校强调学生在背诵时要"快"，也就是说，学生必须"不假思索"地说出句子。这是在自动重复机械学习所"习得"的成果。学生们没有将"注意力"放在实际的学习内容上，而是放在了完成教师的要求上，然后过关成了主要的问题。

——《非现代哲学与现代哲学》，

《杜威全集·补遗卷》，2017：223

　　古代的观念把知识看作一件现成的东西，拿来拿去，你传给我，我又传给别人，或是摆设起来，供人玩赏。知识就像一些金钱，守钱奴积了许多钱，越积越多，越多越好，全不问金钱有什么用处，只觉得积钱是人生的惟一目的。旧式的知识论，正同守财奴的积财观念。

——《现代教育之趋势》（1919），

《杜威在华教育讲演》，2016：271

　　昔日教授的方法，注重注入的及被动的教育，只养成一种记忆力，专吸收他人印象及意象。……彼旧教育法，与此将毋同。是又如教师将瓶倾泻，学生以碟承之。学生之心恰如空碟，所有教师给的讲义及教材满载其上；而教员所授的教材则以为已成的物，分类包裹，给予学生，和商店的包件售于购物的人相同。以致一般人以为学问即积蓄财产……

——《自动道德重要之原因》（1921），

《杜威在华教育讲演》，2016：347–348

　　在科学领域中，探索统治一切。在工业领域中，发明的地位至高无上。

在学校教育领域中，它们是远远落后的。甚至在今天，适度的发展都会遭到排斥，因为人们将至高无上的教育需求设定为仅仅是获取过去所知道和信仰的东西。

——《在两个世界之间》（1944），

《杜威全集·晚期著作》第 17 卷，2015：384

从前旧式的教育，只注重一种死的科目，对于学生的本身及社会的生活都不顾及。……旧教育的缺点，在以"科目"当作"目的"，以为教授一种科目，只要学生能领会就算达到目的了。所以到了结果，虽是得了许多的知识，与社会生活方面仍不发生丝毫的关系。

——《教育的新趋势》（1920），

《杜威在华教育讲演》，2016：286

以故旧教育之本色，均采注入主义，大抵视学生心理如空白之纸，教员惟以各种教材为之设色。又视学生头脑如海绵、各种教材如水分，极力灌注，强使吸收。……教员之以各项教材装入学生脑中，亦死教育耳，宜其随世界潮流而淘汰也。

——《自动的研究》（1921），

《杜威在华教育讲演》，2016：192

［在传统学校里］如果学生不能适应千篇一律的课程，或不能迎合铸铁般的纪律的要求，那他要么被视为天生就是没有能力，要么被视为故意的捣蛋。于是，不管主动性、独创性和独立的价值，适应性就成为判断的标准。

——《教育哲学的必要性》（1934），

《杜威全集·晚期著作》第 9 卷，2015：155

学校以课程为本位，不注意儿童个性，仿佛和海绵放在水里一样。海绵有许多毛细孔，水到了里边，一见压力就挤出来了。教授用注入的形式，就和水入海绵中一样；到考试时或是听他们背诵时，就和从海绵中压水一样，他们所说的一会儿都压出来了。这类的教授法，又和留声机一样，留声机的盘子能收入声音或是言语，声音是怎样盘子也照样地发现出来。这样的教授法，又和保存食品一样——把那些鸡子、肉类和其他的食物藏在地窖子里或者是冷库里，因为他们把儿童的脑筋当作藏物的地方，把所有的知识灌输在脑子里边，就和把许多的食物藏在冷库里一样。

——《教育之心理的要素》（1921），
《杜威在华教育讲演》，2016：198

因为把知识看作可以灌来灌去的现成东西，所以用蛮记的法子灌进去；所以又用背诵和考试的法子，来看究竟灌进去了没有；来看那些被灌的儿童是否能照先生的样子把装进去的东西拿出来摆架子了。美国有一种农家，养鸡鸭出卖。卖的时候，常常把鸡鸭喂得饱饱的，可以多卖一点钱。但是鸡鸭喂饱了，便不肯再吃了，所以，他们特地造一种管子，插进鸡鸭喉咙里，把食物硬灌下去，使它们更胖更重。现在的教授方法，就是硬装食物到鸡鸭肚子里去的方法。考试的方法，就好像农夫用秤称鸡鸭的重量，看它们已经装够了没有。

——《现代教育之趋势》（1919），
《杜威在华教育讲演》，2016：272

从前，法国人好吃鹅肉，特用管子装些食物，灌到鹅肚里去，使之肥胖；至于鹅能消化不能消化，他是不管的。现在，教师只要教学生多得知识，就将些无用的教材强行注入；以为非如此不能增长学问，不顾学生天然的需要；不思设法引起动机，使学生有自动的研究的兴趣；有时还责备学生，不愿读书，这不是与法国人喂鹅的方法一样么?

——《教育的新趋势》(1920),

《杜威在华教育讲演》,2016:287

■ 新教育注重促进儿童的成长

需要 [一种理想的] 学校。在这种学校里。儿童的生活成了压倒一切的目标。促进儿童生长所需的一切媒介都集中在那里。学习?肯定要学习,但生活是首要的,学习是通过这种生活并与之联系起来进行的。当我们这样以儿童的生活为中心并组织儿童的生活时,我们就看到他首先不是一个静听着的人,而是完全相反。

——《学校与社会》(1899),

《学校与社会·明日之学校》,1994:45

所有的进步学校同传统学校比较起来,都表现出一个共同的着重点,即对于个性和对于增长着的自由的尊重;表现出一种共同的倾向,即信赖男女儿童所具有的天性和经验,而不是从外面强加外在的教材和标准。

——《进步教育与教育科学》(1928),

《杜威教育论著选》,1981:252

如果教育是真正的教育,就应该培养年轻人,使他们对他们所处的世界、世界前进的方向,以及他们在其中扮演的角色,有统一的认识,学校应该给予他们智力和道德的钥匙,去开启当代世界的大门。

——《定向的需要》(1935),

《杜威全集·晚期著作》第 11 卷,2015:126

[进步学校]已经具有对于一整套教育理论的突出的贡献的一些因素，那就是：尊重个人的各种能力、兴趣和经验；充分的外在的自由和非正规性使教师们能够按照儿童真正的面貌来熟悉儿童；尊重自我首创的和自我指导的学习；尊重作为学习的刺激和中心的活动；也许尤其重要的是，相信在正常人的水准上的社会的接触、交流和协作是包罗一切的媒介。

——《进步教育与教育科学》（1928），

《杜威教育论著选》，1981：253

"进步教育"这一词对不同的人有着不同的意味。期望在整个多样性中有一个共同的目标：促进学校运动持续进步，高年级和低年级创造一种人，他作为一个家庭成员、一个专业和职业成员、一个公民社区成员、一个世界公民能够积极地履行自己的义务。未来将取决于这种友谊精神代替敌意精神。

——致戴维·拉塞尔（John Dewey to David W. Russell,

7 November，1949）

教育的重心从"教材"方面搬到"人"的方面，所以，教授的方法也不能不彻底改变。新教育所注重的是这些儿童所爱仿的是什么，所能做的是什么。懂得他们的天然本能，利用他们的天然兴趣，然后指引他们去求种种于个人于社会有用的知识。

——《现代教育之趋势》（1919），

《杜威在华教育讲演》，2016：274

现在每个人首先需要的是思考的能力，还有理解问题、把事实与问题联系起来以及使用和欣赏观念等能力。如果一个从学校出来的男孩或女孩拥有这种能力，其他一切都可以另行获取。他将在智力和道德上认识自己。

——《定向的需要》（1935），

《杜威全集·晚期著作》第 11 卷，2015：127

　　新教育的教材改组，可分为三层：（1）教师的责任，要指导学生的活动，要满足学生的欲望，使他自行解决一切问题，以主动的方法代被动的方法。（2）要与学生固有的知识、经验联络，使他自己认为是需要的，才能发生动机，才能有愿学的兴趣。（3）教授学生各种科目，当选择与学生生活、社会生活有密切的关系的，不要认为是一种美玉、徽章，要能解决社会种种问题。

——《教育的新趋势》（1920），

《杜威在华教育讲演》，2016：288

　　当传统学校中的教师抱怨学生"注意力不集中"的时候，他的意思是：学生的注意力放在了他们头脑中更加有趣的形象和想法（如果我们称之为想法的话）上了。在某个特定的时刻，我们无法计算世界上有多少幻想正在进行。我们能够肯定的是，只有那些在引导下进行活动或进行真正创造性活动的人，以及那些心理运作经过了习惯性训练的人才能将他们的时间花在其他观念性的活动而不是在幻想上。

——《非现代哲学与现代哲学》，

《杜威全集·补遗卷》，2017：232

■ 新教育使儿童的生活更有生气

　　如果进步学校不是理智地组织它们本身的工作，尽管它们也许做了许多事情，使委托给它们的儿童的生活变得更快乐和更有生气，可是它们对教育科学所做的贡献只不过是无关重要的一些片段罢了。

——《进步教育与教育科学》（1928），

《杜威教育论著选》，1981：258

学校之教育生徒，绝非可如工厂之造成同一物品。教育为个人的，必注意各个人之发展，否则仍属贵族的阶级的教育，必不能得良果也。

——《平民教育之真谛》（1919），

《杜威在华教育讲演》，2016：215

凡一切教育，皆是由以下三种要素组织成功的：（1）"社会的生活"，就是要先讨论人生为什么要受教育；以现在社会生活状况，决定教育的目的。（2）"科目"，须先研究科目应如何组织，就是应授予学生以何种的知识技能。（3）"学生"，就是要注意学生本身生活的需要。将这三种要素合起来，才是成功教育的全体。现在新式的教育，对于这三种要素是并重的。

——《教育的新趋势》（1920），

《杜威在华教育讲演》，2016：286

教育的三大部分：第一，儿童的本能、感情和活动，做教育的基础；第二，社会的目的，儿童将来要进去做人的；第三，学校的学科，利用儿童的本能做到社会的目的。

——《关于教育哲学的讲演》（1920），

《杜威在华教育讲演》，2016：63

苟能就天然环境、社会环境十分注意，则无地无时而非教材，何必依赖外国、没有自家本色耶？故称为完全无憾之教育者，须具备下之四条件：一须有自信力；二须有大胆量；三于各地方之天然环境、社会环境确有把握；四须能本其所知教人。

——《天然环境、社会环境与人生之关系》（1921），

《杜威在华教育讲演》，2016：196

■ 新教育需要有新的目标、手段和方法

　　新的问题用老一套的观念和原则是不可能明智地给以解决的，因为那些观念和原则是在解决不同的问题中发展起来的。新的问题为了获得明智的解决，就需要设想新的目标、新的目的，而新的目的又需要发展新的手段和方法。当然，"新"总是相对的新，而不是绝对的新。

——《〈教育资源的使用〉一书引言》（1952），

Dewey On Education，1959：131

　　的确，象教育这样的一种事业，我们必须谨慎而谦逊地使用"科学"这个词。……既然在教育上没有一样东西是没有争论的，而且既然直到社会以及学校对于实践和目的在达到一个僵死的单调的划一之前，将来也不可能会是这样，那么就不可能有一种单纯的［教育］科学。因为各学校所进行的工作都是不相同的，因此从这些工作中所做出的理智的理论也必定是不相同的。

——《进步教育与教育科学》（1928），

《杜威教育论著选》，1981：254

　　要详细拟订出适合新教育的各种教材、方法和社会关系，是比传统教育担负的任务更为困难的事情。……如果认为新教育也许比旧教育更容易些，那么，这种困难必然更加重，所受的批评就要增多。

——《经验与教育》（1938），

《我们怎样思维·经验与教育》，1991：256–257

　　在学校改革中，各种新的教育概念并不带我们走多远，因为在学校得到改革之前，这些新概念本身是苍白的、遥远的、模糊的和形式的。只有当这些

新概念在某种程度上成为绝对的需求时，它们才会变得有分量和有实际价值。因为当新概念的意义和价值已经在生活经验中得到了具体的体现，它们才能提供精确的和确定的方式。直到这时，新的教育概念才具有否定性和批判性。

——《作为工程技术的教育》（1922），

《杜威全集·中期著作》第 13 卷，2012：282

各种情况使人们把经验看作纯粹的认知，而不顾它固有的主动的和情感的方面，并且把经验看作被动地受纳孤立的"感觉"，因此，新理论所招致的教育改革主要局限于排除过去方法上偏重书本知识的缺点，没有完成彻底的改造。

——《民主主义与教育》（1916），1990：291

指挥教育、改造教育，好像驶一只船：装载货物固然应该持平，不要使它畸轻畸重；然装了以后，不能扬帆开驶，使满装了货物的船停在船坞里腐烂，当然是不行的。古代传下来的学问，就是装在船里的货物。现在的新潮流、新趋势，就是行船的风。我们应该使这满装货物的船乘风前进，不使它停在船坞里腐烂。

——《关于教育哲学的讲演》（1920），

《杜威在华教育讲演》，2016：8

教育是所有人类事业中最为复杂、难懂和精细的，只有当其他的探究与科学（物理的、社会的、心理学的、甚至是数学的）发展到能够作出贡献的时候，教育思想的解放和提升才能够开始。因此，教育艺术将是最后一门被科学地完成的艺术。

——《教育的方向》（1928），

《杜威全集·晚期著作》第 3 卷，2015：195

因为教育是一种社会的过程，而世界上又有各式各样的社会，所以，教育批判和教育建设的标准，包含一种特定的社会理想。我们选择了两点来测量社会生活的价值，这两点就是：一个团体的利益被全体成员参与到什么程度；一个团体与其他团体的相互影响的充分和自由到什么程度。

——《民主主义与教育》（1916），1990：105

没有人会否认，教育仍然处于从经验性地位向科学性地位转变的过程中。对于经验性教育，其主要决定因素是传统、模仿复制、对各种外在压力，尤其是最大外在压力的被动回应，以及每个教师先天和后天的禀赋。在经验性教育中，人们极有可能认为，教学能力即意味着使用立即见效的做法，并把课堂的秩序、学生正确背诵指定课文、考试合格、学生升级等作为衡量成功教学的标准。

——《教育科学的源泉》（1929），
《杜威全集·晚期著作》第5卷，2015：6

正是由于各种学习和职业在我们所说的新教育中扮演了如此重要的一个角色，并且是推动真理和正义之发展的恰当模式，它们才值得在一切有资格被称作学校的地方被当作核心要素。而当这个核心要素成为学校生命的源泉时，我将不再担心作为结果的教育质量了。

——《教育：直接的和间接的》（1904），
《杜威全集·中期著作》第3卷，2012：186

教育作为一种社会事业，旨在塑造品格与智力。学校系统内部对教育的道德与知识自由设置了大量的限制。学校经常受到种种传统的限制或阻挠，这些传统起源于与当前状况格格不入的条件。这些传统影响到教学内容、教学方式、纪律和学校的组织与行政。这些对于自由教育的限制的确十分严重，它成为各个时期的教育改革家所攻击的对象。

——《学术自由的社会意义》（1936），

《杜威全集·晚期著作》第 11 卷，2015：294-295

个体的能力不应该仅仅摆脱机械的外部限制而释放出来，而应该得到培养、维护和引导。这种组织所需要的教育远远多于普通的学校教育，要是不更新目的和愿望的源头，普通的学校教育将成为一种新式的机械化和形式化的教育……

——《自由主义与社会行动》（1935），

《杜威全集·晚期著作》第 11 卷，2015：18

要改变个人长期形成的习惯是一个缓慢的、困难的和复杂的过程，要改变长期确立的制度——这是在共同生活的结构中所组成的社会习惯——是更缓慢、更困难和更复杂的过程。既定制度的趋向总是要融化和歪曲新的东西，使新的东西适合自己本身。

——《〈教育资源的使用〉一书引言》（1952），

Dewey On Education，1959：131-132

何以守旧的人类通性中，有人能走新的路以求进步呢？这就是旧法子不能适应新时势，不变不足以图存的缘故。譬如落水的人，断不能循在地上走的常轨。

——《学问的新问题》（1919），

《杜威在华教育讲演》，2016：281

我们必须记住，我们所要处理的是再整顿的问题，而不是什么创新。完成这个宜逐步进行的再整顿，要花很长的时间。现在最主要的事情就是要着手进行，并沿着正确的方向进行。总结以前已进行的各种实验因而是十分重要的。而且我们必须记住，通过改革所带来的最必要的东西，不是积累更多的资料，而是要形成一定的态度和兴趣、观察事物和研究事物的方法。

——《明日之学校》（1915），

《学校与社会·明日之学校》，1994：356

方法意味着一种获得结果的途径、一种达成目标的手段、一种达到目的的路径。方法因而随着所要达到的目标而变动。没有对目标的清晰看法，我们就不能明智地顺着路途走向它。

——《科学教学中的方法》（1916），

《杜威全集·中期著作》第 10 卷，2012：103

除非是通过现代先进的宣传方法，给出一个崭新的、解决所有年龄段教学问题的治疗方法，否则，挑毛病就是对学校关注的唯一确定的方式。

——《当前教育中的趋势》（1917），

《杜威全集·中期著作》第 10 卷，2012：93

假如以为抛弃旧教育的观念和实践就足够了，并且走到对立的极端上去，那么，这些问题不仅谈不上解决，甚至还没有被认识到。

——《经验与教育》（1938），

《我们怎样思维·经验与教育》，1991：251

割断过去继承下来的一切关系和联系的危险，那纯粹是一种幻想。真正的危险是，它号称是新东西，但只不过是在旧东西的各种伪装的形式下继续保持过去的东西。

——《〈教育资源的使用〉一书引言》（1952），

Dewey On Education，1959：128

伟大的运动在它们刚开始时，常常并不显得伟大。当其自身还处在发轫期，它们就像山顶旁流淌的涓涓细流，看似无足轻重。只有经过一段漫长的时期，当我们回过头来再看看从这些微不足道的开端中产生的东西，才会认识到它们举足轻重的意义。正如我们看到了波澜壮阔的哈得逊河，就想到了马奇山山顶那条小溪具有的重要意义。

——《教育：修道院、交易柜台还是实验室》（1932），

《杜威全集·晚期著作》第 6 卷，2015：83

在某种意义上，文明的每一个进步都使教育问题变得越来越困难。它加大了儿童的不成熟（就我们所知，在身体或者遗传方面，这个情况实质上依然没有发生改变）和他需要掌握的全面的、复杂的、细微的和微妙的条件之间的差距。……教育的问题（在未成熟的儿童和成人生活的文化和技术的成果之间建立起重要联系之间的问题）因而变得越来越困难。

——《工业在初等教育中的地位》（1903），

《杜威全集·中期著作》第 3 卷，2012：231

我们的教育目前还没有找到自己的归宿，这条河流还没有抵达某个口岸或者大洋。它还留有传统教育的痕迹。它不会再回返到它的源头那里去了。它要直面今天的问题、将来的问题，而不是过去的问题。

——《教育：修道院、交易柜台还是实验室》（1932），

《杜威全集·晚期著作》第 6 卷，2015：92

我曾多次强调过，新教育的道路并不是一条比老路更容易走的道路，相反，新教育的道路是一条更艰辛和更困难的道路。除非新教育得到大多数人的支持，否则新教育的处境将会依然如故，而要达到使大多数人支持的地步，那就需要新教育的信奉者们在这方面进行许多年的严肃认真的同心协力的工作。

我相信，新教育的未来的最大危险是由于人们认为新教育是一条容易走的道路……

——《经验与教育》（1938），

《我们怎样思维·经验与教育》，1991：305-306

第三编　教育与生活

生活是一个不断生长的过程

教育是生活的过程

教会儿童如何生活

使教育成为一个真正的整体

■ 生活是一个不断生长的过程

我们的最后结论是，生活就是发展，而不断发展和不断生长就是生活。用教育的术语来说，就是：（1）教育的过程本身就是它的目的，在它自身之外没有任何其他的目的。（2）教育的过程就是一个不断改组、不断改造和不断转化的过程。

——《民主主义与教育》（1916），1990：54

我们的生活是一个不断累积的实现过程，而不是已经发展完善。它是一种生长，而不是已获得的存在。

——《心理学》（1886），

《杜威全集·早期著作》第 2 卷，2010：207

实际上，生活可以被看作是由一个个不平衡状态到恢复平衡状态的连续不断的节律。有机体越高级，对其干扰也会越强，而其恢复到平衡状态也就需要更有力（通常也更持久）的努力。被干扰的平衡状态持续着恢复的需要。朝向其恢复平衡状态的运动就是寻求和探索，而平衡状态的恢复则是充足或满足。

——《逻辑：探究理论》（1938），

《杜威全集·晚期著作》第 12 卷，2015：21

努力使自己继续不断地生存，这是生活的本性。因为生活的延续只能通过经久的更新才能达到，所以，生活便是一个自我更新的过程。教育和社会生活之间的关系，就如营养和生殖与生理之间的关系一样。

——《民主主义与教育》（1916），1990：10

教育从来被视为预备：就是学习，修得将来有用的一定的东西。目标是很远的，教育是先事准备，是关于日后会发生的更为重要的事体的发端。……［它］和以经验的成长或连续的改造为惟一目的那个思想是相反的。如果我们看一个人无论在什么时节都是依然成长着的，教育就不是对于将来的预备，所谓预备不过是一种副产。

——《哲学的改造》（1920），1958：109

预备和准备是教育的主旨。然而，实际的结果是缺乏足够的准备，缺乏理智的适应。……如果教育是作为最充分地运用现在的资源、释放并引导现在迫切需要的能力的过程来实施的，那么，不言而喻，青年人生活的意义将比现在更为丰富。

——《人性与行为》（1922），
《杜威全集·中期著作》第 14 卷，2012：163

■ 教育是生活的过程

教育是生活的过程，而不是将来生活的预备。学校必须呈现现在的生活——即对于儿童说来是真实而生气勃勃的生活。就像他们在家庭里、在邻里间、在运动场上所经历的生活那样。不通过各种生活形式或者不通过那些本身就值得生活的生活形式来实现的教育，对于真正的现实总是贫乏的代替物，结果形成呆板而死气沉沉。

——《我的教育信条》（1897），
《杜威教育论著选》，1981：4

通过社会群体的更新，任何经验的延续是实在的事实。教育在它最广泛的意义上就是这种生活的社会延续。……社会群体每一个成员生和死的这些基本的不可避免的事实，决定教育的必要性。

——《民主主义与教育》（1916），1990：3

提到"教育"这两个字，都以为限于学校里的才当作教育，就是学校教育罢了。这种见解未免太狭义。我们应该从广义的、更深的地方着眼，不仅囿于狭义的学校教育。讲到广义的学校教育，是指学校内外的教育说的。……所以，广义的教育就是用人与人往来接触的影响去陶冶儿童的思想和习惯。……倘若从广义方面看教育，那么教育就是生活，生活就是教育了。这种教育，除掉下愚以外，个人是不能离去的。教育是从两方面合成的：一是成人，一是儿童。成人以经验给儿童，一施一受合为教育。

——《教育与学校的几个关键问题》（1920），
《杜威在华教育讲演》，2016：68-69

有一件事是每一个人必须做的，这就是生活；有一件事是社会必须做的，这就是要求每一个人对社会的共同福利作出相当的贡献，并使每一个人得到公平的报酬。

——《民主主义与教育》（1916），1990：229

教育是一种生活的方式，是一种行动的方式。……教育在本质上是一个无止境的圆形或螺旋形的东西。教育是一种包括科学在内的活动。正是在教育过程中，提出了更多的问题以便进一步研究，这些问题又反映到教育过程中去，进一步改变教育的过程，因此，又要求更多的思想，更多的科学，循环往复以至无穷。

——《教育科学的源泉》（1929），
《杜威教育论著选》，1981：284-285

教育就是不问年龄大小而提供保证生长或充分生活的各种条件的事业。我们对未成熟状态先是觉得不耐烦，愈快过去愈好。于是，用这种方法教育出来的成人回顾童年期和青年期会感到无穷遗憾，只看到失却机会和浪费能力的景象。在我们承认生活有它自己内在的品质，而教育的任务就在于发展这种品质以前，这种讽刺性的情境将会持续下去。

　　　　　　　　　　　——《民主主义与教育》（1916），1990：56

教育是什么呢？就是一种历程，靠着这种历程社会的生命才可继续。这种历程常在改造的当中，是日新不已的，是创造进化的。将既有的经验传给儿童，还能够使他完善，所以社会的继续不是靠着政治的，法律的，是靠着教育的。教育是社会的生活，社会的生活日新不已，人住在这个中间，他的能力和知识多从社会中的生活得来，所以他的行为应该和社会相合。

　　　　　　　　——《教育与学校的几个关键问题》（1920），

　　　　　　　　　　　《杜威在华教育讲演》，2016：69

并不是说教育不应该预备将来，不过说预备的方法不是如此。预备将来应该是教育的结果，不是教育的目的。倘能把现在的生活看作重要，使儿童养成种种兴趣，后来一步一步地过去，自然就是预备将来。倘先悬一个很远的目的，与现在的生活截然没有关系，这种预备将来，结果一定反而不能预备将来。

　　　　　　　　　　——《关于教育哲学的讲演》（1920），

　　　　　　　　　　　《杜威在华教育讲演》，2016：27

"让我们与儿童生活在一起"肯定意味着，首先，我们的儿童一定要生活——不是那种强迫他们在各种不同条件下压制和阻碍他们的生长的生活，对那种条件的最长远的考虑是与儿童现在的生活联系起来的。

　　　　　　　　　　　　　——《学校与社会》（1899），

　　　　　　　　　《学校与社会·明日之学校》，1994：55

增强和丰富想象力是教育事业的一个部分……与工业环境进行密切的接触也是教育事业的一个组成部分……有必要对学校的游戏和比赛进行引导，培养出对健康的游戏和娱乐形式的热爱和能力。

——《教育百科全书》第三、四、五卷词条（1912—1913），

《杜威全集·中期著作》第 7 卷，2012：239

在我看来，我们当前的方法在很大程度上属于本末倒置。当我们意识到这种错误时，我们很可能完全切断本末之间的联系，并且放任这种本源，而没有把住它。我们所要做的，是把日常环境和日常生活中的具体经验这匹马套在装满专门的科学知识这架马车上。高中教育的职责不是将马车装满——这是以后才做的事。

——《科学教学中的方法》（1916），

《杜威全集·中期著作》第 10 卷，2012：107–108

我们的教育体系中存在着头脑与手分离、工作与书本分离、行动与观念分离的问题，教师与其他工人（这些工人占社区的绝大部分）的隔离正是象征了这种分离。如果学校中的学习项目太过学院化和学究式，离生活太远，其原因大部分是由于教育家、行政人员和教师本身远离了民众在生活中所碰到的实际问题。

——《为什么我是教师工会的一员》（1928），

《杜威全集·晚期著作》第 3 卷，2015：209

倘若要我点出对教育精神的所有改革中最需要的改革，我会说："停止把教育纯粹当作后来生活的准备，而把它打造得具有当前生活的全部意义。"而且还要补充说一下，只有在这种情况下，它真正成为后来生活的准备才不会看似悖论。一个没有足以因自身之故而加以进行的价值的活动，不可能成为它物的非常有效的准备。

——《作为道德理想的自我实现》（1893），

《杜威全集·早期著作》第 4 卷，2010：44

我曾经假定下面这一原则是正确的，即为了实现教育目的，不论对学习者个人来说，还是对社会来说，教育都必须以经验为基础——这种经验往往是一些个人的实际的生活经验。

——《经验与教育》（1938），

《我们怎样思维·经验与教育》，1991：304

教育所以不可少的缘故，就是因为人类在婴孩时期自己不能生存，要是没有父母去教育他、扶助他，就不能成人了。……因为人类的婴孩时期是个渐进的时期，什么人都要经过的。教育就是从这个婴孩时期渡到成人时期的一只摆渡船，所以，教育不是奢侈品，是必需品。

——《关于教育哲学的讲演》（1920），

《杜威在华教育讲演》，2016：5

■ 教会儿童如何生活

很显然，公立学校的第一任务是教儿童在他发现自己所在的这个世界里生活，理解他在这个世界上分担的责任，使他在适应社会方面有个良好的开端。只有当他把这些事情做得很成功，他才有时间或兴趣去从事纯属智力活动方面的修养。

——《明日之学校》（1915），

《学校与社会·明日之学校》，1994：313

因为人们认识到社会生活能够引导智力的方向，所以，人们对教育和儿童产生兴趣。迈向这个方向的第一步要从儿童开始，让他从一开始就为人们心目中的那种社会生活做好准备。

——《对儿童研究的解释》（1897），

《杜威全集·早期著作》第 5 卷，2010：164

学会正确地看待事物是一件困难的事情。它要求整个人身的主动性。学会感知，要求整个人身与周围事物的相互作用，不论看一幅画、画一幅画，还是打高尔夫球、建一座新式桥梁、读济慈的诗，都是这样的。

——《〈雷诺阿的艺术〉序言》（1935），

《杜威全集·晚期著作》第 11 卷，2015：393

对学校日益增长的不满，正在兴起的贸易和工业教育方面的各种实验，就是对于墨守成规这种陈腐制度的抗议。它们是建立新教育使人人有真正平等的机会的过程中迈出的第一步，因为这种新教育是以儿童生活的那个世界为基础的。

——《明日之学校》（1915），

《学校与社会·明日之学校》，1994：315

学习？肯定要学习，但生活是首要的，学习是通过这种生活并与之联系起来进行的。当我们这样以儿童生活为中心并组织儿童的生活时，我们就看到他首先不是一个静听着的人，而是完全相反。

——《学校与社会》（1899），

《学校与社会·明日之学校》，1994：45

学校教育在教学能通过符号的媒介完全地传达事物和观念以前，必须提供许多真正的情境，个人参与这个情境，领会材料的意义和材料所传递的问题。

——《民主主义与教育》（1916），1991：247

学校教育虽不能代表一切教育，而是正式的教育，有一定的法式及训练管理等种种方法。这种法式、方法、意义皆自古传来，不能明了。一方面要和儿童本能动作连接，一方面要和社会生活联络，不如此便没有存在的理由，便没有明了的意义。

——《教育之要素》（1920），

《杜威在华教育讲演》，2016：175

■ 使教育成为一个真正的整体

把教育视作一个整体，在看待每一部分时，都在考虑它是如何使教育成为一个真正的整体，而不是把教育当成由一个个机械性地分离出来的部分并列组成的东西。

——《教育衔接的一般性原则》（1929），

《杜威全集·晚期著作》第 5 卷，2015：232

教育主要是通过教育过程，而不是靠国家管理来推进的。交谈、杂志、书籍以及对其他教师所进行的尝试与结果的观察，就已经在交流教育的理念了。管理领域中的新思想与新实践、教学的方法，以及学习的主题是被传播的，而不是被颁布并加以体制化的。

——《教育的方向》（1928），

《杜威全集·晚期著作》第 3 卷，2015：193

"教育"，即使在其广义上来说，不能做一切事情。但是，不通过教育而完成的事情（也是在其广义上）将是糟糕的，而且其中大部分不得不进行返工。至关重要的问题是：智力如何通过适应实际起作用的欲望和利益而增加力量？

——《智力和权力》（1934），

《杜威全集·晚期著作》第 9 卷，2015：91

　　教育的意义在于将每个人都培养成具有强大生命力的征服者和有抱负者，迫不及待地开创属于自己的生活道路，并且不断前进。在当时的社会条件下，这就是他回馈社会、服务他人的最好方式。

——《学校教育的社会意义》（1916），

《杜威全集·晚期著作》第 17 卷，2015：64

　　因为教育所包的范围如此之大，所以是很困难的事业；也因为它所包的范围如此之大，所以是很有趣味的事业。试问世间哪一种职业所涵的方面有这么多，一方可以知道社会进化的情形，一方又可以研究儿童发展的机会，而一方自己还可以得到学问。这不是很有趣味的事业吗？

——《关于教育哲学的讲演》（1920），

《杜威在华教育讲演》，2016：9

第四编　学校与社会

社会生活变革对学校的影响

社会改革是一种有教育意义的改革

社会重构和教育重构是相互关联的

学校是社会进步的最基本和最有效的工具

学校是一个雏形的社会共同体

使学校和社会生活联系在一起

教育的失败是由于学校和社会生活的隔离

■ 社会生活变革对学校的影响

生活的环境在不断地变化。我们正处在巨大的工业和商业发展的薄雾之中。新发明、新机器、新的交通运输方式，正在一年一年地改变行动的整个面貌。为了生活中任何固定的位置而教育儿童，这是绝对不可能的。

——《构成教育基础的伦理原则》（1897），

《杜威全集·早期著作》第 5 卷，2010：45

人们难于相信，在整个历史上有过这样迅速、这样广泛和这样彻底的革命。经历了这个革命，世界的面貌，甚至它的自然形状都在改变着……各种生活习惯也正在发生着惊人的突然而彻底的改变……因此，认为这个革命对于教育只有形式上的和表面上的影响，那是难以想象的。……根本的状况已经改变了，在教育方面也只有相应的改变才行。

——《学校与社会》，

《学校与社会·明日之学校》，1994：28-30

我们目睹社会本身在飞速变化，教育怎么能够止步不前呢？我们会想到种种未予解决的社会问题。……所有这些问题都以前所未有的规模呈现在人们面前。这样一来，对教育持续的大规模变革的预期，与其说是一种预言，不如说是一项警告。除非教育能够使未来的公民做好准备去有效地对付这些重大问题，否则，我们的文明可能会消亡。而教育本身若不能经历重大的变革，那就不能做好这种准备。

——《美国的教育：过去和未来》（1931），

《杜威全集·晚期著作》第 6 卷，2015：79

社会的、经济的、理智的环境变化之快，在过去的历史中难以想象。现在，除非教育中介体能够或多或少跟上这些变化，必定会有相当多的人找不到能够帮助他们适应工作的那种培训。他们将束手无策，成为共同体的一个包袱。只要社会进步是连续的和确定的，教育就必须同样是确定的和连续的。

——《作为社会中心的学校》（1902），

《杜威全集·中期著作》第 2 卷，2012：66

教育方法和课程正在发生的变化如同工商业方式的变化一样，乃是社会情况改变的产物，也是适应在形成中的新社会的需要的一种努力。

——《学校与社会》（1899），

《学校与社会·明日之学校》，1994：28

当社会更加严肃而全面地考虑其教育功能时，每一个承诺都表示将来要比过去有更快的进步。当与还没有长大的那些人（即还没有获得成人生活的艰辛与固定的定向形式的人）打交道时，教育是最有效的；而为了有效地加以利用，教育必须选择和宣传那种非常普通并因而在社会价值中具备典范性的价值，这些社会价值荟萃成了教育的资源。

——《伦理学》（1908），

《杜威全集·中期著作》第 5 卷，2012：313

除了一种纯粹抽象的或理想意义上的社会之外，其实存在着许多社会而不是一个社会。从社会的角度来思考教育，我们的第一步就是必须准确地定义"社会"这个名词，否则就有误导我们自己的危险，或者更严重地误导别人。

——《从社会的角度看教育》（1913），

《杜威全集·中期著作》第 7 卷，2012：84

教育的社会观要求的不是现存体制的一种肤浅的改变，而是在教育的基础和目标上的根本性变化；它是一种革命。从这种社会观出发，关于知识的起源、方法、功能以及理智训练的观念就与传统的流行观念分道扬镳了。

——《从社会的角度看教育》（1913），

《杜威全集·中期著作》第 7 卷，2012：89

工业上很多引人注目的制作法的社会重要性大大增加，不可避免地使学校教育与工业生活的关系问题［变得］重要起来了。这样大规模的社会调整的发生，不会不向从不同社会状况下继承下来的教育提出挑战，不会不对教育提出很多新的问题。

——《民主主义与教育》（1916），1991：329–330

这工业革命的意义，就是使工商业大大转变。……从这些变化生出来的，在教育上似乎没有什么大影响，也没有什么大关系，但是若要从表面向根本看去，这些变化对于教育实在有莫大的影响。

——《教育之社会的要素》（1921），

《杜威在华教育讲演》，2016：153

工业革命，伴随着由其引发的联合方式和心灵习惯的改变，以及商品数量的增加，这既是民主发展的原因，也是民主发展的结果。从这些来看，都要求教育观念和实践的改变。……因为新的工业体制建立在用科学控制自然力量的基础上，人们关于自然最深刻的和最真实的认识也就得到了有效的传播。

——《教育百科全书》第三、四、五卷词条（1912—1913），

《杜威全集·中期著作》第 7 卷，2012：229–230

在现代条件下，社会的机械行为是不会自动地维持其自身运动。它是整

架机器的一个精巧且结构复杂的部件，这个部件以巨大的承受力维持着正常的工作秩序。顺服的心不是单靠隔离的学校纪律的手段就能养成的东西，整个社会体制尽其所能，围绕着它打转而不容稍歇。

——《教育和社会导向》（1918），

《杜威全集·中期著作》第11卷，2012：47

这和过去三百年科学革命的可靠成果是一样的。我们也知道，不可能在带来这些自然变化的同时，避免导致巨大的社会变化。发明固定式蒸汽机和蒸汽汽车的人，以及此后把蒸汽和电能利用到各种目的中的人，引发了社会的变化。……只要应用科学继续着，同样的过程就持续着——无论我们认为它的价值何在。

——《进步》（1916），

《杜威全集·中期著作》第10卷，2012：191–192

进步的社会努力塑造年轻人的经验，使他们不重演流行的习惯，而是养成更良好的习惯，使将来的成人社会比现在进步。……他们还设想使教育成为人类实现更好希望的工具。

——《民主主义与教育》（1916），1991：84

科学的发现和工业的应用间所存不断的和普遍的交互作用，使科学和工业孳生了丰饶的果实，使近代人知道科学知识的主旨是自然力的统制。自然科学、实验、统制与进步，四个概念结合到不可解的地步。

——《哲学的改造》（1920），1958：24

显而易见，机器是一个伟大的解放者，它不仅解放了人的手足气力，而且解放了人的心灵。它使人利用的时间增多、休闲时间增多，它消除了纯粹体力劳动这种不必要的精力付出，由此增加了文化发展的机会。

——《政治和文化》（1932），

《杜威全集·晚期著作》第 6 卷，2015：40

教育（在此指广义上的教育，即想象、欲望与思考的基本态度的形成）就其广泛的社会意义来说，与文化是绝对相关的，因为归根结底经济与政治机构的教育性影响要比它们直接的经济影响更为重要。由思维的片面扭曲而造成的精神贫乏，要比物质贫乏更为严重。

——《旧个人主义与新个人主义》（1930），

《杜威全集·晚期著作》第 5 卷，2015：79

无线电广播是世界上有史以来最有力的社会教育工具。在有关物理和科技问题的理解上，眼睛优于耳朵。但是，在所有的社会问题上，大多数人更多地是由听觉而非视觉来接受指导的。……这一手段的增长，已远远超出了知识和思想交流的手段。

——《无线电广播对思想的影响》（1934），

《杜威全集·晚期著作》第 9 卷，2015：250

为了不断变化的社会秩序的教育，必须理解正在变化的事实，尤其是基于对产生这些变化的原因的洞察——正在起作用的力量。

——《面向不断变化的社会秩序的教育》（1934），

《杜威全集·晚期著作》第 9 卷，2015：128

随着科学革命所引起的知识的增进和传播，将是教化和理性的一个普遍的发展。……普遍愚昧和无教化的一个时代和专制压迫的政府统治的一个时代，曾被认为在实际上是意义相同的名词。

——《民主信仰与教育》（1944），

《人的问题》，1965：16

毫无疑问，只有把科学方法置于中心位置，把它当作社会改进的关键，教育的社会指导和熏陶的问题才会找到真正的答案。

——《〈杜威学校〉：陈述》（1936），

《杜威全集·晚期著作》第 11 卷，2015：156

我们的文化必须与现实的科学以及机器工业协调一致，而非作为逃避这些东西的避难所。而且，虽然不能保证一种使用科学并将工业控制过程作为正常部分的教育一定会成功；但可以确定的是，那种使科学和工业与其文化理想相对立的教育实践一定会失败。

——《美国的教育和文化》（1916），

《杜威全集·中期著作》第 10 卷，2012：162

■ 社会改革是一种有教育意义的改革

实现这种社会改革的成败，决定于我们是否采用可以实现这种改革的教育方法，其他事情还在其次。因为这种改革实质上是一种［精神］倾向的性质的改革——这是一种有教育意义的改革。

——《民主主义与教育》（1916），1991：332

他们忽视了那个主要问题——改造社会以利于一种新型个人的成长。……他们的想法把个人主义当作某种似乎是稳定的、拥有一致内涵的东西。它忽略了一个事实，即个人的精神与道德机构。他们的欲望和目的的模式，都随着社会构成的每一次大的变化而变化。

——《旧个人主义与新个人主义》（1930），

《杜威全集·晚期著作》第 5 卷，2015：61–62

　　教育的革命几乎每年发生一次，而且半年左右就会互相重叠一次。如果仅仅是让人意识到这样的事实，即寻求重大的教育变革（这种变革有可能持久而富有成果）的地方并不在教育之中，而是一种忽视教育的重要的社会变革，那么，观察和记录进取心的那种不确定感就显得非常重要。因为前面的那种改变多有反复，而正是后面的那种改变形成了教育的目标和手段。

——《当前教育中的趋势》（1917），

《杜威全集·中期著作》第 10 卷，2012：93

　　社会生活不仅和沟通完全相同，而且一切沟通（因而也就是一切真正的社会生活）都具有教育性。当一个沟通的接受者，就获得扩大的和改变的经验。……一切沟通就像艺术。所以，完全可以说，任何社会安排只要它保持重要的社会性，或充满活力为大家所分享，对那些参加这个社会安排的人来说，是具有教育意义的。

——《民主主义与教育》（1916），1990：6–7

　　让我们来考虑一下社会行动的这样一个方面，也就是教育方面。在这里，科学也许在理论上可以被设想为能够取得最为快速的效果。在对青少年的教育过程中，科学方法似乎可以立即取得转化心灵态度的效果，而不会遭遇在成人那里出现的重重障碍。

——《科学和社会》（1931），

《杜威全集·晚期著作》第 6 卷，2015：50

随着各种社会条件的变化，我们的整个教育体制逐渐发生了非常大的变化，变化之大足以称得上是一场革命。……随着时间的推移，正是这些走进校门的多数人迫使学校产生了巨大的变化，如果从教学内容、教学结果以及教学方法上产生的变化来看，这种变化堪称一场革命。

——《教育：修道院、交易柜台还是实验室》（1932），

《杜威全集·晚期著作》第 6 卷，2015：86-87

现实生活的事实之一，是社会变化的快速迅猛以及看待社会的方法和目的的转移。……我认为，如果各类学校都能看到当代文化持续不断地进行调整的动态情况，那事实上就会引发一场教育革命。

——《关于"自由与文化、社会规划与领导能力关系"的讨论》（1932），

《杜威全集·晚期著作》第 6 卷，2015：120

■ 社会重构和教育重构是相互关联的

社会重构与教育重构必须在理智上相互依赖，而且尽可能在实践上相互关联。……这种预期和计划的详细发展，要求社会事务的所有教育者和学生们共同思考和努力。

——《社会经济形势与教育》（1933），

《杜威全集·晚期著作》第 8 卷，2015：55

社会变化和教育进程……这两者是互相关联和相互作用的。……社会结构及其运作中的每一个改进，都释放了人类的教育资源，并给予它们更好的机会，以进入正常的社会进程。因此，后者自身变得真正地具有教育意义。互动

的过程是循环的和永不终止的。

——《作为基础的教育哲学》（1933），

《杜威全集·晚期著作》第 8 卷，2015：77

明显的事实是，我们的社会生活正在经历着一个彻底的和根本的变化。如果我们的教育对于生活必须具有任何意义的话，那么它就必须经历一个相应的完全的变革。这个变革并不是突然出现的，也不是凭着预想的目的在朝夕之间就能完成的。这个变革已经在进行……所有这一切都不是偶然发生的，而是出于更大的社会发展的需要。

——《学校与社会》（1899），

《学校与社会·明日之学校》，1994：40–41

教育是社会进步和社会改革的基本方法。改革仅仅依赖法规的制定，或是惩罚的威胁，或仅仅依赖改变机械的或外在的安排，都是暂时的和无效的。

——《我的教育信条》（1897），

《杜威教育论著选》，1981：10

对学生解放的这种信念，超越了对于教育理论家的解放。这种信念广泛传播，它的实现指日可待。……［但是］这件事情并没有这么简单。保守派人士依然存在。他不仅在课堂里扮演教师的角色，而且还是教育董事会的一分子。……我们逐渐意识到，教育改革只是整个社会总体修正中的一个方面。

——《教育现状》（1902），

《杜威全集·中期著作》第 1 卷，2012：187

社会学有关个体和社会对立的命题已渗入了教育思想，它被教师们用来捍卫愚蠢的惯例、未经检视的传统，用来满足那些小暴君、教育管理者喜怒无常的虚荣心。

——《教育和社会导向》（1918），

《杜威全集·中期著作》第 11 卷，2012：49

　　如果我们认识到我们生活在一个不断变化的社会秩序之中，接着在我们的学校中按照这一认识来行动，那么，这几乎将是一个教育的革命。从广义上来说，仅仅在时间的范围内，我们的教育制度就已成为一个静态的、较为固定的社会的教育。这一事实的一个证据是：重点放在得出由文本和教师制定的问题的正确答案之上，而不是放在发现问题之上，通过让儿童们自己积极地参与学习而发现制定问题的条件。

——《面向不断变化的社会秩序的教育》（1934），

《杜威全集·晚期著作》第 9 卷，2015：126

　　一切教育改革的主要努力是引起现有的学校机构和方法的重新调整，使它能适应一般社会的和智力的条件的变化。……现有教育上的许多问题和方法，都是在过去的社会条件下产生的。由于传统和习惯，它们能永久保存下来。

——《明日之学校》（1915），

《学校与社会·明日之学校》，1994：347

　　教育不得不面对的社会变化以极快的速度发生着，过去 50 年或 70 年发生的变化，其深度和广度远远超过了以前所有世纪的相加。教育中存在着困惑和冲突，因为社会生活中存在着困惑和冲突，这几乎是不可避免的。

——《教育：1800—1939》（1929），

《杜威全集·晚期著作》第 14 卷，2015：196

　　教育制度是公共生活的一部分，不可能避免学校之外流行的情况的各种影响。当压制的和反动的力量在我们一切其他制度里——经济的、社会的和政治的——正日益加强的时候，希望学校能摆脱这种影响，那将是愚蠢的。

——《〈教育资源的使用〉一书引言》（1952），

Dewey On Education，1959：129

我们判断社会进化的标准，就是用判断个人进化的标准。……体育、经济、交际、品性的四个标准，非惟可用于个人，也可以用于个人的集合体……因为没有教育，这四个标准，都无从产出的。……世界的进化不是偶然的，必须由教育提倡的。促进教育事业，那么，以上四个标准也可以促进了。

——《社会进化》（1920），

《杜威在华教育讲演》，2016：133-135

教育的基本观念，教育的目的、方法，都须为全社会的，合于社会一切生活状态的。……欲达到改造的目的，理想的希望可以实现，那非从教育着手不可了。……要使全体人民的本能发挥，须从教育着手。

——《学校与社会》（1920），

《杜威在华教育讲演》，2016：136-137

我们把眼光放大看来，教育无非要促进社会。在教师方面，他的目光是注意于儿童个人的需要。若教育行政家，则需研究社会上的需［要］，谋学校的进步，以使社会进步。

——《教育行政之目的》（1920），

《杜威在华教育讲演》，2016：141

这汽机电力的发明，还可以使一国的人因着交通便利的缘故，使思想的交换、知识的传播，一天迅速似一天，因而发生一种新势力。人生的一切事项，无论直接或间接，都要受它的影响。所以，学校不得不注意社会的转变。若是学校不适应这种新势力，都要保持它旧有的状态，它的结果必要使这学校里的人没有知识，他的国家也必要有不幸的祸乱。

——《教育之社会的要素》（1921），

《杜威在华教育讲演》，2016：154

可惜有许多教师，没有这一种经验和这一种机会去研究，这也是实际上的一个问题。即使有机会，教育者可以去研究，然而教育行政者和教育监督者，没有这种知识，就必须借科学家、工业家去帮忙，这就是互助的意思。假使教育、科学、工业三界的领袖代表互相帮助着去办，自然科学必可在学校得适当的进步。

——《学校科目与社会之关系》（1921），

《杜威在华教育讲演》，2016：159

学校的教育要完全和社会上生活相联络。学校的教育，就是产生将来良好社会分子的方法。将来良好的社会，就全赖着教育去产生。……学校基本的功用，就是要完全明白教师主要的职务是个造化者，造就多数人才，使其将来去组织更好的社会。

——《学校与社会的关系》（1921），

《杜威在华教育讲演》，2016：168

学校是社会的机关，不能不受社会的影响。社会的遗传、思想、习惯借学校科目来传布。这种思想习惯，在从前社会是适合需要的，到了现代社会，就不适合需要了。学校方面，假如还不改进，就要和社会隔绝。

——《教育之要素》（1920），

《杜威在华教育讲演》，2016：176

学校改进的原因，实为一般社会变迁，不得不变迁以为适应。社会的生活、经济、政治、农工商业，没有新的理想希望发生，学校不妨还循旧的途径。假如有到新的理想希望发生，学校不改变，乃绝对不能的事。

——《教育之要素》（1920），

《杜威在华教育讲演》，2016：176

良好的教育需要有一种资格，什么呢？就是要做一个继续不断的研究者，研究社会的情况、需要，再去考究对于这件事所以反复声明的缘故，是因为里面有因果关系。将来儿童心身的发展就可以影响到将来的社会。

——《教育者的工作》（1921），

《杜威在华教育讲演》，2016：396

这样一个事实，即在教育方法上的改变，这种改变将会释放新的潜能，使各种排列和组合变得可能。这些都能对改变社会现象产生影响，而反过来，这种改变将会以持续的、不停歇的进程影响人性和教育的转型。

——《公众及其问题》（1927），

《杜威全集·晚期著作》第2卷，2015：288

■ 学校是社会进步的最基本和最有效的工具

为了提醒社会认识到学校奋斗的目标，并唤起社会认识到给予教育者充分设备来进行其事业的必要性，坚持学校是社会进步和改革的最基本的和最有效的工具，是每个对教育事业感兴趣的人的任务。

——《我的教育信条》（1897），

《杜威教育论著选》，1981：12

学校比任何一个社会机构更能体现与过去和将来的关系。它的现状是对过去的反思和对未来的预测。如果我们注意一下，这是由于学校有关的脑力工作的强度和对教育的兴趣所决定的。

——《教育现状》（1902），

《杜威全集·中期著作》第 1 卷，2012：185

以具有社会用途的事物为媒介的教育，无论对智力发展还是对道德发展度是必要的。儿童越是密切地或直接地从社会环境中学习，他所获得的知识就越是真实和有效。……真正的人类智慧，归根结底，就是从直接的环境中所获得的密切知识，以及通过训练得来的应付环境的能力。这样养成的心理素质，一定会坦率而目光锐利，由于这种素质是和严厉的现实打交道中形成的，因此它能适应将来的各种环境。

——《明日之学校》（1915），

《学校与社会·明日之学校》，1994：255–256

没有各种职业——这些职业是基本的社会生活，即人类生活——文明就无从绵延下去。结果是必须有一种社会教育，因为每一个人都必须学会使自己适应他人和整个社会。

——《明日之学校》（1915），

《学校与社会·明日之学校》，1994：312

我相信，最崇高的艺术是人的各种能力得以形成，并使这种能力与社会相适应。能够做到这样的最优秀的艺术家需要进行社会服务，对于这种社会服务来说，无论具有多大的洞察力、同情心、机智和行政的能力，都不是多余的。

——《我的教育信条》（1897），

Dewey On Education，1959：31

如果学校要成为现代社会的反映，旧式学校必须变革的有三件事：第一，教材；第二，教师处理教材的方法；第三，学生掌握教材的方法，教材将不改变名称。……学校要成为使儿童学会过身体健康的生活如同过精神健康的生活一样的场所。

——《明日之学校》（1915），

《学校与社会·明日之学校》，1994：315

我们要改革教育，不仅是由于文化或者自由的心灵和社会服务的观念的变化。教育改革之所以必要，是因为要给社会生活的变革以充分的和明显的影响。"民众"在政治上和经济上越来越解放，这一点已经在教育上表现出来。它已经导致了免费的公立学校教育制度的发展。

——《民主主义与教育》（1916），1990：272

要使学校工作富有生气的最直接的方式，就是通过与当地的利益和职业建立更为密切的联系。……学校与周围近邻环境的这种紧密联系，不仅丰富学校的教学活动，增强学生的学习动力，而且还能增加［学校］给予社会的服务。

——《明日之学校》（1915），

《学校与社会·明日之学校》，1994：334

教育是一种社会的功能，通过确保未成年人参与他们所在群体的生活，使他们得到指导和发展，实际上等于说，教育将随着群体中生活的样式质量的高低而不同。一个不仅进行着变革而且有着改进社会的变革理想的社会，比之目的在于仅仅使社会本身的风俗习惯延续下去的社会，将有不同的教育标准和教育方法，这一点尤为正确。

——《民主主义与教育》（1916），1990：86

承认教育的功用，是自古已然的；但承认教育为社会进化的工具，是很新的。现在既求社会进化，教育自应注重社会种种需要做材料，预备将来社会生活的目的。

——《社会哲学与政治哲学》（1920），

《杜威五大讲演》，1999：82

既然真正的问题是要对所有的教育进行改造，以适应随工业革命而起的科学、社会和政治生活条件的变化，那么已经在进行的具有这种广阔的目的的各种实验，就应该被看作是特别值得同情的和值得明智考察的。

——《明日之学校》（1915），

《学校与社会·明日之学校》，1994：358

作为一项政策，或者从狭义上说作为一项政策，更大的社会或政治机构应该记住，最为重要的事情是：没有哪个社区能够通过自我教育使自己兴盛或衰弱、生存或灭亡。那些最需要增加教育机会、提高教育质量的农业地区，正是那些经济上最不适合提供这种需要的地区，这些地区的人们也最未能意识到这一点。

——《初等教育的联邦资助》（1917），

《杜威全集·中期著作》第10卷，2012：101

教材、教学方法以及学校行政和训育工作的精神，都被看作协调社会实际情况——要考虑到各地情况的不同——和学校各项活动的方法。

——《苏维埃俄罗斯印象》（1928），

《杜威全集·晚期著作》第3卷，2015：174

教育，伴随着日益增加的科学的质量标准的应用，是不可或缺的。首先，我们必须依靠教育来提高艺术、文学和娱乐的标准。……在这个领域，不同于汽车行业，更大的利润似乎在于更差的产品。电影、爵士乐、连环漫画和多种多样其他形式的流行娱乐，不是那些懂得高雅艺术、高雅音乐和高雅文学的人们视为骄傲的东西。

——《伦理学》（1932），

《杜威全集·晚期著作》第 7 卷，2015：332

学校的建筑是为了最大限度地实现其使用价值，而不是为了彰显当地的成绩，其目的是实用的而非为了创造政绩。

——《到明天太晚了：拯救学校从现在开始》（1934），

《杜威全集·晚期著作》第 9 卷，2015：313

通过科学、艺术以及无限制的人类交流，人类精神获得全面的解放从而得以发展，学校是促进这种自由最卓越的潜在的社会机构。

——《自由》（1937），

《杜威全集·晚期著作》第 11 卷，2015：197

社会的改良全赖学校。因为学校是造成新社会的、去掉旧弊向新的方面发展的、且含有不曾发现的能力预备儿童替社会做事的一大工具。许多旁的机关都不及它。

——《关于教育哲学的讲演》（1920），

《杜威在华教育讲演》，2016：21

社会有很大变迁，要加改造，最好从学校方面做去，因学校有改造社会的很好机会。年长人的心理受了旧思想的束缚，久成习惯、难以改造；青年和儿童，习惯尚未养成，正可指导他们的思想，使成新习惯，所以说学校有改造社会的很好机会。……学校确是改造社会独一无二的方法。……总之，学校为改造社会的惟一方法，从改造心理思想入手，加之以正确的知识、精致的技能，使能实现思想。假如不用这方法而用武力魔术做去，终是无用的。

—— 《教育之要素》（1920），

《杜威在华教育讲演》，2016：177

真正的、真实的注意力意味着心智的运动，不仅是在个体这一方，而且在班级这一方……总会有一天，当我们所有学校中的每个儿童都认识到，他对值得学习的一切都有动机，确实存在一种理由、一种现实理由去学习它。而且他有某种对别人有价值的东西要讲，我们的学校就将得到新生。

—— 《在杨伯翰学院作的教育学讲座》（1901），

《杜威全集·晚期著作》第 17 卷，2015：240

■ 学校是一个雏形的社会共同体

学校是一种社会共同体，它以一种典型的形式反映和组织一切共同体生活的各种基本原则。我们既可以把这种观念运用于教学方法，也可以把它运用于教材。

—— 《构成教育基础的伦理原则》（1897），

《杜威全集·早期著作》第 5 卷，2010：48

学校主要是一种社会组织。教育既然是一种社会过程，学校便是社会生活的一种形式。在这种社会生活的形式里，凡是最有效地培养儿童分享人类所继承下来的财富以及为了社会目的而运用自己的能力的一切手段，都被集中起来。……学校作为一种制度，应当把现实的社会生活简化起来，缩小到一种雏形的状态。

——《我的教育信条》（1897），

《杜威教育论著选》，1981：4

学校采用各种不同形式的主动作业……通过它们，学校的整个精神得到新生。它使学校有可能与生活联系，成为儿童生长的地方……这样的学校有可能成为一个小型的社会，一个雏形的社会。这就是一个根本的事实，而且以此为起点，继续不断地和有组织地出现各种教学活动。

——《学校与社会》，

《学校与社会·明日之学校》，1994：34

学校本身成为社会生活的一个形式，一个雏形的社会，并且与校外各种形式的共同经验彼此密切地相互影响。一切能发展学生有效地参与社会生活的能力的教育，都是道德的教育。这种教育塑造［学生］一种性格，不仅能从事社会所必需的特定的行为活动，而且能对生长所必需的继续不断地重新适应感兴趣。对于从生活的一切交往中学习感兴趣，就是根本的道德兴趣。

——《民主主义与教育》（1916），1990：377

使每个学校都成为一种雏形的社会生活，以反映大社会生活的各种类型的作业进行活动，并充满着艺术、历史和科学的精神。当学校能在这样一个小社会里引导和训练每个儿童成为社会的成员，用服务的精神熏陶他，并授予有效的自我指导的工具时，我们将拥有一个有价值的、可爱的、和谐的大社会的最强大的且最好的保证。

——《学校与社会》，

《学校与社会·明日之学校》，1994：41

学校是什么呢？学校是一种社会的制度，社会把一切过去的现在的将来的计划工具，集聚在这个机关之中，拿这些东西训练学生，使他本能的活动，变向一条路上去，和当时社会生活的精神相合——这就是学校的定义。再简单说一句，学校就是缩小的集中的社会，把过去现在未来的所有计划工具，拿来教社会的幼小分子，叫他们为现在和将来社会之用。学校不但是雏形的社会，并且是模范的社会，后来社会改良都要完全靠着它。

——《现代教育之趋势》（1919），

《杜威在华教育讲演》，2016：267

紧迫的事情，意义重大的事情，是如何真正使学校成为一个社会中心。这是一个实践问题，而不是一个理论问题。……自从在原始部落中发现可称得上教育的东西以来，教育功能就一直是社会性。

——《作为社会中心的学校》（1902），

《杜威全集·中期著作》第2卷，2012：60

一所学校有着它自己的集体生活；无论是好还是坏，它自身是一个名副其实的社会机构——一个共同体。以这种集体性社会生活为中心并且向四周辐射的影响，比仅仅是教室里的理论指导，对你孩子的道德发展更为重要；而对于发展全面的智力来说，它们至少有着同等的重要性。

——《教育学院的意义》（1904），

《杜威全集·中期著作》第3卷，2012：211

不言而喻，学校是一个社会机构。……学校是一个像家庭、像教堂、像商店、像政府那样的机构，也没有认真考虑过它将会成为一门严谨的学科。

——《作为一门大学学科的教育》（1907），

《杜威全集·中期著作》第4卷，2012：127

成人有意识地控制未成熟者所受教育的唯一方法，是控制他们的环境。他们在这个环境中行动、因而也在这个环境中思考和感觉。我们从来不是直接地进行教育，而是间接地通过环境进行教育。……当然，学校总是明确地根据影响其成员的智力和道德倾向而塑造的典型环境。

——《民主主义与教育》（1916），1990：21

学校教育有三种要素：第一，学校是一种特设的机关，有组织又有系统；第二，学校内有种种科目；第三，学校内有教授上所用的特别方法。

——《教育与学校的几个关键问题》（1920），

《杜威在华教育讲演》，2016：90

随着社会变得日益复杂，就有必要提供一个特殊的社会环境，特别关心培养未成年人的能力。[学校]这个特殊的社会环境有三个比较重要的功能：一是简化和安排所要发展的倾向的许多因素；二是净化现有的社会习惯并使其观念化；三是创造一个更加广阔的和更加平衡的环境，使青少年不受原来环境的限制。

——《民主主义与教育》（1916），1990：25

个人是相互依赖的，没有人天生不依赖他人。没有来自他人的帮助和养育，他就会悲惨地死去。他在智力和生理上生存所需的物质，都来自他人。随着他的成熟，他在生理上、经济上变得更加独立；但只有通过与他人的合作和竞争，他才能从事他的职业；只有通过交换服务和商品，他的需求才能得到满足。他的娱乐和成就就取决于与他人的分享。那种认为个人天生就是分开的、隔绝的，只有通过某种有意的安排才进入社会的观念，只是一个纯粹的神话。社会关系和联系就像物理关系一样，是自然的和必然的。

——《伦理学》（1932），

《杜威全集·晚期著作》第7卷，2015：180-181

如果没有个人与他人的紧密联系，没有彼此间不断地自由交换经验，那个人和社会的整合是不可能的。所以，只有学校本身是一个小型的合作社会，教育才可以使年轻人为将来的社会生活做好准备。因此，要使这些作业实现我们想要的那种合作，首要因素是学校把自身建设成一种社会生活的形式。

——《〈杜威学校〉：陈述》（1936），

《杜威全集·晚期著作》第 11 卷，2015：150

只有当学校本身成为一个小规模的合作化社会的时候，教育才能使儿童为将来的社会生活作准备。除非个人在和别人不断地和自由地经验交往中紧密地生活在一起，并在共同分享的过程中得到幸福和成长，否则个人和社会的一体化是不可能的。

——《芝加哥实验的理论》（1936），

《杜威教育论著选》，1981：320-321

真正的学习型学校是一个社团。在学校里，特殊的才能逐渐显露出来，并发生适合于未来事业的转变；同时，个人感到了快乐，由于个人学会了认识自身的能力并使用它，社会获得了丰富的、高尚的服务。

——《什么是学习》（1937），

《杜威全集·晚期著作》第 11 卷，2015：187

学校只有在社区中，为了社区的目的而起作用时，才具有社会功能。社区是地方的、现成的，而且相互靠得很近；而"社会"总的来说，则距离较远，是很模糊的东西。……如果地方社区的学校能够很好地利用所拥有的机会的话，那么，我们就不用担心地方社区的学校不能为人们提供向更广阔的人际关系发展的道路。

——《〈行动中的社区学校〉序言》（1939），

《杜威全集·晚期著作》第 14 卷，2015：261-262

学校当然是一个社会交往的领域，朗诵也是，两者都应该秉承一种促进思想和经验交流的理念。一所真正的学校必定允许社会性的充分发展，这不是遵守纪律的问题。儿童不会因为校方的强压式教导而改变本性，儿童就是孩子，总是会犯错误的，总是需要被纠正和照看。

——《在杨百翰学院作的教育学讲座》（1901），
《杜威全集·晚期著作》第 17 卷，2015：205

社会上、科学上所重的不是避免错误，而是使它们能在被利用以增进将来的智慧的条件下发生。

——《哲学的改造》（1920），2004：123

学校自身的生活就是社会生活的一部分，要使学生将来能过社会的生活，必须先将学校变成社会。学校的最大坏处，就是先为学生悬一个很远的目的，以为现在所学都为预备将来入社会之用，现在虽与生活没有关系，将来总有一天得用的。于是，所学与所用完全不能连贯。不知学校的生活必须处处与社会的生活有关，使学生对于学校的生活能生出浓厚的趣味。

——《关于教育哲学的讲演》（1920），
《杜威在华教育讲演》，2016：26

学校的设置，第一要和社会相结合，第二要和儿童天性相结合。这两种目的，要一时达到这两个目的，必须把学校看作一个小社会，学生便是社会的分子，学生在学校里活动，就像在社会活动一样。学校的设备和组织，就是社会的模型；儿童在校内的生活，就是在社会与生活的一个缩影。使学校和社会成为一体，就是使学校适应儿童的需要，叫他们得到充足的机会，以责任心去做事，打好以后在社会负责任做事的基础。

——《学校与社会的关系》（1921），
《杜威在华教育讲演》，2016：165

　　学校是为求社会进步而设的，不是仅为传授知识给少数学生的，应当做成一个社会的缩影。倘使不从这一点着手，那么，怎能把这学校办得完善？怎能把学生养成未来的公民？

——《学校与社会》（1920），
《杜威在华教育讲演》，2016：138

　　学校作为社会的一个单位，学校的事和社会上的事是一样的。学校里师生同学的关系，就是社会上人们的关系。……学校和社会一样，也就是社会的一个试验室，去试验儿童的创造力、组织力、互助力，养成了这种能力，好去给社会服务。

——《学校与社会的关系》（1921），
《杜威在华教育讲演》，2016：167

　　儿童在智力上、社会性上、道德上和身体上是一个有机的整体。我们必须从最广义上把儿童看作是社会的一个成员，要求学校做的任何事情都必须使儿童能够明智地认识他的一切社会关系，并参与维护这些关系。

——《教育中的道德原理》（1909），
《学校与社会·明日之学校》，1994：144-145

　　如果组成社会的成员继续生存下去，他们就能教育新生的成员，但是，这将是以个人兴趣为导向，而不是以社会需要为导向的任务，这是一件必须做的工作。……的确，社会的继续生存，必须通过教导和学习……

——《民主主义与教育》（1916），1990：4-5

　　社会环境由社会任何一个成员在活动过程中和他结合在一起的所有伙伴的全部活动所组成。个人参与某种共同活动到什么程度，社会环境就有多少真正的教育效果。

——《民主主义与教育》(1916),1991：24

就我们沟通的学校教育系统而言,主要任务必定是在最广泛的意义上,将学校里的男孩女孩、男女青年培养成良好的公民。我们必须把这些学生培养成社会共同体的一员,他们会承认那些将他们与其他所有社会成员联系起来的纽带,承认他们有责任为共同体生活的建立作出贡献。

——《教育的社会目的》(1922),

《杜威全集·中期著作》第1卷,2012：132

没有共同的理解,就没有社会的生活。但在一个共同参与的活动中,每个人所做的事情都参照别人所做的事情,别人所做的事情都参照他所做的事情。这就是说,每个人都要把他的活动放在同一个包括一切的情境之中。

——《民主主义与教育》(1916),1990：33

现在我提出来的,是怎样可以做到这理想的目的。就是怎样传授过去的经验,怎样刷洗社会的环境,怎样扩大儿童社会的观念。简言之,就是怎样使学生社会化,怎样使儿童变成社会的分子、有社会的兴趣。

——《关于教育哲学的讲演》(1920),

《杜威在华教育讲演》,2016：23

■ 使学校和社会生活联系在一起

我已经试图指出,学校怎样才能与生活联系起来,使儿童能随意地、平常地把获得的经验能带到学校去并加以利用，而儿童在学校里学到的东西又能带回去并应用于日常生活，使学校成为一个有机的整体，而不是彼此隔离的各个部分的混合物。这样一来，学科之间的彼此隔离和［学校系统］各个部分之间的彼此隔离就消失了。

——《学校与社会》（1899），

《学校与社会·明日之学校》，1994：70

学校要使学生联系社会生活，因而又要使教学内容和教学方法联系社会生活，而不是同社会生活相隔离，这是教育理论上我们所熟悉的一个观念。从某种形式来说，所有彻底的教育改革都是以这个观念为基础的。

——《苏维埃俄罗斯印象》（1928），

《杜威全集·晚期著作》第 3 卷，2015：178

威胁着学校工作的巨大危险，是缺乏养成渗透一切的社会精神的条件，这是有效的道德训练的大敌。因为只有具备了一定的条件，这种精神才能主动地表现出来。（1）首先学校本身必须是一种社会生活，具有社会生活的全部含义。……（2）校内学习应与校外学习连接起来，在两者之间应有自由的相互影响。

——《民主主义与教育》（1916），1990：375

参与一些与个人有联系的那些人的生活是不可避免的。对他们来说，社会环境无意识地和不设任何目的地发挥教育和塑造的影响。

——《民主主义与教育》（1916），1990：19

如果学校教育能融入社会生活和社会准则，儿童获得的训练将会逐渐提高和扩展，那么，当他最后面对更大的责任时，就不会有现在的这种断层了。真正的生活就是对一个人已经学到的东西的拓宽，就这么简单。

————《在杨伯翰学院作的教育学讲座》（1901），

《杜威全集·晚期著作》第 17 卷，2015：208

［学校］它不是在做它所以存在而应该做的和自称要做的事情。因此，一般地说，学校整个的结构特别是它的具体工作，需要时时联系学校的社会地位和职能去加以考虑。

————《教育中的道德原理》（1909），

《学校与社会·明日之学校》，1994：144

必须以最广阔的、最自由的精神解释学校对社会所负的任何责任。这就是对儿童的培养，要能培养他的自制，使他能照管自己；使他能不仅适应正在发生的变化，而且有能力去形成变化，指导变化。

————《教育中的道德原理》（1909），

《学校与社会·明日之学校》，1994：146

学校为了充分发挥它们的效率，要有更多联合活动的机会，使受教育者参与这些活动，使他们对于自己的力量和所使用的材料和工具，都得到社会的意义。

————《民主主义与教育》（1916），1990：44

离开了参与社会生活，学校就既没有道德的目标，也没有什么目的。只要我们把自己禁闭于成为孤立机构的学校，我们就没有指导原则，因为我们没有目标。例如，据说教育的目的是个人一切能力的和谐发展……但是，如果我们独立于社会关系之外来理解这个定义，我们就无法说明所用的任何一个名词是什么意思。我们不知道什么叫能力，我们不知道是什么叫发展，我们不知道什么叫和谐。

——《教育中的道德原理》（1909），

《学校与社会·明日之学校》，1994：146

　　我们关心的是教育中更为根本的改革，和唤醒学校认识它们的工作应该是为儿童将要在世界上过的生活作准备这样一个事实。

——《明日之学校》（1915），

《学校与社会·明日之学校》，1994：378

　　学校本身必须是一个比现在所公认的在更大的程度上生气勃勃的社会机构。……准备社会生活的唯一途径就是进行社会生活。离开了任何直接的社会需要和动机，离开了任何现存的社会情境，要培养对社会有益和有用的习惯，是不折不扣的在岸上通过做动作教儿童游泳。将最必需的条件置之度外，结果也相应地是片面的。

——《教育中的道德原理》（1909），

《学校与社会·明日之学校》，1994：147

　　学校教育的目的在于通过组织保证生长的各种力量，以保证教育得以继续进行。使人们乐于从生活本身学习，并乐于把生活条件造成一种境界，使人人在生活过程中学习，这就是学校教育的最好的产物。

——《民主主义与教育》（1916），1990：55

　　承认教育的社会责任的课程必须提供一个环境，在这种环境中，所研究的问题都是有关共同生活的问题，所从事的观察和传授的知识，都能发展学生的社会见识和社会兴趣。

——《民主主义与教育》（1916），1990：205

对于学校改革来说，最首要也是最关键的就是整个学校的精神（the whole spirit of the shool）。有些特定的构建和试验形式无法在缺乏合适材料的情况下实施，无法"在实验室"探索。但是，没有任何一所学校是封闭的，还是有机会鼓励儿童去体验而非仅仅接受。

——《在杨伯翰学院作的教育学讲座》（1901），

《杜威全集·晚期著作》第 17 卷，2015：286

学校的任务就是设置一个环境，在这个环境里，游戏和工作的进行，应能促进青少年的智力和道德成长。如果仅仅在学校里采用游戏和竞技、手工和劳作，这还不够。一切还看我们怎样运用它们。

——《民主主义与教育》（1916），1990：209

所有这些使学校担负起一种责任，而这种责任只能通过拓宽学校工作的范围来实现。学校现在需要通过有意识的指导，通过发展个人的力量、技巧、能力和创造精神来弥补被剥夺继承权的民众，因为随着拓荒者时代的结束，外在的机会也丧失了。

——《国家化的教育》（1916），

《杜威全集·中期著作》第 10 卷，2012：168

问题不在于使学校成为制造业和商业的附属机构，而在于利用工业的各种因素使学校生活更有生气，更富于现实意义，以及与校外经验有更密切的联系。要解决这个问题是不容易的。

——《民主主义与教育》（1916），1990：332

帮助儿童认识到他在学校里学到的知识只是校外生活的一部分，他在校外获得的经验不是确定不变的，所以需要更系统的方式来进行课堂学习，因为归根结底，校内校外学习的对象是统一的。

——《在杨百翰学院作的教育学讲座》（1901），

《杜威全集·晚期著作》第 17 卷，2015：207

将技术学习社会化，可以用两个方面来总结。一方面，我们要让儿童在生活中更有能力评价事物并能与他人交往。……另一方面，我们要让儿童更有能力表达自己，使他不仅有社会评价和社会参与能力，而且能增添社会效益。他应该成为社会的参与者和贡献者。

——《在杨百翰学院作的教育学讲座》（1901），

《杜威全集·晚期著作》第 17 卷，2015：270

学校开办到现在，100 余年，是教人民全具社会的幸福。所以，学校与社会是和合的，不是分离的，不使人人离开学校去谋他自己的幸福的。现在学校设立，那是谋社会的幸福，并且各个人有机会能发展社会的幸福，这是共和的精神。

——《教育与社会的关系》（1920），

《杜威在华教育讲演》，2016：124

总而言之，必须社会一般的人民身体健康，一般的人民经济充裕，一般的人民确能自治，然后社会自然进化、自然日新。所以，要预料他日社会的情形，且看今日所施的教育。

——《教育与社会进化之关系》（1920），

《杜威在华教育讲演》，2016：129

我们常见树上有一群老鸦和多少小鸦。老鸦出去衔了东西，来给小鸦吃，小鸦只是张开口等着老鸦来喂它。学校教授儿童，不是像老鸦喂小鸦，只管装进去就是了，应当使他们知道怎样去应用。……教授的原理，就是使学校的教育和学校外的教育成为一致。

——《教授青年的教育原理》（1921），

《杜威在华教育讲演》，2016：152

实际的教育，是要使学生明白社会的情形，对于社会服务、研究有用的学问，养成他们一种优良的习惯，自己思想，自己判断，对于高尚的理想并且用魄力去实行。换句话说，就是要培养实际有用的人才！

——《学校的行政和组织与社会之关系》（1921），

《杜威在华教育讲演》，2016：164

教育的要素，说各种教育所共有的要素。……有下列三种：（1）幼童青年之受教育者；（2）学校、教师、学科、管理、训练等方法；（3）社会目的。此三种要素，各有特殊的用途，教育哲学就由此而生。教育历程的起点，为受教育者……教育历程的终点，为社会目的；使受教育者受教育后得参与社会生活。

——《教育之要素》（1920），

《杜威在华教育讲演》，2016：175

求知识不是目的，乃是方法。多数的人求知识，不是希望成一专门家，乃是要学得处世的手段和方法。所以一部分的学科总要适合社会，那么学的人可以晓得，他所学的和社会有什么关系了。……一般受教育的人，应该晓得他受的教育不是为个人的，乃是为社会谋幸福、谋利益的，这才是实用的教育。

——《公民教育》（1920），

《杜威在华教育讲演》，2016：229

无论教授哪种科目，一面须适合学生的需要，使之发生兴趣，发展他的动作，助长他的经验；一面要拿科目当作一个桥梁，现在学生与将来社会相离的生活借这桥梁渡过去。

——《教育的新趋势》（1920），

《杜威在华教育讲演》，2016：286

社会变迁的影响，不但影响到学校的组织制度、管理上，还能够影响到科目问题。……由此看来，学校的建设不是偶然的。有一种必要先解决的问题，什么呢？就是使学校适应社会的情况、适应社会的需要。

——《教育者的工作》（1921），

《杜威在华教育讲演》，2016：395

学校好像一个工厂，学校应该做的事业也要做成一个工厂似的学校。这工厂是活的、不是死的，造出的货物——学生——也是要活泼泼地做社会上有用的公民。若是工场的工人不知所做的是何种货物，彼此又不能联络而互相分离，他的工厂是必不成功的。所以，教育的惟一要素就是要晓得社会的情况，去决定指导的方法。学校造就学生，就像工场需用何等方法，何等材料以制造何种货物是一样的。

——《教育者的工作》（1921），

《杜威在华教育讲演》，2016：395

未来教育的伟大任务之一，是打破这些阻碍学校生活与校外更广阔生活建立关联的隔阂。只有这样，后者中最有价值的东西才能进入教室，为课堂带来活力。提高学习兴趣，儿童们也会非常愿意将所学的运用到实践中。我将用一个我经常讲述的故事来结束本次演讲。芝加哥一所游泳学校上课时，从不要求学生下水。他们教给学生们所有可能用得到的泳姿，并要求学生反复训练。

当一个学生被问到一旦下水会发生什么时，他回答："我沉下去了。"

——《在杨百翰学院作的教育学讲座》（1901），

《杜威全集·晚期著作》第 17 卷，2015：207-208

　　文化中一致和统一的概念有点让人厌恶，人们不能幻想世界上所有民族都说沃拉普克语（Volapuk）或世界语，产生同样的思想、同样的信念、同样的历史传统，以及对未来的理想和渴望。多样性才是生命的情趣所在。社会制度的丰富性和吸引人之处，取决于各个独立单元之间文化上的多样性。如果民族都是一样的，它们之间就不会有交流。但是，最好还是要交流。

——《民族性的原则》（1917），

《杜威全集·中期著作》第 10 卷，2012：233-234

　　教育（如果真正是教育的话）必须有养成态度的一种倾向。养成在明智的社会行动中表现出来的种种态度之教育倾向，是不同于灌输教条的教育倾向的。这正如确定明智的目标是不同于向空中随便乱放枪，而幻想无论如何总会有一只鸟儿可能飞来碰上其中某些子弹的。

——《民主对教育的挑战》（1937），

《人的问题》，1965：41

　　通过活跃的家长协会，他们可以将外部世界更多地带到学校中来，打破学校与社会生活之间的隔离。在学生性格的形成中，这种隔离是学校不能开展工作的重要原因之一。

——《年轻人的性格培养》（1934），

《杜威全集·晚期著作》第 9 卷，2015：152

■ 教育的失败是由于学校和社会生活的隔离

现在教育上许多方面的失败，是由于它忽视了把学校作为社会生活的一种形式这个基本原则。现代教育把学校当作一个传授某些知识、学习某些课程或养成某些习惯的场所。

——《我的教育信条》(1897)，

《杜威教育论著选》，1981：5

我们必须承认，社会是一个飞速变化的社会，一种不能使人们适应变化的教育就是失败的教育。……学校课程的这种重组应当致力于使所有个体更能够照应自己，因为给他们提供了更普遍的能力教育。

——《在儿童研究联合会上的演讲》(1914)，

《杜威全集·中期著作》第 7 卷，2012：285

学校不能把自己组成为［一个］自然的社会单位的根本原因，正是由于缺乏这种共同的和生产性的活动的因素。……在课堂里社会组织的动机和凝固剂也同样是缺乏的。在伦理方面，目前学校可悲的弱点在于，它所致力的是在社会精神的条件显然十分缺乏的情况下培养社会秩序的未来成员。

——《学校与社会》(1899)，

《学校与社会·明日之学校》，1994：32

学校却同社会生活的通常情况和动机如此隔离，如此孤立起来，导致儿童被送去受训练的地方正是世界上最难得到经验的地方，而经验正是一切有价值的训练的源泉。

——《学校与社会》，

《学校与社会·明日之学校》，1994：33-34

学校的教师经常怨恨提到外界的接触或者是外界的因素，好像它们真的仅仅是外界的干涉而已。在过去的两个世纪里，毫无疑问的是：人们把更多的精力放在构造一个本身高效率的学校系统机制，而没有关注它与家庭生活、交通、商业或政治机构的适当联系。

——《教育现状》（1902），

《杜威全集·中期著作》第 1 卷，2012：204

如果学校脱离校外环境中有效的教育条件，学校必然用拘泥的书呆子气的和伪理智的精神替代社会的精神。儿童无疑要进入学校学习，但是，如果学习成为不与社会联系的有意识的事情，要能够最适当地学到东西还有待证实。……学生可能获得代数、拉丁文或植物学方面的专门能力，但不能保证获得一种智慧，以指导自己的能力达到有用的目的。

——《民主主义与教育》（1916），1990：43

学校的智力训练和道德训练之间非常可悲的分隔，获得知识和性格形成之间的可悲分离，不过是由于没有把学校看作和建成其本身就有社会生活的社会机构的一种表现。除非学校尽量成为典型的社会生活的胚胎，道德训练必然部分是病态的，部分是形式上的。

——《教育中的道德原理》（1909），

《学校与社会·明日之学校》，1994：148

人性本是如此，认为学校仅仅是一个学习课程的地方。受到这种观念影响的每一位教师都会认为，经过他们尽可能完整和无私的考察之后，给学生判定了成绩，即判定学生在学习课程上的成功，这样他们就完成了对一个学生的全部责任。

——《教育：直接的和间接的》（1904），

《杜威全集·中期著作》第 3 卷，2012：182

学校中所学的东西至多不过是教育的一小部分，还是粗浅的一部分；然而，在学校中所学的东西却往往在社会中造成种种人为的区分，使人们相互隔离开来。

——《明日之学校》（1915），

《学校与社会·明日之学校》，1994：221

一般说来，学校与之所以与社会隔离，主要原因在于缺乏社会的环境。有了社会环境，学习就是一种需要，也是一种报酬。学校既然与社会隔离，学校里的知识就不能应用于生活，因此也无益于品德。

——《民主主义与教育》（1916），1990：376

学校是一种比工厂少一些机械化的东西，这一点不用说。然而，学校终究还是有其机械的一面和机械的基础，所有的学习都从最低的等级做起，这就具有其机械性特征。

——《当前教育中的趋势》（1917），

《杜威全集·中期著作》第 10 卷，2012：94

我确信，我们没有任何一种教育的、社会的、经济的需要会比在农业地区和小村庄改善智力和教育条件来得更为迫切。我们有一种生硬的、漠然的教育模式，这种模式不能将孩子们留在学校里，不能将孩子们留在乡村生活中，也不能唤起他们对理智和社会的兴趣。我并不认为只要一会儿工夫，这种对教育的联邦资助就会突然引发一种奇迹，一劳永逸地消除糟糕的状况。

——《初等教育的联邦资助》（1917），

《杜威全集·中期著作》第 10 卷，2012：101

如果普通的男孩、女孩除了在学校里学到的东西外，与其他一切归于社会事务的观念和信息相隔绝，那么，就会带着对任何社会问题、政治罪恶和工业缺陷的完全无知而投身社会，他们会带着一种盲目的自信前行……

——《作为政治的教育》（1922），

《杜威全集·中期著作》第 13 卷，2012：289

旧的那种理想在文学、宗教领域保持着魔力和情感上的魅力，那新的理想必然是粗糙的、狭窄的。旧的理想生活的象征仍然参与思想，并唤起人们对它的忠诚。条件的确已经改变，但是生活中的每个方面，从宗教到教育，到财产和贸易，都表明在观念和理想里没有任何接近改革的东西发生。

——《公众及其问题》（1927），

《杜威全集·晚期著作》第 2 卷，2015：261

教材与学生的生活、需要、经验、兴趣以及社会状况，若是分离了，不但学生所学的知识没有什么实用；习惯下来，学生的心理亦不求有实用了。认为在某学校里毕业，差不多像得了一种官衔一样；或脑筋中记得几本书，就算是士君子之流，高出于群众了。像这样的知识，好比一块美玉佩在身上，当作一个装饰品罢了！这不是很坏的事情么？

——《教育的新趋势》（1920），

《杜威在华教育讲演》，2016：288

我们的学校教育在很大程度上逃避了对社会生活中更为深层的问题进行认真思考，而思维只有通过进入现实才能成熟。因此，学生真正获得在其性格和思想中留下烙印的有效教育，是当他们毕业后开始参与过分强调商业及其成果的成人社会活动。这种教育最多会是一种极其片面的教育……

——《旧个人主义与新个人主义》（1930），

《杜威全集·晚期著作》第 5 卷，2015：79

面对新的工业形势，我们的教育仍然固守过去的传统和文化目的，这又扩大了我们的机械和我们为了人的目的而对其施加控制的能力之间存在的那种不相适应的状况。

——《美国的教育：过去和未来》（1931），

《杜威全集·晚期著作》第 6 卷，2015：80

在开始的时候，他面对新奇而广阔的世界充满着好奇和兴奋，突然视野墙坍塌了，儿童被限定在一个狭窄的世界中，里面充塞着多少有点令人厌恶的细节。……麻木的和机械的影响就是今天美国普通学校的恶魔，它肆意狂舞，恣意妄为。然而，变化已经发生，要求变革的迹象风起云涌，达到了一触即发的程度。

——《高中对于教育方法的影响》（1896），

《杜威全集·早期著作》第 5 卷，2010：210–211

并非所有的社会变化都会带来好的有益的结果。但我们可以声称：这里已经出现了变化，我们必须回应这些变化，而不是对它们视而不见。教育应当负起开发不同类型的心灵和个性的责任，这是一种引导这些新生力量向善的教育。缺乏这种教育，新生力量难免会成为毁灭的力量、分裂的力量。

——《美国的教育：过去和未来》（1931），

《杜威全集·晚期著作》第 6 卷，2015：81

我们忽略了影响智慧的审慎的心智态度发展的社会条件。但是，很清楚，一个人所受的教育，不仅仅有正规的教育，还有传统、他所生活的社区制度以及其伙伴的习惯，这些都有深刻的影响。

——《伦理学》（1932），

《杜威全集·晚期著作》第 7 卷，2015：168

认为学校会在过去四十年巨大的社会扩张和重组中保持不变，与认为当地陈旧的谷物磨坊、制材厂和铁匠店能够继续服务于新环境或者旧十路能够迎合汽车时代的需要一样荒谬。不能通过世世代代固定不变的措施，就来决定教育中什么是"虚饰"的、什么是根本的。唯一真正的标准，是社会状况和需求。

——《我们应该废除学校的"虚饰"吗？不》（1933），

《杜威全集·晚期著作》第 9 卷，2015：114

学校的学习与社会或人类环境之间的相互分离，强化了传统的背诵方法。这一传统的背诵方法，不像家庭和日常生活中的对话那样，成为一个友好交往的场景。因为学校的学习有明确的教学目标和要求，单一地重复某一教材中相同的材料和仅仅为测试做充分的准备，便成为一个学生的作业。因此，这种学习方法是学校与校外生活和体验隔绝的原因之一。

——《教育哲学的必要性》（1934），

《杜威全集·晚期著作》第 9 卷，2015：158

从学校和社会隔绝里生出来的坏结果一共有三种，现在大略把它说一说。（1）没有生气。……（2）不切实用。……（3）没有兴趣。…… 以上所讲的并非要批评现代学校的不好，不过要表明理想的学校罢了。

——《教育与学校的几个关键问题》（1920），

《杜威在华教育讲演》，2016：82-83

第五编　民主与教育

■ 民主是一种生活方式

民主是一种生活方式……它所理解的人性体现在每一个人身上，与种族、肤色、性别、出身、物质或精神财富无关……民主的平等信念认为，每一个人，不管天赋如何，都拥有与所有其他人同样的发展天赋的机会。

——《创造性的民主——我们面对的任务》（1939），

《杜威全集·晚期著作》第 14 卷，2015：164–165

正因为民主自由的目的是使得人的潜能获得最大可能圆满地实现，所以当后者受到剥夺和压抑的时候，它将会在适当的时候起来反抗而要求有表现出来的机会。……民主是一种生活方式。但是我们还要明白：它是一种个人的生活方式，这种生活方式为个人的行为提供了道德的标准。

——《自由与文化》（1939），2013：109–110

民主也意味着以智慧为基础的自由的选择，这种智慧是和别人自由联合和交往的结果。民主是一种共同生活方式，在共同生活中，互相自由协商支配一切，而不是力量支配一切，合作而不是残忍的竞争是生活的规律；民主一种社会秩序，有利于友谊、审美和知识的一切力量受到热爱，一个人能发展成为怎样的人，就发展成为这样的人。

——《教育与社会变革》（1937），

《杜威教育论著选》，1981：343–344

民主作为个人生活方式并无新鲜的内容，它不过赋予旧观念一种新的现实意义。它意味着，只有通过每个个体的创造性活动，才能成功地应对目前民主的劲敌。它还意味着，我们必须克服这样的习惯性思维，即认为民主与构成个体性格的稳固的个体态度相分离，维护民主只能通过军事或市政这样的外在手段。

——《创造性的民主——我们面对的任务》（1939），

《杜威全集·晚期著作》第 14 卷，2015：164

作为生活方式的民主主义不能站着不动，如果它要继续存在，它亦应往前走，去适应当前的和即将到来的变化。……因为民主主义为了要继续存在必须改变和前进，所以，我想我们有民主主义对于教育所提出的挑战。

——《民主对教育的挑战》（1937），

《人的问题》，1965：35

至少，民主制度在观念上是最接近所有社会理想的；在民主制度中，个体与社会形成互相的有机联系。由于这个原因，真正的民主制度是最稳定而不是最不安全的政体。

——《民主伦理学》（1888），

《杜威全集·早期著作》第 1 卷，2010：183

在一切事情中，沟通是最为奇特的。事物能够从外在的推和拉的活动转向人类，因而也是自己揭示自己，以及交往的结果是共同参与、共同享受。……当发生沟通的时候，一切自然的事情都需要重新考虑和重新修订。它们要被重新调整，以适应交谈的要求，无论它是公开的交谈，或是那种所谓思考的初步论述，都是如此。

——《经验与自然》（1925），

《杜威全集·晚期著作》第 1 卷，2015：112

在它最深刻的、最丰富的意义上，一个共同体必须总是保持面对面的沟通。这就是为什么家庭和邻里之间尽管有各种各样的缺陷，但一直能成为主要的自然单位。一个伟大的共同体，在自由的、充分沟通的基础上，是可以构想的。

——《公众及其问题》（1927），

《杜威全集·晚期著作》第 2 卷，2015：294

交流中的想法是思想觉醒（不管是别人的，还是我们自己的）的一个不可或缺的条件。产生的想法如果不能获得交流，那要么逐渐消失，要么就会变得歪曲或病态。公共讨论与交流的公开气氛是观念和知识诞生的不可或缺的条件，也是其他健康与充满活力的生长所不可或缺的条件。

——《自由的哲学》（1928），

《杜威全集·晚期著作》第 3 卷，2015：84

在所有难以做到的事情中，最困难的和最重要的也许要算是理解了。达到理解便达成了某种共识，而共识就是对共同事业的承诺，也就是相互约定与相互信任。……只有以共同经验为依托的相互信任才是可能的；没有相似的经验，语言便有着不同的含义，交流便是虚假的——即便是形式一样的观念也会存在分歧。……共同体是由相互交流的人所组成的，他们在行动中相互认同，因为他们分享着共同的理解。

——《〈经验之中〉导言》（1927），

《杜威全集·晚期著作》第 3 卷，2015：265

……取决于机器与金钱这种新型组合，结果产生了我们时代所特有的金钱文化。我们传统的要素——机会平等、自由联合、相互交流随之黯然失色，销声匿迹。原本预期个性应该得到长足的发展，可是如今整个个人主义理想却陷入歧途，去迎合金钱文化的一举一动。它已成为不平等与压迫的源泉和辩护，于是便产生了我们的妥协，以及目标和标准混乱不堪、难以辨认的冲突。

——《旧个人主义与新个人主义》（1930），

《杜威全集·晚期著作》第 5 卷，2015：37

关于民主理想的讨论，还远远没有定论。但是，如果到最后被证明是失败的，它不会是因为这个学说水平太低，而是因为在道德方面对人性的要求过高，至少就目前受到教育的人性而言。民主是一个需要极大的努力才能实现的学说，需要思想的勇气和实现理想的信仰。

——《创造与批判》（1930），

《杜威全集·晚期著作》第 5 卷，2015：103

民主理论形成于前工业和前科学时代。它带有其来源的那个时代的标记。尽管民主理论和实践是新近的事情，尽管它们仅仅只有短暂的历史，但自从它们形成以来，人类的历史就其变化及发展速度而言，比先前的时代要快得多。如果理论不能够适应当下的时代，那么，这个理念和标准的有效性就值得怀疑。

——《伦理学》（1932），

《杜威全集·晚期著作》第 7 卷，2015：275

现代生活意味着民主，而民主则意味着使理智获得自由，从而发挥独立的效用——把人的头脑作为一个独立器官而予以解放，使之发挥它的作用。

——《教育中的民主》（1903），

《杜威全集·中期著作》第 3 卷，2012：172

民主制度是一种伦理理念，是一种带有真正无穷能力、内存于每个人的个性的理念。在我看来，那个唯一的、根本的人性理想与民主是统一词。

——《民主伦理学》（1888），

《杜威全集·早期著作》第 1 卷，2010：192

儿童在学校里必须允许有自由，这样当他们能够控制身体的时候，他们将会知道自由的运用意味着什么；他们也必须允许去发展积极的品质，如主动性、独立性和善于应变的能力，这样民主制度的滥用和失败的现象才会消失。

——《明日之学校》（1915），

《学校与社会·明日之学校》，1994：387

许多相互合作的个人积累的智慧包含在他的生活环境中，他通过应用天生的能力使这些智慧中的一部分成为他自己的。可获得的知识、观念和人文素养都体现在社会媒质的制度中，有了社会媒质，每个普通人的社会和政治理智都会提升到意想不到的高度。

——《自由主义与社会行动》（1935），

《杜威全集·晚期著作》第 11 卷，2015：36

民主的基础是信仰人性所具有的才能，信仰人类的理智，以及信仰合伙和合作经验的力量。这并不是相信这些事物本身就已经完备了，而是相信如果给它们一个机会，它们就会成长起来，而且就能够继续不断地产生指导集体行动所必需的知识和智慧。

——《民主与教育行政》（1937），

《人的问题》，1965：46

自然上的和心理上的不平等这一事实本身，就更成为理由通过法律来建立机会上的平等，因为否则自然上和心理上的不平等就变成了压迫天赋较差的人的一个手段。我们所谓理智的东西在数量上的分配是不平等的，但是民主的信念是：这种理智是足够普遍的，因而每一个人都是有所贡献的……

——《民主与教育行政》（1937），

《人的问题》，1965：46

把平等与自由统一起来的民主理想就是承认：实际具体在机会与行动上的自由依赖于政治和经济条件平等化的程度，因为只有在这种平等化的状态之下，个人才有在事实上的而不是在某种抽象的形而上学的方式上的自由。

——《自由与社会控制》（1935，1936），

《人的问题》，1965：93

［民治主义］社会一定使各分子有自由发展、自由交换、互相帮助、互相利益、互通感情、互换思想知识的机会；社会的基础是由各分子各以能力自由加入贡献的。

——《社会哲学与政治哲学》（1920），

《杜威五大讲演》，1999：28

更多地给予个人以自由，把个人的潜力解放出来，这个观念和这个理想是自由精神永远存在的核心，它是和过去一样正确的。……对社会上所创造出来的力量与精力进行社会控制可以促进一切个人的解放，而这些个人是在参与建立一个表达与增进人类自由的人生的伟大事业中联合在一起的。

——《自由与社会控制》（1935，1936），

《人的问题》，1965：100–101

■ 民主是教育的一个参照点

除非教育有某个参照点，否则它必然是无目的的，缺乏一个统一的目标。必须承认要有一个参照点。在这个国家，有这样一个统一的参照点，这就叫做民主主义。

——《教育与社会变革》（1937），

《杜威教育论著选》，1981：342

民主主义和教育的关系是一个极为密切交互的关系，这是显而易见的。民主主义本身便是一个教育的原则，一个教育方针和政策。

——《今日世界中的民主与教育》（1938），

《人的问题》，1965：25

民主相信人类经验能够生发目标和方法，凭借它们未来的经验得以丰富发展。……民主相信经验的过程比任何特定的结果更重要，只有当这些结果可以丰富和处理正在进行的经验时，它才具有最终价值，既然经验过程具有教育意义，相信民主也就是相信经验和教育。

——《创造性的民主——我们面对的任务》（1939），

《杜威全集·晚期著作》第 14 卷，2015：166

除联系着希望和努力，我们还应该养成观察和了解的自由的、广泛的、有训练的态度，使这些态度成为和科学方法的基本原则血肉相连的东西，成为习惯的、不知不觉的东西。在这个成就中，科学、教育和民主动机合而为一。希望我们能肩负起这个时代的任务。

——《民主信仰与教育》（1944），

《人的问题》，1965：23-24

如果民主社会中的学校要成为真正的教育机关，它对于民主观念的贡献是使知识得到了解，简言之，使行动的力量成为个人的内在智慧与性格的一部分。

——《今日世界中的民主与教育》（1938），

《人的问题》，1965：27

民治的根本观念，便是对于教育有很大的信仰。这个信仰，便是认定大多数普通人都是可以教的，不知者可使他们知，不能者可使他们能，这是民治的根本观念。民治便是教育，便是继续不断的教育，出了学校，在民治社会中服务，处处都得到训练，与在学校里一样。

——《社会哲学与政治哲学》（1920），

《杜威五大讲演》，1999：87

民主主义的观念本身，民主主义的意义，必须不断地加以重新探究；必须不断地发掘它，重新发掘它、改造它和改组它；同时，体现民主主义的政治的、经济的、社会的制度，必须加以改造和改组，以适应由于人们所需要与满足这些需要的新资源的发展所引起的种种变化。

——《民主对教育的挑战》（1937），

《人的问题》，1965：35

相信平等，这是民主信条中的一个因素。然而，它并不是相信自然天赋的平等。宣布平等观念的人们并不认为他们在发布一项心理学上的主张，而是在发布一项法律上和政治上的主张。一切个人都有权利受到法律的平等对待以及在其行政管理中的有平等的地位。……简言之，每一个人都同样是一个人；每一个人都享有平等的机会来发展他自己的才能，无论这些才能的范围是大是小。

——《民主与教育行政》（1937），

《人的问题》，1965：45-46

一种良好制度一定要能激发好欲望，又能使人人都有表现的机会，不致互相残害。民主制度的好处就在使人人都有平等的机会，都能表现良好的欲望，却不致互相冲突、互相残害。……不但学校，凡是文明的制度都能教育人民，都能改变人性。

——《伦理讲演纪略》（1919），

《杜威在华教育讲演》，2016：340-341

■ 民主制度要求一种公共教育

显然，民主要求公共教育，也就是学校教育普及所有人，还要求从识字到某些与公民和社会行为有关的科目的学习都有一个改变。

——《中国的新文化》（1921），

《杜威全集·中期著作》第 13 卷，2012：97

民主运动彻底地影响了教育，这是因为，它不可避免地产生了大众化教育的需要。……民主社会要求的是一切人的发展。……为了满足个人自由和主动性的需要，这种需要是与尊重他人和社会统一的本能结合在一起的，就要求有一种截然不同的教育类型。

——《教育百科全书》第三、四、五卷词条（1912—1913），

《杜威全集·中期著作》第 7 卷，2012：229

教育的权利和义务——从最广泛的意义而言，正是通过教育，思考和同情的权利才变得有效。所有制度的最终价值体现在其教育的影响力上。

——《伦理学》（1908），

《杜威全集·中期著作》第 5 卷，2012：311

在那些真正重视民主问题的教育家看来，极其需要的似乎是使儿童与他的周围环境尽可能地完善和明智地联系起来，这既是为了儿童的利益，也是为了社会的缘故。

——《明日之学校》（1915），

《学校与社会·明日之学校》，1994：379

教育对于公众的关系，不同于任何其他专业工作的关系。在公众健康或法律权利的保护和恢复不是公共事务的意义上说，教育对于我们来说是一种公共事务。……教育首先就是公共事务，其次才是专门的职业。于是，外行总是有权利就公立学校的运作提出某些看法。

——《〈教育中的道德原则〉编辑"导言"》（1909），

《杜威全集·中期著作》第 4 卷，2012：362

在最近的 150 年间，发生了改变人类生活和思维习惯的两大变化。我们刚刚看到这两大变化中的一个，即民主思想的发展，是如何要求教育上来一个变革的。另一个，即通过科学发现所带来的变化，也必须在课堂中得到反映。

——《明日之学校》（1915），

《学校与社会·明日之学校》，1994：388

教育工作者必须坚持把教育的价值放在首位，这不是它们本身的原因，而是因为这些［教育］价值代表了社会、尤其是在一种民主基础上组织起来的社会的更为根本的利益。

——《明日之学校》（1915），

《学校与社会·明日之学校》，1994：391

声称机会均等为其理想的民主制度需要一种教育，这种教育把学习和社会应用、观念和实践、工作和对于所做工作的意义的认识，从一开始并且始终如一地结合起来。

——《明日之学校》（1915），

《学校与社会·明日之学校》，1994：393

一个社会必须给全体成员以平等和宽厚的条件求得知识的机会，一个划分成阶级的社会，只需特别注意统治者的教育。一个流动的社会，有许多渠道把任何地方发生的变化传布出去，这样的社会必须教育其成员发展个人的创造精神和适应能力。

——《民主主义与教育》（1916），1990：93

学校设施必须大量扩充并提高效率，以便不只在名义上，而是在事实上减少经济不平等的影响，使全国家的青年为他们将来的事业受到同等的教育。要达到这个目的，不但要求有适当的学校管理设施，并辅以青年能够利用的家庭教育，而且要求对传统的文化理想、传统的课程以及传统的教学和训练的方法进行必要的改革，从而使所有青年能够继续在教育的影响之下，成为他们自己经济和社会的前途的主人。

——《民主主义与教育》（1916），1990：104

所有的民主都对教育给予足够的尊重，这一点并不意外。并不意外的还有，学校教育一直是它们首先和持续关注的对象。只有通过教育，机会的均等才不会被停留在口头上。

——《工业民主社会中实业教育的需要》（1916），

《杜威全集·中期著作》第 10 卷，2012：110

可以利用普及教育使人人的机会平等。普及教育的用处，并不是为个人争权夺利，是使人人有平等的机会。

——《社会哲学与政治哲学》（1920），

《杜威五大讲演》，1999：70

必须认识到，在民主社会中有职责推动这种实业教育。要抵制机器工业的单调无聊和死气沉沉，就必须对创造性、理智独立和创新性进行褒扬。因此，无论是以实践技巧的虚假神圣性还是以规训的名义，学校教育不能依照机器的机械性重复来塑造自身。

——《工业民主社会中实业教育的需要》（1916），

《杜威全集·中期著作》第 10 卷，2012：111

教育，即学校教育，变得十分必要；因为读书、写字成为一个目的。简言之，语言一旦产生出来，它就满足了旧有的需要，并开启了新的可能性。它创造了产生出实际结果的需求，而这一结果不限于演讲和文学作品，还扩展到公共生活里的交流、商谈和指导之中。

——《人性与行为》（1922），

《杜威全集·中期著作》第 14 卷，2012：48-49

师范学院在数量和其他外在标志上都取得了繁荣的发展，因为它认识到美国教育需要来自内部的教育指导，需要思想的向导和启发。数量让一个机构变得庞大，但不能让它变得伟大。让师范学院变得伟大的原因在于它仅仅把握住了一个观念，即要觉察到公众对于教育引导的需要，并献身于满足这一需要的事业中。

——《教育的方向》（1928），

《杜威全集·晚期著作》第 3 卷，2015：194

教育是一个研究、观察和探究的领域，这一点已经得到了证明。剩下要做的不仅是要继续开展伴随这一事实而来的所有特殊的调查，而且要引导公众体会它的完整意义，使教育工作的每一个方面和阶段都感受到它的力量。

——《教育的方向》（1928），

《杜威全集·晚期著作》第 3 卷，2015：195

如果教育者们停滞不前，那么，公众就会对学校漠不关心，比之前更加漠不关心。如果公众看到教育者明白这一情况，并尝试尽一己之力面对新的情况，那么就会对教育改革给予热诚的支持。

——《面向不断变化的社会秩序的教育》（1934），

《杜威全集·晚期著作》第9卷，2015：131

全世界的学校要联合起来，在所有人类和种族中努力地重建共同理解、彼此同情和友好的精神，消灭偏见、孤立和仇恨的魔鬼。……正是任何配得上"教育"之名的理念，才能唤起国家所有的教育力量。这是一项伟大的工作。

——《教育哲学的必要性》（1934），

《杜威全集·晚期著作》第9卷，2015：160

重新思考整个公共教育问题的条件已经成熟了。首要的先决条件是我们把这个问题当作一个整体来看，而不是支离破碎地看待它。把它当作一个整体的问题而非多个问题，所遭遇的困难似乎是巨大的、难以克服的。然而，现在的情形表明，真正的实践困难产生于我们没有把它当作一个整体来看待。在教育事业的不同分支和不同方面，孤立地解决特殊的问题总会碰到一些顽固的事实，这些事实表明它们之间是相互关联、相互依赖的。

——《周年纪念致词》（1936），

《杜威全集·晚期著作》第11卷，2015：136

只有使公众理解创造性的青年教育的需要和可能性，教育才是极为有效的。……公共教育本质上是对公众的教育：直接的公共教育是通过教师和在校学生；间接的公共教育是通过交流，与他人交流他自己的理想和标准，以自己和他的教职员的热情鼓舞他人，让智力与品格在社会变革中发挥作用。

——《行政才能探讨》（1935），

《杜威全集·晚期著作》第11卷，2015：272

教育同我们的国民生活和制度的关系仍旧是个问题。但是，它已经发生改变。我们需要重新考虑整个问题。我们必须弄清楚：学校在多大程度上仍然适应着那些过时的事态，必须经过什么样的重构才能应对当前的问题？这样的重构将会影响教什么、如何教。每天的学校生活该如何过？如果学校要承担当前的责任，那教师需要做什么准备？

——《贺拉斯·曼在今天》（1936），

《杜威全集·晚期著作》第 11 卷，2015：305

行政者要把成人教育当作他的职业的一个必然的部分，不仅仅是为他们开设成人班级和举行讲演——这些是有益的——而且要使得公众懂得对年青一代进行创造性的教育的需要和可能。这样才能使得这种教育生动有效。他将明白公共教育实质上是属于公众的教育。

——《民主与教育行政》（1937），

《人的问题》，1965：53

要使全体人民的本能发挥，须从教育着手。不曾受过教育的人民，好像一片不毛之地，完全未经人工的开垦，雨水不调，一些没有生产。其实，并不是本质的不良，乃是环境的恶劣。倘能在这不毛之地，开涌沟洫，灌溉得法；那么，将来的收成，真是未可限量。

——《学校与社会》（1920），

《杜威在华教育讲演》，2016：137

要想做一个民治国家，若是不训练人民使他自己思想、自己判断、自己观察。他们的思想信仰靠着别人传授，那么，这样人民去求共和国，如同水和油掺在一处一般，永远是不能相和的。

——《学校科目与社会之关系》（1921），

《杜威在华教育讲演》，2016：157

往远处看，扩充小学教育。就是扩充高等教育的基础。……就像造房子似的，小学教育比方房子的基础，高等教育比方房子的"重楼叠阁"。若是基础稳固，无论盖几层都没有危险；若是不稳固，就怕有倾覆的危险了。

——《学校的行政和组织与社会之关系》（1921），

《杜威在华教育讲演》，2016：162

改良社会，必定要有富于智慧的人出为领袖，使社会上一般的人个个皆受教育、个个多能尽其五官四肢之用，然后更求进步，使此被动的人变为自动的人，那共和的精神自然发展，社会的幸福也就发生了。

——《试验主义》（1920），

《杜威在华教育讲演》，2016：191

平民主义和教育很有密切的关系。……什么叫平民主义的教育呢？就是我们须把教育事业为全体人民着想，为组织社会各个分子着想，使得它成为利便平民的教育，不成为少数贵族阶级或者有特殊势力的人的教育。

——《平民主义的教育》（1919），

《杜威在华教育讲演》，2016：206

平民主义的教育的真意义，既然是要每个人受教育，那么这种教育的本质，第一要使得个个国民有自动的力量、有活动的精神。……我们实施平民教育的宗旨，是要每个人受切己的教育；实施平民教育的方法，是要使学校的生活真正是社会的生活。这样看来，人民求学的主旨就是求生活的真理，这是真正的目的。

——《平民主义的教育》（1919），

《杜威在华教育讲演》，2016：210

夫教育要著，首须普及。凡全国国民，无论男女贵贱，必须受同等之教育。惟此事颇非易事，必须有远大之设计，努力之进取，为有系统、有规则之进行。此必经二三十年之时期。方可达其目的。目的既定，然后施行各种方法以谋进行，此乃共和国家普及教育最要之条件也。

——《平民主义之教育》（1919），

《杜威在华教育讲演》，2016：218

有国民教育，而后方成为法治国。如竹竿然，一竹竿则分而易摧，数竹竿则合而难折。又如碎沙然，虽与岩石同其体积，然一则难破，一则易散。无国民教育，则人无团结力，与一竹竿及散沙无异。……此国民教育实为国家之根本，其他皆枝叶也。

——《国民教育与国家之关系》（1921），

《杜威在华教育讲演》，2016：231

■ 教育是民主推进过程中的首要工具

民主主义和教育有相互的关系，因为不但民主主义本身是一个教育原则，而且如果没有我们通常所想的狭义教育，没有我们所想的家庭教育和学校教育，民主主义便不能维持下去，更谈不到发展。教育不是唯一的工具，但它是第一的工具、首要的工具、最审慎的工具。

——《今日世界中的民主与教育》（1938），

《人的问题》，2016：27

民主必须在不同的时代以崭新的方式产生出来，而教育扮演了助产婆的角色。而且，只有教育能够保证普遍共同体的利益和目标。

——《工业民主社会中实业教育的需要》（1916），

《杜威全集·中期著作》第 10 卷，2012：110

把大学扩张运动从英国转移到美国的尝试，导致我沿着这一思路进一步考察。毋庸置疑，该运动在英国已经承担了大量的社会职能，甚至在真实意义上承担了政治职能。它已经不是纯粹的学术传播，或信息扩展。在该术语有限的意义上，它已经不是简单的教育事务。它标志着英国已受教育青年与劳动者之间的共同兴趣与行动的增长。在打破阶层隔阂过程中，它已经迈出了一大步。在民主推进过程中，它已经是一个重要的方面与重要的工具。

——《评论视角》（1891），

《杜威全集·早期著作》第 3 卷，2010：168

因为民主制度尚待解决的问题就是教育建设，它将培养那类明智地注意到共同生活的存在并敏锐地为共同维护这种生活尽责的个体。我们的教育所追求的，并非社会控制和个人发展之间存在的互相对立。我们向往的教育类型，它将发现并塑造出这样一类人：他们是社会民主思想的理智传承者——确实要讲社会，但还要讲民主。

——《教育和社会导向》（1918），

《杜威全集·中期著作》第 11 卷，2012：50

所有人都是平等的，因为所有人都是不可通约的、无定限的。只要教育不把它的主要注意力集中在释放的艺术以及思想和交往中的各种独特倾向上，民主就不会成为民主。

——《个性、平等与优越》（1922），

《杜威全集·中期著作》第 13 卷，2012：259

民主要求一种比对官员们、管理者们和工业的领导者们的教育更为彻底的教育。由于这种基本的普遍教育既如此必需又如此难以达到，民主的事业才如此具有挑战性。

——《评〈公众舆论〉》（1922），

《杜威全集·中期著作》第 13 卷，2012：299

最重要的是现在社会的工业结构与以往的每个社会一样，充满着不平等。进步教育的目的，在于参与纠正不公平的特权和不公平的遭受剥夺，而不在于使这些不公平状况永久存在下去。

——《民主主义与教育》（1916），1990：127

这种以民主标准为基础的对教育的分析，包含经验的继续不断的改造或改组的理想。这种改造或改组的性质一方面增加经验的被公认意义或社会内容，另一方面又增加个人的能力，成为指导这种改造或改组的保护人。

——《民主主义与教育》（1916），1990：338

教育的国家化就是使公共学校成为发展每一个个体的创造精神、勇气、力量和个人能力过程中一种有活力的和自愿的工具。……拥有这种理念的国家是一个真正有特点的国家——在其中，所有人友善地、互助地交往，每个人服务共同体的最好途径就是以最好的方式、最大限度地发挥自己的能力。

——《国家化的教育》（1916），

《杜威全集·中期著作》第 10 卷，2012：169–170

我们老是为公共的普遍的教育体制感到自豪，殊不知绝大多数人只能从体制中享受到尚属初级、基本教育的好处。显然，大部分儿童还未受到一种教育——家境宽裕的人、社会上那部分有教养的人所说的那种教育，便离开了公立学校。他们离开我们时，具备了读写、计算的能力，还有一些地理和历史方面的知识，对五花八门的通俗文学也略有所闻；但是，从这么小的年龄起，他们便不可能借助教育的影响而获得一种成熟的、驯化的智力了。

——《战后国内的社会重建》（1918），

《杜威全集·中期著作》第 11 卷，2012：66

由于国家的理念是为所有人提供均等的机会，因此，国家化的教育意味着，让学校成为实现这一理念的手段。曾经有一段时间，人们认为，这一点很容易通过提供校舍、课桌、黑板或许还有课本来做好。但是，那个时代已经过去了。学校只有把使所有人都成为自己职业命运的主人当作积极的和严肃的事情，机会才有可能是均等的。

——《国家化的教育》（1916），

《杜威全集·中期著作》第 10 卷，2012：168–169

民族性有一些非常明显的特征，比如语言的共同体、文化艺术的共同体，以及一种传统的特定的统一性和连续性、历史回顾、共同记忆。这种传统、观念和信念的共同体，或者对生活问题的道德观念，是永存不朽的，而且或多或少会被语言、文学所巩固。它创造出了被强有力的纽带清晰地联合在一起的民族。……可以确定的是，构成这种民族性的不是政治独立或者政治联合或者主权，而是一个文化上的事实：人们共同生活在理智生活和道德情感的共同体中，生活在情感观念和共同实践的共同体中，而这些都基于共同的传统和希望。

——《民族性的原则》（1917），

《杜威全集·中期著作》第 10 卷，2012：232

如果我们要获得一个在教育方面现实的国家政策，需要这种我已经说过的专家组织，一个相应的、系统公开的机构组织。每个类似教育方面的讨论，就像此时此刻所发生的争论一样，都为我们在面对不一致、不确定和偶然的方法时的软弱提供了证据。因为缺少用来影响教育力量、教师队伍，更不用说影响家长以及纳税人和其他相关方面的、作为手段的合适政策，教育问题就在那种不一致、不确定和偶然的方法中出现并被固定。

——《美国教育组织》（1917），

《杜威全集·中期著作》第 10 卷，2012：331

我不是说，在将如此纷繁复杂和互不熟悉的成分改造成观点、思想和生活接近统一的东西时，学校教育是唯一发挥作用的手段。但是我认为，我们可以说，没有任何一种其他的影响像这个国家的公共教育体系那样，在为我们的人口带来某种完整性、凝聚力、同情和团结中发挥如此重要的作用。

——《学校作为发展儿童社会意识和社会理想的手段》（1923），

《杜威全集·中期著作》第 15 卷，2012：125–126

教育是有组织的国家和政治团体最宏大、最重要的事业，对它的人力财力投入最大。此外，可以毫不夸张地说，就其结果而言，它是所有公共活动中最基本、最重要的分支。

——《哲学与教育》（1930），

《杜威全集·晚期著作》第 5 卷，2012：227

如果我们说继续保持绝大部分成年人处于一种文盲状态，而这个国家却没有继续产生更多的文盲这一点是正确的话，那么，对我来说，我们就处于一个非常矛盾和尴尬的境地。……那么，我们正在开始的、在成年人中废除文盲的积极运动，当然显得更加英明。

——《初等教育的联邦资助》（1917），

《杜威全集·中期著作》第 10 卷，2012：102

文盲群体的社会条件和社会地位使他们几乎得不到关注，也基本上无法唤起人们的情感……在这个问题的每个方面，我们都发现自己处于恶性循环之中。文盲会养育出文盲，没有接受过教育的父母恰恰是对于子女教育漠不关心的人，这是个惯例。

——《我们的文盲问题》（1930），

《杜威全集·晚期著作》第 5 卷，2015：242-243

最为突出的事实在于：我们当中存在的如此大范围的文盲现象不仅会阻碍社会的发展，而且是对我们引以为豪的公立学校系统及其效能的羞辱。如果我们不想承认那些自我夸奖只是大话空话，那就必须有所行动，这种行动覆盖面要广，并要有组织地进行。

——《我们的文盲问题》（1930），

《杜威全集·晚期著作》第 5 卷，2015：244

这个［公立学校］运动的发展是永无止境的。扩大及改进教育的需要永远不会结束，因为这种需要永远不会得到充分的满足。它反映出的正是人性的需要和社会的需要，而人性和社会本身处在不断的变化过程中。

——《美国的教育：过去和未来》（1931），

《杜威全集·晚期著作》第 6 卷，2015：79

民主问题已不再主要表现为政府或政治问题，而成了工业和金融问题——成了经济问题。……在我们生活的时代，教育必定要担负起新的责任，它要认真对付那些不属于它的管辖范围因而似乎可以绕过去的现实问题。

——《美国的教育：过去和未来》（1931），

《杜威全集·晚期著作》第 6 卷，2015：81

我们做成了一件非常重要的事情，至少把传统教育中那种称之为"文化教育"的森严壁垒打破了。这道屏障挡住了广大民众获取任何值得称之为"教育"的那种东西的去路。我们至少在发展人人享有的教育方面首先迈出了一步，这样就使长久以来"人人享有平等机会"的理想愈益成为现实。

——《教育：修道院、交易柜台还是实验室》（1932），

《杜威全集·晚期著作》第 6 卷，2015：89

公共教育之所以是公共性质的，不仅在于这种教育是由国家借由税收提供的公共开支来加以实施，而且在于它要把所有个体都训练成能为社会提供某种形式的服务的人。总之，正是通过这种或那种职业，人们最终得以为社会提供服务……

——《教育：修道院、交易柜台还是实验室》（1932），

《杜威全集·晚期著作》第 6 卷，2015：91

我们认识到，单靠学校教育并不足以完成文明的更新。未来的父母必须接受教育，母亲必须获得孕期、临产及产后的充分护理。如果未来的公民要对社会的发展有所贡献，而不致成为社会的拖累，我们就必须借助各种可能的保护措施来关怀他的健康……必须营造一种良好的环境，这不仅要消除污浊的空气、受到污染的牛奶和水、变质和有害的食物；而且要为营造适当的家庭娱乐设施提供积极的条件。

——《杜威描绘儿童的新世界》（1932），

《杜威全集·晚期著作》第 6 卷，2015：117

■ 教育养成社会有用的公民

教育一事，不可无目的。无目的则如无舵之舟、无羁之马，教育之精神

自由发展，其结果必不堪设想。今吾人既欲实行平民教育矣，则平民教育之目的必先确定。平民主义教育之目的与贵族教育之目的不同。贵族教育之目的为一定，而平民教育目的则重应变。其一就各人天赋之本能而应材以教之，其二依时势之要求以谋教育之适合。……欲实行平民主义之教育，其目的在养成一般人民有知识、有能力及有自动自思独立之精神也。

——《平民主义之教育》（1919），

《杜威在华教育讲演》，2016：221

倘若在学校里边，不曾好好地受过公民训练，将来脱离了学校，也不能够做良好的公民，替社会服务的。……学生在学校，就是要学做很好的公民。在学校里好好地培养了公民资格，那么将来到社会上去一定是一个良好的公民。

——《公民教育》（1920），

《杜威在华教育讲演》，2016：228

本国的所有公民在其他某个社会方面也是公民，如果在家庭和学校没有得到适当的训练，那他们就无法承担更大社会范围的责任。……学校有必要更好地履行其职责，为某个市、州以及国家培养公民。

——《作为公民的教师》（1931），

《杜威全集·晚期著作》第 6 卷，2015：370

学校不但读书就算了，还要造成社会有用的公民，使他们有共同生活的习惯和能力，有注重公德公益的训练，知道立法、司法、行政的效用。那么，学校的生活才是一个活的社会生活；学校内培养出来的儿童才是一个懂得社会需要、能加入社会做事的人物。他们组织的社会国家，才是一个兴盛的社会国家。

——《关于教育哲学的讲演》（1920），

《杜威在华教育讲演》，2016：25

其经验，这都于学习文字很有益的。现在学校里的学生，高等学校尚能利用图书馆去参考书籍。至于中小学，那真是实在罕见。这是应该极早提倡、极早养成，使小学生也有参考图书的习惯。

——《教育与学校的几个关键问题》（1920），

《杜威在华教育讲演》，2016：96

成人作品，特别是那些堪称经典之作的成人作品，是儿童最好的读物，幼儿除外。对于幼儿，我认为最好的读物是关于动物和儿童生活的故事书，它们最好以轻松诙谐的笔调写成，至少要半带幽默，语言要非常平实的，虽然故事内容是高度虚构的。

——《儿童读物》（1929），

《杜威全集·晚期著作》第5卷，2015：314

各种各样的博物馆迅速增长，有艺术、商业、工业，也有自然史、人类史、古代史。人们普遍认识到，它们同公共图书馆一样，在大众教育中占据必要的位置。对它们的教育功能的认识，保持着与它们的物质扩张同步发展的速度。

——《装饰艺术博物馆的教育功能》（1937），

《杜威全集·晚期著作》第11卷，2015：407

在博物馆馆藏艺术品用作教育目的这个方面，它也涉及几乎具有革命性的变化。然而，最大的错误是以为这些历史的产物已经失去了用途，人们只能听任它们处于历史纪念品的状态。与传统脱节，总是导致艺术的损失。……传统的延续并不意味着重复过去。我不知道如何用言语来陈述意味着什么，因为这是传统延续者的教育和经验问题。

——《装饰艺术博物馆的教育功能》（1937），

《杜威全集·晚期著作》第11卷，2015：409

　　教育博物馆必须把展品放在它们在一定时间、相对于其他物品需要放置的地方，以满足当时出现的教育需要。博物馆的展品越丰富，执行其教育功能就越难。……与过去相比，［库珀联合会装饰艺术博物馆］这座博物馆在将来会是一股更大的力量，推动无数个人生活的艺术潜力的丰富发展，包括许多也许永远不会知道这座博物馆存在的人。

——《装饰艺术博物馆的教育功能》（1937），

《杜威全集·晚期著作》第 11 卷，2015：122

第六编　身体与心灵

身体和心灵的发展相辅而行

人的成长与环境的相互作用

身体健康是各种事业的基本

心灵训练是教育的一个基本职责

心理学是教育过程的一个基础

■ 身体和心灵的发展相辅而行

身心两方面的发展相辅而行，两者是不可分离的过程，而且必须经常记住两者是同样重要的。……儿童在身体和精神两方面都是迫切地要求活动的。儿童的个别活动如同身体的发展和精神的发展必须同步前进一样。他的身体的活动和心智的觉醒是相互依存的。

——《明日之学校》(1915)，

《学校与社会·明日之学校》，1994：230-231

身体和心灵之间的联系是如此密切，以至于精神上的冷漠即使没有表现为实际上的反感，也会使心灵迟钝，使身体丧失活力，尽管它还不能称为疾病，以致需要引起医生的注意。许多传统教育称之为学习和获取知识的因素，会使人的身心受到束缚，变得笨拙而不那么灵活。一个学生也许获得某种特殊技能，但他付出的代价可能是丧失自信和适应新环境的能力。几乎不言而喻的是，健康包括保持良好的心理状态。

——《学校与白宫会议》(1932)，

《杜威全集·晚期著作》第 6 卷，2015：112

身体的生长和智力的生长不是一个东西，但两者在时间上是吻合的。而且一般说来，后者没有前者是不可能的。如果我们尊重儿童时期，那么我们第一个特殊的原则就是保证身体的健全发展。

——《明日之学校》(1915)，

《学校与社会·明日之学校》，1994：224

心灵不仅内在于身体，构成身体整体与目的；而且还超越了身体，它依照心理目的而改变身体活动。……心灵的内在性与超越性。这两个原理必须互相练习为一个整体。我们在保证把那个原理运用于这两者的前提下，再次转向心理——生理生命的事实。

——《心灵与身体》（1886），

《杜威全集·早期著作》第 1 卷，2010：85-86

身体不是心灵恰巧碰上并加以利用的外部器官，就如音乐家恰好碰上的一架钢琴。身体之所以是心灵的器官，是因为心灵通过器官表达并实现了自身的本质，身体是心灵的外在形式与存在表现。……心灵不是一个无力而无效的东西，不是一个过分超越的以至于无法与物质产生关系的东西。心灵是一个活生生的力量，已经并继续把身体构建为它自身的机制。

——《心灵与身体》（1886），

《杜威全集·早期著作》第 1 卷，2010：89-90

儿童的精神活动在相当大的程度上是通过身体形式来表达的，这种形式就是运动。身体运动是精神生活一个极其重要且不可或缺的特征。它并不像人们通常想象的那样，只是大脑活动一个无关的附属品。身体运动是学习过程中的一个重要部分。

——《在杨伯翰学院作的教育学讲座》（1901），

《杜威全集·晚期著作》第 17 卷，2015：190

把书本学习和日常生活事物结合起来，能对书本学习增添意义和热情，与此同时提供一种智力上和肌肉上的训练，使他们对于今后要像成人那样谋生时所需的那类事物有控制能力。

——《明日之学校》（1915），

《学校与社会·明日之学校》，1994：370

到目前为止，只有教育的先行者才认识到年幼儿童在多大程度上学习运用他们的身体，以及在没有运用身体培养心灵和没有运用心灵训练身体的制度下不可能保证有全面的智力。

——《明日之学校》（1915），

《学校与社会·明日之学校》，1994：380

实际上，道德在所有学科中是最具有人文性的学科。它是最接近人性的学科。它在根本上是经验性的，而不是神学性的、形而上学性的或者数学性的。既然道德直接涉及人性，所以，在生理学、医学、人类学和心理学中，一切关于人的心灵与身体的知识都是与道德探究相关的。

——《人性与行为》（1922），

《杜威全集·中期著作》第 14 卷，2012：180

把自然和经验彼此分裂孤立开来。这就使得思维、知识的效用性和有目的的动作同身体之间的那个不可否认的联系变成一个不能破解的神话了。我们指出，恢复两者之间的连续性就消除了身心问题。

——《经验与自然》（1925），

《杜威全集·晚期著作》第 1 卷，"原序"，2015：7

毫无疑问，教育会提出许许多多走捷径的方案，以此来回归自己。这是在正确方向上加快步伐，排除障碍，增添有效的力量。最主要的障碍是那些传统上与心和身分离有关的实践，结果忽视了培养有知识和理智的行为是教育发展的全部目的的这一点。

——《身与心》（1927），

《杜威全集·晚期著作》第 3 卷，2015：28

　　身心分离已影响到学习的每一个科目、教授和训练的每一种方法。更重要的是，它解释了理论和实践的分离、思维和行动的分离。最终产生的是一种所谓的文化教育，它是倾向于学术和学究式的，但无论怎样它也是脱离对生活的关注的；还有一种工业教育和手工教育，说得好听一些，是运用工具和方法，但并没有智能地把握宗旨和目的。

——《身与心》（1927），

《杜威全集·晚期著作》第 3 卷，2015：28-29

　　导致教育分离、分裂的势力还非常强大。其中最主要的（再重复一遍）是心和身的分离，它已经体现在科学和哲学以及宗教、道德和商业中。要完全实现身心结合，就要等到哲学和科学在艺术中结合，尤其要在最高艺术——教育艺术中结合。

——《身与心》（1927），

《杜威全集·晚期著作》第 3 卷，2015：29

　　教育是唯一可靠的方法，人类用所获得的教育对其自身的进程进行引导。但是，我们已陷入了一种恶性循环。如果不具备那些真正的构成正常和健康的身心生活的知识，那我们所称为的"教育"很可能就是误人子弟。

——《〈自我的运用〉序言》（1932），

《杜威全集·晚期著作》第 6 卷，2015：266

　　我们所要求的是使儿童带着整个的身体和整个的心智来到学校，又带着更圆满发展的心智和甚至更健康的身体离开学校。……旨在更有意识地培养健全的心智寓于他的强壮的身体。

——《学校与社会》，

《学校与社会·明日之学校》，1994：66

我们没有词语来表明心和身在一个联合体中的作用。如果我们说"人的生命"（human life），几乎没有人会知道我们正是在讨论心和身在行动中的结合。结果是，当我们在讨论事情时，当我们在谈论心和身的关系以及想要在人的行为中建立它们的联合时，我们还得说起心和身，这样就无意识地继续了我们原来努力要否定的分离。

——《身与心》（1927），

《杜威全集·晚期著作》第 3 卷，2015：21

在行动中，只有在行为占据中心地位的适当程度时，心和身之间的传统障碍才会崩溃和消失。如果这是适当的时间和场合的话，那么，我可以想，把脑力和体力分开的习惯根源在于把它们看成是实体或过程，而不是行动的功能和特性。

——《身与心》（1927），

《杜威全集·晚期著作》第 3 卷，2015：21

心和身在行动中结合的问题，是我们能对文明提出的所有问题中最实际的问题。它不是一个理论问题，它是一个需求，即本质上以体力为主的劳动大众有受目的和情绪鼓励的需求，有获得知识和理解的需求。它是一个需求，即所谓的高级理智和精神的功能会与所有成就的最终条件和途径，也就是与身体相融合，因而有所作为，超越自己。

——《身与心》（1927），

《杜威全集·晚期著作》第 3 卷，2015：22

■ 人的成长与环境的相互作用

功能与环境的关系是绝对和固有的。器官是功能的起点，比环境中任一特殊部分都要持久。因此，在直接意义上，器官是最重要的。然而，正是在运用功能中所理解的环境最终使器官确定下来（正如食物建构有机体一样）。因此，在非直接或间接意义上，环境是最重要的。

——《伦理学研究（教学大纲）》（1894），

《杜威全集·早期著作》第 4 卷，2010：201

综合性的生活，以及与环境的无意识的联合，是儿童与生俱来的特权。……［人们］对它的剥夺是蓄意的。完全有理由假设，过早要求儿童具有抽象智力能力是无法立足的。它阻碍而不是推动将来的智力的发展。

——《初等教育的迷信》（1898），

《杜威全集·早期著作》第 5 卷，2010：201

只要生物不断地生长，它在利用环境时所花费的力量得大于失；它生长着。在这个意义上理解"控制"这个词，我们可以说，生物能为它自己的继续活动而征服并控制各种力量。如果不控制这些力量，那就会耗尽自己。生活就是通过对环境的行动的自我更新的过程。

——《民主主义与教育》（1916），1990：2

最需要着重考虑的是：生命乃是在环境中存续的；不仅是在环境之中，而且是由于环境，通过与环境相互作用。……每时每刻，活的生灵都暴露于来自其环境的危险；并且，每时每刻，它都必须利用其环境中某些东西来满足其需要。……当暂时的纷争转化为一种更为广泛的平衡，即有机体的能量与其生活条件的能量之间的平衡，生命便得以成长。

——《作为经验的艺术》（1934），

《杜威全集·晚期著作》第 10 卷，2015：13-14

教育儿童，不但要他和自然的环境相接近，还要他和社会的环境相接触，然后儿童的知识和习惯才有启发及养成的机会。……儿童受教育是有生的结果。讲到成人是必定要死的。倘若没有教育，那么他生存的时候所有的一切文明劳绩将要跟了他同归于尽；靠了教育的能力，把成人所有的经验传给儿童，儿童将来再传给下代的儿童，这就是社会的遗传，就是社会的生命是延绵永续的。

——《教育与学校的几个关键问题》（1920），

《杜威在华教育讲演》，2016：69

任何通过直接性质的存在所产生的结构，都是由我们称之为有机体和环境的双方经过反反复复的相互作用而被发现的。这种相互作用是一个基本事实，形成了贯通行为。唯有通过分析以及有选择地提炼，我们才能辨别出两个因素——一个称为有机体、另一个称为环境——之中真实发生的情况。

——《行为方式与经验》（1930），

《杜威全集·晚期著作》第 5 卷，2015：169

新的物种意味着一种新的环境，在这个环境中新的物种能够适应，同时不干扰别的物种。就那些进步的物种来说，它们并不是只简单地适应当前的环境条件；进化是新环境条件的持续发展，新的环境条件能比原来的环境更好地满足有机体的需求。

——《进化和伦理学》（1898），

《杜威全集·早期著作》第 5 卷，2010：39

儿童发展的统一性和全面性，必须要求有相应统一和持续的学校环境。任何分割学校环境、使学校环境孤立的行为，必然对处于教育发展的学生产生不好的影响。

——《教育现状》（1902），

《杜威全集·中期著作》第 1 卷，2012：192

教育乃是一个抚养、培育和教养的过程。所有这些词都意味着教育含有注意成长条件的意思。……总之，环境包括促成或阻碍、刺激或抑制生物的特有的活动条件。……正因为生活不是仅仅意味着消极的存在（假如有这样的东西），而是一种行动的方式，环境或生活条件进入这种活动成为一个起着支持作用或挫败作用的条件。

——《民主主义与教育》（1916），1990：12-13

习惯在许多方面，尤其在要求有机体与环境相协调方面，如同生理功能一样。……我们可以把"功能"一词的生物学意义上的用法转变为数学意义上的用法，然后说像呼吸和消化这样的自然活动，以及如同演讲和诚实之类的后天获得的活动，都不仅是环境作用的结果，而且确实是个人作用的结果。它们都是有机体的结构或后天养成的倾向与环境相互作用的产物。

——《人性与行为》（1922），

《杜威全集·中期著作》第 14 卷，2012：13

无论儿童还是成人，通过理解自己的生活环境，就可以学会评判自然之美及其秩序，并且尊重真正的成就；与此同时，他也在为自己控制环境打下基础。

——《明日之学校》（1915），

《学校与社会·明日之学校》，1994：276

观察一个儿童，就会让观察者相信：正常的人醒着的时候，总是在活动着的；他是一个源源不断地流出能量的储存库。人的身体移动、伸展、操控、拉拽、敲打、撕扯、扭曲、观望、聆听，等等。在清醒时，他不断地探索周围的环境，建立新的接触和关系。当然，他需要通过沉默和静止来恢复体力。但是，对一个健康的人来说，没有什么比长期被强制不动更难以忍受。需要解释的不是行为，而是行为的短暂停止。

——《伦理学》（1932），

《杜威全集·晚期著作》第 7 卷，2015：227

老话说："有健全的身体，才有健全的大脑。"也可以把它重新表述为"有健全的人类环境，才有健全的人"……在整个政治、经济、道德、教育事务中，实际上在任何行业中，具有什么才能有助于构建一个适宜的人类环境，通过这个环境的存在而有助于形成健全和完整的人，并通过健康而完整的人的形成，反过来维持一个健全和健康的人类环境呢？这是一项人类共同的和包罗万象的任务。

——《人的统一性》（1939），

《杜威全集·晚期著作》第 13 卷，2015：284

如果要有生命和发展，那么，本身固有的力量就必须与外部环境相互作用。简而言之，植物的发展必须自身与其环境之间的这种相互作用。……如果一个人的成长不能与环境相互作用，那就会产生令人痛苦的结果。

——《教育哲学的必要性》（1934），

《杜威全集·晚期著作》第 9 卷，2015：154

生命过程几乎每时每刻都需要再调适。环境和有机体中的变化也许可以满足近处的要求，但满足不了远处的需求，不过那些满足了近处需求的行为也许会造成一种情况，即让有机体原来的那些习惯对此毫无准备。在这种情况下，两组互动的能量互相冲突，无法展开平稳的连续活动。……有机体越复杂，其行为就越多样，这些行为之间的联系也就越复杂；同时，它所处的环境也延伸于时空当中，并包含了有机体迟早要处理的同样多样的元素。

——《非现代哲学与现代哲学》，

《杜威全集·补遗卷》，2017：281–282

有机体和环境条件的每一次进一步区分都必然产生新的、需要得到有效调整的问题。的确，有些事物会变得越来越简单、越来越自动，但环境条件只会变得越来越困难，运作机制也只会越来越容易出问题。我们只有将新的情境视作对勇气和创造性智性的挑战，才能得出下面这一结论之外的结论，即所有的问题不过是精神本身的烦恼和自负。

——《非现代哲学与现代哲学》，

《杜威全集·补遗卷》，2017：282

学校应该适合本地方的环境。要知道使功课适应于遥远的社会是很难的，必须适应于接近的社会才行的。因为必使学校的科目和儿童的环境相联络，然后再和儿童的日常应用及日常生活相联络，这样才能收得效果。

——《学校与社会的关系》（1921），

《杜威在华教育讲演》，2016：165

没有任何有机体是孤立的，离开其生存环境，就无法了解它。眼睛等感觉接收器以及手等肌肉效应器官，都是因为与外部环境相联系而有意义、而存在。当器官结构所激发的行为与周围的环境不再有关联，这个有机体便不复存在，便消亡了。

——《行为方式与经验》（1930），

《杜威全集·晚期著作》第 5 卷，2015：168

■ 身体健康是各种事业的基本

健康乃各种事业的基本，因此此种需要乃基本的需要。人民的体力精神，乃事业的根本。学校应当设法，怎样可以使公共卫生的知识传布？怎样可以使公共卫生的事业发达？并且关于卫生方面的各种事业，都应该设法，怎样从学校里传布出来？

——《教育行政之目的》（1920），

《杜威在华教育讲演》，2016：141

健康无论从社会的角度还是从个人的角度来说都是重要的，因此，一个有成就的社会有必要加倍地关注这个问题。虽然所有学校都认识到学生健康的重要性，但是，在培养儿童有一个健壮的身体的时候能够利用儿童的各种活动，以实现普通教育的目的。这一点人们就理解得不那么清楚了。

——《明日之学校》（1915），

《学校与社会·明日之学校》，1994：379-380

一个人必有好身体，方才能发展好事业；身体不健康，则疾病丛生，天天请医生还来不及，又怎能管别事呢？至于社会的健康如何，不单是指少数的体育家而言，必拿一般人民的健康做标准……倘欲求社会全体的健康、全社会体育的发达，则必从人人习运动始。

——《教育与社会进化之关系》（1920），

《杜威在华教育讲演》，2016：127

学生身体的成长，正像智力的成长是一样重要的，通过对身体成长的关心，就像关心儿童在学业上的进步那样。学校经历了很长的道路，使自己变为一个小社会，这个社会对于正常的和自然的生活提供了每一个机会。

——《明日之学校》（1915），

《学校与社会·明日之学校》，1994：321

儿童很喜欢去学习运用他的手足。喜欢触摸他所看到的东西，把声音和所看到的东西连结起来，把所看到的东西和尝到的、接到的东西连成一体……所有这些都充分证明了身体控制的发展，不仅是身体本身的发展，而且有理智上的成就。

——《我们怎样思维：再论反思性思维与教学的关系》（1933），

《我们怎样思维·经验与教育》，1991：170

现代社会懂得，身体的爱护和成长，就像心灵的发展一样重要。不仅如此，而且由于后者要依赖于前者，因此，学校要成为使儿童学会过身体健康的生活如同过精神的生活一样的场所。

——《明日之学校》（1915），

《学校与社会·明日之学校》，1994：315

本来学校的教育，不应该单讲体育的原理以及体育的大意，要完全注重课外运动。万不可上体育时，才注意体育；上别的课时，就不注意体育。万不可在学校时，注重体育；离学校时，就不注重体育。……果能体育健全，智德两育，自然可以圆满；因为运动的时候，如尊重他人人格、互助精神及勇毅、坚决、果敢、不懈许多美德无不具备。所以，体育和德育有密切的关系。

——《教育与社会进化之关系》（1920），

《杜威在华教育讲演》，2016：128

东洋诸国对于体育向不注意。西洋以前也是如此，以为身体是精神的仇敌，须先把身体镇服下去，然后可以有精神的发展。教育者先有了这一个根本观念，所以对于儿童一意要他静止、不准活动，然后把他认为宝贝的东西硬装下去。这种根本观念与新教育的精神恰恰相反。我有一次在美国讲演教育，说中国的教师教儿童均须高声朗诵，这种教育固然不好，但身体上总还有一部分的发展，比较西洋只准静坐并声音都不许一发者，还略为好些。教育倘不注重身体机能，是一定没有好效果的。

——《关于教育哲学的讲演》（1920），

《杜威在华教育讲演》，2016：13

多少初等学校中存在着各种强制的训练方式来压制一切身体活动！在这种制度下，认为儿童天性厌恶学习，或认为智力活动与他们的性格格格不入，使他们被迫或被巧妙地哄骗者去学习，这是不作为奇的！因此，教育家们责怪儿童或人性的堕落，而不去抨击由于使学习脱离对天生的行动器官的运用而使学习变得既困难又繁重的情况。

——《教育中的兴趣与努力》（1913），

《学校与社会·明日之学校》，1994：201

把正在生长的儿童长时间地限制在同一种肌肉活动上，对于身心两方面都是有害的。要不断地生长，他就必须从事那些能锻炼他的全身、提出新的问题、不断教给他新的东西的工作，这样就发展了他的思维和判断力。

——《明日之学校》（1915），

《学校与社会·明日之学校》，1994：362

一般学校却不提供这种生长的和自己发现的机会，而是把幼年儿童束缚在狭小的范围，使他忧郁地静默着，他的身心都受到压迫，在遇到陌生的事物以前，他的好奇心迟钝得不会感到吃惊了。他的身体厌倦工作，他开始寻找躲避教师的方法，四处寻找从他的小监狱里逃出来。

——《明日之学校》（1915），

《学校与社会·明日之学校》，1994：231

假定教育改革家们的设想是正确的，即认为教育的功能就是帮助一个不能自助的［年幼儿童］成长，使之成为一个幸福的、有道德的和能干的人，那么一个前后一贯的教育计划就应当充分允许给予［儿童］自由以促进那种生长。儿童的身体必须有场所可以活动、伸展和锻炼肌肉，疲倦时可以休息。

——《明日之学校》（1915），

《学校与社会·明日之学校》，1994：296

学校中"纪律问题"的主要根源，在于教师必须常常花大部分时间去抑制学生的身体活动，这些活动使学生不把其心思放在教材上。学校教师很重视宁静，鼓励沉默，奖励呆板一律的姿势和运动，以及助长机械地刺激学生理智兴趣的态度。教师的职责就在于使学生遵守这些要求，如有违反就要加以惩罚。

——《民主主义与教育》（1916），1990：150

12岁的确有点太晚了。对于身体缺陷、脊柱弯曲和近视而言，如果它们正在出现，到那个年龄，以及发展到不容忽视的程度了。而且，我想，每个有经验的人都知道，最重要的是实行预防措施，而不仅仅是治疗措施。

——《普遍的军事训练》（1917），

《杜威全集·中期著作》第10卷，2012：316

我所反对的只是把这种监护称为教育。这种监护在教育过程中也许是必要的；因为如果这个儿童失去了他的生命，那他就不具有头脑去接受教育了。但是，一个得到最完善的行为训练的儿童，在每个方面都像人们告诉他去做的那样去做，甚至持有人们告诉他去持有的观点。这样的一个人极有可能根本无法接受教育。……这样的一个人只能接受训练，而根本就不可能接受教育。他很可能根本不会思考。

——《杜威访谈报道》（《纽约世界报》1922年8月27日），

《杜威全集·中期著作》第13卷，2012：372

我无意暗示，学校在很大程度上成了造成精神衰弱的根源；它们在更大程度上源于家庭关系的失调。但是，我们不正是要在教育的园地里，发展出对付这类心理和道德失常的、更具建设性的免疫手段吗？建立某种预防机制，不正是学校功能的一部分吗？

——《学校与白宫会议》（1932），

《杜威全集·晚期著作》第 6 卷，2015：112

谈到儿童的体质状况，问题已不再是我们是否拥有现成的资源为儿童提供先前任何世界历史时期都难以提供的、好得多的养育条件，而是说社会是否准备为广泛使用它拥有的这些资源来承担起它的责任。

——《杜威描绘儿童的新世界》（1932），

《杜威全集·晚期著作》第 6 卷，2015：116

不可能离开其他的养育手段而来谈论关怀儿童身体健康这件事。大脑和神经系统是身体的一部分，只有保证其受到充分的心智和道德方面的教育，它们才能得到适当的发展。

——《杜威描绘儿童的新世界》（1932），

《杜威全集·晚期著作》第 6 卷，2015：117

显然，当环境中的非卫生因素被消除后，健康状况就直接与自然的人际关系相关了。在这种情况下，不健康的根本原因就是人际关系的扭曲、紧张、不合适。向女性开放教育资源，则可以纠正女性的人际关系，令其延伸、正常化——这也是对女性健康的促进。

——《女性健康与高等教育》（1885），

《杜威全集·晚期著作》第 17 卷，2015：7

考虑健康这一目标，乍一看是个更易于借助特殊手段来实现的东西。然而，略作一下思考就可以发现，健康绝不是一种可以借助特殊手段就可以得到关注的特殊事情。……健康是一个整体，我们只能借助时时刻刻都在产生作用的条件和活动，才能确保学生的健康。

——《学校与白宫会议》（1932），

《杜威全集·晚期著作》第 6 卷，2015：111

■ 心灵训练是教育的一个基本职责

由于教育的一个基本职责就是心灵的训练——因为事实上，当我们在心灵与性格的有机关联中考察心灵的时候，这是教育的唯一职责——所以，一个已经改变的关于心灵的本性和目的的观点，就会带来在教育理念和教育实践上的极大变化。

——《实用主义对教育的影响》（1908），

《杜威全集·中期著作》第 4 卷，2012：144

一般来说，这个成长是一个自然的物理过程。但是，对它的正确认识和使用，或许是教育的智力方面最为重要的问题。一个已经获得反思性注意的能力、能够提出问题和疑问的能力的人，就此而言，从智力方面说，就是受过教育的。他有精神修养——心灵的能力和支持心灵的能力。

——《非教育的教学》（1909），

《杜威全集·中期著作》第 4 卷，2012：160

受训练的或者受过训练的心灵——教育过程的目的——就是能够判断每

一步在什么程度上需要在任何特殊的情境中进行的心灵。……受过训练的心灵就是这样的心灵，即最好地把握观察的程度、想法的形成、推理，以及在任何特殊情况下所需要的实验检验的心灵，在未来思维活动中通过过去所犯的错误而最大限度获益的心灵。重要的是，心灵应该对问题敏感并且熟练地掌握处理和解决问题的方法。

——《我们如何思维》（1910），

《杜威全集·中期著作》第6卷，2012：188

无论智力活动探究的对象是什么，都是它的活动素材；无论智力活动产生了什么样的结果，我们都视之为有意义的或者具有意义。心理生活的主题特征，在于它总是有意义的。……无论在整体的还是在部分的意义上，心智生活的特征就是它是有意义的。

——《心理学》（1886），

《杜威全集·早期著作》第2卷，2010：60-62

有时候看起来，似乎可以把教育的趋势比作服饰的变化。款式和式样变化了，根本的外观依旧如故，甚至这些表面的改变终归也只是在一种循环之中，改变得越多，相同点也就越多。一方面，教育是可塑的、易转向的；另一方面，教育是所有东西中最难改变的。因为要改变它，就意味着要改变人们的心灵。

——《当前教育中的趋势》（1917），

《杜威全集·中期著作》第10卷，2012：92

我们必须认识到，每个人所表现的许多行为都是为了直接地达到某一种目的，尽管他可能并不知道目的是什么，也不知道他为什么会采取这样的行为方式。……本能其实存在于人类所有的心理生活当中。婴儿的取食、习得运动等行为都可以归入一般的本能。

——《心理学》（1886），

《杜威全集·早期著作》第 2 卷，2010：241

　　从某种意义上说，运动是最原初的，而感觉是第二位的。身体的运动，即头部和眼睛的肌肉的运动决定了经验的性质。换句话说，真正的开始是看的动作，是去看，而不是对光的感觉。

——《心理学中的反射弧概念》（1896），

《杜威全集·早期著作》第 5 卷，2010：73

　　无论如何，有运动才有感觉。一个绝对无运动的物体不可能对有机体产生任何作用，有机体当然不可能产生出关于它的感觉。……因此，感觉不是一个独立的事件，而总是与运动特征相伴随，也就是说，感觉的特征取决于作用于外周感觉器官的刺激。

——《心理学》（1886），

《杜威全集·早期著作》第 2 卷，2010：23

　　感觉在人的心理生活中的积极影响，即感觉在一个整体的心智中所发挥的功能。（1）感觉是一个汇聚点……因而实际上成了生理过程向心理过程转化的中转站。（2）感觉表现了心智活动特征的另一面，即被动的、接受性的一面。……（3）感觉向心智传达了兴奋，激发了心智的活动。……（4）感觉在心理活动产物中指示了特殊因素。……（5）感觉指示了存在，这种指示是特殊性的；同时，它还意味着或标志着质的特征，这种质的特征是一般性意义上的。

——《心理学》（1886），

《杜威全集·早期著作》第 2 卷，2010：33

当一个刺激从感觉神经传到运动神经而又没有意识的介入时，就产生了反射活动。也就是说，反射活动就是刺激的直接偏转过程，这个过程使得感觉来源变成了运动反应。

——《心理学》（1886），

《杜威全集·早期著作》第 2 卷，2010：238

关于运动的意识是人区分自己的身体与其他物体的极重要的线索，因此，它是人的意志控制自己的活动的基础。……我们能够通过使眼睛或耳朵定位来接受感觉，而不是被动地等待感觉。

——《心理学》（1886），

《杜威全集·早期著作》第 2 卷，2010：42

反复发生的事件与单次事件不同，并且更有吸引力。这一原理对儿童的早期生活经验尤为重要。……重复原则的效果不仅仅限于儿童时期。在各种学习中，我们都会自发地重复学习活动，使它逐渐地从众多其他活动构成的背景中分离出来，在意识中占据显著地位。在各种情况下，熟悉的对象才能激发心智活动，吸引意识。

——《心理学》（1886），

《杜威全集·早期著作》第 2 卷，2010：85-86

与记忆或知觉不同，情感并不是指一种具体的心理活动，而是所有心理现象的一个方面。……它是和心理活动共同发展的，是心理活动的内在一面。……每一种意识都被感觉为我的意识，这就是情感。正是情感构成了我和你之间的本质差别。

——《心理学》（1886），

《杜威全集·早期著作》第 2 卷，2010：170

对象中的整合在有机体活动中允许并实现了一种对应的整合。因此，独特的幸福，兴奋之中的恬静，平和之中的生机，这些都是审美愉悦的典型特征。

——《有情感地思考》（1926），

《杜威全集·晚期著作》第 2 卷，2015：87

在意志完全实现之前，也就是说，在整个自我都变成客观的和普遍的之前，意志必须拥有一个一直努力的目标。只有当实际自我与观念自我同一时，意志才找到它的目标。……意志的本质就是实现其自身，或者使之客体化。

——《心理学》（1886），

《杜威全集·早期著作》第 2 卷，2010：253

由于全部艺术活动、全部人的存在得以展现，作为艺术本身的艺术活动不是一种放任，而是使人的精神振作和恢复，正如是完全的健康那样。在全部活动和艺术活动之间没有本质的不同，艺术活动是充满活力的活动。因此，它不是少数人拥有的并与其他人分离的东西，而是人类的正常的或自然的传统。艺术活动的自发性并非自然迸发涌流，而是生物有机体所特有的自然性质。

——《〈艺术活动的展开〉序言》（1948），

《杜威全集·晚期著作》第 15 卷，2015：250

对其他一些人（也许总的来说是人类的绝大多数）来说，对于方法的考虑总是有价值的，这主要是因为这些考虑具有工具意义——因为它们是应用、发明、建造之领域中的工具，是解释和未来使用已经发明和建造的东西的工具。在纯粹科学的名义下，强迫这些心灵遵循那些对它们来说几乎没有意义且最终不会有什么结果的路径，这是一种社会性错误。

——《几何学教育中的心理学和逻辑学》（1903），

《杜威全集·中期著作》第 3 卷，2012：171

除非重心转移到设置某些条件，使得儿童必须积极参与到亲身设定他自己的问题和寻找解决问题的方法（甚至以实验和错误为代价），否则的话，心灵就不可能真正被解放。在学校里，我们已经以各种外在表现方式解放了个性，但并没有解放理智，而理智正是所有这些表现方式的根本来源和保证。

——《教育中的民主》（1903），

《杜威全集·中期著作》第3卷，2012：177

世人每谓学生喜读书者少，非加以强制不可，这话真是荒谬。譬如植物种子，若是没有病，种在地下，自然能吸收地下的水分；在地上的枝叶，自然能吸收日光。人若是没有胃病，饥渴自然思饮食。学生读书也是这样，若是精神健康、没有脑病，没有不喜欢求知识的。

——《教育的新趋势》（1920），

《杜威在华教育讲演》，2016：288

■ 心理学是教育过程的一个基础

教育过程有两个方面：一个是心理学的，一个是社会学的。它们是平列并重的，哪一方面也不能偏废。否则，不良的后果将随之而来。这两者，心理学方面是基础的。儿童自己的本能和能力为一切教育提供了素材，并指出了起点。

——《我的教育信条》（1897），

《杜威教育论著选》，1981：2

所有教育的最终问题是协调心理的和社会的因素。心理新的因素要求个体自由运用他的个人能力，因此，要进行个体的研究，掌握他自己的相关结构。社会的因素要求个体熟悉他生活于其中的社会环境，熟悉所有重要的关系，在活动中接受与这些关系相关的训练。

——《大学附属小学的组织计划》（1895），

《杜威全集·早期著作》第 5 卷，2010：170

我们不是要使工作对学生容易些，也不存在任何给传统课程裹上一层糖衣的尝试。改革是一种更具有基本性质的变革，是建立在正确的心理学理论之上的。

——《明日之学校》（1915），

《学校与社会·明日之学校》。1994：385

如果从儿童身上舍去社会的因素，我们便只剩一个抽象的东西；如果我们从社会方面舍去个人的因素，我们便只剩一个死板的、没有生命力的集体。因此，教育必须从心理学上探索儿童的能量、兴趣和习惯开始。它的每个方面都必须参照这些考虑加以掌握。

——《我的教育信条》（1897），

《杜威教育论著选》，1981：3

心理学的定义：心理学是研究自我的活动或想象的科学。……自我就是指意识活动；自我不仅存在，而且知道自己存在。心理现象是一种活动，并专指意识活动。……要区分心理学与其他学科，只需看它们研究的是不是意识活动。

——《心理学》（1886），

《杜威全集·早期著作》第 2 卷，2010：6

心理学当然是一门实证科学。它从某些事实和事件中汲取素材。就系统观察、实验、结论和论证而言，它同其他科学没有什么实质差异。它以事实为基础，它研究事实，像任何一门专门科学那样，它对事实进行有序的理解与解释。

——《作为哲学方法的心理学》（1884），

《杜威全集·早期著作》第 1 卷，2010：124

我相信，心理学的学习将便于学生从哲学的角度提出问题和看待问题，同时它也是哲学初学者通往专门领域的最佳途径。

——《心理学》（1886），

《杜威全集·早期著作》第 2 卷，"序言"，2010：4

我们知道，人的一生演变发展给心理学提供了素材，人的生命是人能够研究的最困难也最复杂的课题。……我们知道，人不仅仅是一架巧妙契合的心理机器……我们知道，人的生命同社会生活相联系，同具有伦理规范和典章制度的民族生活相联系；我们知道，人同所有以往的教育、传统和遗产具有密切的联系……

——《新心理学》（1884），

《杜威全集·早期著作》第 1 卷，2010：40-41

儿童心理研究始于婴儿时期的儿童实际思想和情感的发现，儿童心理生活发展的次序和性质，控制儿童心理生活的规律，所有这一切都具有重大的价值。

——《新心理学》（1884），

《杜威全集·早期著作》第 1 卷，2010：47

总而言之，从心理学角度研究幼儿园的理论和实践，是非常重要的。……将心理学应用于幼儿园的实践，意味着使它更充满活力，更关注个体。

——《幼儿园和儿童研究》（1897），

《杜威全集·早期著作》第 5 卷，2010：159

这样的一所学校是应用心理学的实验室。那就是说，它是研究在儿童身上显露出来和发展了的心理的场所，是探索似乎最有可能实现和推进正常生长的条件的材料和媒介的场所。……［学校］它的任务是按照现代心理学所阐明的智力活动和生长过程的原理来观察儿童教育的问题。这个问题在性质上是个不可穷尽的问题。

——《学校与社会》（1899），

《学校与社会·明日之学校》，1994：73–74

如果我们再一次认真地把心理看作是生长的观点，认为这种生长的各个不同阶段都有不同的典型特征，那就很清楚，这里又一次指明了一种教育的改造。

——《学校与社会》，

《学校与社会·明日之学校》，1994：78

任何好的学校建筑计划就是一个很好的说明。设计师、工程师、卫生专家、教师和政府公务员可能齐心协力，但是还有许多人应有发言权，比如心理学家，但他被排除在外，因而这样的合作就缺少平衡。举例说，把几千名学生圈在我们学校的大楼里，既需要管理大批孩子却又采用千篇一律的管理方法，了解医生对此有何评价是有意义的，但他们是否被咨询过？他们的意见是否会被采纳？

——《身与心》（1927），

《杜威全集·晚期著作》第 3 卷，2015：29

[儿童系统培育] 这是一个非常困难的问题；从多方面来看，也是整个世界至今面对的最为艰巨的问题。但如上所述，我们已经拥有可以供我们支配的新的知识和技能的资源。一旦我们认识到，一般地讲解决这个问题是一种社会责任，那就不会把这些新的资源挥霍掉，或者耗用于次要的技术性目的，而会充分利用它来满足年轻一代的需要。

——《杜威描绘儿童的新世界》（1932），

《杜威全集·晚期著作》第 6 卷，2015：118

第七编　儿童发展与个性

■ 儿童的主要任务就是生长

儿童的主要任务就是生长，他们所关心的是达成特定的目标和结果，而不是了解现有事物的大体结构。不像成人那样直接利用已经形成的习惯，儿童还在努力培养习惯。……评判这些习惯的唯一的直接标准，应该是它与儿童完全生长的关系。

——《心理学与社会实践》（1900），

《杜威全集·中期著作》第 1 卷，2012：95

这个朝着后来结果的行动的累积运动，就是生长的含义。生长的首要条件是未成熟状态。……我们说未成熟状态就是有生长的可能性。这句话的意思，并不是指现在没有能力，到了后来才会有；我们表示现在就有一种确实存在的能力——即发展的能力。

——《民主主义与教育》（1916），190：45

我们对于儿童的倾向和行为，除了把它们看作是萌芽的种子、含苞待放的蓓蕾，以及所结的果实以外，我们不知道它的意义是什么。

——《儿童与课程》（1902），

《学校与社会·明日之学校》，1994：123

与人的成长相比，一粒种子的成长是受到一定的限制的。植物的未来在很大程度上是由它的先天体质所决定的，它的生长路线是相对固定的，它没有像儿童那样以不同路径向不同结果的生长能力。但儿童可以是一粒体现胚胎力量的种子，但是可能以众多形式中的任何一种形式成长。

——《教育哲学的必要性》（1934），

《杜威全集·晚期著作》第 9 卷，2015：154

天下有些东西我们不必学它，不能学它，自然会知会能的，我们叫它本能或人类的本性。所谓本性，是本来的面目，未经教育的训练陶铸的。……本能不过是一种教育的原料，本无所谓善恶，把它造成善行或凶德，都无不可，只看你怎样用它。

——《伦理讲演纪略》（1919），

《杜威在华教育讲演》，2016：309-311

未成熟状态就是指一种积极的力量或能力——向前生长的力量。生长并不是从外面加到活动的东西，而是活动自己正在做的东西。未成熟状态的可能性的积极的和建设的方面，就是理解未成熟状态的两个主要特征，即依赖性和可塑性的关键。

——《民主主义与教育》（1916），1990：46

第一个应该注重之点，是儿童在没有教育之前，有一种天生成的本能、性情和冲动。教育就应该以这些东西为根据、为基础，不然便没有教育可施。

——《关于教育哲学的讲演》（1920），

《杜威在华教育讲演》，2016：12

一个新的生命，一个作为潜在可能的生命，向人们预示了一个不一样的世界的可能性，直到所有的希望都从人类的胸怀中消失殆尽。……各种好奇心的展示，悬念和改变的戏剧性，伴随着人类生命的逐渐苏醒。

——《书评：打开新世界的钥匙》（1926），

《杜威全集·晚期著作》第 2 卷，2015：186

教育的目的是使个体朝着他们最大的潜能发展，但是，像这样的说法留下了未予答复的发展方式的问题。在个体自由的社会中，所有人做自己的工作，促进他人生命的解放和丰富，这样的社会对于正常成长到健全状态的个体来说，是唯一的环境。在这一环境中，有些事物总是在创造全面发展的反应中被限制，即使是那些想象自己享受不受阻碍地成长和完全自由的人。

——《教育哲学的必要性》(1934)，

《杜威全集·晚期著作》第 9 卷，2015：159

如果生命确实暗淡、苍白、毫无所求，那诗歌也将令人沮丧、机械死板，纯粹是装饰物。如果生命富于活力、充满希望、恒久绵延，那诗歌将油然而生、活力四射、激情满怀，它将带来享受。如果生命带着其意义、实现其目标、充分利用其机会，那诗歌将心存高远，充满着坚定和慰藉的力量。

——《诗歌与哲学》(1890)，

《杜威全集·早期著作》第 3 卷，2010：92-93

这种被认为固定不变、现成的结构是在与环境的相互作用中发生变化的。从生物学的观点来看，所有生长都带有可变性，所有器官都必须被看作是并理解为从他物发展而来，又转化成他物的东西。

——《人性》(1932)，

《杜威全集·晚期著作》第 6 卷，2015：27

除非这个世界失常了，否则儿童必定拥有同样的能力去做他作为一个儿童真的需要去做的事情，就像成人在他的生活领域中同样拥有这样的能力一样。

——《以现代心理学和教育学为条件的宗教教育》(1903)，

《杜威全集·中期著作》第 3 卷，2012：159

在自由的名义下，人们珍视的是那种多样而灵活地生长，且能够改变倾向与性格的力量，而这种力量正是来自智性的选择。……变化中的一致性关

系不但不是实现自由的障碍，还为——在它们被认识之后——发展自由提供
了帮助。

——《自由的哲学》（1928），

《杜威全集·晚期著作》第 3 卷，2015：83

对儿童所需要的自由天性之误解是如此的常见，以至于有必要强调一个
事实，即我们主要寻求的是理智自由、精神态度和行动的自由运作。

——《教育中的民主》（1903），

《杜威全集·中期著作》第 3 卷，2012：176

儿童应该有一个在心理上、精神上和身体上自然发展的机会。教师打算
怎样提供这种机会，而且这种机会的含义又是什么呢？只有在一种教师提出自
己理论的最简单的环境中，才有可能在没有一种相当确切的以特定的材料和方
法体现理想的情况下取得进步。

——《明日之学校》（1915），

《学校与社会·明日之学校》，1994：254

当孩子渐渐长大，他就会发现压在他身上的责任。当然，这并不是因为
自由意志突然进入了他的体内，而是因为他对责任的假设是他未来生长和运动
的必要因素。……只有人自己参与选择才是真正的选择……选择性行为证明了
事物中至少存在着一种基本的个性或独特性。

——《自由的哲学》（1928），

《杜威全集·晚期著作》第 3 卷，2015：71

如果人性是不变的，那么，就根本不要教育了，一切教育的努力都注定
要失败了。因为教育的意义本身就在改变人性，以形成那些异于朴质的人性的

思维、情感、欲望和信仰的新方式。如果人性是不可变的，那我们可能有训练，但不可能有教育。因为训练与教育不同，仅是某些技能的获得。

——《人性改变吗？》（1938），

《人的问题》，1965：155

教师对于儿童之能事，不过给他一个适当的环境或状况，发展他的本性，完成他自己的动作，注入强迫是不行的。从前的人或拿教师比做园丁，却是不错。因为种子有固其于内的活力，受了灌溉就生长起来。学生亦有生长的动力，教师不过从旁指正就是了。

——《教育与学校的几个关键问题》（1920），

《杜威在华教育讲演》，2016：72

■ 儿童自然发展是一个连续不断的过程

成熟是一个连续的过程……正常的成熟是一个连续不断的过程，如果它停止了，那么一定是条件出了问题。停止成长、难以应付学习科目、对于后期使用的方法不能作出反应，这些都表明出了问题。它们应该像病症一样被研究，并着眼于提供建设性的治疗方法而加以诊断。

——《教育衔接的一般性原则》（1929），

《杜威全集·晚期著作》第 5 卷，2015：235

生命是一个连续的调适性互动的过程，任何发生的事件都必须促进之后的生命功能，或者至少不能给之后的发展造成无法逾越的障碍。每一个构成生命过程的互动状态和互动阶段都包含了预期性的指涉，这种提前或预期性的指涉一定会显示在它所造成的情境的直接性质当中。

——《非现代哲学与现代哲学》，

《杜威全集·补遗卷》，2017：291

一般来说，生长是自然的过程。但恰当地认识和利用它，也许是智力教育方面最关紧要的问题。一个人在头脑里获得了反思性注意的能力，获得了把握问题和疑难的能力，就智力上而言，他就是一个受过教育的人。他受到了智力训练——为头脑所有和为头脑所用的能力。……但是，除非在头脑里有某些疑难问题、某些疑惑作为这种注意的基础，［否则］反思性注意是不可能的。

——《学校与社会》（1899），

《学校与社会·明日之学校》，1994：104-105

教育过程就是一个连续不断生长的过程，在生长的每个阶段都以增加生长的能力为目的。这个观念与对教育实践产生过影响的其他许多观念形成鲜明的对比。讲清楚这种对比，这个概念的含义将更清楚地显露出来。首先一个对比，是关于教育乃是一种预备的过程或作好准备的思想。当然，所预备的乃是成人生活的种种职责和权利。

——《民主主义与教育》（1916），1990：58

教育应该以儿童在任一给定阶段的基本需要为基础，以帮助他顺利地从一个阶段进入另一个阶段，从而使他没有外在的压力，不会泄气，不会让他完全独立的努力遭受困扰。

——《在活动中成长》（1937），

《杜威全集·晚期著作》第 11 卷，2015：188

在自我教育中，自我是一个人发现他自己在交流方面不得不思考的问题。……当然，人类是一个伙伴。当一个婴儿降生在一个家庭时，他从与其他家庭成员的交流中得到自己的教育。

——致约翰·格莱夫斯（*John Dewey to John D. Graves*，

4 January，1950）

当儿童完成了这种发展的模仿阶段，开始了语言的使用，掌握了一定量的外部世界知识时，他就具备了观察世界的能力，感受到理想的可能性并为理想的实效而行动。这表明他已经步入了符号阶段。……可以说，这标志着从感官阶段转向思维阶段。就教育而言，感官阶段是幼儿园阶段。

——《书评：教育的心理学基础》（1898），

《杜威全集·早期著作》第 5 卷，2010：300

只要初等学校在精神上还是与儿童生活的天然兴趣无关的，它就与幼儿园隔离了，以致现在的问题是要把幼儿园的教学方法引进到初等学校中去，即所谓衔接班的问题。困难在于二者的起点不同。为了实现二者的衔接，教师已经不得不"翻墙"进去，而不是从"大门"进入。

——《学校与社会》（1899），

《学校与社会·明日之学校》，1994：58

［在人的成熟过程中］每个阶段不过是为后来的某个阶段所做的准备，特别是小学教育的早期阶段，其目的主要是为了获得后来可以独立使用和享有的社会工具。

——《教育衔接的一般性原则》（1929），

《杜威全集·晚期著作》第 5 卷，2015：236

不要忘记，为保证"幼儿园"和"一年级"之间的连续性所需的调整不能完全由后者造成，学校的改变必须像儿童的生长那样是逐渐的、觉察不到的。

——《学校与社会》（1899），

《学校与社会·明日之学校》，1994：95

学前部门或幼儿园部门正在从事教育问题的研究。这些问题来源于想把幼儿园工作与初等学校工作紧密衔接起来，并改革传统的教材和教法，使之适合现代社会条件和我们现在的生理学、心理学知识。

——《学校与社会》（1899），

《学校与社会·明日之学校》，1994：99–100

在小学教育这个时期，学生的好奇心最强，观察的兴趣盎然，他们无比渴望体验。这个时期是形成孩子最基本态度的时期，这一基本态度有意识或无意识地控制了孩子之后的态度和方法。

——《作为社会问题的科学统一》（1938），

《杜威全集·晚期著作》第 13 卷，2015：238

在每一个阶段，学生都需要他所能真正掌握的表述和定义，以及任何在他能够进行的严格演绎中所引入的东西。但是，他还习惯于在查看这些定义和命题的同时关注它们所表达的真实经验。

——《几何学教育中的心理学和逻辑学》（1903），

《杜威全集·中期著作》第 3 卷，2012：170

从儿童早期成长的角度来看，问题在于发现当时当地正在成熟的那些特别的需要、兴趣和能力，而不是试图作为成熟前的引子或其他能力的催熟剂，还在于发现如何对它们加以使用，从而使其悄无声息地进入到其他更复杂的能力的成熟过程之中。后期的成熟存在着同样的问题，只是多了一个因素，即通过调整科目和方法来使已经相对成熟的能力用于促进正在显现出来的新能力的发展。只有这样，连续的成长以及内部所固有的而并非机械性的教育衔接才能最大限度地得到保障。

——《教育衔接的一般性原则》（1929），

《杜威全集·晚期著作》第 5 卷，2015：236

"阶段"在［人的发展］这里意指一连串向前的运动，就像多地旅行的阶段，尽管成长有更大的连续性。各个阶段在程度和侧重点上有所不同，每个阶段占主导地位的东西有所不同，但教育方法的设计者不能让儿童遭受明显跳跃，诸如曾经在幼儿园和小学之间发生的那样。现代的教育者更多地从幼儿园的角度来看待小学，以引导儿童从纯粹的游戏过渡到更正式的学习……

——《在活动中成长》（1937），

《杜威全集·晚期著作》第 11 卷，2015：188

它们［人为的割裂］在很大程度上是由于绝对地局限于单一年级所导致的教师隔离而造成的。只有当学生的活动在学校体系的每一个阶段，根据连续成长的完整性而得到指导，教育衔接才能得到保障。

——《教育衔接的一般性原则》（1929），

《杜威全集·晚期著作》第 5 卷，2015：237

我们要把一切教育上的事情结合起来，打破把幼年儿童的教育和正在成熟的青少年的教育分割开的障碍，使低年级的教育和高年级的教育统一起来，使它看起来不存在低级和高级的区分，而仅仅是教育。

——《学校与社会》，

《学校与社会·明日之学校》，1994：71

无论小学生、初中生，还是大学生，在每一个阶段都有相对熟悉的经验领域以及相对成熟的思想行为倾向。关注这些情况，把它们作为确保在更加广阔的经验领域获得独立负责行为的新能力的手段，便是为分化的连续过程提供了解决办法，它将使教育衔接性问题得到恰如其分的理解。

——《教育衔接的一般性原则》（1929），

《杜威全集·晚期著作》第 5 卷，2015：240

传统向前看，也向后看。把今天的能量和成就传给未来，就像把过去的传给今天一样重要。的确，我们越了解自己是未来的建设者，就越可能明智地看待过去以及过去留下的财富。当我们纪念过去的创建者时——我们正在享用他们的成果，我们恰恰应该好好想一想：今天我们所做的，正是后来者建设的基础。我们是继往开来者。

——《教育：1800—1939》（1929），

《杜威全集·晚期著作》第 14 卷，2015：196

人们所承认的唯一重要差别只是数量、总量的差别。儿童是小大人，他的心理是小心理，除了形体的大小以外，一切都和成人是一样的，有着自己已装备好了的注意、记忆等官能的装备。现在我们相信心理是生长着的东西，因而在本质上是变化着的，在不同时期呈现出能力和兴趣的不同特点的东西。

——《学校与社会》（1899），

《学校与社会·明日之学校》，1994：77

解释事实是在它充满活力的运动中去看它，是在它和生长的关系中去看它。但是，作为正常的生长的一部分去看它，就要获得指导它的基础。指导并不是从外部强加的，指导就是把生活过程解放出来，使它最充分地实现自己。

——《儿童与课程》，

《学校与社会·明日之学校》，1994：124

■ 儿童时期是一个最重要的时期

如果教育就是各种自然倾向和能力的正常生长，那么，注意在生长过程中每天所进行的特殊形式，是保证成年生活的种种成就的唯一方法。人的成长是各种能力逐渐生长的结果。儿童时期的真正意义是生长和发展。

——《明日之学校》（1915），

《学校与社会·明日之学校》，1994：223

无论我们从对家长和社会的影响的视角来看，还是从对儿童自身成长的作用来看，都可以得出这样的结论：儿童在成长中需要他人指引的长期的无助期或社会依赖期，是一个极其重要的阶段，尤其对于道德精神的发展意义重大。因此，儿童需要学习使用他的肢体器官，学会看、听、行走和说话，这些都蕴含着丰富的意义。

——《在杨百翰学院作的教育学讲座》（1901），

《杜威全集·晚期著作》第 17 卷，2015：221

一些伟大的教育改革家断言，最初的几年是最重要的，因为在这个时期，所有基本的情感习惯和无意识态度都在形成之中。说过去的几年心理学实际上证明了这些教育改革家先知式的洞见，一点也不为过。科学的证明让人印象深刻，因为它主要源自医生，他们在研究越轨行为时被迫追踪其根源，一直追溯到他们在童年时期调整得很糟的个人和社会关系。

——《教育怎么了？》（1925），

《杜威全集·晚期著作》第 2 卷，第 97 页

成熟要经过一定的时间，操之过急会导致伤害。儿童时期的真正含义就是，

它是一个生长和发展的时期。所以，为了成人生活上的成就而不顾儿童时期的能力和需求是一种自杀。因此……尊重儿童时期就是尊重生长的需要和时机。我们可悲的一种错误，就是急于得到生长的结果，以致忽视了生长的过程。

——《明日之学校》（1915），

《学校与社会·明日之学校》，1994：224

教育可能到达有效程度的时期是在孩子的童年。如果这一时期没有达到好的结果，将来是无法挽回的。忽视掉的东西难以在日后补救，那么，在这个程度上说，教育和训练方法注定对整个社会群体有重要的影响。

——《公众及其问题》（1927），

《杜威全集·晚期著作》第2卷，2015：224

目前普遍承认，最基本的观点形成于孩童时期，其中大多在早期。……然而，孩童时期是最具积极的好奇心，并对连续试验最有兴趣的一个时间段。……这是一个最显著的阶段——我们时代受过科学训练的人们，应该义不容辞地担负起责任。

——《知识分子的最高责任》（1934），

《杜威全集·晚期著作》第9卷，2015：82

纵然看起来有些姗姗来迟，人类历史终于明白和认可了每一个降生世间的儿童发展其身体、智力的道德的意义。……现在的认可则出于两个重要的原因：第一个原因是现实的社会关系变得复杂而纠结，以致单靠家庭本身已无从确保为儿童提供保证其最佳成长所需要的整个环境；第二个原因是知识的进展使社会拥有了从前并不存在的那种科学资源。

——《杜威描绘儿童的新世界》（1932），

《杜威全集·晚期著作》第6卷，2015：115

一切教育都是通过个人参与人类的社会意识而进行的。这个过程几乎是在诞生时就在无意识中开始了。它不断地发展个人的能力，熏染他的意识，形成他的习惯，锻炼他的思想，并激发他的情感和情绪。由于这种不知不觉的教育，个人便渐渐分享人类曾经积累下来的智慧和道德的财富。

——《我的教育信条》（1897），

《杜威教育论著选》，1981：1

每个人在幼儿时期的第一个三年要学习的东西，比以后任何一个三年要多得多。如果我们认识到这项任务的复杂性及其所面临的障碍，那么，我们就会看到，站立、行走、说话等成就比得上成人的奇迹般的成就。

——《什么是学习》（1937），

《杜威全集·晚期著作》第 11 卷，2015：185

儿童从 1 岁到 5 岁是真正自动的时期，一切外象都由自己亲自探险得来，所以他的所得亦最多，如言语、行路等都在这个时期学会的。等到一入学校，自动的方面渐渐减少，被动的方面反渐增多；耳目不用、手足不劳、心思不想，终日终年皆是得的一种死印象，不是自动的新生活，个性无由发展，性灵反多戕贼，这是最不好的事。

——《"自动"的真义》（1920），

《杜威在华教育讲演》，2016：178–179

如果要达到真正的重构，那么，学校就必须超越日常生活，提供那些增加社会敏感性的经验、一种真正的实验态度，还有对我们所处世界的科学观念的洞察力。学校本身必须加以改造，形成一种生活方式，民主意义上的积极的、有弹性的个性由此得以逐步实现。这种生活方式必须在最早的儿童时期就开始实行。

——《积极的、有弹性的个性》（1937），

《杜威全集·晚期著作》第 11 卷，2015：434

　　文明不是提供物质手段，而是通过护理、抚养和教育得到传承的。如果没有通过新生儿得到更新，那么，它会在两代人的时间内灭亡。后来者得到的训练，将决定社会本身的未来。

——《杜威描绘儿童的新世界》（1932），

《杜威全集·晚期著作》第 6 卷，2015：117

　　人之所以是自由的，仅在于他能拥有理智。儿童的天真直率自然是一件可喜的、值得珍视的事，但它那原始的天然形式必定会消失。除非受到指导，不然这类情感就会成为掺假的东西，而这类矫揉造作的情感根本谈不上是真正的自我表现。

——《F·马赛厄斯·亚历山大〈人的高级遗传〉一书的序言》

（1918），《杜威全集·中期著作》第 11 卷，2012：292

　　思维需要从儿童早期得到自然的发展。如果强调心理的和自然的方法，但是看不到在儿童生长的每个时期，好奇心、推论和检验的愿望等是自然倾向的重要组成部分，那么也不一定能够保证自然的发展。

——《我们怎样思维：再论反思性思维与教学的关系》（1933），

《我们怎样思维·经验与教育》1991：72

　　行动不断增长的自由是游戏的边界。儿童反复把帽子戴在父亲头上，又取下来，看起来只是为了游戏。对于儿童来说，他是为了获得此行动所带来的一种满足感；这个重复的动作提供了一种寻求满足的出路，这正是我们所看到的游戏的本质。

——《心理发展》（1900），

《杜威全集·中期著作》第 1 卷，2012：139-140

想象力不是我们通常所说的，来源于一系列断开的经验的整合，而是来源于对一些通过暗示的方式给定的建议的扩充和丰富。想象力就是一种能通过部分看到整体、能从整体的角度来分析直接感觉的能力。

——《心理发展》（1900），

《杜威全集·中期著作》第 1 卷，2012：140

想象不是其他什么东西，而是心灵的自由活动。……哪里存在自由活动的观念，哪里存在能使人对其他意义而不只是当下即存的意义产生丰富联想的那种信息，哪里就存在必不可少的想象和理智的兴趣。

——《欣赏和修养》（1931），

《杜威全集·晚期著作》第 6 卷，2015：97

我所指的想象力，是一种对非当下显现的事物作形象化想象的方式。……如果不具备这种想象力，外面的世界就会被遮蔽。甚至当我们记住事情时，也是通过形象记住的。我要特别强调这一点：我们对事情的记忆力，是依赖于我们能够形象地描述事情，即便当我们思考和运用理性时，同样使用形象。

——《在杨伯翰学院作的教育学讲座》（1901），

《杜威全集·晚期著作》第 17 卷，2015：212

我们并不需要过多地向儿童强调想象，最好是建议某个场景并给她们充分的时间独立地想象。许多儿童自然地就具有很强的视觉想象力。这个能力随着年龄的增长，会逐渐减弱而不是增强。

——《在杨百翰学院作的教育学讲座》（1901），

《杜威全集·晚期著作》第 17 卷，2015：217

重要之点是不要停留于不厌其烦地重复熟悉的东西，不要以实物教学课为借口使感官针对他们已经熟知的材料，而应当通过利用它去扩大和理解以前所不清楚的和新异的情况，从而使日常的、常识性的、家常便饭的东西变得生动活泼，使之闪闪发光。这就是培养想象力。

——《学校与社会》，

《学校与社会·明日之学校》，1994：102-103

一个婴儿的哭或笑对母亲或保姆来说，也许是表现性的；然而，这并不是婴儿的一次表现的行为。它之所以对于旁观者来说是一次表现，乃是因为它告知了有关这个孩子的一些状况。但是，这个孩子只是直接做某件事，从他的立场来看，这并不比呼吸或打喷嚏更具表现性——而呼吸或打喷嚏之类的活动，对于这个婴儿状况的观察者来说，却也是表现性的。

——《作为经验的艺术》（1934），

《杜威全集·晚期著作》第 10 卷，2015：52-53

已经知道他曾经的自发行为能对周围人产生效果的孩子，就会"有目的地"去做一个以前是盲目的行为。他开始根据其后果来处理和安排自己的活动。因为做和经受之间的关系被知觉到了，所以，由于做而经受到的后果就具体表现为后来的做的意义。孩子现在也许会为着一个目的而哭了，因为他想要得到注意或缓解。他可能会开始将他的微笑用作劝诱或者表示喜爱。此刻就有了萌芽中的艺术。

——《作为经验的艺术》（1934），

《杜威全集·晚期著作》第 10 卷，2015：53-54

多少个世纪以来，人类对自我成长的过程并没有给以真正的关注，认为童年只不过是一个完全可以快速忽略的时期，虽然无法回避，但延搁了我们完全实现生命的意义。现在，我们逐步认识到，成长过程本身恰恰是最富有意义的。一个人的婴幼儿时期不再仅仅被看作自我成长完全展开的准备阶段。人生中的每一步进程都将面对特定的问题，每一次进步都有其自我激励的动力和丰富多彩的意义，昭示着全新的可能性。如果我们对成长过程缺乏耐心，为了所谓的终极目标而忽视了过程的意义，这恰恰是对目标的背弃。真正的成长，来自成长的过程。

——《在圣何塞州立师范大学毕业典礼上的致辞》（1901），

《杜威全集·晚期著作》第 17 卷，2015：57

■ 儿童语言发展、性格形成及习惯养成

器具、应用和使用总是跟指导、提示和记录联系着的，而指导、提示和记录之所以可能，是由于有了语言。凡为人们所谈过的关于工具作用的东西，都要服从语言所提供的条件。语言是工具的工具。

——《经验与自然》（1925），

《杜威全集·晚期著作》第 1 卷，2015：113

信号动作显然形成了语言的基本材料，类似的活动在人类中悄悄地发生着。因此，一个婴儿的啼哭引起了成人的注意，而且激起了一种对婴儿有用的反应，虽然这个啼哭本身乃是有机体一种无意识的流露。

——《经验与自然》（1925），

《杜威全集·晚期著作》第 1 卷，2015：119

语言总是行动的一种形式，而且当它被当作工具使用时，它总是为了达到一个目的而进行的协作行动的一种手段，但同时它本身又具有它的一切可能后果所具有的好处。因为没有一种行动方式像协作行动那样，具有完满的结果

和丰富的回报。它带有一种共享和融汇一体的意义。在产生这种感觉的能力上，语言是无与伦比的，一开始是借助于听众方面的直接的参与；随后，当文学形式得到发展时，借助于想象中的设身处地。

——《经验与自然》（1925），

《杜威全集·晚期著作》第 1 卷，2015：123

如果一个孩子学习任何语言，那他就是在学习他周围那些人说的和教给他的这种语言，他能够说这种语言，是他与他们进行有效的交流，使他自己的各种需要被他们所知并得到满足的前提条件。在这一事实中，没有任何奇迹。

——《人性与行为》（1922），

《杜威全集·中期著作》第 14 卷，2012：37

语言与教育工作有着双重的关系。一方面，语言经常不断地应用于学校的所有社会训练上，也经常不断地应用于各门学科上；另一方面，它自身又是一门独立的学科。

——《我们怎样思维：再论反思性思维与教学的关系》（1933），

《我们怎样思维·经验与教育》1991：198

因为艺术的对象是表现性的，所以，它们是一种语言。更确切地说，它们乃是多种语言。因为每一门艺术都具有自己的媒介，而这种媒介尤其适合某一种交流。每一种媒介都说出了任何其他说话方式所不能同样说好或说全的东西。日常生活需要赋予某种交流的模式、言语的模式以高级的实践的重要性。

——《作为经验的艺术》（1934），

《杜威全集·晚期著作》第 10 卷，2015：90

一般而言，被看到的东西乃是通过解释和相关的观念间接地激起情感的。

而声音则作为有机体自身的一种骚动而产生直接的激发作用。听觉和视觉常常作为两种"理智的"感觉而被分在一起。事实上，尽管可以获得的听觉的理智范围是巨大的；但是，就其本身而言，耳朵乃是情感的器官。它的理智的广度和深度来自于言语的关联……

——《作为经验的艺术》（1934），

《杜威全集·晚期著作》第 10 卷，2015：202

性格的根基很深，并且其分支延伸得很远，性格意味着所有影响行为的欲望、目的和习惯。一个人的思维、想法和信仰都是性格的一部分，因为思考参与了欲望和目标的形成。

——《年轻人的性格培养》（1934），

《杜威全集·晚期著作》第 9 卷，2015：147

简而言之，性格的形成时时刻刻进行着，它并不是被局限在特殊的场合中。一个儿童拥有的每一个经历，特别是他的情绪如果参与其中，那就在他的性格上打下烙印。男孩、女孩的朋友和同伴，他们在操场上和街道上进行的活动，他们阅读报纸、杂志和书籍，他们参加聚会和去电影院，父母双方的态度，家庭的气氛——所有这一切都持续地对性格的形成起着作用，并且影响很大。即使年轻人根本没有意识到道德的时候，它们都在起着作用。

——《年轻人的性格培养》（1934），

《杜威全集·晚期著作》第 9 卷，2015：148

性格是成形的某物，而不是像地理和算术那样，是可以被教授的。有关性格的特殊事物可以教育，而且这种教育是重要的。当儿童做了不合规矩或不被赞成的事情时，家庭和学校要经常给予这种教育。如果儿童说谎、不听话、好争吵或逃避做一些分配给他的任务等，那就要把他的注意力引到一些具体的道德问题上，即便如此，仍然要依赖道德教育的方式，以反复灌输的方式给予斥责。

——《年轻人的性格培养》（1934），

《杜威全集·晚期著作》第9卷，2015：148

形成性格三个重要因素分别如下：第一是好的判断力，或者说对我们身边事物的价值感知力；第二是执行力，或者说不止步于意愿倾向而是主动积极的行为，在一个人的成长过程中有合乎情理的攻击性。……第三是对细微情感的感知力，这将第二个因素中的强硬和不善解人意舒缓了很多。

——《在杨百翰学院作的教育学讲座》（1901），

《杜威全集·晚期著作》第17卷，2015：289

对于教育而言，如果它是真正的教育，那么就不仅提供知识和技能，而且形成心态和性格，而心态和性格决定了运用习得知识和技能的倾向。

——《终极价值或终极目的取决于前件或先验推断还是实际或经验探究》（1938），《杜威全集·晚期著作》第13卷，2015：225

我所说的教育是广义的教育，是从人生经验中得来的教育。教育的结果就在养成习惯。我所说的习惯，比普通的意义稍微要广些。习惯乃是一种技能、一种能力，能在社会中做特殊的事业、发生特殊的技能的。

——《教育与学校的几个关键问题》（1920），

《杜威在华教育讲演》，2016：72

儿童在幼稚时代，对于将来种种问题原没有什么觉悟，不过他的习惯常常在不知不觉之间，对于人生的问题就养成了见解。所以，最重要的就是养成儿童的良好习惯。

——《教育之心理的要素》（1921），

《杜威在华教育讲演》，2016：200

习惯是一种紧密的观念或行为的联结，只要呈现其中一个刺激，其余的就会系列地自动地发生而不需要意识或意志的干预。简而言之，习惯是一个顺序性联合；在这个联合中元素之间可以互相激活。

——《心理学》（1886），

《杜威全集·早期著作》第 2 卷，2010：77

习惯是什么呢？习惯就是人走过的熟路。以常道而论，人断乎不愿避熟而求新。人之所以能在强国习惯中而走新的路，以求进步，是很可注意的事。

——《学问的新问题》（1919），

《杜威在华教育讲演》，2016：281

习惯的本质就是后天获得的各种反应方式或模式的一种倾向，但不是特定行为的倾向，除非在特殊的条件下，这些行动表现了一种行为的方式。习惯意味着对某一类刺激物的特殊敏感性或易接受性，意味着长期存在着的偏好与厌恶，而不是特定行为的纯粹重现。习惯意味着意志。

——《人性与行为》（1922），

《杜威全集·中期著作》第 14 卷，2016：28

这种习惯的养成，概括起来里边含有三个要素：一是智力方面的，凡造成一种习惯，必须知道这种习惯的意义，就是要知道造成习惯作何用处。二是意志方面的，要达造成习惯的目的，必须要规划方法、利用工具，决心把它做成功。三是情绪方面的，做事而有成效往往发生兴趣，一举一动之间心中感觉愉快。

——《教育与学校的几个关键问题》（1920），

《杜威在华教育讲演》，2016：75

有许多习惯是表面的，不是内在的，所以一到外边便回复他的潦草等习惯了。我们注重的地方就是怎样可以使学生养成好的习惯，不是表面的而是由于内在的思想愿望发生的。由内在的思想愿望发生的习惯，才是与道德真有密切关系。养成内在的思想和愿望等知识心理上的习惯，照我看来，有三种最为重要：（1）虚心或曰公开的心；（2）知识的诚实；（3）责任心。

——《关于教育哲学的讲演》（1920），

《杜威在华教育讲演》，2016：60

正像我们已经看到的，意志具体而言，意味着习惯；而习惯在自身中综合了环境因素。习惯不仅是对环境的适应，而且也是对环境的调整。

——《人性与行为》（1922），

《杜威全集·中期著作》第14卷，2012：33

习惯是人类行为的主要动力，大部分习惯是在一个群体风俗的影响下形成的。人类的有机体结构也要为习惯的形成承担责任，因为无论我们希望与否，无论我们是否意识到，每一个行为都影响着观念的修正，从而指引未来的行为。习惯的形成依赖于制定风俗和制度的群体的习惯，这是婴儿期无奈的自然结果。

——《公众及其问题》（1927），

《杜威全集·晚期著作》第2卷，2015：269

习惯使我们能控制环境，并且能为了人类的利益利用环境。……主动的习惯包含思维、发明和使自己的能力应用于新的目的的创造精神。这种主动的习惯和以阻碍生长为标志的墨守成规相反。

——《民主主义与教育》（1916），1990：57

我说成功而非重复是形成习惯的真正原理，就是指这个。在形成习惯时，一个行为如果真正做成了某件事情，而且给儿童留下了做成某件事情的感受，还留下了如何做成的观念，那抵得上一百次乏味的、例行的重复。

——《在杨百翰学院作的教育学讲座》（1901），

《杜威全集·晚期著作》第 17 卷，2015：254

儿童按这些多样化的职能摆正自己的位置，就意味着科学、艺术、历史的培养作用，意味着掌握探索的基本方法何交际、交流的基本工具，意味着有教养的、强健的身体、灵巧的眼和手，意味着勤勉的和坚韧的习惯，一言以蔽之，有用的习惯。

——《教育中的道德原理》（1909），

《学校与社会·明日之学校》，1994：145

如果我们持续重复最初的做法，就完全无法形成习惯，或者会形成非常笨拙的习惯。实际上，我们形成习惯是通过清除第一次尝试中过多的活动，通过强调特定的活动，它导向我们想走的方向。……在形成一切习惯时，都是这样。选择必须在重复之前，并且始终比重复更加突出。

——《在杨百翰学院作的教育学讲座》（1901），

《杜威全集·晚期著作》第 17 卷，2015：254

大概机械习惯的养成，由于无意思的重复，日日行之则习惯自成。学校中所用机械的练习最容易养成此弊。把个课堂当作操练脑袋的操场，结果遂造成心理上的坏习惯……

——《教育与学校的几个关键问题》（1920），

《杜威在华教育讲演》，2016：76

一种习惯的养成，重复总不能免。不过单调地重复，实在少能济事。驴子转磨虽转了千百次，也做不出旁的事。所以，重复之中尤须有变化。小孩打毽一上一下，似乎尽是重复，却不知道这里边也有急徐轻重的变化和为什么要这样打法的意义。小孩认字全靠重复记诵，必没有什么用处。必要把此字所代表的意义明白、声音分析以后，背诵才有益处，硬行注入的字，日后断断不能活动移用的。

——《教育与学校的几个关键问题》（1920），

《杜威在华教育讲演》，2016：76-77

我现在要为习惯这个话题留下两点想法。第一点想法是：形成习惯的基础应该是成功，是要选择标明了功绩、成就的东西；重复这个要素应该是次要的。事实上把它称为对选定做法的练习、使用或应用，也许更好。第二点想法是：真正的习惯不仅建立在成功或成就而非重复上面，而且是从自然本能中形成起来的。

——《在杨百翰学院作的教育学讲座》（1901），

《杜威全集·晚期著作》第17卷，2015：258-259

■ 儿童生长是教育的目的

因为生长是生活的特征，所以教育就是不断生长，在它自身之外没有别的目的。学校教育的价值，它的标准就看它创造继续生长的愿望到什么程度，看它为实现这种愿望提供方法到什么程度。

——《民主主义与教育》（1916），1994：57

什么是教育？首先，它是一个发展——成长的过程，并且其过程是非常重要的，而不仅仅是最后的结果重要。……一个受过教育的人要继续获得更多的教育成长，就必须不断地拓宽自身的发展。因此，有些时候，如果有学问、博学多才的人放弃成长的能力，那么他们就会停滞不前，而不再进步。

——《教育哲学的必要性》（1934），

《杜威全集·晚期著作》第 9 卷，2015：154

教育是一个自然发展的过程。……自然的或天赋的能力提供一切教育中的起发动作用和限制作用的力量，但是它并不提供教育的目的。

——《民主主义与教育》（1916），1990：119–120

如果用主动分词"生长着"（growing）理解生长，那么教育过程即是生长过程。生长，或者发展着的生长，不仅指身体的生长，而且指智力和道德的生长，这是连续性原则的一个例证。

——《经验与教育》（1938），

《我们怎样思维·经验与教育》，1991：261

要知道教育是一种自我的发达，是受教育者渐次发达他固有的能力。这种发展不是从外面加入，乃是内部发生的。大凡一切生物都能够生长。生长是生命的表示，有生命总有生长。所以，生命就是生长，生长就是生命。一颗植物的种子，有生长的机能在它的里面，所以它能自己生长。

——《教育与学校的几个关键问题》（1920），

《杜威在华教育讲演》，2016：79

生命在富有智慧的指导下生长，生命就是教育（life is identified with education）；教育则是一场勇敢、愉悦的冒险，而不是一个单调的任务。……生长一旦发动，其本质就是不断生长。毕竟，这种维持和扩展自身的自由而不断发展的生命力量是我们唯一的最终保障。只有当我们摆脱了恐惧，学会了相信生命所具有的生长的力量，我们在教育改革和其他社会事务改革上所作出的努力才不会遭受注定的失望。

——《勇敢的福音》（1928），

《杜威全集·晚期著作》第 3 卷，2015：256

教育的最根本的基础在于儿童活动的能力，这种能力正沿着现代文明所由来的同一的、总的建设路线而活动的。……所谓表现的和建设的活动便是相互联系的中心。

——《我的教育信条》（1897），

《杜威教育论著选》，1981：7

我们常常不想让儿童活动在自己本能倾向的层面上；因为我们认为他的本能是低级的、粗糙的，所以一点也不管它们；我们拿出自己的想法和倾向，自以为比他的想法和倾向高出很多；我们把它们硬塞给儿童。因此，我们在什么程度上取得成功，他就在什么程度上成了机器人。如果我们让儿童像我们遇见他时一样保持自然，那么为了达到任何目的，必须联系到他自己的冲动，并向前、向外引导这些冲动。

——《在杨伯翰学院作的教育学讲座》（1901），

《杜威全集·晚期著作》第 17 卷，2015：259

教育过程中的基本要素是未成熟的、没有发展的人，以及在成人的成熟经验中体现出来的某些社会的目的、意义和价值。教育过程就是这些因素应有的相互作用，作为促进最充分的和最自由的相互作用的这样一种相互联系的概念，便是教育理论的主要之点。

——《儿童与课程》（1902），

《学校与社会·明日之学校》，1994：115

教育的目标除了使学生具备一些不可或缺的方法外，就是去发现和释放个体化的能力。这样，他们就能在自己的人生中，无论遇到什么样的社会变动，都能有自己的应对办法。

——《个性、平等与优越》（1922），

《杜威全集·中期著作》第 13 卷，2012：256–257

儿童是起点，是中心，而且是目的。儿童的发展、儿童的生长，就是［教育］理想所在。只有儿童提供了标准。对于儿童的生长来说，一切科目只是处于从属的地位，它们是工具。它们以服务于生长的各种需要衡量其价值。

——《儿童与课程》（1902），

《学校与社会·明日之学校》，1994：118

［法国教育家］卢梭所说的和所做的一样，有许多是傻的。但是，他的关于教育根据受教育者的能力和根据研究儿童的需要以便发现什么是天赋的能力的主张，听起来是现代一切为教育进步所做的努力的基调。他的意思是，教育不是外部强加给儿童和年轻人某些东西，而是人类天赋能力的生长。从卢梭那时代以来，教育改革家们所最强调的种种主张都源于这个概念。

——《明日之学校》（1915），

《学校与社会·明日之学校》，1994：221

我们探索教育目的时，并不是要到教育过程之外去寻找一个目的，使教育服从这个目的。我们整个教育观点不允许这样做。我们所要做的，就是要把属于教育过程内部的目的，和从教育过程以外提出的目的进行比较。

——《民主主义与教育》（1916），1990：106

如果我们能够真正相信，注意当前生长的需要，就可以使儿童和教师都忙于工作，并且对将来需要的学习能够给予最好的可能的保证，那么，教育观念的革新也许能早日完成，而其他所期望的变革多半能满意地进行。

——《明日之学校》（1915），

《学校与社会·明日之学校》，1994：223

如果教育是生长，那么这种教育必须循序渐进地实现现在的可能性，从而使个人更适合于应付后来的各种需求。生长并不是有空的时候能够完成的东西，生长是一个不断地通向未来的过程。

——《民主主义与教育》（1916），1990：60

从教育上说，儿童未成熟状态的很大优点，就是使我们能解放儿童，无需走过去的老路。所以，教育的任务在于使儿童从复演过去和重蹈旧辙中解放出来，而不是引导他们去重演以往的事情。儿童的社会环境是由文明人的思维和情感的种种习惯的行为构成的。如果忽视目前这种环境对儿童的指导性影响，那就是放弃教育的功能。

——《民主主义与教育》（1916），1990：78

像定规的学校时期那样的特殊教育历程的最大意义，不过是使受教育者可以获得更进一步的教育，即对于成长的条件更为敏感，更能利用而已。技术的修得、知识的占有、教养的成就，不是终局；只是生长的记号，继续生长的方法。

——《哲学的改造》（1920），1958：110

那个［教育］目的就是解放和发展个人能力（不问其种族、性别、阶级或经济状况如何）。换句话说，它们的价值标准就是它们教育各个人使他达到他的可能性的极致的那个限界，也是一样。

——《哲学的改造》（1920），1958：110

一旦新一代人的适当部分能够很好地协调起来，我们就会确保未来的男男女女们能够独立，他们就会拥有令人满意的身心平衡，他们就会乐观、自信和幸福，而不是恐惧、困惑和不满，也不会受到环境的伤害和遇到偶然的不幸事件。

——《〈对个体建构性的有意控制〉导言》（1922），

《杜威全集·中期著作》第 15 卷，2012：262

无论如何，现在总是影响未来。已经成熟的人们对这两者的关系应当有些了解。因此，他们有责任建立对未来有良好影响的现时经验的种种条件。教育即生长或成熟，应当是一种永远现时的过程。

——《经验与教育》（1938），

《我们怎样思维·经验与教育》，1991：272

一，把未成熟状态仅仅看作缺乏发展；二，把发展看作对固定环境的静止的适应；三，关于习惯的僵硬性。这三种思想都和生长或发展的错误观点有关——都认为生长或发展乃是朝着一个固定目标的运动。它们把生长看作有一个目的，而不是看作就是目的。

——《民主主义与教育》（1916），1990：55

如果农民不顾土壤、气候以及植物生长的特点等条件，就规定一个农事目的，那便是荒谬的。……教育者也是这样，不管是家长还是教师。如果家长或教师提出他们"自己的"目的，并作为儿童生长的正当目的，这和农民不顾环境情况提出一个农事理想，同样是荒谬可笑的。

——《民主主义与教育》（1916），1990：113

■ 教育的首要浪费是浪费生命

教育中的浪费……主要的浪费是生命的浪费，[即]儿童在校时的生命的浪费和以后由于在校时不恰当的和反常准备工作所造成的浪费。

——《学校与社会》（1899），

《学校与社会·明日之学校》，1994：57

教育上最大之缺点，在不能利用儿童个人之本能，而使之发展。盖一般教育家意谓人本无能，必借外界知识之灌输而始有能力。不知用此方法以施教育，是摧毁儿童固有之本能，非教育之正鹄也。故吾人在调查参观或考察教育之时，亟须注意儿童之作业能否自动自思自行研究之能力，教师能否使之自动自思以发展其本能，是为至重要之问题。夫考察儿童之心理，则富有好奇心、研究心，但教师所用方法不合，反足以摧毁其本能。

——《平民主义之教育》（1919），

《杜威在华教育讲演》，2016：221–222

儿童被置于被动的、接受的或吸收的状态中，情况不允许儿童遵循自己本性的法则，其结果是造成阻力和浪费。

——《我的教育信条》（1897），

《杜威教育论著选》，1981：9

正如同商业一样，我们在学校里的做法不同以往，更多注意的是怎样使包装外观整洁，使商标更引人注目。但是，这两个材料都是事先准备好的，丝毫没有关注个体的消化能力。

——《创造与批判》（1930），

《杜威全集·晚期著作》第5卷，2015：101

在人类生活中的、最大的单一浪费存在于家庭和学校里，被浪费的是那些未被登记、未能获得积累力量的大量教育经验。举例而言，几乎所有父母养育他们的孩子时，都像在之前没有人养育过孩子一样。

——《美国教育组织》（1916），

《杜威全集·中期著作》第 10 卷，2012：330-331

也许目前存在的最大的社会浪费，就是我们没有对爱好、能力和才智进行探究，为它们找到使其拥有者发挥一技之长并有利于他人的那些渠道。

——《世界大战中应运而生的职业教育》（1918），

《杜威全集·中期著作》第 11 卷，2012：56

许多学校……不去研究儿童在生长中所需要的究竟是什么，只是拿成人所积累的知识，也就是和生长的迫切需要毫不相干的东西强加给儿童。

——《明日之学校》（1915），

《学校与社会·明日之学校》，1994：222

一个合理的目的，它的价值在于我们能够用它来改变环境。合理的目的是应付环境的一个方法，使环境产生有益的变化。一个农民，如果被动地接受事物的现状，那就和一个完全不顾土壤、气候等情况而制定农事计划的人一样，会犯同样大的错误。

——《民主主义与教育》（1916），1990：111

一个真正的目的和从外面强加给活动过程的目的，没有一点不是相反的。从外面强加给活动过程的目的，是固定的，呆板的；这种目的不能在特定的情境下激发智慧，不过是从外面发出的做这样那样事情的命令。……这种目的不能启发一个更自由、更平衡的活动，反而阻碍活动的进行。在教育上，由于这些从外面强加的目的的流行，才强调为遥远的将来作准备的教育观点，使教师和学生的工作都变成机械的、奴隶性的工作。

——《民主主义与教育》（1916），1990：117

实际活动在知识方面可能是狭隘的和琐细的。只要实际活动是常规性的，在权威的命令下进行，并且只以某种外部的结果为目的，那么这种活动将会是狭隘的和琐细的。但是，童年和青年期是学校教育的时期，这正是可以用不同的精神进行活动的时期。

——《民主主义与教育》（1916），1990：288

从名称上来看，儿童研究运动是新事物。……它代表了在好几代人中有效发挥作用的教育和社会力量的最高点，昭示着儿童研究本身就是一个必须永久考虑的因素。它是心理学运动的一个组成部分。它力图用个体的术语而不是阶级的术语来阐述经验，尽力根据个体需要和工作能力来开展训练。

——《幼儿园和儿童研究》（1897），

《杜威全集·早期著作》第5卷，2010：158

社会发展的不同时期把新的任务强加给学校，学校力图部分通过本能、部分通过目标来担负起这些新的责任。学校要尽力注意，个体应该主动地或者被动地为正在形成的社会做好各自的准备。

——《委员会就初等教育详细计划的答复报告》（1898），

《杜威全集·早期著作》第5卷，2010：355

最令人感兴趣的当然是我们所熟悉的个别儿童的进步，他的体格的正常发展，他的读写算能力的提高，他的史地知识的增长，态度以及敏捷、守秩序和勤劳的习惯的改善——我们正是从这类标准来判断学校工作的……

——《学校与社会》，

《学校与社会·明日之学校》，1994：27

　　只有反复培育正常的成长条件，任何积极的和长久的东西才能实现。走这条路，意味着我们要研究和发现正常的健康和成长所需要的特殊的、确定的和复杂的条件，并相应地作出积极的努力。没有任何深思熟虑的人会认为，无论在身体上还是在思想上采用麻醉的办法，都可以以任何形式促进我们所需的知识和行动。

——《一个病态的世界》（1923），

《杜威全集·中期著作》第15卷，2012：39

　　发现和研究人的自然属性，他成长中最需求的东西，这是一个明确的、科学的问题；发现和研究社会的典型职业，找出哪种学科分类可以最好地促进这些职业，这也是一个明确的、科学的问题。

——《教育现状》（1902），

《杜威全集·中期著作》第1卷，2012：212

　　首先是对教育问题的看法。这个问题本质上是一个使个人特性与社会目的和价值协调起来的问题。教育是一个困难的过程，这个过程需要一切随时可以利用的道德的和理智的资源，恰恰因为要使人类身体和心理素质方面的因素，与社会环境的要求和机会有效地协调起来，是极其困难的。……无论如何，这是一个不断更新的问题，这是每一代人必须自己重新解决的问题；同时，因为各人的心理素质不同，在某种程度上，这是每位教师必须面对每个学生重新处理的问题。

——《芝加哥实验的理论》（1936），

《杜威教育论著选》，1981：320

■ 每一个儿童都有强烈的个性

每个儿童都有很强的个性，同样任何科学都必须对本科学的所有材料作出判断。每个儿童都必须有机会显露他的真实面目，这样教师就能发现他在成为一个完全的人的过程中需要干些什么。教师只有熟悉她的每个儿童，她才有指望理解儿童，而只有当她理解了儿童，她才有指望去发展任何一种教育方案，使之或者达到科学的标准，或者符合艺术的标准。

——《明日之学校》（1915），

《学校与社会·明日之学校》，1994：297

一位著名哲学家在强调个性原则时说过，如果一个人摘下这个世界上所有树木的所有树叶，也不可能发现有两片完全一样的叶子。……当我们面对人类时，我们认为，每一个个体都具有一些独特的或不可替代的东西。没有人可以完全代替某人在这个世界上的位置，或者做他曾经做过的完全一样的事情。我认为，这就是我所说的平等观念的意思。我的意思不是说人们在生理或心理方面是平等的，而是说每个正常人都有十分独特的东西，以至于没有其他个体能够代替他。

——《教育中的个性》（1922），

《杜威全集·中期著作》第 15 卷，2012：142

在一个具有许多独立健康生活的地方，人们会为了进行内在交流和文化上的交流而提供民族性。假如这还没有阻止团体之间灵活和方便的交流，那么，它就会刺激每个团体文化上的创造力。因此，我相信，在朝向将来的每个长期组织中，我们必须为每个民族保持一个机会，以培养自身独特的个性，同时使这种个性不会成为其他民族或团体福祉的威胁。

——《民族性的原则》（1917），

《杜威全集·中期著作》第 10 卷，2012：234

平等并不意味着数学或物理上的等式，依据任何一个元素都能被其他元素所代替。它表明的是，要有效地尊重每个人的独一无二性，而不考虑身体和心理上的不同。这不是一个自然的成果，而是一个共同体的行为被其作为共同体所拥有的特性而指导产生的成果。

——《公众及其问题》（1927），

《杜威全集·晚期著作》第 2 卷，2015：266

个性是一个相对确定的词，它具有性质上的独一无二，或至少是独特性这种含义。它暗示着一种内在的和建构的，而非法律的、可比的和外在的自由。

——《平庸和个性》（1922），

《杜威全集·中期著作》第 13 卷，2012：250

个性起初是自发的、未成形的；它是一种潜力、一种发展的能力。即便如此，个性也是个体在这个物与人的世界中行动、与这个物与人的世界一起行动的独特方式。它本身并不完整，并不像房子里的壁橱或桌子里的秘密抽屉那样，里面装满了等待被赋予世界的珍宝。因为个性是感受来自世界的影响，并由于这些影响而表现出偏爱的独特方式，它只有通过与实际条件相互作用才能发展成形。

——《旧个人主义与新个人主义》（1930），

《杜威全集·晚期著作》第 5 卷，2015：93

个性的确意味着一种独创性的方法。独创性不能以新奇或原创的产品来衡量。很少有人可以在任何重要的地方产生出真正原创的思想，但任何人可以为他做事的方式贡献一些原创的东西。

——《教育中的个性》（1922），

《杜威全集·中期著作》第 15 卷，2012：143

只在官能上各自分离的那些物体的物质感触里，个性才是一个根本的与件。在社会的和道德的意义里，个性是要被造出来的。个性是指创造性、发明性、富于策略、信念取舍和行为选择的责任所在。这些都不是天赋，乃是成就。

——《哲学的改造》（1920），1958：115

人各有其特长。其特长即其人毕生事业之所关。教育必发展各个人之特长，使得利用此特长，为人群与国家建树功业。……至言乎人，则个性差异之度，尤远胜于其他动物。教育所以发展人之天赋，故必注意其个性，使各个人所具之自然特长各得发育遂长。

——《平民教育之真谛》（1919），
《杜威在华教育讲演》，2016：214

天生人，各有所长，各有异能，并非像两片豌豆，形状功用都一样的。我既然和人不同，自有我应做的事，自然要堂堂正正地做一个人，要独自表异，要表现出个人的个性。

——《伦理讲演纪略》（1919），
《杜威在华教育讲演》，2016：323

每个人在其个性成长的过程中都具有某种独特性和创造性，这就是个性的意义。最需要做的事情是，消除抑制和阻碍个性表达的各种障碍。当清除了令人难以忍受的和人为的负担后，每个人都将在某个领域发现属于他自己进行积极的创造性工作的机会。

——《创造与批判》（1930），
《杜威全集·晚期著作》第5卷，2015：108

今天的教育都非常看重培育个人的能力。他们反对简单划一的教育，反对标准化的做法，反对因循守旧，反对把男孩和女孩看成无差别的个体，因为没有两个个体是相同的。

——《教育与生育控制》（1932），

《杜威全集·晚期著作》第 6 卷，2015：123

很显然，对于正常的人来说，儿童的成长为成人，意味着个体性的发展。他愈来愈多地做决定和承担责任。他很可能在某些方面不同于家庭和学校的方式。同样很显然，文明的成长有利于个体性的发展。

——《伦理学》（1932），

《杜威全集·晚期著作》第 7 卷，2015：56

一个进步社会把个体差异视为珍宝，因为它在个体差异中找到它自己生长的手段。因此，一个民主的社会必须和这种理想一致，在它的各种教育措施中考虑到理智上的自由，以及各种才能和兴趣的作用。

——《民主主义与教育》（1916），1990：321

真正的个性是智力上的，是内在的，而不是身体上的。……为了发展思维，我们必须尊重个性因素，这一独特的因素在心智活动中是不可替代的。尊重个性，在其本质上就是尊重心智和心智的活动；而尊重并敬畏个性的教师，也尊重人类精神产品的本性特征。

——《教育中的个性》（1922），

《杜威全集·中期著作》第 1 卷，2012：145

儿童和成年人一样，需要有一定的单独活动的时间。但是，这种单独活动的时间、地点和多少，乃是枝节问题，而不是原则问题。……认为儿童必须单独工作，不参与集体活动，以便自由发展他的个性，这种观念是按空间距离衡量个性，把个性看成物质的东西。

　　　　　　　　　　　　——《民主主义与教育》（1916），1990：317-318

　　教师必须个别地来对待这些儿童。这些儿童虽然可以被分成一些笼统的类型，但是没有一个人是完全一样的。教师（男教师或女教师）要尽其所能地找出造成这些儿童顽抗态度的原因。

　　　　　　　　　　　　　　　　——《经验与教育》（1938），

　　　　　　　　　　《我们怎样思维·经验与教育》，1991：277

　　当每一个儿童都有个性化的东西表达时，社会刺激就是学习获得的有效动力。……我完全可以自信地宣布：当儿童发展了真正的语言兴趣的时候，他将获得更大的进步，儿童生活的连续性也不会中断。

　　　　　　　　　　　　　　——《大学的附属学校》（1896），

　　　　　　　　　　《杜威全集·早期著作》第 5 卷，2010：347

　　要成功实行［学科教材在中小学的运用］，需要认识到有关心智成长的一般原理以及这些原理在不同年龄和气质的儿童个体身上的特殊表现。

　　　　　　　　　　　　　　——《芝加哥大学教育学院》（1902），

　　　　　　　　　　《杜威全集·中期著作》第 2 卷，2012：52

　　直到我们尝试了教育实验为止，我们都完全不知道、也不会知道个体的能力和局限的真正所在。因为这并不只是被普遍承认为有失误的教育在数量方面的事，它是同它的质量以及它的精神、方法和目标相关的。

　　　　　　　　　　　　　　　　——《平庸和个性》（1922），

　　　　　　　　　　《杜威全集·中期著作》第 13 卷，2012：254

除了完全低能的情况，我们可以有把握地说：民众中最缺乏创见的成员也具有各种潜能，这些潜能现在并没有表现出来，而且将来也不会表现出来，除非我们把通过平庸并且为了平庸而进行的教育转变成通过个性并且为了个性而进行的教育。

——《平庸和个性》（1922），

《杜威全集·中期著作》第13卷，2012：254

当我们上升到有生命的东西，上升到有生命的领域，上升到精神、道德和智力的东西，个性原则就越来越有价值。这就是在教育中主张个性原则的原因。这是衡量生命领域什么东西提升到了精神、道德和智力的存在物的尺度。当我们面对教育中个性问题的时候，困难是实践上的而不是理论上的。

——《教育中的个性》（1922），

《杜威全集·中期著作》第15卷，2012：142

［教师］把有时从事于考虑个别儿童的很大精力用来发现一些有价值的活动，并安排一些能推进些活动的各种条件，也许更有利一些。当一个儿童从事于这种连贯的和有所积累的作业时，那么在一定程度上它就含有可贵的教材，他的个性的实现和形成便作为一个结果，也许正确地说，便作为一种自然的副产品而产生了。儿童是在他所做的什么事情里发现和发展自己……

——《进步教育与教育科学》（1928），

《杜威教育论著选》1981：259-260

教育改革为了使儿童的个性得到更大的施展，意味着确保某些条件来为理智成长提供途径和指导。……我们所需要的不是对个性不受约束的放任，而是一种在一定限制下的自由，这种限制被证明对保证理智的充分运作是必要的。

——《教育中的民主》（1903），

《杜威全集·中期著作》第 3 卷，2012：176

我们这个时代最深层的问题，是建立一个与我们所生活的客观条件相适应的新个性。……它从根本上被视为创造一个新个人主义的问题。这种个人主义须同鼎盛时期的旧个人主义在当时当地所起的作用一样，对当代情况具有重要意义。

——《旧个人主义与新个人主义》（1930），

《杜威全集·晚期著作》第 5 卷，2015：43

目前，"社会化"在很大程度上是机械的、量化的。这种制度倾向于在个人中间制造没有规律、不计后果的过度刺激，这使它处于不稳定的平衡之中。这种混乱和这个机制如果可以造就出一种思想和心灵——一个完整的人格，那么，它必须是一种全新的智力、情感和个性类型。

——《旧个人主义与新个人主义》（1930），

《杜威全集·晚期著作》第 5 卷，2015：49

传统观念非但无关，反而是一种累赘。它们是形成一种新个性——既有内在的整合，又具备在个性赖以存在的社会中发挥作用的被释放的功能——的主要障碍。只有通过控制性地利用业已掌握自然界物质力量科学与技术之全部资源，我们才能获得一种新个人主义。

——《旧个人主义与新个人主义》（1930），

《杜威全集·晚期著作》第 5 卷，2015：65

一位教师负责的学生数量在任何地方都可能超过 36 名，在最理想的条件下，这被认为可能是最少的数量了。因此，数量成了压倒一切的考虑。教师被迫成批和整齐划一地授课。在教育和教学中，一切自然而然地倾向步调一致。对每个学生都讲得一样多，让每个人和其他人尽可能地经历相同的变化。这和阻碍原创性与压制个性并无二致。

——《教育怎么了？》（1925），

《杜威全集·晚期著作》第 2 卷，2015：98

构成一个人思想和欲望之个性的模式与社会的驱动力量相一致，他的个性就会得到释放并发挥创造性。独创性与独特性并不与社会培养相矛盾；相反，它们被社会培养从反常与逃避中解放出来。个人积极的、建设性的能量体现在对社会力量与条件的重新创造和重新指引中，这种能量本身就是一种社会必需品。一个释放机器与物质文明固有潜力的新文化将释放出个体的独特之处与潜在的创造力，而获得释放的个体则将不断地创造出一个恒新的社会。

——《旧个人主义与新个人主义》（1930），

《杜威全集·晚期著作》第 5 卷，2015：84

从前的教育重在记忆力，不重思想力，所以教授的方法全要用灌注的手段。好比老鸟哺雏一样，做雏鸟的，只要寄居巢中，张开了嘴将食咽下去就是。这种教育是埋没个性的。……所以，注重个性的教育所养成的人才，是自动的，是独立的，是发思想的，是活泼的，是有创造力的，是有判断力的；不是被动的，不是依赖的，不是拘束的，不是因循的，不是有惰性的。……诸君要知道，个性的发展是共和国家的基础，是平民主义的真谛。

——《平民主义的教育》（1919），

《杜威在华教育讲演》，2016：207

　　因为学校的中心是学生，不是科目；科目不过是一种方法。所以，学生的性情、人格、品行是教授的中心；而学生各有各的特性，各人的心理构造不同、性情不同、家庭不同、环境不同、欲望不同、机会不同、需要不同；做教员的不能视为一律，应当视为个别的、各有个性的，而加以适应的教授。

——《教育者之责任》（1920），

《杜威在华教育讲演》，2016：380

　　学校是一个检验心理学对社会实践的指导作用的理想场所，因为学校的明确目标就是在特定态度和努力下，培养特定的社会个性。至少在思想领域，没有其他的目标可以限制或损害这个目标的支配地位。

——《心理学与社会实践》（1900），

《杜威全集·中期著作》第1卷，2012：104

　　如果我们把一个所谓统一的一般方法强加给每一个人，那么除了最杰出的人以外，其他所有人都要成为碌碌庸才。如果用不同于大众这一点来衡量创造性，那就会使他们成为怪僻之辈，所以，我们扼杀了大多数人的特异品质。

——《民主主义与教育》（1916），1990：184

　　如果个性要有丰富的发展，那就必须改变旧模式。回顾历史，这个结论是非常明确的。也许不那么明确的是：为了积极的、有弹性的个性（在民主的意义上的理解）的发展，我们可以继续应用这个基本原则。这条解决教育问题的思路依赖于一个论题，即在保障个性发展的每一个教育过程中，哥白尼理论所代表的状况将会一次又一次地重复。个性的发展如果要取得丰富的成果，那就要求对个人经验的基本模式做大规模的重构。

——《积极的、有弹性的个性》（1937），

《杜威全集·晚期著作》第11卷，2015：431-432

教育相对于其他事务而言,在所有人类事务中是最具个性和最关己的,在那里唯一的最后依赖以及最终的力量源泉是个人所受的训练、性格和理智。

——《教育中的民主》(1903),

《杜威全集·中期著作》第 3 卷,2012:176

第八编　心智与经验

■ 经验是智慧之母

经验，也就是教育，依然是智慧之母（the mother of wisdom）。而且，直到大幅度修改获得和传授经验的方案，即教育方案之前，我们始终无法在哪些是天生特性给智力造成的局限这一点上获得任何洞见。

——《平庸和个性》（1922），

《杜威全集·中期著作》第 13 卷，2012：254

依据经验法则的实践是人文科学之母。一旦经验的方法依托想象之力，在实验化运用中获得了某种程度的自由，那么，人文科学的实践又会成为科学的源泉。但要是人文科学自身没有取得某种进展，它也不能成为有关某一门技艺的科学。当人们有意识地尝试运用那种他们已经成功运用的技艺，以便获得他们想象中向往的结果，就出现了人文科学意义重大的发展前景。

——《社会科学和社会控制》（1931），

《杜威全集·晚期著作》第 6 卷，2015：56–57

我们的思想观念确实是依赖于经验，我们的感觉也是如此，两者所依赖的这种经验就是习惯的活动——最初就是本能的活动。

——《人性与行为》（1922），

《杜威全集·中期著作》第 14 卷，2012：22

假如我们使人们注意到：自然与经验还在另一种语境中和谐地存在在一起，即在这种语境中，经验乃是达到自然、揭示自然秘密的一种且是唯一的一种方法，并且经验所揭露的自然（在自然科学中利用经验的方法）又得以深化、丰富化并指导经验进一步地发展，那么，这个变化过程也许会加速起来。

——《经验与自然》（1925），

《杜威全集·晚期著作》第 1 卷，2015：9–10

构成科学本质的那种直接探索，最主要的是直接经验，一种通过所有身体器官的媒介对构成直接经验的手段和材料之积极而重要的参与。

——《教育中的民主》（1903），

《杜威全集·中期著作》第 3 卷，2012：177

随着反思性注意力的发展，产生了改变儿童教育模式的需要和可能性。直到 7 岁之前，直接、自发的态度一直是儿童的标志，这源于他对新经验的要求，以及他通过构建影像并在游戏中表达它们来完善其不完的经验的渴望。

——《非教育的教学》（1909），

《杜威全集·中期著作》第 4 卷，2012：159

把心智活动与用于直接观察的感官活动，以及与用于建设和操作的手的活动截然分开，就使得学习材料变得空谈迂腐，不切实际，并且迫使学生被动地吸收由教材和教师所传授的知识。

——《明日之学校》（1915），

《学校与社会·明日之学校》，1994：351–352

面向自然的经验方法是无所"保存"的；它不是一种保险的设施，也不是一个机械性的防腐剂。但是，它鼓舞心灵，使它在新世界面前具有创造新理想和价值的勇气和生命力。

——《经验与自然》（1925），

《杜威全集·晚期著作》第 1 卷，2015：4

如果研究者要让他所发现的东西成为真正科学的东西，那么他就必须利用经验的方法。当经验在可以明确规定的方式之下被控制着的时候，它就是通向自然的事实和规律的大道，这被科学研究者视为理所当然之事。

——《经验与自然》（1925），
《杜威全集·晚期著作》第 1 卷，2015：10

一句话，经验的方法所引起的问题提供了进行更多考察的机会，在新的和更丰富的经验中开花结果。但是，非经验的方法在哲学中所引起的问题却阻碍着探究，都是一些死路。

——《经验与自然》（1925），
《杜威全集·晚期著作》第 1 卷，2012：15

观察是提供给我们研究的确切材料和验证理论研究所达到的结论这两方面所不能缺少的。并不是一切经验都限制了真正科学的可能性；反之，一些特定的经验乃是科学所不可缺少的。

——《确定性的寻求：关于知行关系的研究》（1929），
《杜威全集·晚期著作》第 4 卷，2015：53

经验的探求将不是一种哲学研究，而是一种借助于哲学对生活经验的研究。但是，这种经验笼罩和渗透着过去历代和各个时期反思的产物。它充满着由复杂的思考产生的解释、分类，渗入了似乎是新鲜的、朴素的经验材料之中而与之结成一体了。

——《经验与自然》（1925），
《杜威全集·晚期著作》第 1 卷，2015：33

正是在这样的背景下，一种受惠与科学技术而形成的彻底的经验哲学才具有重要意义。对它而言，传统观念的瓦解恰恰是它的机会。产生这样一种经验的可能性本身就是一种新奇事物，在这种经验中，科学和艺术相互结合，从而影响到工业、政治、宗教、家庭生活以及普遍的人类关系。

——《我的信仰》（1930），

《杜威全集·晚期著作》第5卷，2015：214

在某种意义上，每种经验都应该提供某些东西，使人作好准备去获得未来的更深刻更广泛的经验。这正是经验的生长、经验的连续性和经验的改造的含义。

——《经验与教育》（1938），

《我们怎样思维·经验与教育》，1991：270

无论主动、被动，见了事物愈多，能说、能听的语言也愈多。所以，要语数增多，先要把经验增多。要学语言，必须与社会接触、与环境周旋。见了新事物，就发生了新名词的需要。听了别人讲的，就也要学着别人说。如此才能把语言的数量增加。

——《教育与学校的几个关键问题》（1920），

《杜威在华教育讲演》，2016：94

■ 经验是充满活力的、不断发展的

经验不是一种呆板的、封闭的东西，它是充满活力的、不断发展的。……但是，经验也包括反思性思维，它使我们摆脱感觉、欲望和传统等局限性的影响。经验也吸收和融汇最精确、最透彻的思维所发现的一切。确实，教育的定义应该是经验的解放和扩充。

——《我们怎样思维：再论反思性思维与教学的关系》（1933），

《我们怎样思维·经验与教育》，1991：167

婴儿初来到这个世界时，除了一些与生俱来的本能，没有明确的能力趋向。他们通过本能来获得经验，一旦经验获得，就立刻反作用于心智，使它得到发展。于是，婴儿的心智在某个特定的方向形成了组织。

——《心理学》（1886），

《杜威全集·早期著作》第2卷，2010：101

当婴儿学习伸手抓东西、爬、走和说话的时候，其经验中本来就固有的材料就扩大和加深了。当它同一些新的客观事物和新的事件发生联结时，又产生了新的力量，而运用这些力量能够改进和扩大其经验的内容。

——《经验与教育》，

《我们怎样思维·经验与教育》，1991：291

用专门术语来说，由工具获得的经验，乃是"间接的"经验。这种经验和直接经验对立。直接经验是我们亲身参与的，不是通过有代表性的媒介物的介入而获得的。我们认为，个人直接经验的范围是非常有限的……所以我们依靠文字，藉以获得有效的、有代表性的经验或间接经验。

——《民主主义与教育》（1916），1990：246

经验，在它是经验的程度上而言，乃是提高了的生命力。……因为经验是有机体在一个物的世界中以其奋斗和成就所体现出的完满，所以，它乃是萌芽中的艺术。甚至在它的雏形中，经验也包含着对喜悦的知觉的允诺，而喜悦的知觉正是审美的经验。

——《作为经验的艺术》（1934），

《杜威全集·晚期著作》第 10 卷，2015：18

经验就像呼吸，它是吸入与呼出的一种节奏。它们的前后相继由于间隔和周期的存在而被不时打断并形成一种节奏，在这些间隔和周期中，一个阶段正在停止的时候，另一个阶段正在起步与准备。

——《作为经验的艺术》（1934），

《杜威全集·晚期著作》第 10 卷，2015：48-49

对于任何可被称为一种经验的东西而言，只要决定它的诸因素被提升到知觉的阈限之上，并且这些因素是为它们自身的缘故而显现，一个对象就特别并主要是审美的，它产生出审美知觉所特有的快乐。

——《作为经验的艺术》（1934），

《杜威全集·晚期著作》第 10 卷，2015：49

不言而喻，经验不是在真空里产生的。在个人之外，还有产生经验的一些源泉。经验不断地从这些源泉中吸取养分。贫民窟里的儿童和有文化的家庭里的儿童，有不同的经验；乡村的儿童和城市的儿童，有不同的经验；海滨的儿童和内地的儿童，有不同的经验。这些都是不会有人怀疑的。

——《经验与教育》（1938），

《我们怎样思维·经验与教育》，1991：264

经验本身首先包括存在于人与自然和社会环境之间的各种主动的关系。……一个人所碰到的事和他所作出的反应之间建立了联系，他对他的环境所做的事和环境对他作出的反应之间建立了联系。正是在此程度上，他的行为和他周围的事物获得了意义。他学会了解他自己和人与事物的世界。

——《民主主义与教育》（1916），1990：288-289

我们要重提我们的基本原则：经验是有机体与它的环境相互作用的问题，这个环境不仅物理的，而且也是人类的；既包括本地的周围事物，也包括传统和习俗的材料。凭借其自身天赋或后天获得的结构，有机体拥有了在这种相互作用中扮演角色的力量。

——《作为经验的艺术》（1934），
《杜威全集·晚期著作》第 10 卷，2015：209-210

情境和交互作用这两个概念是互不可分的。一种经验往往是个人和当时形成他的环境之间发生作用的产物……换句话说，环境就是同个人需要、愿望、目的和能力发生交互作用，以创造经验的种种情况。即使一个人作建立空中楼阁的空想，他也是同他想象中的事物发生交互作用。

——《经验与教育》（1938），
《我们怎样思维·经验与教育》，1991：267

个人所处的整个情境决定于对个人行为的控制，在整个情境中，人们共同参与活动，他们是合作者或发生交互作用的各个部分。因为即使在竞争性的游戏中，也是参与和分享共同的经验。

——《经验与教育》（1938），
《我们怎样思维·经验与教育》，1991：275

连续性和交互作用这两个原则彼此不是分开的。它们互相交叉又互相联合。可以这样说，它们是经验的经和纬的两个方面……连续性和交互作用彼此积极生动的结合是衡量经验的教育意义和教育价值的标准。

——《经验与教育》（1938），

《我们怎样思维·经验与教育》，1991：267-268

人类的整个科学史证明，除非为进行实际上改善自然条件的各种活动做好充分的准备，否则就不会获得完整的心智活动的条件；而且证明，被动观察而不有效地利用书籍、图画，甚至实物，并不会提供实验所需的一切准备。

——《我们如何思维》（1910），

《杜威全集·中期著作》第6卷，2012：200

■ 教育就是经验的重构或重组

教育的专门定义：教育就是经验的改造或改组。这种改造或改组，既能增加经验的意义，又能提高指导后来经验进程的能力。

——《民主主义与教育》（1916），1990：82

教育应该被认为是经验的继续改造，教育的过程和目的是完全相同的东西。如果要在教育之外另立任何一个目的，例如给它一个目标和标准，便会剥夺教育过程中的许多意义，并导致我们在处理儿童问题时依赖虚构的和外在的刺激。

——《我的教育信条》（1897），

《杜威教育论著选》，1981：8

教育是经验的继续改造。所说改造，也就是把小的经验范围渐渐扩大，放大想象去容纳自然界各方面的事物，好像对于宇宙有了复杂的关系。这就是真正的教育。

——《教育与学校的几个关键问题》（1920），

《杜威在华教育讲演》，2016：109-110

把教育看作社会群体赖以维持其继续生存的过程。教育就是通过传递过程使经验的意义得到更新的过程。……这个过程既包含未成熟的个体的管理和成长，也包含个体所处的群体的管理和成长。

——《民主主义与教育》（1916），1991：337

教育哲学是属于经验、由于经验和为着经验的。"属于""由于""为着"这些词没有哪一个是自明的。其中每个词都促使人们去发现并且实施一种有关程序的和组织的原则，这种原则是从理解教育性经验的含义中引导出来的。

——《经验与教育》（1938），

《我们怎样思维·经验与教育》，1991：256

在教育上对科学的利用的问题，就是要创造一种智力，并深信智力指导人类事务的可能性。通过教育使科学方法深入学生的习惯，就是要使学生摆脱单凭经验的方法以及单凭经验的程序而产生的惯例。

——《民主主义与教育》（1916），1990：238

人的实际智力并不是原始的、天生的馈赠。无论先天的智力是多么的不同（允许天才出现），真正的智力还是要依赖于社会条件影响下的教育。

——《公众及其问题》（1927），

《杜威全集·晚期著作》第2卷，2015：293

作为一种理想，组织种种事实和观念的主动过程永远是一种现时的教育过程。如果不注意使人们认识更多的事实，不吸取更多的观念，并把这两者更好地更有系统地安排起来，那么任何经验都是没有教育意义的。

——《经验与教育》（1938），

《我们怎样思维·经验与教育》，1991：298

最重要的是要使经验的内容十分丰富，使他明白社会的关系，引起他的同情，使他与社会多有交点，这才是教育经验继续的改造。使一方面能操纵经验，一方面能使经验日益丰富，这便是教育的定义。

——《教育与学校的几个关键问题》（1920），

《杜威在华教育讲演》，2016：81

须知各种经验并不是都有用的，所以先要审察；审察之下，就可以知道哪一种是好的、哪一种是不好的。如其抄袭成法、不知审择，则与完全放弃不研究，其损失是一样的。

——《教育行政之目的》（1920），

《杜威在华教育讲演》，2016：140

教育有二：一曰学校之教育，一曰校外之教育，即日用生活之事，由经验而成者也。盖学习即经验，经验即学习，学习、经验固不可分而观也。

——《经验与教育之关系》（1919），

《杜威在华教育讲演》，2012：172

这种［经验］理论为选择和组织合适的教育方法和教材提供积极的指导，要想使学校的工作有一个新的方向，就需要这种理论。这是一个缓慢而艰苦的过程。这个过程就是生长，在这个过程中，有许多障碍物妨碍生长并使生长偏离正途，走上错误的路径。

——《经验与教育》，

《我们怎样思维·经验与教育》，1991：257

■ 心智是经验的一种联结活动

没有过去经验作为基础，就不会有统觉；联合、分解或注意等都不例外。心智实际上是一个联结活动，它把所有事件、例证和关系联系在一起。

——《心理学》（1886），

《杜威全集·早期著作》第 2 卷，2010：101

心智总是将各种感觉联结成为一个尽可能丰富的经验。……避免孤立地接受感觉素材，因此，要把它们人为地联系在一起，这可能就是心理活动的一个基本法则。

——《心理学》（1886），

《杜威全集·早期著作》第 2 卷，2010：65

经验作为一个主动的过程是占据时间的，它的后一段时间完成它的前一段时间；它把经验所包含的、但一直未被察觉的联系显露出来。因此，后面的结果揭示前面的结果的意义，而经验的整体就养成对具有这种意义的事物的爱好或倾向。所有这种连续不断的经验或活动都是有教育作用的，一切教育都存在于这种经验之中。

——《民主主义与教育》（1916），1990：84

儿童概念的形成，起初并不是从许多现成的事物中抽出一个共同的意义，而是把旧有经验中的结果运用于新的经验中，以便帮助他理解和处理新的问题。

——《我们怎样思维：再论反思性思维与教学的关系》（1933），

《我们怎样思维·经验与教育》，1991：130

相信一切真正的教育是来自经验的，这并不表明一切经验都具有真正的或同样的教育的性质。不能把经验和教育直接地彼此等同起来。因为有些经验具有错误的教育作用。任何对经验的继续生长有阻碍或歪曲作用的经验，都具有错误的教育作用。

——《经验与教育》（1938），

《我们怎样思维·经验与教育》，1991：253

如果认为传统的课堂不是学生获得经验的场所，即使这种想法没有明显地表达出来，那也是巨大的错误。

——《经验与教育》（1938），

《我们怎样思维·经验与教育》，1991：254

■ 心智不是一个储藏室或一张吸墨纸

心智不是一个储藏室，也没有为过去经验分隔出独立的小格子。它并不像抽屉或鸽子笼一样，把每个因素分隔开储存，分别贴上标签。

——《心理学》（1886），

《杜威全集·早期著作》第 2 卷，2010：102

心智不是一张自动地吸收和保存墨水的吸墨纸。更确切地说，儿童的心智是一个活生生的有机体，它寻求自己的食品，依照当前的条件和需要，有的加以选取，有的加以排斥。它所保留下来的，只是它吸收并转化为自己生命能量的那一部分。

——《我们怎样思维：再论反思性思维与教学的关系》（1933），

《我们怎样思维·经验与教育》，1991：218

一个确凿的事实是，儿童上学求知与吸收和复制其他人已经发现的东西同义。现成的材料预先提出的理性知识和理念具有压倒性的补充作用，教育的作用被假定为将这些东西传输进心智。学校成了输送管道和运货马车。知识的急剧增长扩大了从知识仓库和储存罐流向学生心智的知识储存货的数量。

——《创造与批判》（1930），

《杜威全集·晚期著作》第5卷，2015：100-101

心智并不是被动地等待感觉作用于它，而是主动地去搜寻感觉，并修正原有的内容。各种可能条件下的科学实验都是为了获得新的感觉。

——《心理学》（1886），

《杜威全集·早期著作》第2卷，2010：107

必须牢记，社会效率最终恰好就是平等参与交换经验的能力。这种能力，包括使个人自身的经验对别人更有价值，以及使他能更加有效地参与别人有价值的经验的能力。……在最广泛的意义上，社会效率就是心智的社会化，主动地使个人的经验可以更好地相互传授，打破使个人对别人利益的漠不关心的社会分层的障碍。

——《民主主义与教育》（1916），1990：128

心智所关注的那一点，也就是注意的选择，反映了心智的某种目标，例如，需要解决的难题、等待解答的问题、需要获得的观念，或者是要制定的计划等。心智有多少种目标，就可能有多少种选择。

——《心理学》（1886），

《杜威全集·早期著作》第 2 卷，2010：91-92

认识过程植根于心智活动，心智活动不单单拥有感觉，它还控制着它们，指导着感觉的方向。心智通过联想与注意主动地和感觉产生联系。

——《心理学》（1886），

《杜威全集·早期著作》第 2 卷，2010：109

理智是应用于信念、欣赏和行为的善的根本方法，以便建立更自由和更可靠的善，把赞同和肯定的东西转变成共同意义的自由交流，把感触转变成有秩序的和自由的感知，把被动的反应转变成主动的活动。因此，理智乃是我们最深层的信念和忠诚的合理的对象，乃是一切合理的希望的基石和支柱。

——《经验与自然》（1925），

《杜威全集·晚期著作》第 1 卷，2015：277

我要用"练习"这个观念来替代仅仅是机械重复的"操练"这个观念，要让儿童说他必须说的东西，但要在略微不同的处境下。如果处境改变了，而且在这些改变的处境中给他机会说他知道的东西，就没有过分重复的危险；但一旦脱离了新的要素，仍然叫儿童一遍遍地念，去掉了他已经拥有的改动，这时必定在阻碍成长。心智不能站定不动；它如果不前进，就会后退，不存在半途的终点。心智必定要么进步，要么僵化，封闭在它自己制造的或学校制造的外壳中。

——《在杨伯翰学院作的教育学讲座》（1901），

《杜威全集·晚期著作》第 17 卷，2015：257

在一般意义上，节奏感是心智活动的一种倾向。这种倾向普遍存在，它统一了多样性，或者相反，把统一体解体为多样化。从最广的意义上理解，节奏感等同于心智的统觉活动。

——《心理学》（1886），

《杜威全集·早期著作》第 2 卷，2010：126

美感是伴随着对经验的观念价值的理解过程而产生的情感。理智感是美感的先决条件。……不过，美不是真理，美感也不同于理智感。

——《心理学》（1886），

《杜威全集·早期著作》第 2 卷，2010：212–213

■ 儿童拥有经验是教育学最重要的问题

教育学最重要的问题是：如果没有儿童现有的、未加工的、本能的经验，那成人意识中完整的和系统的知识如何能逐渐地发挥作用。

——《学校课程的心理学维度》（1897），

《杜威全集·早期著作》第 5 卷，2010：130

从儿童的观点来看，学校的最大浪费是由于儿童完全不能把在校外获得的经验完整地、自由地在校内利用；同时，他在日常生活中又不能应用在学校学习的东西。这就是学校的隔离现象，就是学校与生活的隔离。

——《学校与社会》（1899），

《学校与社会·明日之学校》，1994：61–62

学生必须学习有意义的事，能扩大他的眼界的事，而不仅仅是学习细枝末节的琐事。他必须知道实际情况，而不是知道 50 年前人们对事物的看法，或者从偏见中培养出来的教师的错误理解所认为有兴趣的东西。

——《学校与社会》，

《学校与社会·明日之学校》，1994：64

希望一个儿童从他自己小小的心灵发展到一个宇宙，就像哲学家力图完成这种任务一样，当然不会有效果的。发展并不是指仅仅从心灵里获得某些东西的意思。它是经验的发展，发展成真正需要的经验。

——《儿童与课程》（1902），

《学校与社会·明日之学校》，1994：125

在利用各种熟悉的日常经验的条件下，在校园外所获得的经验，为在校园外无法实现的价值和目的引入校园内的各种活动提供了很多机会。这些价值是诸如与科学方法的要求相一致的理智习惯，以及理解社会环境和社会关系的能力。

——《终极价值或终极目的取决于前件或先验推断还是实际或经验探究》（1938），《杜威全集·晚期著作》第 13 卷，2015：230

社会进步必须各方面同时进步。所以，学校教育的目的不是希望学生都成为科学家，是希望科学知识传播得广、传播得远，应用得广、应用得远。产生一两个发明家还是小事，传播应用得广远影响最大。这就是科学教育的最后结果，仍然回到人事间、社会上来。

——《关于教育哲学的讲演》（1920），

《杜威在华教育讲演》，2016：45

几乎不用说，这就确定了"书本"或阅读在教育中的地位。用书本或阅读代替经验是有害的，但用它们阐明经验、发展经验则是至关重要的。

——《学校与社会》（1899），

《学校与社会·明日之学校》，1994：67

■ 教学始于学生已有的经验

教育必须以学习者已经具有的经验作为起点；这种经验和在学习过程中发展起来的能力又为所有的未来的学习提供了起点。这便是新教育的学校的一条主要的格言。

——《经验与教育》（1938），

《我们怎样思维·经验与教育》，1991：291

由教师和书本所提供的教材，应当尽可能地以学生直接的亲身经验作为统觉的基础。学校中有这样一种［倾向］，即把学校中的教材同先前学校课业连接起来，而不是同学生在学校外已取得的经验联结起来。……其结果是，儿童形成了孤立的、独立的学校知识体系，它静止地盖在日常生活经验的上面，使日常生活经验变得阴暗无光，而不是得到扩大和改善。我们教导学生生活于两个分离的世界，一个是校外的经验的世界，另一个是书本和课业的世界。

——《我们怎样思维：再论反思性思维与教学的关系》（1933），

《我们怎样思维·经验与教育》，1991：215-216

我之所以致力于为在校学生创造机会，使其能够获取直接而积极的经验，主要就是为了让他们能够更好地"吸收他人的经验"——达到这个目标非常重要，同时也非常困难。

——《给威廉·巴格莱及〈学校与家庭教育〉全体编辑的信》

（1915），《杜威全集·中期著作》第8卷，2012：328

儿童隐隐约约地感觉到，他直接感觉到的事实并不是事实的全部，事实背后还有更多的东西，随之而来的还会有更多的事实，这种感觉便是理智的求知欲的萌芽。

——《我们怎样思维：再论反思性思维与教学的关系》（1933），

《我们怎样思维·经验与教育》，1991：32

当［婴儿］他看着别人在做些什么事，而且尝试着去理解、去做别人鼓励他设法去做的事时，他可能的活动范围就无限地扩大了。［儿童］心智生活的轮廓形式，就这样在人生最初的四五年中形成了。

——《我们怎样思维：再论反思性思维与教学的关系》（1933），

《我们怎样思维·经验与教育》，1991：171

学校里学生是为求知识来的，不给他知识教他做什么事呢？但是传给儿童知识倘若不与儿童的经验相合，那是大不对的。要晓得教授知识是有条件的，不是随意可以做的。还有一件事，是传授知识时所要注意的。传授知识倘使不管学生的需要，把全体的知识输入进去，就要养成知识的奴隶、为知识所支配，不能自己去研究、去探求。

——《教育与学校的几个关键问题》（1920），

《杜威在华教育讲演》，2016：90

教育最大问题，即新材料与旧经验相融合也。……教育若能根据学者经验而推广之，则其结果有三：（1）学生对于己身有真正利益之价值，否则仅为博名之具装饰品而已；（2）学校社会可相联系，否则学校社会漠不相关，学生对于社会俨如禁隔；（3）能使学生饶有兴味而得适当之知识，否则学者将以学习为苦禁，不乐为学矣。盖根据学生经验，乃谓之自动教育、直接教育，而非机械教育、被动教育也。

——《经验与教育之关系》（1919），

《杜威在华教育讲演》，2016：173

第九编　兴趣与努力

■ 兴趣是起点和创始力

在儿童身上存在着天生的兴趣，部分是因为他所处的发展阶段，部分是因为以前形成的习惯和环境。它们是相对原始的、不确定的和暂时的兴趣，然而，对儿童而言，可以说确实是存在的。教师必须面对它们，它们是起点，是创始力，是发挥作用的工具。

——《与意志训练有关的兴趣》（1896），

《杜威全集·早期著作》第 5 卷，2010：107

兴趣是任何有目的的经验中的各种事物的动力，不管这些事物是看得见的，还是呈现在想象中的。具体地说，承认兴趣在有教育意义的发展中的能动地位，其价值就在于使人们能够考虑每一个儿童的特殊的能力、需求和爱好。

——《民主主义与教育》（1916），1990：138

兴趣指引了想象的创造性活动，而兴趣本身的特点可能是特殊的，也可能是一般的。它的活动可能是天马行空、无所羁绊的；或者也可能表达了人类思想的普遍性方面。

——《心理学》（1886），

《杜威全集·早期著作》第 2 卷，2010：136

如果我们单纯地向学生提示要学习的课业，那这种学习的行动就是矫揉造作的和没有效果的。如果学生能认识到他所学习的数学知识在完成他所从事的活动中的地位，那他的学习就是有效的。把学习的对象和主题与推动一个有目的的活动联系起来，乃是教育上真正的兴趣理论的最重要的定论。

——《民主主义与教育》（1916），1990：143

教育中的真正兴趣是自我通过行动对某个客体或者观念认同的伴随物，因为客体或观念有维持自我表现的需要。

——《与意志训练有关的兴趣》（1896），

《杜威全集·早期著作》第 5 卷，2010：91

兴趣实际上意味着儿童要有某个需要满足的目的，一个对于他有某种意味、会唤起力量的目的。不会有哪个值得达到的目的不花费一些努力就能达到的。我认为，教师们会坦率地证实，如果儿童们真的有兴趣达到一个目的，他们就会作出更多的而非更少的努力，因为他们在视野中有个唤起他们力量的东西。

——《在杨伯翰学院作的教育学讲座》（1901），

《杜威全集·晚期著作》第 17 卷，2015：248

据说，只是在游戏时，人才是真正的人。……但是，从广义理解的全神贯注参与所做的事——在兴趣的完满性的意义上——这是对的，它应当是不证自明的。

——《教育中的兴趣与努力》（1913），

《学校与社会·明日之学校》，1994：206

我先来描述一下兴趣。首先，兴趣是有活力的、投射的、有推进力的。我们需要兴趣。对任何事物感兴趣，就是积极地关注和投入其中。……第二，兴趣是客观存在的。…… 第三，兴趣是主观的。……哪里有兴趣，哪里就有以情感的方式作出的反应。

——《与意志训练有关的兴趣》（1896），

《杜威全集·早期著作》第 5 卷，2010：92

我们也许会确定，儿童获得的一般智力的训练和他的现实感，将会激起他对这些问题的兴趣。他会发现它们的重要性，即使通常不能马上有使用这个建设性工作所提供的动力。

——《手工训练在初等学校课程中的地位》（1901），

《杜威全集·中期著作》第 1 卷，2012：168

真正的兴趣原理是所要学习的事实或所建议的行动和正在成长的自我之间公认的一致性的原理；兴趣存在于行动者自己生长的同一个方向，因而是生长所迫切需要的，如果行动者要自主地行动的话。

——《教育中的兴趣与努力》（1913），

《学校与社会·明日之学校》，1994：172

把行为中的自我和对象、目的统一在一起的任何具体的东西，都称之为兴趣。孩子构成了父母的兴趣；绘画或音乐是艺术家的兴趣；公平地解决法律争端是法官的兴趣；治好病人是医生的兴趣。简言之，兴趣是行动的主要方向，在这个行动中，欲望和在决定性选择中加强的目标结合一起。

——《伦理学》（1932），

《杜威全集·晚期著作》第 7 卷，2015：228

真正的兴趣只是意味着人已经投身于其中的或发觉自己已身在其中的某一行动过程。因而他与那个过程成功地进行中所包括的任何对象和技巧是融为一体的。这个过程包括的时间或长或短，视情况而定，特别是视有关人员的经验和成熟程度而定。

——《教育中的兴趣与努力》（1913），

《学校与社会·明日之学校》，1994：189

"兴趣"一词，以具有说服力的方式暗示了人的活动和那些在评价理论中必须考虑的条件之间的积极联系。甚至在同源上，"兴趣"一词也显示了人和周围环境彼此紧密联系在一起的某种东西。发生在人和周围环境联系中的这种东西被称为一种"交互作用"。它指的是通过外部环境这一媒介而起作用的活动。

——《评价理论》(1939)，

《杜威全集·晚期著作》第 13 卷，2015：180–181

我们通常说"从经验中学"，或称某个个体或群体的"成熟"。这些说法意味着什么呢？起码意味着，我们想表达，在个体发展和人类种族发展的过程中发生了一种变化，即原始的、较为鲁莽的、冲动的和不容变通的习惯，变成了包含批判性研究在内的欲望和兴趣。

——《评价理论》(1939)，

《杜威全集·晚期著作》第 13 卷，2015：191

每一个有能力从经验中学的人，只要他参与构建和选择各种相互竞争的欲望和兴趣，就能将"所想望的"(desired)和"值得想望的"(desirable)区分开来。……使"所想望的"有别于"值得想望的"，并不在于它显示了某种具有普遍性的或先验性的东西，而在于它显示了未经审视的冲动的作用和结果，与探究条件和后果之后而形成的欲望和兴趣的作用和结果之间的差异。

——《评价理论》(1939)，

《杜威全集·晚期著作》第 13 卷，2015：192

只要人的活动不仅仅是冲动或习惯性的结果，活动的目的、计划、措施和政策等就影响着人的活动。评价理论作为一种理论能提出的，就是在具体情境中构建欲望和兴趣的一种方法所必须遵循的条件。

——《评价理论》(1939)，

《杜威全集·晚期著作》第 13 卷，2015：212

■ 儿童有各式各样的兴趣

儿童有各式各样的兴趣，有好的，也有坏的，也有不好不坏的。必须确定哪些兴趣是确实重要的，哪些兴趣是微不足道的；哪些兴趣是有益的，哪些兴趣是有害的；哪些兴趣是转瞬即逝的或标志着一时的兴奋，哪些兴趣是能持久的、永远有影响的。

——《学校与社会》，

《学校与社会·明日之学校》，1994：97

兴趣有各种各样的。每一个冲动和习惯，凡能产生一个目的而这个目的的力量又足以推动一个人去为实现它而奋斗的，都会变成兴趣。尽管有这种千差万别，但在原理上各种兴趣都是一样的，它们都标志着在行动上，因而也在欲望、努力和思想上，自我与客体融为一体；即是说，与活动所终止的客体（目的）融为一体，与活动赖以向目的前进的客体（方法）融为一体。

——《教育中的兴趣与努力》（1913），

《学校与社会·明日之学校》，1994：210

"兴趣"的客观意义是指生命中典型的和重要的关怀——科学、政治、宗教和艺术等。［德国教育家］赫尔巴特把教育目的定义为多方面兴趣，即发展对人类的所有重要价值的尊重。……从现实的角度说，这一观念与当前教育的理想目标是一致的，即所有个人能力全面和谐的发展。

——《教育百科全书》第三、四、五卷词条（1912—1913），

《杜威全集·中期著作》第7卷，2012：205

真正的训练……是有目的，所以，与学生的天然兴趣相合。有目的就有

动机及欲望的催促，所以求学出于自愿，不必待他人的压迫。譬如练习乐器、练习绘画以及游戏等事，自然高兴去做，一点不要勉强，一点不要逼迫的。

——《教育与学校的几个关键问题》（1920），

《杜威在华教育讲演》，2016：111

当我们将这四类兴趣——交谈或交流方面的兴趣、探究的或发现的兴趣、制作或建造的兴趣和艺术表现的兴趣——牢记在心时，我们就可以说，它们是自然的资源，是未投入的资本，儿童的积极生长抑赖于对它们的运用。

——《学校与社会》（1899），

《学校与社会·明日之学校》，1994：50

儿童们会对爱迪生实验室工作人员所提供的大部分东西产生浓厚的兴趣，这已经被成年观察者在这个晚上所表现出来的兴趣充分地证明了——更不用说对他们有着吸引力的"电影"了。爱迪生先生的实验有一个可靠的心理学基础，即人们对移动和动作有明显的本能反应。现在的大多数教育之所以死气沉沉，其原因正是在于教室里缺乏移动的或行动的东西。

——《试验性的学校教育方法》（1913），

《杜威全集·中期著作》第7卷，2012：78-79

使我们确知婴儿的主要兴趣。他的首要问题是控制自己的身体，使之成为确保舒适安乐，并能有效地去适应自然和社会环境的工具。婴儿几乎对于每一件事情都要学习：像看、听、伸手、触摸、保持身体平衡、爬、走等等。

——《我们怎样思维：再论反思性思维与教学的关系》（1933），

《我们怎样思维·经验与教育》，1991：169

在学校里所发生的一切不论思想、观念和事实，儿童对之也都有这旁观和参与的态度。如有兴趣的，就好像成了他本身的一部分；如没有兴趣的，就漠然无动、不相关涉。

——《教育与学校的几个关键问题》（1920），

《杜威在华教育讲演》，2016：78

我们将根据儿童成长中特别阶段的具体需求，提供智力的和精神的营养。我们必须牢记，如同身体需要大量的食物，人的大脑同样需要大量的食物。当儿童不喜欢学习、反感学习时，必定是哪里出现了某些问题。要知道，食物不会贴着"食物"标签，主动地呈现在我们面前，教师有责任去发现儿童身上具有的各种兴趣和欲望。

——《在杨伯翰学院作的教育学讲座》（1901），

《杜威全集·晚期著作》第 17 卷，2015：195

我们对个性的尊重，并不意味着教师应该选择学生并让他认为自己的观点比其他人更为重要，而是给学生表达他们的特殊兴趣和提出自己的特殊方法的机会，而不是灌输纯粹人为的信念和标准。

——《教育中的个性》（1922），

《杜威全集·中期著作》第 15 卷，2012：142–143

我们倘若相信人生的真意义应该使现在的生活格外增加、格外浓厚，那么，教育的目的应该增加儿童更多的能力、更多的兴趣，让他们每天所受的教育应该一天增加一天，教育便是现在的长进，不是将来的长进。因为倘若不是现在的长进，便是不长进。

——《关于教育哲学的讲演》（1920），

《杜威在华教育讲演》，2016：27

■ 发展儿童的好奇心

　　解放了的好奇心就是系统的发现。但是，好奇心并非对纯粹理智的一种绝对静态的把持，也不是对以知识为目的而运作的心灵的占有。它是一种原始的实践或生物学的天赋，在社会条件下运作以解放目标和增加信仰。对发现的渴望，是科学的生命血液；这渴望是人类对未来和未竟事业的兴趣不断增加能量的表现，与对过去和已完成事业的惰性兴趣形成对照。

——《真理问题》（1911），

《杜威全集·中期著作》第 6 卷，2012：46

　　好奇是个体最初也是最终的表达方式，因为它发现了一个完全不同的世界。……好奇就是心智对客观世界的情绪流露。如果完全丧失了好奇心，那心智也就丧失了普遍化和客观化的感觉；这样，个体沉迷于满足他自己的主观世界，这相当于理智自杀。

——《心理学》（1886），

《杜威全集·早期著作》第 2 卷，2010：208

　　儿童的好奇心好像是吸铁石。知识好像是铁，教师教授时仿佛如受了磁性和磁石吸铁一般。天天把儿童的好奇心触发，天天发达儿童之新知而使其吸收。

——《教育与学校的几个关键问题》（1920），

《杜威在华教育讲演》，2016：87

　　我们也有种种向四处伸展的倾向，要作出新的接触，寻求新的事物，力图改变旧的事物，像沉醉于过去的经验一样，为了取得新的经验而沉醉于现时的经验，并且不断主动扩大经验的范围。这些各种不同的倾向，概括起来便是好奇心。

——《我们怎样思维：再论反思性思维与教学的关系》（1933），

《我们怎样思维·经验与教育》，1991：30

好奇是使人超越自我的主观状态的唯一动力，由此，人们积极寻求与世界的积极联系并获得意义。因此，毫不奇怪，［古代希腊哲学家］柏拉图和亚里士多德都宣称"好奇是科学和哲学的源泉"。好奇是所有知识增长和发展的源泉。它不仅是科学的原动力，也是科学的持久推动力。

——《心理学》（1886），

《杜威全集·早期著作》第2卷，2010：209

所谓训练，即是发展好奇心、暗示以及探究和检验的习惯。这种训练能增加对种种问题的敏感性和探究费解的与未知的问题的爱好；这种训练能增强头脑中浮现出来的暗示的合理性，并能控制暗示的发展和逐渐增强的秩序；这种训练能对所观察和暗示的每种事实，提供更为敏感的感觉能力和证明能力。

——《我们怎样思维：再论反思性思维与教学的关系》（1933），

《我们怎样思维·经验与教育》，1991：46-47

像所有情感一样，理智感的形式也表现为它对客观事物的兴趣。理智感是指向外部的；它只有在自我向外的活动中获得满足。从这方面来说，理智感也就是好奇。

——《心理学》（1886），

《杜威全集·早期著作》第2卷，2010：208

心智的正常健康状态应该是对所有的事物都很好奇，不管这些事物是熟悉的还是新奇的，直到我们掌握了它们的意义并且感觉特别舒适。

——《心理学》（1886），

《杜威全集·早期著作》第 2 卷，2010：209

当儿童自发的好奇心喜欢活动的天性用于研究有益的问题上，用于自己去发现如何才能使环境适合他的需要时，教师就会看到，学生不仅功课做得和以前一样好，而且学会了如何去控制和创造性地利用那些能量，这些能量在普通的课堂里只起到消极的作用。

——《明日之学校》（1915），

《学校与社会·明日之学校》，1994：298

在提供可能产生联想的原始材料时，毫无疑问，最重要且最有意义的因素就是好奇心。最有智慧的希腊人过去常说，惊异是所有科学之母。……哪里有惊异，哪里就有对经验、对各种新的和不同的联系的渴望。

——《我们如何思维》（1910），

《杜威全集·中期著作》第 6 卷，202：162

好奇心表现为随问随答。教育者（不论家长还是学校教师）最为紧要的问题是，利用有机体的身体方面的探查的好奇心和语言方面的提出问题的好奇心，求得理智的发展。

——《我们怎样思维：再论反思性思维与教学的关系》（1933），

《我们怎样思维·经验与教育》，1991：32

除非在头脑中有某些疑难问题、某些疑惑作为这种注意的基础，反思性注意是不可能的。如果教材本身充满内在的兴趣，那就会有直接的、自发的注意，一旦它发生作用，那是极好的……

——《学校与社会》（1899），

《学校与社会·明日之学校》，1994：105

在纪律和良好秩序的名义下，人们经常使学校的状况尽可能地趋向于单调呆板和整齐划一。桌椅安放在固定的位置上，对学生实行严格的军队式管理，长期地反复阅读同样的课本，排斥其他的读物，除了背诵教科书中的材料，其他全在禁止之列；讲授中是如此强调"条理"，而排斥自然发挥，同样地也排斥新奇性和变化性。

——《我们怎样思维：再论反思性思维与教学的关系》（1933），

《我们怎样思维·经验与教育》，1991：44

不幸的是，反对教育上的机械的管理方法，经常产生倒退的副作用。人们把新奇本身当作目的，为新奇而新奇；其实，新奇只是刺激观察和探索的诱因。人们把变化性同良好思维的连续性对立起来。

——《我们怎样思维：再论反思性思维与教学的关系》（1933），

《我们怎样思维·经验与教育》，1991：44

■ 兴趣的激发与儿童的成长

如果活动包含着生长和发展，那兴趣就是正常的，依靠它在教育上就是合理的。如果兴趣是活动中的发展停止的征兆和原因，那它就是被不合理地利用了。

——《教育中的兴趣与努力》（1913），

《学校与社会·明日之学校》，1994：188

具有真正教育兴趣性的活动，其类型大致因年龄而异，因个人天赋而异，因以前的经验而异，因社会上的机会而异。没有必要把它们一一列举出来。但是，我们可以辨认出一些比较普遍的特点，因而也许能使兴趣与教育实践的关系更具体明显一点。

——《教育中的兴趣与努力》（1913），

《学校与社会·明日之学校》，1994：200

当任何人对一个成为问题的问题发生兴趣、对探究和解决问题的知识感兴趣时，兴趣就是具有理智特点的。

——《教育中的兴趣与努力》（1913），

《学校与社会·明日之学校》，1994：207

教师对于学生最要紧的是设法激起学生求知识的欲望，肚子里饥饿了自然要吃，这是生理上的事情。心理上也是这样，有了这样要求，那么给他知识自然是很欢喜的。但供给的材料分量、性质上不能不由教师限定，好像吃菜，指定的菜是一定要吃了的，倘使规定了硬迫他受，那又未免太专制咧。

——《教育与学校的几个关键问题》（1920），

《杜威在华教育讲演》，2016：90

在我看来，这两件事——做事情的兴趣和做事情的技能——是我们在基础教育阶段要达到的主要目的。我当然不是说，不期望学生获得一定数量的信息。他们必须打下一定数量的基础，学到一定数量的事实，以便掌握资料来进行工作。

——《在杨百翰学院作的教育学讲座》（1901），

《杜威全集·晚期著作》第17卷，2015：249

儿童为了他们感兴趣做的事情而无拘无束地不断进行反思性检查和验证，这样形成的思维习惯可能会在数量和程度上增进，指导思维习惯本身具有重要的意义。

——《我们如何思维》（1910），

《杜威全集·中期著作》第 6 卷，2012：224

因为活动、甚至那些本能冲动性的活动都或多或少是继续不断的、持久的，所以这种静止的、没有发展的兴奋不是兴趣，而是一种反常的状态。兴趣这个观念对教育理论的积极贡献有两方面：首先，它使我们避免仅仅是心理的内部的概念；其次，它使我们避免仅仅是教材的外部的概念。

——《教育中的兴趣与努力》（1913），

《学校与社会·明日之学校》，1994：211

一些活动是儿童的力量和兴趣达到顶峰的标志，对于它们就得应用"趁热打铁"的箴言。关于这些活动，也许是机不可失。这些活动如果加以选择、利用和重视，那也许标志着对于儿童的整个一生有益的一个转折点；如果忽视了，那机会一去，不复再来。

——《儿童与课程》（1902），

《学校与社会·明日之学校》，1994：122

凡是儿童感兴趣的事情，就是他需要去做的。那么，为任何一群儿童选择作业，从儿童的环境中，从当时能够唤起他们的好奇心和兴趣的一些事物里选择作业，也是智慧的一部分。

——《明日之学校》（1915），

《学校与社会·明日之学校》，1994：386

　　培养兴趣或品味在根本上是最重要的，在道德中它被称为良知，在理智事物中它被称为洞见，以及在审美中它被称为品味。为着品味的案例不应该被非经验的和非人道主义的理论给削弱，或者易受它们的攻击。

——《价值的含义》（1925），

《杜威全集·晚期著作》第 2 卷，2015：61

　　怎样才能使这种外来的教材进入学生的头脑中去，怎样才能使他的注意力离开他的本能所关心的事物而转到这种不感兴趣的现成的外部教材上去，因此，必须找到某种兴趣，找到某种联结的纽带。

——《教育中的兴趣与努力》，

《学校与社会·明日之学校》，1994：184

　　拒不向儿童表明他的行动的意义，认为他渴望知道它们的理由（即它们的意义）是一种道德堕落的迹象，是侮辱儿童的智力和扼杀他对生活的理由的自发兴趣——这种兴趣是父母在道德方面的天然盟友。

——《德育中的混乱》（1894），

《杜威全集·早期著作》第 4 卷，2010：103

　　即使在孩提时代，继续不断地求助于兴趣的原理是从外部刺激儿童，即是说，分散儿童的注意力，活动的连续性遭到破坏，事事都成了游戏、娱乐。这就意味着过度刺激，意志永远不起作用，依靠的是外部的吸引力和娱乐。一切事情都为儿童裹上了糖衣，而他很快就学会了从一切没有人为地用有趣的事物环绕起来的事情离身而去。这样做的必然结果是，造就只做他所喜爱的事情的被宠坏的孩子。这种理论在智力上和道德上都是有害的。

——《教育中的兴趣与努力》（1913），

《学校与社会·明日之学校》，1994：170

如果来自外部的压力减少到最低程度，我们发现，儿童的注意力马上转移到他所感兴趣的事情上。……在没有兴趣的情况下唤起活动，在心理上是一件不可能的事情。

——《与意志训练有关的兴趣》（1896），
《杜威全集·早期著作》第 5 卷，2010：86

从协调身体和适应社会的情形中选择相关的材料（尤其是从它们彼此相关的材料中进行选择），对教师的工作是最适合的。这有助于保持儿童人脑的敏捷、灵活、开发，保持对新事物和实现目标的占优势的兴趣。这些都是儿童生活的显著特征和思考的基本要素。

——《幼儿的推理》（1913），
《杜威全集·中期著作》第 7 卷，2012：278

任何一种能力，无论儿童的或成人的，如果在意识上满足于一时的和现有的水平时，那就是放任。这种能力的真正意义是在于为达到较高的水平提供一种推动力。这正是要努力做到的事情。

——《儿童与课程》（1902），
《学校与社会·明日之学校》，1994：123

教育上新举措的目的并不在于，凭借一种杂耍娱乐或是吸引眼球的装饰物来包围儿童，从而使事物变得有趣。其真正的目的在于，允许那些联系着所有隐藏于学校课程背后之现实的内在价值重新被儿童所理解，并按照它们自身的发展携带着儿童一同前进。

——《教育：直接的和间接的》（1904），
《杜威全集·中期著作》第 3 卷，2012：184

毫无疑问，在自然课方面，对于许多内容可以有选择地进行观看，它们会使儿童更加注意自己周围发生的事情，并激起他们对新问题的兴趣。例如，儿童看了影片中苍蝇产卵及其孵卵的过程，就会产生更多的兴趣和动力去观察真实的苍蝇。关于滴虫活动的影片，非常自然地引起学生对使用显微镜的兴趣。

——《试验性的学校教育方法》（1913），

《杜威全集·中期著作》第 7 卷，2012：79—80

■ 压抑兴趣等于压抑创造性

兴趣是生长中的能力的信号和象征。我相信，兴趣是显示着最初出现的能力。因此，经常而细心地观察儿童的兴趣，对于教育者是最重要的。……这些兴趣不应予以放任，也不应予以压抑。压抑兴趣等于以成人代替儿童，这就减弱了心智的好奇性和敏锐性，压抑了创造性，并使兴趣僵化，放任兴趣等于以暂时的东西代替永久的东西。兴趣总是一些隐藏着的能力的信号，重要的事情是发现这种能力。

——《我的教育信条》（1897），

《杜威教育论著选》，1981：10

给儿童一个问题，除非有某个新的东西需要掌握，否则就没有真正的、真实的兴趣。自然的兴趣是向前进的。毫无疑问，直到心智得到满足之前，它都想和获得更多的经验，从而在那个方向上有自然的兴趣。我想说，兴趣实际上正是这种新东西和旧东西之间的联结。没有新东西的地方，就没有兴趣。

——《在杨百翰学院作的教育学讲座》（1901），

《杜威全集·晚期著作》第 17 卷，2015：238

在开始的时候，他面对新奇而广阔的世界充满着好奇和兴奋，突然视野坍塌了，儿童被限定在一个狭窄的世界中，里面充塞着多少有点令人厌恶的细节。……麻木的和机械的影响就是今天美国普通学校的恶魔，它肆意狂舞，恣意妄为。

——《高中对于教育方法的影响》（1896），

《杜威全集·早期著作》第 5 卷，2010：210-211

当儿童对工作感兴趣的时候，就不必要用无意义的束缚和烦琐的禁令去阻止他们完成这个工作。当儿童乐意地工作的时候，他们就会把志趣相投的做和学联系起来。这无疑是积极的道德价值。

——《明日之学校》（1915），

《学校与社会·明日之学校》，1994：235

儿童所要获得的各种技能和教师所用的教材本身并无兴趣。换言之，它们与儿童的日常活动并无关系。其补救的办法不在归咎于兴趣的理论，也不在寻找某种取悦儿童的诱饵，使他们注意所不喜欢的材料，而在于发现与儿童目前的能力有联系的事物和活动。

——《民主主义与教育》（1916），1990：135

儿童因为没有兴趣，所以视求学为困苦的事。……我们试看儿童在未进学校以前，与他的母亲或同伴在一起的时候，何等喜欢求学：忽而问这样，忽而问那样。可见，儿童对于求学本有很大的喜欢的趋向。

——《关于教育哲学的讲演》（1920），

《杜威在华教育讲演》，2016：11

儿童获取的知识都来自接触过的事物。现在，如果我们突然打破一切，让儿童进入学校，学习那些在他看来与其社会生活毫无关联的知识，其结果只能是使儿童觉得这些都过于虚假。这是造成许多儿童对学习毫无兴趣的原因之一。

——《在杨伯翰学院作的教育学讲座》（1901），

《杜威全集·晚期著作》第 17 卷，2015：206

　　教员看见学生做事不发生兴趣每每责难他，其实是不应该的。我们应该研究他为什么没有兴趣，他失败的原因在什么地方，来想法子补救，这才是正当的态度。儿童做事时，我们要使他觉得能够成功，不要使他觉得要失败，那么他才有兴味。

——《教育与学校的几个关键问题》（1920），

《杜威在华教育讲演》，2016：74

　　每有一件事情发生……大家互相吸引起来，把这件事情做好，然后大家平均享受这事的利益。所以，我们不可遏抑学生做事的机会，须得引起他们做事的兴趣；不用专制的手段去强迫他们做事，要用温和的手段养成他们共同作业的习惯。

——《平民主义的教育》（1919），

《杜威在华教育讲演》，2016：208

　　故学校教育，宜于其所需要之营养料力为输入，使能自然受用；不宜以淹博虚远之学问临之，临之则一方减少儿童之兴味，一方阻遏儿童之自动，其害较不学为尤甚。盖与儿童环境不适应故也。

——《天然环境、社会环境与人生之关系》（1921），

《杜威在华教育讲演》，2016：194

　　假使一个学校教地理历史或外国语能利用好的教授法，使学生知道和人生有什么关系，自然就有了兴趣，就不牺牲他的精神去外面活动；设若没有好

的教授法子使着他知道和人生的关系，他自然就没有兴趣，所以，必须使他知道于人生有何关系才成。

——《教育之心理的要素》（1921），

《杜威在华教育讲演》，2016：199

相对于一个人正常的生命期，从 14 岁到 22 岁只是一段很短的时间。在这些年里，教育给予人最有益的地方，在于它唤起了不断延续发展的理智兴趣。最怕的就是这些年里的教育成了一段插曲、一种走过场。如果一个学生没有把他对某些知识和技艺领域保持的关注带入今后的生活，把它们挡在他当下从事的专门职业的门外，那么对他来说，学校教育就是一种失败，而不管他曾经是一个多么出色的"学生"。

——《摆脱教育困惑的出路》（1931），

《杜威全集·晚期著作》第 6 卷，2015：74

■ 努力应该是理智的

良好的教学乃是这样一种教学，它求助于已经形成的能力而又包括有要求转向新目的所需的新材料，这种转向需要有思考——理智的努力。总之，努力的教育意义、它对教育性生长的价值，是在于它能激发出更多的认真思考，而不在于它有更大的压力。教育性的努力是从比较盲目的（不管是冲动性的还是习惯性的）活动转变成更有意识的思考性活动的标志。

——《教育中的兴趣与努力》（1913），

《学校与社会·明日之学校》，1994：196

比较各种不同的场合，收集人类所遭到的不幸并概括相同的诸善而分为门类，乃是智慧的本分。健康、富有、勤勉、节制、可爱、有礼、学问、审美的才能、创造、勇敢、忍耐、周到和其他许多已概括的目的，都是人所公认的善。但这个统括的价值是理智的或推求的。

——《哲学的改造》（1920），1958：100-101

当努力的结果被看作是有待达成的某事时，努力就是稳定的，变得有持久性，思维受到激励去发现应付环境的更佳方法。……因此，唤起努力的条件的真正功能，首先是使个人更加认清他的行为的目的和宗旨；其次是使他的精力从盲目的或不加思考的挣扎变成经过思考的判断。思想的这两个方面是相互依存的。

——《教育中的兴趣与努力》（1913），

《学校与社会·明日之学校》，1994：193

我们所追求的是活动的**持久性**和**连续性**：克服阻力和通过障碍的忍耐性。看作只是增加能量耗费的紧张程度的努力本身不是我们所重视的东西，为努力而努力是我们所要避免的事……要求努力就是要求在面对困难时有连续性。

——《教育中的兴趣与努力》（1913），

《学校与社会·明日之学校》，1994：190

我们不了解自己真正的需求，我们也不会努力去了解自己的需求。我们接受由外界强加给自己的目的和欲望。我们也厌倦做自己想做的事情，因为我们的愿望并没有在我们自身的价值判断中扎下根来。

——《创造与批判》（1930），

《杜威全集·晚期著作》第 5 卷，2012：102

只有被宠坏的孩子和娇生惯养的成人才灰心丧气或丧失信心而避开困难，

而不是因遇到拦路虎而振奋起来——除非拦路虎是十分凶恶、威胁性很大的。不妨说，一个正常的人需要有一定的有待克服的困难，使他对他所做的事情有一个充分的强烈的意识，因而对他所做的事情具有炽烈的兴趣。

——《教育中的兴趣与努力》（1913），

《学校与社会·明日之学校》，1994：193

有欲无欲各有利弊。无欲望，便不能奋发去行；有欲望而常不知足又必妄于非分，徒劳无功。总之，欲望或不知足心万不可寂灭，因为不知足的目的是要唤起努力、改进环境。要是能善用不知足心，利益很多；要是操之过急，便贻祸无穷了。

——《伦理讲演纪略》（1919），

《杜威在华教育讲演》，2016：334

我们把"注意力"和"心智"这两个术语用作同义词。……注意力就是心智。通过把注意力与心智等同起来，我们至少比单独考虑注意力更靠近问题的真相。注意力的充分，注意力的投入，注意力的集中，意味着心思毫无保留地放在问题上。与其说它是意识的力量或能力的测试，不如说它是处于高强度工作中的意识本身。

——《在杨百翰学院作的教育学讲座》（1901），

《杜威全集·晚期著作》第 17 卷，2015：229

实际上，"注意力"这个词能为学校作的一切，不外乎是用来告知马上有某个事物需要注意。它可以把它们的活动从其他地方转移走，把它们带进我们期望的态度中。通过打铃或一百种其他方式的任何一种，都可以得到同样的结果。

——《在杨百翰学院作的教育学讲座》（1901），

《杜威全集·晚期著作》第 17 卷，2015：231

第十编　课程与教材

■ 知识理想的革新

学校中过分重视学生积累和获得知识资料，以便在课堂问答和考试时照搬。"知识"作为一种资料，意思就是进一步探究的资本，必不可少的资源，知识常被视为目的本身。于是，学生的目标就是堆积知识，需要时炫耀一番。这种静止的、冷藏库式的知识理想有碍教育的发展。这种理想不仅放着思维的机会不加利用，而且扼杀思维的能力。

——《民主主义与教育》（1916），1990：168

知识不再是凝固不变的东西，它已经成为变动不定的东西。它是在社会自身的一切潮流之中积极地活动着。显而易见，关于知识材料的这个革命，使个人的态度发生了显著的变化。知识方面的刺激，通过各种不同的途径，源源不绝地向着人们倾注而来。……学究式的人物和经院学者不再是光荣的称呼，而正在变成嘲弄人的名词。

——《学校与社会》（1899），

《学校与社会·明日之学校》，1994：39

知识与智慧的区分，是多年来存在的老问题，然而还需要不断地重新提出来。知识仅仅是已经获得并储存起来的学问，而智慧则是运用学问去指导改善生活的各种能力。知识，如果只是作为单纯的知识，它不包括特殊的理智能力的训练，而智慧则是理智训练的最好的成果。在学校中，当注意积累知识时，就时常疏忽发展智慧的观念或良好的判断力。

——《我们怎样思维：再论反思性思维与教学的关系》（1933），

《我们怎样思维·经验与教育》，1991：53

以平常人而论，知识本身之所以重要，那是因为其对于他所需要做的事情和他所要创造的东西有影响。知识帮助他使他的欲念明确化；帮助他构成他的目的；并帮助他去求得实现这些目的的手段。换言之，既存在有所认识的事实与原理，也存在有价值……

——《科学与哲学之关系是教育的基础》（1938），

《人的问题》，1965：132

尽管在我们的学校里，直接观察的活动大大增加了，但教材的极大部分还是从书籍、讲课和口头交流等其他资料得来的。怎样从人和书本传授的知识中获得理智的益处，这是一个最为重要的问题。……在教育工作中，过分强调积累知识的理想，其根源在于不适当地突出了学习别人的知识的重要性。问题的关键在于怎样把这种形式的学习转化理智的财富。

——《我们怎样思维：再论反思性思维与教学的关系》（1933），

《我们怎样思维·经验与教育》，1991：214

没有概念的知觉是盲目的，没有知觉的概念是空洞的。……知识是一种判断，而这种判断既要求感官上的理解，也要求有序的、可调整的原则和规律。

——《知识问题的意义》（1897），

《杜威全集·早期著作》第5卷，2010：3

知识或科学，作为一种技艺，像任何其他技艺一样，赋予事物以它们前所未有的特性和潜能。……在承认科学为一种技艺时，就必须不仅仅在理论上承认科学是为了人类而造成的，虽然承认这一点大概是一个初步的开端。

——《经验与自然》（1925），

《杜威全集·晚期著作》第1卷，2015：243

知识和情绪不是相反，是相成。情绪能帮助知识、鼓励知识，不至流于空虚或知行不一。知识能启导情绪、坚固情绪，不至流于盲目妄动或虎头蛇尾。

——《伦理讲演纪略》（1919），

《杜威在华教育讲演》，2016：330

经院学者改变了他的外衣以及曾被用于鉴别他的恒久特征，但未改变的是其内在习惯与倾向。……经院学者是"抽象的"，他是哲学的吝啬鬼，是那个唯恐其被拿走而希望保持真理的人。他保存其财富的坚固箱子，就是所谓的体系。

——《经院学者与投机商人》（1891），

《杜威全集·早期著作》第 3 卷，2010：122–123

儿童的世界是一个具有他们个人兴趣的人的世界，而不是一个事实和规律的世界。儿童世界的主要特征，不是什么与外界事物相符合这个意义上的真理，而是感情和同情。学校里见到的课程所提供的材料，却是无限地回溯过去，同时从外部无限地伸向空间。人们在儿童离开他所熟悉的……自然环境以后，便使他进入一个辽阔的世界——甚至可以说，使他进入太阳系的范围。儿童的小小的记忆力和知识领域被全人类的长期的多少世纪的历史压得窒息了。

——《儿童与课程》（1902），

《学校与社会·明日之学校》，1994：116

文化陶冶在他们看来并不指儿童所有能力的和谐发展，而是指积贮历史资料，学些过去的知识和文学作品。学问也不是指了解周围的事物，或世界其他地方正在发生的事情，而是指回顾过去的成就，学会阅读死去的语言。语言越是死的，"学问"的名声越大。因此，学校课程主要致力于使学生的眼光转向过去。只有从过去，他们才能发现值得学习的东西；也只有从过去，他们才能发现发展美感和智慧的精华。

——《明日之学校》（1915），

《学校与社会·明日之学校》，1994：313

学校除了致力于书本，教会［学生］自由使用书本的能力以外，几乎没有更好的办法。特别是在大部分地区，书本不但是一种稀有物和奢侈品，还是走出乡村环境接近更大世界的唯一手段。然而条件变了，学校教材和方法却没有跟上变化的步伐。

——《明日之学校》（1915），

《学校与社会·明日之学校》，1994：353

学生唯一的问题是为了学校的目的，为了背书和升级，才去学习这个奇异世界的各个部分。在今天大多数人看来，"知识"一词的最显著的含义不过是指别人所确定的许多事实和真理；就是在图书馆的书架上的一排排地图、百科全书、历史、传记、游记，以及科学论文里面的资料。

——《民主主义与教育》（1916），1990：199

在 17 世纪时，这种积聚的知识材料还不多，所以，人们提出了掌握全部的百科全书式知识的理想。现在，知识材料积聚得那么多，任何人都不可能全部掌握，这一点是很明显的了。但是，教育的理想并没有受到很大的影响。

——《民主主义与教育》（1916），1990：199-200

学生作业的目的愈合于人性，或者愈与日常经验所要求的目的相近，学生的知识就愈真实。如果学生活动的目的仅限于数学的特性，那学生由此获得的知识就不过是技术性的知识而已。

——《民主主义与教育》（1916），1990：211

一个训练有素的人比一个没有受过训练的人更有自信地依赖旧有的知识，这是事实。但是，从逻辑上来说，训练有素的人仍会在作为建议来源的旧有知识和作为结论的演绎性前提的旧有知识之间作一个区分。

——《对反思性思维的一个分析》（1922），

《杜威全集·中期著作》第 13 卷，2012：60

知识只有在提出被置于社会生活背景中的材料的明确形象和概念时，才是名副其实的或有教育性的。训练只有在它代表把知识反映到个人自己的能力中去，使他将能力服务于社会目的时，才是名副其实的或有教育性的。

——《教育中的道德原理》，

《学校与社会·明日之学校》，1994：153

■ 课程教材的选择

一个课程计划必须考虑课程能适应现在社会生活的需要；选择内容材料时必须以改进我们的共同生活为目的，以使将来比过去更加美好。……凡是在社会方面最基本的事物，换言之，凡是和最广大的社会群体共同参与的经验有关的事物，就是要素。

——《民主主义与教育》（1916），1990：204

各种技能的习得都需要通过勤学和投入，而这些倾向不仅包含社会层面，而且也包含道德层面。他们能够阅读，但是除非环境有利或天赋异禀，不然他们没法就读什么获得训练和指导。他们的阅读能力远远高于他们的智力及道德成熟度的成长，也远远高于他们在历史、科学及人生方面获得的启蒙。在学校中得到培养的阅读能力不在于识文断字，而在于决定人该读什么。

——《战后的中等教育问题》（1918），

《杜威全集·晚期著作》第 17 卷，2015：21

学校教材之缘起都有社会的背景，都是应社会需要而生的。后来学校和外界分隔太远，所有科目看作单独孤立，就不以社会的需要为重了。……所以，学校教儿童科目不能离开社会的背景，一定要和实际有关系。

——《教育与学校的几个关键问题》（1920），

《杜威在华教育讲演》，2016：84

学校必须教授的科目，应该知道对于社会的需要是否适用？学生离开学校，不应当不知道社会一切的情形。

——《学校科目与社会之关系》（1921），

《杜威在华教育讲演》，2016：159

如教材要是不适合于学生的生活，那么，就因不需要的缘故，不发生关系；因无关系的缘故，不发生兴趣；教师行强迫的注入，学生只好勉强记忆；久而久之，将学生养成一种被动的习惯，不愿意自由吸收知识；教材与学生的生活，就分离开了。

——《教育的新趋势》（1920），

《杜威在华教育讲演》，2016：287

学习的整个课程应该以当下的世界为导向，而不是朝向过去的世界；并

且，其伟大的目标应该是让那些离开学校的人意识到每个人生活状况中不断
变革的力量。当然，这样的重组是不容易的，必须有所准备。

——《面向不断变化的社会秩序的教育》（1934），

《杜威全集·晚期著作》第 9 卷，2015：130

当学生们学习那些远离他们经验的课业时，便不能激发他们的主动的好
奇心，并且超越了他们的理解力，于是他们开始采用另一种衡量学校课业价值
和现实意义的尺度，这种尺度同衡量充满生机的实际生活的尺度绝不相同。他
们在理智上变得不负责任，他们不去寻味他们所学的东西具有什么意义，不去
寻味他们所学的课业同他们的其他信念和他们的行动有什么不同的意义。

——《我们怎样思维：再论反思性思维与教学的关系》（1933），

《我们怎样思维·经验与教育》，1991：26

我们必须把诸如木工、金工、纺织、缝纫、烹饪这些主动作业看作是学
校生活和学习的方法，而不是各种特殊的科目。……总之，把它们看作是一些
方法，通过它们，学校自身将成为一种生动的社会生活的真正形式，而不仅仅
是学习功课的场所。

——《学校与社会》，

《学校与社会·明日之学校》，1994：30-32

材料的提出不是作为要学习的功课，而是作为通过他自己的编织、烹
饪、商店工作、模型制作、戏剧表演、交谈、讨论、讲故事等等吸收到他自
己的经验中去的东西，这些东西反过来又是直接的媒介，它们是原动力的形
式或表现性的活动。它们受到重视，直至将它们看作在学校课程中占主导地
位，以便保持作为这一时期儿童生活特征的知与行之间的密切联系。

——《学校与社会》（1899），

《学校与社会·明日之学校》，1994：79-80

没有一些游戏和工作，就不可能有正常的有效学习。所谓有效学习，就是知识的获得是参与有目的的活动的结果，而不是应付学校课程的结果。说得更具体些，游戏和工作完全是与认识的第一个阶段的特征相应的。

——《民主主义与教育》（1916），1990：208

作业不是指为使儿童坐在桌旁不淘气、不懒散而给予他们的任何一种"忙碌的工作"或练习。我所说的作业是指复演社会生活中进行的某种工作或与之平行的活动方式。

——《学校与社会》（1899），

《学校与社会·明日之学校》，1994：95

应该很明显的是，我想做的不是对书籍和阅读进行市侩的抨击。问题不是如何摆脱它们，而是如何获得它们的价值——如何使书籍和阅读服务于儿童的智力和道德生活，从而提高他们的能力。

——《初等教育的迷信》（1898），

《杜威全集·早期著作》第5卷，2010：203

幼稚园里用智力的事情少、游戏的动作多，并且有种种假设想象的事情。小学校里则用智力的事情多一些、游戏动作少一些，又有种种的试验渐渐趋于真事一方面了。就是小学所注意的手工，也有点和幼稚园不同。

——《教育与学校的几个关键问题》（1920），

《杜威在华教育讲演》，2016：92

地图不是个人经验的代替品。地图不能代替实际的旅行。一门科学或学术的一个分支，一门学科的有逻辑、有系统的材料，终究不能代替个人具有的经验。

——《儿童与课程》（1902），

《学校与社会·明日之学校》，1994：126

主动的作业之所以在教育上重要，在于它们可以代表社会的情境。人类共同的基本事务集中于食、住、衣、家具以及与生产、交易和消费有联系的工具。这些东西代表生活的必需品和装饰品，这种事情接触到人的本能深处，它们充满了具有社会性质的事实和原理。学校的园艺、纺织、木工、金工、烹饪等活动，就是把上面所说的人类的基本事务引用到学校课程中去。

——《民主主义与教育》（1916），1990：213

艺术是活的和具体的证据，它证明人能够有意识地，因而在意义的层面上修复活的生灵的感觉、需要、冲动和行为特征之间的一致。意识的介入增加了规则、选择的力量以及再次的部署。这样，它就以无穷的方式改变着艺术。但是，它的介入最终导致了作为一种有意识的观念的艺术观念——人类历史上最伟大的理智成就。

——《作为经验的艺术》（1934），

《杜威全集·晚期著作》第10卷，2015：23

现在教育界的最大坏处，就是见有一种新的学科，便以为非添加不足以趋时。这实在是很愚蠢的妄想。结果只成为一种很肤浅的皮毛学问。一方养成趾高气扬、自炫博学的贵族习惯，一方对于真正的学问仍是不能懂得清楚。

——《关于教育哲学的讲演》（1920），

《杜威在华教育讲演》，2016：29

■ 各门课程教材之间的联系

我们不能在各种科目中建立一个价值的等级。企图把它们排列成次序，从价值最小的科目开始，进而到最大价值的科目，这是枉费心机的。就任何科目在经验中都具有一个独特的或无可替代的功能来说，就任何科目都标志着生活所特有的丰富的内容来说，各种科目的价值都是内在的，或者是不能比较的。既然教育并不是谋生的手段，而是与过富有成效的和本身有意义的生活的过程一致的，它所能提出的唯一最终价值正是生活的过程本身。

——《民主主义与教育》（1916），1990：253–254

要达到目标和精神的统一性，贯穿从托儿所到大学教育的各个阶段，贯穿现在为数众多、支离破碎的各个不同学科分支，我们要做的第一件事是意识到新旧之间的冲突——不是一个抽象的观念，而是一个具体的观念。

——《周年纪念致词》（1936），

《杜威全集·晚期著作》第 11 卷，2015：138

儿童的社会生活是他的一切训练或生长的集中或相互联系的基础。……我们由于给儿童太突然地提供考虑许多与这种社会生活无关的专门科目，如阅读、书写和地理等，而违反了儿童的天性，并且使最好的伦理效果变得困难了。因此，学校科目相互联系的真正中心，不是科学，不是文学，不是历史，不是地理，而是儿童本身的社会活动。

——《我的教育信条》（1897），

《杜威教育论著选》，1981：6–7

我们所希望的是，养成学生一种能把他们所获得的有限知识和生活的各种活动联系起来的习惯，并获得把有限的人类活动与这种活动要取得成功必须依赖的各种科学原理结合起来的能力。这样的态度和兴趣养成之后，就能使他们自己照料自己。如果我们把算术或地理本身与社会活动和应用脱离开来，那么教育的目标必须包括所涉及的整个领域。

——《明日之学校》（1915），

《学校与社会·明日之学校》，1994：356

解决任何教育问题时，都必须关注不同的学科。这一认识往往会拓宽我们的视野，并引导我们作出更认真、更长期的努力，去平衡最简单的教学问题和管理问题都会涉及的各种因素，从而减少流行一时的片面兴趣和口号不受控制而接连不断地出现，以及对教育实践和理论产生影响。

——《教育科学的源泉》（1929），

《杜威全集·晚期著作》第 5 卷，2015：19

教育必须追随各门特殊学科的先例，必须把它组织起来。在各个学校自身存在着各自独立的组织，我们所要做的是系统认识教育诸问题；系统研究、探索解决方法；系统地把这些方法运用到学习生活的细节之中。合作研究与运用是解决这个问题的关键。

——《教育与女性健康》（1885），

《杜威全集·早期著作》第 1 卷，2010：64

我的结论是：真正的问题并不是作为普通教育体系组成部分的专业或半专业的学校课程的合法性问题，而是这些学校课程含有何种东西、人们如何来讲授它们的问题，简言之，就是有关它们的内容和方法的问题。……一旦我们采用更为开阔、更具联系的观点，必定能够从彼此相关的各门科学中获得真正的、必不可少的知识，必定能够从广远的角度看待历史和社会。

——《摆脱教育困惑的出路》（1931），

《杜威全集·晚期著作》第 6 卷，2015：70

教育应该从人文学科和自然学科这种密切的相互依存关系出发。教育不应该把研究自然的科学和记录人类事业的文学分离开来，而应该把自然科学与历史、文学、经济学、政治学等各种人文学科进行杂交。

——《民主主义与教育》（1916），1990：301

教育衔接性的基本问题把我们带到了学校以外那些关系到学生课外经验活动的衔接性。当然，也是出于这个原因，课程就显得至关重要。为了衔接各个科目彼此之间连续的阶段，课程必须具有衔接性，必须涉及包括家庭、邻里和社区在内的非常广泛的经历。这个原则从一开始就适用，并且贯穿始终。

——《教育衔接的一般性原则》（1929），

《杜威全集·晚期著作》第 5 卷，2015：236

生理学、生物学以及实验科学的逻辑学发展，给我们提供了制订和表述这样一种认识论所要求的特殊的理智的工具。从教育上来说，就是要使学校中的知识获得与在共同生活的环境中进行的种种活动或作业联系起来。

——《民主主义与教育》（1916），1990：361

教育的统一性消失了，各门学科变成了离心的，这门学科完全是为了达到这个目的，那门学科完全是为了达到另一个目的，直到全部学科变成了完全是互相竞争的目标和互不联系的学科之间的折中妥协和大杂烩。教育管理方面的重要问题是在一连串多少互不联系而又交叉重复的地方求得整体的统一性，从而减少由于互相重复和没有适当的衔接过渡所造成的浪费。

——《学校与社会》，

《学校与社会·明日之学校》，1994：61

我们可以这样说，在很多方面，学校生活中使用的素材既决定了学校的普遍气氛，也决定了教育的方法和基本原则，单调的"课程学习"，即贫乏、狭隘的学校活动领域，不可能有助于一种生机勃勃的社会精神或者这样一些方法——要求同情和合作而不是兼并、排斥和竞争——的形成。

——《公立学校课程的道德意义》（1909），

《杜威全集·中期著作》第 4 卷，2012：168

当人们在实际生活中把他们所从事的活动割裂开来，把生活肢解得支离破碎，把兴趣分门别类时，就会遭遇到这些问题。科学是为了科学的缘故，艺术是为了艺术，商业通常是为了赚钱的事情，政治移交了专业的政治家，运动的专业化，等等，其间很少为生活留下空间。这种生活是为了生活本身，一种全面的、丰富的和自由的生活。

——《有情感地思考》（1926），

《杜威全集·晚期著作》第 2 卷，2015：84

只要那种学习等同于对科学内容进行分隔的传统观念仍然占据着教育者的心灵，就很难避免学科内容分级化的倾向。用这种断片材料搭成的小屋，与只能放放零碎物品的鸽子笼相差无几。

——《摆脱教育困惑的出路》（1931），

《杜威全集·晚期著作》第 6 卷，2015：67

弄出一系列机械的书面计划，列出从幼儿园到各个年级再到高中的课程，这样并不能解决问题。问题不是把算术、地理、历史等药方分配到各个年级。个人在生活中获得连续的智能和道德动力，才是问题。在我们把教育理解为一个整体的过程之前，这个问题是不可能解决的。

——《周年纪念致词》（1936），

《杜威全集·晚期著作》第 11 卷，2015：136

作为方法的科学会渗透到所有的学校科目中去。作为方法，科学以充满生机的精神促进了所有科目信念的形成及检验。作为方法，科学坚定不移地尊重来自一手检验证据的权威性，坚持不懈地关注建立具有论证力量观察的实验活动，高度地评价作为解释和组织可控观察鉴别的那些事实之手段的观念。科学只有成为应用于所有科目的精神，并植根于所有的学习过程之中，才能创造内在于它的作为方法的价值。

——《终极价值或终极目的取决于前件或先验推断还是实际或经验探究》（1938），《杜威全集·晚期著作》第 13 卷，2015：229

学校里的技巧性艺术——从十岁至十三四岁这个阶段，特别是获取各种科目的技巧的年龄，书写、阅读、绘画、计数等技巧——无非是把技巧作为技能来获取的艺术；也就是说，是获取最好的、最经济的做事方式的艺术。

——《在杨百翰学院作的教育学讲座》（1901），

《杜威全集·晚期著作》第 17 卷，2015：244

■ 课程教材的心理化

对经验加以系统化的结果，并不是与生长过程相对立的。逻辑的并不注定反对心理的。……最广义地说，逻辑的立场本身就是心理的。就它在经验的发展中所处的地位来说，有着它的意义。它的根据是在对于它所保证的未来的生长起了一定的作用。因此，就需要把各门学科的教材或知识各部分恢复到原来的经验。它必须恢复到它被抽象出来的原来的经验。它必须心理化……

——《儿童与课程》（1902），

《学校与社会·明日之学校》，1994：127–128

课程无论是作为整体，还是具体的科目学习，都要体现心理学的一面。对其忽视和否认，将导致教学理论上的混乱，导致实际教学中对先例和常规的生搬硬套，或者以抽象、形式化的内容代替灵活、具体的内容。

——《学校课程的心理学维度》（1897），

《杜威全集·早期著作》第 5 卷，2010：134

儿童和课程仅仅是构成一个单一的过程的两极。正如两点构成一条直线一样，儿童现在的观点以及构成各种科目学科的事实和真理，构成了教学。从儿童现在的经验进展到以有组织体系的真理，即我们称之为各种科目为代表的东西，这是继续改造的过程。

——《儿童与课程》（1902），

《学校与社会·明日之学校》，1994：120

对于一个儿童，教学所要采取的立场，不是既成事实的结果，而是粗糙经验的开始。我们必须发现一个儿童的现有经验领域（或者他能够轻易获取的经验领域）中那些值得称为地理学的东西。这不是如何教儿童地理的问题，而首先是地理对儿童来说是什么的问题。

——《学校课程的心理学维度》（1897），

《杜威全集·早期著作》第 5 卷，2010：129

也许有必要把经验的逻辑方面和心理方面区别开来并相互联系起来——前者代表教材本身，后者代表教材和儿童的关系。

——《儿童与课程》（1902），

《学校与社会·明日之学校》，1994：125

作为一位教师……他考虑的是科学的教材代表经验法则的某一阶段或状

态。他的问题是引导学生有一种生动的和个人亲身的体验。……他考虑的不限于教材本身，他是把教材作为在全部的和生长的经验中相关的因素来考虑的。这样来看，就是使教材心理化。

——《儿童与课程》（1902），

《学校与社会·明日之学校》，1994：128

所用的方法和材料必须本身充满生气，对儿童来说足以代表构成他的世界的整个严密的自然界。儿童和课程是两种有效的力量，两者相互发展、相互作用。

——《明日之学校》（1915），

《学校与社会·明日之学校》，1994：259

在任何学科中重要的教育问题，是获得以双重方式来看待每天被传授的学科教材的习惯。它需要被看作是从现有的习惯以及情感、思想和活动之经验中发展出来的；它还需要被看作发展到最有序的理智体系之中。我大胆地将这两方面称为心理的和逻辑的，它们是连续发展的限制，而不是相对的力量或者甚至独立的要素。

——《几何学教育中的心理学和逻辑学》（1903），

《杜威全集·中期著作》第3卷，2012：171

把［儿童的日常经验和学校的知识教材］这两者相对立，就是把同一个正在生长的生命的婴儿期与成年时期相对立；把同一种力的运动方向与其最终的结局相对立，也就是要使儿童的本性与其将来的命运彼此发生冲突。

——《明日之学校》（1915），

《学校与社会·明日之学校》，1994：260

学校太重视教材，以教材为"目的"，不以教材为"手段"；学校设施又不与学生生活相联络，所以始终无自由发表、自由创造的机会。比如，以学生的头脑为空杯，教师的头脑为水池；教授好比作将水池里的水用水管灌到空杯里去就算了。这样，学生毋得能自动呢？

——《教育的新趋势》（1920），

《杜威在华教育讲演》，2016：287

一句话，已经归了类的各门科目是许多年代的科学的产物，而不是儿童经验的产物。儿童和课程之间这些明显的脱节和差别，也许几乎可以无限地扩大。

——《儿童与课程》（1902），

《学校与社会·明日之学校》，1994：117

让学生处在一种完全被动的态度之中，他就更可能差不多把他从教师那里听来的或在书本中读来的东西归还回去。奖赏和高分充其量是人为追求的目标，它们使儿童习惯于期望得到它们从事的工作的成果价值以外的某些东西。学校被迫依靠这些动机的程度，表明它们对真正的道德行为以外的动机是多么地依赖。

——《明日之学校》（1915），

《学校与社会·明日之学校》，1994：383

■ 在课堂上拥有新生命

让学校的功课麻木，让儿童们躲避它，无非是由于缺乏有控制力的动机，缺乏一个保证某种意义的目标，在他们这一方缺乏问题。我要重申：当这种对目的和目标的保证能被带进所有学校的时候，我们就会拥有教育的新生，我们就会在课堂上拥有新生命（have a new life in the school room）。

——《在杨百翰学院作的教育学讲座》（1901），

《杜威全集·晚期著作》第 17 卷，2015：240

把生命作为核心的理念，当然最具体的通常是把儿童生活作为中心，即孩子们当时正在这样做。开设物理学、化学、数学课程就是如何生活、如何做的过程。……最基本的原则当然是由简到繁的向后推进，直到发现有利于学习为止。

——致克拉拉·米切尔（John Dewey to Clara I. Mitchell,

22 December, 1895）

具有教育作用或能够引导生长的，并不是学科本身。如果不考虑学习者所达到的生长阶段，那任何学科内部都不具备固有的教育价值。……教材若不适合个人的需要和能力，会使经验丧失教育作用；同样，个人若不适应教材，也会使经验丧失教育作用。

——《经验与教育》（1938），

《我们怎样思维·经验与教育》1991：269–270

如果这些观念有任何真理的衡量标准，那么，学校里使用的作业形式、建造性工作、手工训练（不管怎么命名它们）必须被分配在一个中心的位置。它们比其他任何学科、比阅读或地理、讲故事或神话，更能够引起并指引儿童身上最基本和最有活力的东西。

——《手工训练在初等学校课程中的地位》（1901），

《杜威全集·中期著作》第 1 卷，2012：166

学习是主动的。它包含着心理的积极开展。它包含着从心理内部开始的有机的同化作用。毫不夸张地说，我们必须站在儿童的立场上，并且以儿童为自己的出发点。决定学习的质和量的是儿童而不是教材。

——《儿童与课程》（1902），

《学校与社会·明日之学校》，1994：119

教育如果忽视了儿童身上蕴藏的这种充满生机的冲动，就会流于"学院派的"和"抽象的"，这是就这些词贬义的意义上说的。如果教材被用作唯一的材料，那教师的工作就会难得多，因为除了一切东西要自己去教以外，还必须经常压抑和阻止儿童的好动倾向。就儿童来说，教学成了一种缺乏意义和目的的外在的提示。

——《明日之学校》（1915），

《学校与社会·明日之学校》，1994：261

一般教室的设备和布置都是和实际的经验情境不相容的。……想一下这种惊人的对比，就可以明白通常学校的情况在多大程度上能给予学生一些自行提出问题的经验。无论教师个人在教法上有多少改进，都不能完全补救这种情形。要克服这种缺陷。必须有更多的实际材料、更多的资料、更多的教学用具，更多做事情的机会。我们发现，凡是儿童忙着做事情，并且讨论做事过程中所发生的问题的地方，即使教学的方式比较一般，儿童的问题也是自动提出的，问题的数量是很多的，他们提出的解决问题的方法是先进的，多种多样的，而且有独创性的。

——《民主主义与教育》（1916），1990：165–166

学校所教的科学，不仅是提供固定不变的信息，也不仅是让少数人为进一步在特殊科学领域中的专业化追求做准备，而且更多的是让他们自身塑造一种明确的精神状态。……思想开放，知识完备，细心观察，以及乐于对自己的观点和信仰进行检验，这些都是科学态度的特征。

——《知识分子的最高责任》（1934），

《杜威全集·晚期著作》第9卷，2015：81

每一种思维，即使是儿童的思维，也在其能力范围之内，天然地寻找那些积极有效的模式。问题在于我们选择什么样的课程和教材，才能有助于激发和引导个体在真正意义上的发展。

——《教育哲学的必要性》（1934），

《杜威全集·晚期著作》第9卷，2015：155

学校大部分是在传授现成的知识，而且同时在传授文化工具，这是不能否认的。求得这种知识所用的方法并不是那种在研究中和在测验意见中培养技能时所运用的方法。相反，它们从正面敌视这样的方法。它们使得自然的麻木不仁而用一大堆各不相关的材料来挫折观察和实验的能力上，以致它们甚至不能像在许多文盲中那样有效地发生作用。

——《自由与文化》（1939），2013：127

教育的最大毛病，是把学科看作教育的中心。不管儿童的本能经验如何、社会的需要如何，只要成人认为这是一种好的知识经验便炼成一块，把它装入儿童心里面去。现在晓得这种办法是不对了。其改革的方法，只是把教育的中心搬一个家：从学科上面搬到儿童上面。依照儿童长进的程序，使他能逐渐发展他的本能，直到他能自己教育自己为止。

——《关于教育哲学的讲演》（1920），

《杜威在华教育讲演》，2016：12

在教授的方法上，也应加以研究，不当专一注意学生能记忆多少？回答多少？须使学生能在所学的各种书中，自己去寻出问题，自己发表对于问题的感想，互相讨论。这才能教学生读书有蓬蓬勃勃的气象，不至于死气沉沉得呆板机械了。

——《学校与社会》（苏州）（1920），

《杜威在华教育讲演》，2016：138

■ 课程教材方面的教师素质

我们习惯了传统学校的错误，太习惯于它们，以至于一旦出现问题，我们就趋向于责备儿童或儿童的父母。然而，在传统学校里，有优秀的教师和不称职的教师，而且所有课程无论多么老旧、多么陈词滥调、多么一致，没有一个课程会有超过其投入的师资素质那样较高质量的输出。

——《为什么有进步学校？》（1933），

《杜威全集·晚期著作》第9卷，2015：121

课程规划应该拥有足够扩展的时间，以便教师们能够为实践做出准备。我见过纸面上的突然变革，但是由于教师没有很好的准备而很难实施。一个重要的考虑是，在开发一种新课程的时候，需要保证从一开始就有教师的合作。应该征求教师的建议，当这些建议收集好的时候，再提交给更广泛的教师群体引起更多的想法。

——《致段康城》（*John Dewey to Kang-cheng Tuan*，

9 August，1941）

更为聪明的教师会注意系统地引导学生利用过去的功课来帮助理解目前

的功课，并利用目前的功课加深理解已经获得的知识。……最好的一种教学，是牢牢记住学校教材和现实生活两者相互联系的必要性。使学生养成一种态度，习惯于寻找这两者之间的接触点和相互关系。

——《民主主义与教育》（1916），1990：173-174

我们对课程的研究意味着什么呢？它代表什么？什么确定了它在学校工作中的地位？……没有人要求普通的学校教师提出这样的问题，但是得有人向他们制定课程。正如我们所说，课程要提供给教师，特定的教师个人必须尽其所能地去挖掘和利用教材。

——《学校课程的心理学维度》（1897），

《杜威全集·早期著作》第5卷，2010：127

当教师从事直接的教学活动时，他需要精通教材，并把他的注意力集中在学生的态度和反应上。教师的任务是理解学生与教材之间的相互影响。

——《民主主义与教育》（1916），1990：195

教材即前人经验之精华，教法就是提示教材使它适合儿童现有之经验。教师最大的责任，即须将前人积累的经验与儿童的经验互相融合联络起来。他不但当知前人的经验如何，并且也须了解儿童现有经验之性质及原始，然后才能教授得法。

——《教育与学校的几个关键问题》（1920），

《杜威在华教育讲演》，2016：85

在每一个发展阶段，每一节课上，要发挥教育的作用，就应该引导学生获得一定数量的概念化的印象和观念。如果没有这个概念化或理智化的观念，他们将不能获得知识去更好地理解新的经验。这便是教育上所说的积累的含义。

——《我们怎样思维：再论反思性思维与教学的关系》（1933），

《我们怎样思维·经验与教育》，1991：128

说到实用教育，人家每每容易有一种误会，以为实用教育就是吃饭主义。其实不然。吃饭固然未始不重要，教师能教得学生得到饭吃，也是很好的。但是，这个实用教育的目的，是要使他用所学的东西，指挥他的一切行为；教的人能知道学科对于儿童和社会的意义，儿童也知道学科对于社会的意义。

——《关于教育哲学的讲演》（1920），

《杜威在华教育讲演》，2016：10

引入讲演系统足以证明它自身。不论从何处引入，它都一劳永逸地摧毁了那种迷信，即教科书是学习的积累与终结；它有助于驱逐那些恶劣的、由于迷信所滋养成的机械式学习方法；它逼迫导师自己拓宽并更新其知识，我不怀疑它上千倍地增加了图书馆的利用率。

——《讲演对背诵：专题研讨会》（1891），

《杜威全集·早期著作》第 3 卷，2010：121

指导自然生长的教学和强行注入成人造诣的教学之间的更深一层的区别，应引起注意。后者的方法重视积累许多符号形式的知识。……前者的方法所注重的是要真切和广泛地亲自熟悉少数典型性的情境，以求掌握处理经验中各种问题的方法……

——《明日之学校》（1915），

《学校与社会·明日之学校》，1994：227

教育面临的最迫切的问题，是如何正确处理专而精的授课与学生和教师的全面均衡发展之间的关系。为了解决这个问题……几乎每一个教育机构都在进行实验，以更好地融合不同的学科。

——《为布利斯〈知识组织与学科体系〉所作的序》（1929），

《杜威全集·晚期著作》第 5 卷，2015：324

这并不意味着教科书必须废除，而是说它的功能改变了。教材成为学生的向导，靠着它学生可以节省时间，少犯错误。教师和书本不再是唯一的导师；手、眼睛、耳朵，实际上整个身体都成了知识的源泉，而教师和教科书分别成为发起者和检验者。任何书本或地图都不能代替个人的经验，它们不能取代实际的旅行。

——《明日之学校》（1915），

《学校与社会·明日之学校》，1994：261

假如不利用我们已有的观念和知识，新的东西就不能获得，甚至不能保持在心里，更谈不到理解它。但是，正因为新的东西是新的，它就不是已经拥有和已经掌握的东西的简单重复。当旧的东西被用来理解和解释新的东西时，它便着上了新的颜色，具有了新的意义。

——《经验与自然》（1925），

《杜威全集·晚期著作》第 1 卷，"原序"，2015：3

教育是艺术，而非科学。就具体操作来说，教育无疑是一门艺术，是一门技艺，或是一门美术。如果科学与艺术之间存在一种对立关系，那么，我不得不赞成教育是艺术的观点。但科学与艺术之间并不存在对立关系，它们之间只是存在差异。……对于教育学而言，只有当心理学家或任何领域的观察者和实验者，将自己的研究结果归为一条所有人必须统一遵守的规则时，才会反对、破坏教育艺术的自由发展。

——《教育科学的源泉》（1929），

《杜威全集·晚期著作》第5卷，2015：5

如果教师被培训为用不断变化的社会秩序去教育年轻人，那么，培训机构就不能接受目前的课程是为教师的工作设置的标准。那些给予教师指导的人，必须齐心协力地探讨课程与社会秩序变化的关系。

——《面向不断变化的社会秩序的教育》（1934），

《杜威全集·晚期著作》第9卷，2015：130

教师授课时提示教材时，必与儿童经验联络一气。儿童之经验不徒为间接，也不徒为直接，乃由直接间接相合相混而成。拿儿童之经验组织总合以成有系统之知识，这是学校应做应为、莫可旁贷的事。教师授课当知儿童直接间接经验之不能分离。

——《教育与学校的几个关键问题》（1920），

《杜威在华教育讲演》，2016：87

学校里的教师，拿书本上或自己经验传给儿童实在是最重要的事情，但必定要能把传授的知识和儿童固有的经验相混合才有效用，不是这样就没什么用处。[法国教育家]卢梭有句话说：学校里教地理不是教地理，是教地图。这句话的意思是说，地理是我们日日相接的、刻刻离不开的。学校教地理不从实际上去研究，单单读些书本，这岂不是很远么？

——《教育与学校的几个关键问题》（1920），

《杜威在华教育讲演》，2016：89

教育之目的，在使个人完全发达、完全教育者，非学科应有尽有之谓；

而为使各个人之能力，借教育而得完全发达之谓。故教育之良否，不因其学科之多寡、授课时间之久暂、教材分量之重轻以判；而视其能借学科以养成生徒之判断力、自觉力、应用力，使于未来能适应社会状况、而善营其生活与否为断。故学校教授学科，必使被教育者人人能利用之。换言之，教育首当养成生徒应用知识之能力。

——《平民教育之真谛》（1919），

《杜威在华教育讲演》，2016：215

从最通常的哲学观点来说，只要那种传统的见解继续流行，认为观念的性质是天生的本质，那么这个教育上的权威主义原则以及它在学校教育实施上所产生的影响是永远不能有效地根除的。因为从这个见解或学说出发，便认为教师的教育在于传授给他们某些所积累的固定不变的教材，使他们照样把这些教材传授给他们的学生。

——《〈教育资源的使用〉一书引言》（1952），

Dewey On Education，1959：133

且尤有言者，教科书为全国所采用，必不能照各区特殊情形而编著。故纵令如何完美，必不免失之划一。学科能按照地方社会之情形，则生徒所有材料，日与耳目相授，能养成其高尚之情操，使对于社会有同情。矧教科之分类原出于人为，而非自然生成不可更易者；故应用教材时，不必死守成法。……要之授社会情形、学生程度，因材施教、临机应变，始可谓活教育，否则仍属死教育耳。

——《平民教育之真谛》（1919），

《杜威在华教育讲演》，2016：216

第十一编　理论与实践

■ 理论与实践的相互作用

理论与实际结合不仅使理论具体化和易于理解，而且避免了手工劳动的单调和狭隘性。当一个学生圆满地解决了那样一个问题时，他就增添了知识和力量。他试验了自己所学到的知识，根据用这些知识在制造世界上有用的东西来了解它们意味着什么；他以一种发展他自己的独立思考能力的方法做了一件有益的事情。

——《明日之学校》（1915），

《学校与社会·明日之学校》，1994：373

理论和实践之间没有固定的对立。前者扩充了实践，解放了实践中的能量，并且赋予实践以重要性；而后者为理论提供材料，为理论提供保持其真诚和活力的检验和检查。但是，在把自己树立为实践家或理论家的人们之间，有着相当多的对立，一个因两者都把自己摆错位置而产生的不可化解的冲突。

——《个性和经验》（1925），

《杜威全集·晚期著作》第 2 卷，2015：45–46

我们最大的需要是把我们的理论交给实践检验，交给实验证实，而且同时使我们的实践变得具有科学性——使它成为我们所能达到的最合理的那些观念的体现。

——《德育中的混乱》（1893），

《杜威全集·早期著作》第 4 卷，2010：105

通过实际控制所获得的安全远较理论上的确定性更为珍贵。但是，这并不意味着，行动好于知识和高于知识，而实践内在地优于思维。知识与实践之间经常有效地相互作用，与推崇活动本身是完全不同的。当行动受知识的指导时，它是一种方法和手段，而不是一个目的。

——《确定性的寻求：关于知行关系的研究》（1929），

《杜威全集·晚期著作》第 4 卷，2015：23-24

实地调查者和研究者之间必须有一种必要的交流。没有这种交流，研究者便无法判断自己要去解决的问题的真正范围。他不会充分了解这个特定问题在学校里产生的环境，无法控制自己的研究；他无法判断自己所掌握的其他学科的资源是否能帮助自己有效地解决问题；他也不会充分了解自己最终选择的解决办法是用于什么样的具体情况，也就不知道这种方法是真的解决了问题，还是只是他自己人为地提出来的武断办法。

——《教育科学的源泉》（1929），

《杜威全集·晚期著作》第 5 卷，2015：17

人们不可能脱离事实的基础来进行思考、理解和规划。由于事实不会由朴素的观点展露出来，因此人们不能不去发现事实。但从大部分情况来看，如今人们小心寻觅、精心整理的资料，其所涉及的毕竟还不是社会的事实。

——《社会科学和社会控制》（1931），

《杜威全集·晚期著作》第 6 卷，2015：54-55

脱离了具体行动和造作的理论是空洞无物的；而脱离了理论的实践，也只是直接抓住了当时条件所给予的机会和乐趣，而没有理论（知识和观念）所能提供的指导。理论与实践的关系不只是一个理论问题；它是一个理论问题，但也是人生中最实际的问题。

——《确定性的寻求：关于知行关系的研究》（1929），

《杜威全集·晚期著作》第 4 卷，2015：180

对学科的更新重组要考虑到自然和人的广阔世界、知识的广阔世界、社会旨趣和应用的广阔世界，即这些学科框架之外的东西，使之不至于因陈年积习和执迷难返而变得徒劳无功，从而能唤起某种持久的兴趣和好奇心。理论的学科要更多地联系生活的见识，使之变得更具实践性；实践的学科要具备更多的理论，充满理智的洞察。只有这样，这两类学科才不至于成为徒具形式统一的东西，而能产生生动的联系。

——《摆脱教育困惑的出路》（1931），

《杜威全集·晚期著作》第 6 卷，2015：74

在科学中增进知识的问题，就是去做什么的问题，就是进行什么实验、发明和利用什么仪器、从事何种运算、利用和精通数学那些方面的内容等问题。同样，实践的唯一问题，就是我们需要认知什么的问题，我们将如何获得和运用这种知识。

——《确定性的寻求：关于知行关系的研究》（1929），

《杜威全集·晚期著作》第 4 卷，2015：24

理性是奠定真理的基础所必需的，因为没有理性就不能把观察（或一般的经验）构成一种科学。但是，理性是领悟道德行动的最后不变的目的与法则所尤为必需的。……理性在决定善和享受善的过程中所发挥的功能，不再是自然界的极点。理性具有了一种独特不同的功能。

——《确定性的寻求：关于知行关系的研究》（1929），

《杜威全集·晚期著作》第 4 卷，2015：34–35

理论和实际、思想和实行两相分离，这是从前的人所深信的。……我们如果能够把理论实际两相分离和身心两不相关的学说完全打破，那就当对于无论何事总得想个法子，使它得有具体的表现的机会。如此一来，于理智方面的训练必定大有利益；创造精神还有不蓬蓬勃勃地开发的吗？

——《造就发动的性质的教育》（1920），

《杜威在华教育讲演》，2016：184–185

　　每当我们实际地认知时，我们便有了知识；换言之，每当我们的探究所导致的结论解决了促使我们进行探究的问题时，我们便有了知识。这个明白的道理是整个问题的终点——不过有一个条件，那就是，我们必须按照实验的方法所提出的模式来构建我们的认识论。

——《确定性的寻求：关于知行关系的研究》（1929），

《杜威全集·晚期著作》第 4 卷，2015：127

　　人们认为，人是负责任的，因为他会学习；他不仅会从理论上、学术上学习，而且能够以这样的方式学习，即修正并且——在一定程度——重塑他以前的自我。……每一个行为都会通过习惯形成自我，每种自我都会作出某种行为。这一事实在理论和实践上就是责任的基础。我们不能取消过去，但我们可以影响未来。

——《伦理学》（1932），

《杜威全集·晚期著作》第 7 卷，2015：238

　　在科学方法方面，对理智的依赖和实验的态度是我们得到的典型范例；在内容方面，我们获得了一种宇宙观，它不仅与传统崇敬的超自然主义不相容，而且鼓励人成为他自己命运的主宰；在科学的实践运用方面，我们看到人对自然力量控制能力的增加如何改变了人类关系的范围和性质。

——《积极的、有弹性的个性》（1937），

《杜威全集·晚期著作》第 11 卷，2015：433–434

一种教育理论和实践，只是消极地反对曾在教育中流行的东西，而不是以经验的理论及其教育潜在能力为基础，去积极地建设性地发展目标、方法和教材，这将意味着什么？一种标榜以自由观念为基础的教育哲学也可能变成它曾反对的传统教育那样的武断，这种说法并不过分。任何理论和实践，如不以批判性地检验自身的根本原则为基础，那就是武断的。

——《经验与教育》（1938），

《我们怎样思维·经验与教育》1991：252

科学的精神在乎方法，精神和方法与结果不同；科学的结果，有理论的和实际的两种。……科学的精神和方法是个原因。科学的理论和实际是个结果。结果固属重要，但是比结果还要重要的，就是科学的精神和方法。

——《试验主义》（1920），

《杜威在华教育讲演》，2016：189

就"艺术"和"科学"这两个名词的真实意义而言，在一般艺术和"科学"之间，在背景上还隐藏着区别。文艺较之工艺包括更多的知识和理论上的研究，更多地运用"心思"。但是，从文艺的最后意义来讲，文艺仍然是与艺术、与行动联系着的，不过其实践方式比较受人尊重一些。

——《确定性的寻求：关于知行关系的研究》（1929），

《杜威全集·晚期著作》第4卷，2015：49

无论在什么地方，只要人们将求生存的过程同生命的进程孤立开来，就会造成一种社会环境，导致实践被降格到一个相对较低的位置。

——《非现代哲学与现代哲学》，

《杜威全集·补遗卷》，2017：245

如果如何学习和学习什么之间、心理层面和社会层面之间、方法和主题之间必须互动合作以获得良好结果，那么把它们强硬地区分开来，便有很大的风险。……社会层面和心理层面是紧密相联的。

——《教育科学的源泉》，

《杜威全集·晚期著作》第5卷，2015：23-24

一个致力于教育理论的期刊，当然会增加现在出版领域的价值。很自然的，我非常喜欢就教育问题的讨论，用尽可能广泛的、智慧的和可能的努力促进这一讨论，并引导这一讨论沿着正确的方向前进。……所有这一切，都取决于编辑部实际选择发表的文章。

——《致阿奇博尔顿·安德森》(*John Dewey to Archibald W.Anderson*，

28 February，1950）

■ 实验探究的意义

实验的目的，不是在于发明一种方法，使教师能在同样的时间内教儿童更多的东西，或者甚至使儿童更愉快地为大学的课程作准备。相反，实验的目的，更确切地是要给儿童一种教育，这种教育能使他展现自己的各种能力，并且如何在他所处的世界中从物质的和社会的两方面练习这些能力，使他成为一个更好、更幸福、更有用的人。

——《明日之学校》(1915)，

《学校与社会·明日之学校》，1994：252

实验的程序表明，要排除疑难不定的情况，就必须实际上改变外在的情境。通过思想指导之下的操作，使情境从有问题的状态转变到确定的状态，从内部不连续的情况转变到首尾一贯和有组织的情况。

——《确定性的寻求：关于知行关系的研究》（1929），

《杜威全集·晚期著作》第 4 卷，2015：149

实验方法作为获取知识和确保它是知识而不只是意见的方法，既是发现又是证明的方法。这种［实验］方法的发展乃是造成知识论的改造的最后一个巨大力量。

——《民主主义与教育》（1916），1990：353

从事思想工作的专家就是有本领善于从事实验，把旧的意义介绍到各种不同的情境中去；而且有一种敏感的耳朵，可以发现结果所将形成的和谐的与不和谐的声音。

——《经验与自然》（1925），

《杜威全集·晚期著作》第 1 卷，2015：129

经验包含一个主动的因素和一个被动的因素，这两个因素以特有的形式结合着。只有注意到这一点，才能了解经验的性质。在主动的方面，经验就是尝试——这个意义，用"实验"这个术语来表达就清楚了。在被动的方面，经验就是承受结果。

——《民主主义与教育》（1916），1990：148

关于实验科学可以令人能审慎控制环境一事已经讲过几次了，现在无须重述了。但这个控制对经验的传统概念的冲突常常被人忽视，所以我们必须指出当经验不再是经验的而转为实验的时候，就要发生了非常重大的变化。

——《哲学的改造》（1920），1958：55–56

作为科学家，作为习惯反思的人，如果不被自满冲昏头脑的话，那他就必须牢记：实践的应用——也就是试验——是他的一个职业条件，建构知识或者真理离不开实践的应用。于是，为了使自己能够与科学家的职业相称，他必须广泛应用自己的研究成果。

——《实践判断的逻辑》（1915），

《杜威全集·中期著作》第 8 卷，2012：63-64

这种实验研究表现出三个突出的特征。第一个特征是一个明显的特征，即一切实验都包括有外表的行动，明确地改变环境或改变我们与环境的关系。第二个特征，实验并不是一种杂乱无章的活动，而是在观念指导之下的活动，而这种观念要符合引起积极的探究活动的问题所需要的条件。第三个特征是最后一个特征，它使前两个特征具有完全的意义。这个特征就是在指导下的活动所得到的结果，构成了一个新的经验情境，而这些情境中对象之间彼此产生了不同的关系，并且在指导下从事活动的后果形成了具有被认知的特性的对象。

——《确定性的寻求：关于知行关系的研究》（1929），

《杜威全集·晚期著作》第 4 卷，2015：56

实验室方法的真正价值就体现在这里。这并不是说一个人可以重新发现那些世界上伟大天才们多年耕耘后才寻求到的真理，而是说通过实验，实际地经历那些真理被发现的系列过程，可以为表达提供一种自然的输出口。只有这样，才能使一个人形成自己的想法。

——《在杨伯翰学院作的教育学讲座》（1901），

《杜威全集·晚期著作》第 17 卷，2015：193

从希腊到近代，科学认识方法的变革受到了近代实验的影响。实验——近代科学认识必不可少的工具——是进行系列观察的艺术，在这种艺术中，人们有意识地去改变和控制自然条件，从而去发现和揭示在一般情况下不会被注意的自然的对象。这是确定要研究的问题，以及检验与事物状态有关的任何普遍原理或理论的必要条件。

——《经验与自然》再版导言（1948），

《杜威全集·晚期著作》第 1 卷，2015：288

因为科学探究总是从我们日常生活中所经验的环境中的事物出发的，总是从我们所看见的、所接触的、所享受的和所忍受的事物出发的，所以，这是一个通常定性的世界。但是，实验探究并不认为这个世界的性质和价值（目的和形式）为知识提供了对象，使它们从属于一定的逻辑安排；反之，它认为它们为我们的思考提出了挑战。

——《确定性的寻求：关于知行关系的研究》（1929），

《杜威全集·晚期著作》第 4 卷，2015：66

一般地讲，在社会事务中，在所谓具有永久的和最后的价值的事业中，主动地采用实验方法的观念，在大多数人看来，就是要废弃一切标准和具有调节作用的权威。但是，从原则上讲，实验方法并不意味着杂乱无章的盲动，而意味着用观念和知识去指导行动。这个争论的问题是一个实际的问题。

——《确定性的寻求：关于知行关系的研究》（1929），

《杜威全集·晚期著作》第 4 卷，2015：175

试验的方法对于教育的关系……试验方法并不是用了去教这个教那个。有了试验方法所生的教训，就使学校都应该充满试验的空气。从前的武断态度只是定了章程，永远遵守；或怀疑态度，完全没有计划，过了今日不知明日怎么样，都各有弊病。我们应该先有一个计划，步步以试验的结果来更变。

——《关于教育哲学的讲演》（1920），

《杜威在华教育讲演》，2016：41

科学态度是实验性的，在本质上是沟通性的。如果科学态度被普遍采用，那它将会让我们从教条与外在标准强加在我们身上的重压中解脱出来。……实验研究就是要不断地进行修改。通过对知识和思想进行修改，我们便被赋予了改革的力量。这种态度一旦出现在个体思维中，就会找到运用的机会。

——《旧个人主义与新个人主义》（1930），

《杜威全集·晚期著作》第 5 卷，2015：89

教育本身就是一个发现的过程，它能发现什么价值是有用的，是需要作为目标加以追求的。判断价值的唯一方法就是去观察过程，观察这个过程的结果，观察它们在发展过程中进一步产生的结果，并将观察无限地进行下去。在外在资源中寻找教育目标，就是没有意识到教育是一个不断进行的过程。

——《教育科学的源泉》，

《杜威全集·晚期著作》第 5 卷，2015：28

要是自然科学的探究者只是罗列一大堆观察到的现象，那么自然科学就不会进步。当他们依据各种观念假设，有意识地根据观察到的各种现象进行实验，改变它们并揭露新的现象，自然科学才会取得进展。这是自我纠正和自我发展的过程。

——《社会科学和社会控制》（1931），

《杜威全集·晚期著作》第 6 卷，2015：55

■ 教育实践是十分复杂的

学校管理和教学活动要复杂得多，远远不止他在科学结论里提到的一种因素。只有一种因素与其他众多因素加以权衡，才能决定该因素对教育实践的意义。……因为教育实践是十分复杂的，也就是说，除了科学结论中涉及的条件和因素外，所有教育实践活动都还包括许多其他的条件和因素。

——《教育科学的源泉》（1929），

《杜威全集·晚期著作》第 5 卷，2015：7

一切社会运动都包含着种种冲突，而种种论争便是这些冲突在理论上的反映。教育是一种重要的社会福利事业，如果在教育领域内不存在理论的和实际的种种斗争，那就不是正常的现象了。

——《经验与教育》（1938），"前言"，

《我们怎样思维·经验与教育》，1991：246

这里有个例子，其中传统既起不到促进作用，也起不到解放作用，而是产生了限制和束缚。如果他有学生，那他就是"主人"而非熟练的同事；他的学生是追随者，而不是学习者。传统不再是传统，变成了一成不变的和绝对的规矩，简言之，实际的困难不在于在过去的经验中形成的方法、规则和结果，与个人的欲望、能力和自由的对立。相反，困难在于教师的苛刻、狭隘，以及可以说，未开化的习惯和态度。他把自己作为权威，作为以色列的统治者和审判官。

——《个性和经验》（1925），

《杜威全集·晚期著作》第 2 卷，2015：45

当我们将学校教育和家庭教育的教育过程与教育结果视为教育科学的源泉时，我们要回答的第一个问题就是：这些教育过程与教育结果有什么样的地位和作用呢？答案是：（1）教育实践为教育科学提供材料、主题，这些材料、主题构成了研究问题。教育实践是为研究提供最终问题的唯一来源。（2）教育实践还是所有研究结论的价值的最终检验者。……实际的教育活动是科学研究

结果的价值检验者。

——《教育科学的源泉》（1929），

《杜威全集·晚期著作》第 5 卷，2015：13

我个人以为，如果有人对这一理论与实践相结合的育人模式抱有积极的态度，并且乐于其成的话，那这一原则完全适用于社会科学与社会实践相结合的广泛领域。

——《教育的原则》（1914），

《杜威全集·晚期著作》第 17 卷，2015：61

要对我们在早期创业条件下的通过这类方式得到的大量名副其实的教育和养成的良好习惯作一个高度评价，并不是一件容易的事情。其时，由于人们与实际材料和富有意义的社会行业保持真正的接触，因此那里存在着一种真正的教育。

——《教育：修道院、交易柜台还是实验室》（1932），

《杜威全集·晚期著作》第 6 卷，2015：85

在许多领域，基础性的理论与原则问题若要真正得到解答，就必须在实际运用中加以检验。因此，我们建立了实训室。在我们看来，实训室的意义不仅在于培养学生进行实际研究的能力，而且更在于帮助他们深入理解自己所从事的研究工作，这不是一个可以孤立存在的问题，它在各种形式的教育实践中随处可见。

——《教育的原则》（1914），

《杜威全集·晚期著作》第 17 卷，2015：59

大凡世界上教育最大的仇敌，就是读书与工作分途。这样的人所主张的，

是只用读书，可以使脑力进步，专偏于脑的教育，不注重手的教育。并且看做工的人很轻，于是有好多人，以为手的教育是不能帮助脑的发达，所以都不肯工作。

——《读书与工作结合》（1921），

《杜威在华教育讲演》，2016：250

教习的职务并不像茶壶似的，只负灌注的责任，又不像书籍一样，只是给人储藏书籍的东西，是要做一个指导者去启发学生的推理力、判断力。现在的学生在学校的时候往往学问很好，但是出校以后，便一无所知。是什么缘故呢？因为在校只听教师的讲演，养成一种依赖的习惯，并没有自动的能力。及至和社会接近，所学的一切都不适用了。以上的提议，主要之点，就是教育应该建设在实际的根基上。

——《学校的行政和组织与社会之关系》（1921），

《杜威在华教育讲演》，2016：164

诸君不要疑惑，工业在人的精神上影响也很大的；有工业的发展，然后能解放人的精神，去研究精神上的学问。诸君也不要疑惑，工业的发达全靠科学的应用，所以，在工业学校里所有的物理、算学、化学等，更是重要；但是，不把它应用到工业上头去，也是没有用的。

——《工艺与文化的关系》（1920），

《杜威在华教育讲演》，2016：244

因为教育是使人们普遍从事智慧行动的最重要的手段，所以，它是有条理地改造社会的关键。但是，在教育过程中所采取的主要方法，仍然是传授既定的结论而不是发展智慧。……因此，只要知识与实践继续这样分离着，这种目标分裂和精力分散的情况（而教育是一个典型事例）就会持续下去。

——《确定性的寻求：关于知行关系的研究》（1929），

《杜威全集·晚期著作》第 4 卷，2015：162

　　今天的教育理论和实践却要把所有的东西放到教育柜台上摊开来，让每个具有不同口味的人都能找到某种可以学习的东西、某种进修课程，所以，是那个买东西的人、那个未成年人而非提供教育的人在为教育定调、在决定教育应当具备何种形式。于是，他们说，学习如今成了一家商店，店主盼望展示他的所有货色。……教育在迎合这类需求中变得讲究功利、"实际"，而不是注重文化。

——《教育：修道院、交易柜台还是实验室》（1932），

《杜威全集·晚期著作》第 6 卷，2015：88

　　我们所说的交易柜台式教育，哪怕它是最低级的交易柜台式教育，也去除了这一划界，去除了职业和文化之间存在的整座隔墙，换言之，去除了理论的东西和实践的东西的彻底脱节，以及行动和做事与知识和理解之间完全分离的情况。交易柜台式教育至少为另一种类型的教育铺平了道路，我把后者称为"实验室"的教育，这一称谓在某种程度上带有隐喻性质。"实验室"这一词意味着行动、工作和劳动。

——《教育：修道院、交易柜台还是实验室》（1932），

《杜威全集·晚期著作》第 6 卷，2015：89

　　学校只是社会互动的一个例子，这种社会互动将实践与理性区分开来，并明显地将前者的本质降低，让它的价值受到高度的蔑视。……我们举学校的例子并不是想说学校的教学和科目是造成这种分裂的主要原因。相反，学校的教学和科目只是让学生形成了一种态度，让他们维持这种分裂，而分裂

本身则来自整合于体制中的行为习俗和信念习俗。

——《非现代哲学与现代哲学》，

《杜威全集·补遗卷》，2017：223

■ 实验学校的价值

　　实验学校就像它名字所暗指的一样，是特意为了对教育心理学和教育社会学的相关问题进行科学调查和研究而设立的，其目的在于促进管理学校工作的科学概念和方法之运用。……将科学界盛行的调查研究方法，通过任何有效的途径使之与实际的学校问题相联系的观念，确实是一种非常新颖的想法。的确，这种新颖性可以由以下这个事实来证明，那就是实验学校。

——《教育学院的意义》（1904），

《杜威全集·中期著作》第3卷，2012：205

　　如果我们的实践教育能够得到来自学校教育的积极配合，那么不仅可以为实际工作提供行之有效的方法，而且在理论上可以有所建树。因此，努力发现能够提供这一理论与实践相结合的教育模式的学校，努力发现致力于将理论与实践结合起来从而有所创造的教育工作者是极为必要的。

——《教育的原则》（1914），

《杜威全集·晚期著作》第17卷，2015：61

　　在我的脑海里，有一所一直在成长的学校，某些事实的和文字的建设性活动应该是学校整个事情的中心和资源。……学校是一种抽象的、受到控制的社会生活形式，是直接的实验性的。如果哲学要成为实验科学，那么它就是学校建设的出发点。

——《致艾丽丝·杜威》（*John Dewey to Alice Chipman Dewey*,
1 November，1894）

　　我们学校［芝加哥大学初等学校］是实验室。它是教育学工作的实验室，
与教育工作的关系，就像实验室与生物学、物理学和化学研究之间的关系一
样。像任何一个实验室一样，它有两个主要目的：（1）提出、检测、证明和批
判理论的表述和原则；（2）以它特有的体系丰富事实和原理。

——《大学的附属学校》（1896），
《杜威全集·早期著作》第5卷，2010：345

　　［芝加哥大学初等学校］这所小学的目的是关注理论研究与实践需要的紧
密联系，使之成为一所检验和开发教育方法的实验基地。教育方法在具体研究
实验后，积极地、稳妥地向其他学校推广。

——《一次教育学的实验》（1896），
《杜威全集·早期著作》第5卷，2010：187

　　大学的附属学校实践里的"实践"是一个拓展了意义的词汇。它主要指
一项教育原则受到检验和证明，而不是针对学生个体。严格意义上说，这所学
校是一个实验室。

——《作为一门大学学科的教育学》（1898），
《杜威全集·早期著作》第5卷，2010：221

　　相当明显的是，对于这样一所实验学校而言，停滞不前就意味着后退。
它必须尽可能迅速地发展……很有必要在教育从业人员面前尽量发挥我们的作

用，影响感兴趣的父母，也为教育学系的学生提供全方位的培训。

　　　　　　　　　　　　　——《实验学校的需要》（1896），

　　　　　　　《杜威全集·早期著作》第 5 卷，2010：344

　　任何一所实验学校可以对教育作出的最大贡献正是实验观念本身，也就是作为解决社会问题之灵魂的关于实验方法的理想。……已经有许多实验学校了，并且有更多大体上不算试验性的学校也在这样或那样的论题或方法上进行实验。……沙土被搅动了，种子加速生长了。已经完成的实验工作，使得寻找自身能够采取实验态度的教师（这是最难实现的一个条件）成为可能。

　　　　　　　　　　　　　——《教育中的实验》（1917），

　　　　　　　《杜威全集·中期著作》第 10 卷，2012：98

　　我渴望实验学校寻找优秀教师。如果有可能的话，这些教师需要具备三方面素质：一是受过良好科学教育的人，以便能够对小学各年级的科学材料面临的问题作出判断；二是有与儿童们一起生活的经验，至少要展示出与儿童们保持自然的、轻松的和共情的关系；三是具有一些实践和执行能力。可能我还想加上第四点，那就是对于总体规划相关的特殊技术要求，体现出广泛的、足够的心理能力和组织实践能力，特别是在技术哲学方面接受过相关培训。

　　　　　　——《致弗兰克·曼尼》（*John Dewey to Frank A. Manny*，

　　　　　　　　　　　　　　　　　　　16 March，1896）

第十二编　知与行

■ 儿童生来就有做事的愿望

儿童生来就有一种要给予、要做事、要服务的自然愿望，当这种倾向未被利用时，当情况是如此被别的动机取而代之之时，那种反对社会精神的反应就会比我们想象的大得多——特别是在课业负担一周又一周、一年又一年落到这方面时。

——《构成教育基础的伦理原则》（1897），

《杜威全集·早期著作》第 5 卷，2010：49

在第一阶段，学生的知识表现为聪明才力，就是做事的能力。……人们最初的认识，最根深蒂固地保持的知识，就是关于怎样做的知识，例如，怎样走路、怎样谈话、怎样读书、怎样写字、怎样溜冰、怎样骑自行车、怎样操纵机器、怎样运算、怎样赶马、怎样售货、怎样待人，等等，不可胜数。

——《民主主义与教育》（1916），1990：196

有生命的地方就有行为、有活动。为要维持生命，活动就要连续，与其环境相适应。而且，这个适应的调节不是全然被动的，不单是有机体受着环境的塑造。……在生物当中是没有只顺从环境的，就是寄生物也不过是接近这个境界而已。要维持生命就要改变环境中若干因素。生活的形式愈高，对环境的主动改造就愈重要。

——《哲学的改造》（1920），1958：49-50

一切教育活动的首要根基在于儿童本能的、冲动的态度和活动，而不在于外部材料的呈现和应用，不管这些外部材料是来自别人的观念还是来自感官；因此，儿童无数的自发活动、游戏、竞赛、模仿的努力，甚至婴儿的显然没有意义的动作……都可能具有教育上的用途，更确切地说，都是教育方法的基石。

——《学校与社会》（1899），

《学校与社会·明日之学校》，1994：86

这一时期也是运动肌形成有效的、守秩序的习惯的萌芽时期：当儿童希望做事情之时，当他做的兴趣能转化为有教育意义的解释之时，就是儿童发展的卓越时期。

——《初等教育的迷信》（1898），

《杜威全集·早期著作》第 5 卷，2010：205

从婴儿到整个一生，每个正常人的抚育、培养和学校教育，都是由学习在行动与享受的环境中做什么及如何去做组成的。与科学认知比较，常识，即日常认知的独特性，在于它是具体的。

——《经验与自然》再版导言（1948），

《杜威全集·晚期著作》第 1 卷，2015：289

身体的器官——特别是双手——可以看作是一种工具，它的用途需要通过尝试和思考去学习。工具可以看作是身体器官的延伸。但是后者不断增加的用途为发展开辟了一个新方向，这种发展是如此重要，值得对它加以特殊认识。

——《教育中的兴趣与努力》（1913），

《学校与社会·明日之学校》，1994：203-204

经验变成首先是做（doing）的事情。有机体决不徒然站着，一事不做……等着什么事情发生。……［有机体］按照自己的机体构造的繁简向着环境动作。结果，环境所产生的变化又反应到这个有机体和它的活动上去。这个生物经历和感受它自己的行动的结果。这个动作和感受（或经历）的密切关系就形成了我们所谓的经验。不相关联的动作和不相关联的感受都不成为经验。

——《哲学的改造》（1920），1958：50-51

三种典型的活动，烹饪、木工和缝纫（广义上的）在心理上为制作活动提供了充分的时机，在社会上代表了人类的基础性活动。

——《大学附属小学的组织计划》（1895），

《杜威全集·早期著作》第 5 卷，2010：175

当儿童连续不断地从事一种不受压抑的活动时——当他们忙碌时，他们几乎总是幸福的、高兴的，成人也是一样。……不论是成人还是儿童，人们都对他们能做成功的事、对于他们满怀信心地进行的事和对于他们怀着取得成就的意识所从事的活动感兴趣。

——《教育中的兴趣与努力》（1913），

《学校与社会·明日之学校》，1994：185

我们还必须说的是：个人加入某一事业的动力或需要，是传统作为他在能力和自由上的个人成长的前提条件；他还必须为了自己，以自己的方式观察采取的手段和方法与实现的结果之间的关系。没有任何其他的人能够替代他的观察，而且他不能仅仅通过被"教导"去观察，虽然正确的教导会引导他的观察并帮助他看到他需要什么。

——《个性和经验》（1925），

《杜威全集·晚期著作》第 2 卷，2015：44-45

事实上，所有艺术中都包含着运动。运动显然几乎是舞蹈的实质。很明显，没有运动，就不可能产生任何艺术——雕塑、诗歌，即便是诗人也要做事。那些在舞台上表演的艺术家都是处于活动中的。心理学家已经证实，当我们观察和看到事物时，是通过整个身体活动的视觉运动神经，用眼睛在被动地接受。如果没有肌肉运动的反射，即便是在观察中，我们也不会有审美观察。我们甚至不会产生对我们来说意味着什么的感觉。

——《艺术哲学》（1938），

《杜威全集·晚期著作》第 13 卷，2015：307

对于来自外部的机械控制的代价高昂的、令人费神的和不充分的结果的厌恶，产生了对于自发性和"来自内部的发展"的热情，正如经常说的那样。结果发现，孩子们在工作的一开始非常兴奋……都会见证洋溢着整个教室的快乐、健康的氛围——但渐渐地，倾向变得无精打采和厌倦，其结果在能力和实际成就上并没有累积性的、渐进的发展。

——《个性和经验》（1926），

《杜威全集·晚期著作》第 2 卷，2015：43

■ 做中学比听中学好

抽象的观念是难以理解的，儿童从不完全知道他到底是懂还是不懂。让他把这种［抽象］观念表演出来，这种观念对他就成为真实的；或者没有明白，就在动作中流露出来。行动是理解的检验。换一种简单的说法，即从做中学要比从听中学更是一种较好的方法。

——《明日之学校》（1915），

《学校与社会·明日之学校》，1994：286

学校教材与学生的需要和目的脱离，仅仅变成供学生记忆和背诵的东西。恰恰相反，如果承认教材的自然的发展进程，那就总是从包含做中学的那些情境开始。

——《民主主义与教育》（1916），1990：197

"从做中学"是一句口号。这句口号几乎可以用来作为对许多教师正在试图实施这种调节的方式的一个一般的描述。一个儿童要学习的最难的课程就是实践课，假如他学不好这门课程，再多的书本知识也补偿不了。

——《明日之学校》（1915），

《学校与社会·明日之学校》，1994：259-260

"活动"虽然不能保证总是充分适合于教学组织或知识内容，但它是一个指导原则。"设计教学法"几乎被除官方学校外的所有学校作为课程的基本方法，因此变化肯定是有的。实践还没有达到理想的程度，这种方法并不是在所有地方都实施得很好。

——《墨西哥的教育复兴》（1926），

《杜威全集·晚期著作》第2卷，2015：167

对于一个儿童，每个感觉都吸引着他，每个感觉都是一种刺激、一个信号，在召唤他的回应，即通过身体某些部位的运动作出反应。我们通过大量使用手、眼和耳来获取观念。这是一种自然的学习模式。

——《在杨百翰学院作的教育学讲座》（1901），

《杜威全集·晚期著作》第17卷，2015：190

感觉训练将不可避免地产生于对这些各式各样活动的参与。玩弹子和球类的男孩，给洋娃娃着装和卸装并给她做衣服的女孩，都获得了感觉的训练。……泥塑模型，园艺，木材和金属的商店经营，烹饪，编织，等等——这些都是培养观察能力和对感觉的精确解释的常规方法。

——《实用主义对教育的影响》（1908），

《杜威全集·中期著作》第 4 卷，2012：148

我们可以获得更好的结果，只要把更多重心放在培养儿童做事的方法上面，把这当作首要的事情。我以为，假如某个地震毁掉了世界上全部的科学书籍，却留下了拥有探究方法的科学家，就不会是无可挽回的灾难。人可以运用这些方法。

——《在杨伯翰学院作的教育学讲座》（1901），

《杜威全集·晚期著作》第 17 卷，2015：250

以学校的社会性质作为一定的道德教育的基本因素这一原理，也可以应用在教学方法问题上——不是在它们的细节上，而是在一般精神上。于是，着重点是放在建造和发表上，而不是放在吸收和单纯的学习上。

——《教育中的道德原理》（1909），

《学校与社会·明日之学校》，1994：149

要抓住儿童的自然冲动和本能，利用它们使儿童的理解力和判断力提到更高的水平，使之养成更有效率的习惯；使他的自觉性得以扩大和加强，对行动能力的控制得以增长。如果不能达成这种结果，那游戏就会成为单纯的娱乐，而不能导致有教育意义的生长。

——《学校与社会》（1899），

《学校与社会·明日之学校》，1994：93

行动并不意味着思想的实现（儿童的意识），它们只是儿童自发的感情流露和宣泄。儿童的想法并不是可以实现的什么东西，也不是投射将来作为结果的东西。对他们来说，这些行为就是他们生活的意义和价值，这种意义和价值存在于他们所做的任何事情。

——《第五组和第六组的总介绍》（1900），

《杜威全集·中期著作》第 1 卷，2012：159

一个行动过程的日益增长的生长所带来的情绪上的伴随物，开展和成就的继续不断的迅速发展，这就是幸福——精神的满足或宁静，如果强调一下，它就叫乐趣、快乐。

——《教育中的兴趣与努力》（1913），

《学校与社会·明日之学校》，1994：185

情感是活动的伴随物。自我在心灵的每一种活动中发现了它自己的特性。在每一种活动中，自我发现它自己要么受到阻碍，要么得到促进，要么受到抑制，要么得以发展。因此，在每一种活动中都会存在愉悦或者痛苦。

——《心理学》（1886），

《杜威全集·早期著作》第 2 卷，2010：188-189

指望一个幼小儿童从事的活动像年龄较大的儿童所从事的活动那样复杂，或者指望年龄较大的儿童所从事的活动像成人所从事的活动那样复杂，这是可笑的。但是，经过一段时间后，活动的扩充是必要的。

——《教育中的兴趣与努力》（1913），

《学校与社会·明日之学校》，1994：189

在其主要的和并不复杂的使用中，感觉—知觉指称通过眼睛、耳朵、手、鼻子等身体器官来观察和识别对象。作为一个术语，它就像用钢笔写字、用刷子绘画、用榔头拍打、用钢铁雕刻那样。

——《自然主义的感觉—知觉理论》（1925），

《杜威全集·晚期著作》第 2 卷，2015：34

当儿童真正在学习看、听和走路时，他是在解决一个个问题。他必须调查、实验、纠正错误，重新开始，从而正确地做事。这些问题实际上比我们想得要复杂，在处理这些我们看来没有太多智力难度的问题的过程中，儿童开始接受最初的心智训练，因为他必须运用记忆和判断来学会看、听、行和说。在某种意义上，他也开始学习道德，因为他学会了控制。

——《在杨伯翰学院作的教育学讲座》（1901），

《杜威全集·晚期著作》第 17 卷，2015：221

行动是解决问题情境的手段，这完全是科学方法的结果。这个结论并没有任何怪诞之处。交互作用是自然存在的普遍特征。"行动"一词是用来说明一种交互作用的方式的名称，这是从有机体的立场出发而命名的。当交互作用能够使生命过程所遵循的未来条件确定下来时，这种交互作用便是一个"动作"。

——《确定性的寻求：关于知行关系的研究》（1929），

《杜威全集·晚期著作》第 4 卷，2015：157

智慧的行动就是有目的的行动。如果这种有目的的行动是在自然界中发生的，是在有机体和社会的交互作用的复杂但可详述的条件之下发生的，那么目的和智慧一样，也是属于自然之内的事情，它是一个具有客观地位和客观有效性的"范畴"。

——《确定性的寻求：关于知行关系的研究》（1929），

《杜威全集·晚期著作》第 4 卷，2015：158

经验表明，当儿童有机会从事各种调动他们的自然冲动的身体活动时，上学便是一种具有乐趣的事情。儿童的管理不再是一种负担，而儿童的学习也比较容易了。

——《民主主义与教育》（1916），1990：207

每个人都会犯错。儿童会比别人多犯错，因为他们是孩子。儿童没有选择的余地和选择的自由，基于自己选择的行动试验只有一个成人才能经历，这是不言自明的。然而，你又不能把他置于试验情境来训练他的判断力或执行力。因此，他必须有做的机会，即使他会做错，即使最后的结果只是让他发现错与对的区别，那也是值得的。

——《在杨百翰学院作的教育学讲座》（1901），
《杜威全集·晚期著作》第 17 卷，2015：285

要是有意识地去做、去创造，我们就会知道，要是只"知"不做，我们所谓的知识就是一堆大杂烩，至多也不过是一种古玩收藏，它并不关系到未来的规划。知识本身是从某种技术中结出的果实，它又会孕育更多的技术。

——《社会科学和社会控制》（1931），
《杜威全集·晚期著作》第 6 卷，2015：56

■ 做中学并不取代教科书学习

从做中学并不是指用手工来代替课本的学习。与此同时，要允许儿童一有机会就做些手工，这对抓住儿童的注意力和兴趣有很大的帮助。

——《明日之学校》（1915），
《学校与社会·明日之学校》，1994：261

学习——作为一种对学习的渴望，以及对如何学习的学习——当然包括对书本的学习。但学习使用望远镜和显微镜的人们，并不是学习看着它们，而是通过它们来看，以便更好地看到其他东西；而他们学着去看到的东西，是存在并活动于他们身边的这个世界中的东西。

——《在两个世界之间》（1944），

《杜威全集·晚期著作》第 17 卷，2015：384

作为一个观察者，儿童光看和听是远远不够的，当他复制所看和听的客体时，他就掌握了它们，而这对他来说就是创造。除此之外，我们不知道如何解释他的模仿本能。……如果他不戴帽子，他就不能明白帽子的含义；如果他不想打开或者关上抽屉，他也就不理解抽屉；如果他不想要钱夹，他也就无法理解钱夹，等等。

——《想象力与表达》（1896），

《杜威全集·早期著作》第 5 卷，2010：150

简括地说，教学方法是一种艺术的方法，是受目的明智地指导的行动的方法。……重要的是，要学习前人已取得巨大成就的运作和结果。……艺术家研究他自己的各种尝试的进展，注意什么尝试是成功的，什么尝试是失败的。

——《民主主义与教育》（1916），1990：181

初等教育虽然以养成活动的能力、技能、习惯为目的，但却不是说这个时期不应该求知识。知识也要求的，却不该从求知识下手。知识应该从养成活动的能力、技能和习惯中得来。……初等教育所以养成技能、习惯，养成的结果自然得到许多有用的知识……中学教育的时期……是一个人向青年过渡的时代，与初等教育略为不同一点。初等教育是养成有用的技能、习惯，中学教育则求知识较重。其两个最重要之点就是：（1）自然界是什么东西？（2）人事界是什么东西？

——《关于教育哲学的讲演》（1920），

《杜威在华教育讲演》，2016：48-49

常言道："从经验中学习"，就是在我们对事物有所作为和我们所享的快乐或所痛苦这一结果之间，建立前前后后的联结。在这种情况下，行动就变成尝试，变成一次寻找世界真相的实验；而承受的结果就变成教训——发现事物之间的联结。

——《民主主义与教育》（1916），1990：149

整个社会是否能够学着去利用那些有用的智力、可获得的洞察力和谋划力，以便靠着某种理智规划的基础，有步骤地去领会问题，把握它们的实质——该规划不要过于严格，其中的项目不是事先就明确计划好的，而只是表示对事情之将来发展的看法。这些事情大多需要当下就做起来，在做的过程中取得经验，其经验会对往下要做的事情和下一个处理步骤带来提示。

——《战后国内的社会重建》（1918），

《杜威全集·中期著作》第11卷，2012：69

假定有一所学校，在那里，学生们处在大量的材料、设备和各种工具的包围中。假定［教师］只是简单地问他们喜欢做什么，然后就告诉他们"就去做吧"，而教师既不动手，也不动脑。他们去做什么呢？有什么东西保证他们所做的事情不至于是一时的冲动和兴趣的表现稍纵即逝呢？

——《进步教育与教育科学》（1928），

《杜威教育论著选》1981：261

借助类如实验室那样运作的工场车间，也就是说，借助学习和发现的手段，学生们找到了激发他们的好奇心并使他们得以掌握事物方法的那种机会。实验室的教育也提供了接近并了解社会的手段。……我把这种教育称为"实验室的教育"。它始于活动，通过活动使学生与真实的事物产生实际接触，围绕和对象的这种接触展开思想训练，从中引出对知识的渴求。这种教育并不仅仅是为了把学生固置在往后职业生涯的狭窄框子里。

——《教育：修道院、交易柜台还是实验室》（1932），

《杜威全集·晚期著作》第 6 卷，2015：90

■ 使知与行相联系

诸位要注意，教育的原理就是学行合一，依着行去学，再用所学的去行，使这两样合而为一，以成为完全学行合一的教育。

——《教育之心理的要素》（1921），

《杜威在华教育讲演》，2016：200

能使脑和手相联络。换言之，即能使理想与实行一致。……盖即所谓知行合一者也。

——《自动与自治》（1921），

《杜威在华教育讲演》，2016：361

人好像一个科学实验者一样，并不是为行动而行动，而且既不是冒失地也不是机械地行动着，他是在对一个目的的意识中和为了学习的缘故而行动的。

——《经验与自然》（1925），

《杜威全集·晚期著作》第 1 卷，2015：202

一个怀有适宜"计划"的学生，他的思想很活跃，他的行动也很积极，他会去运用、去构思，他会用新的方式表达自己。他通过操作，对自己的知识进行检验。自然，他是用他学得的东西去做某件事的。依据这一特点，甚至不会出现实践和人文的知识的分离，因为没必要在这一过程中作出这种分离。

——《摆脱教育困惑的出路》（1931），

《杜威全集·晚期著作》第 6 卷，2015：73

我们需要一种新的教育学，它更强调在学校里通过具有教育意义的活动提供直接经验和观念逐渐进化的条件，因为观念在某种程度上是自然倾向在活动中投射，而正是这种投射判断了观念的价值、力量和兴趣。

——《与意志训练有关的兴趣》（1896），

《杜威全集·早期著作》第 5 卷，2010：105

当一个学生从做中学的时候，他精神上和肉体上都在体验某种被证明对人类有重要意义的经验；他所经历的心理过程，与最早做那些事情的人所经历的心理过程完全相同。由于他做了这些事情，他明白了结果的价值，也就是事实的价值。

——《明日之学校》（1915），

《学校与社会·明日之学校》，1994：381

从科学研究的实际程序判断起来，认知过程事实上已经完全放弃了这种划分知行界线的传统，实验的程序已经置于认知的核心地位。

——《确定性的寻求：关于知行关系的研究》（1929），

《杜威全集·晚期著作》第 4 卷，2015：23

知识必须有观察，而观察是深入于自然界所知对象之中的，于是知与行的种种区别便消逝了。因为我们明白了这一点，所以才有可能和必要来建立一种理论，把知与行紧密地联系起来。因此，如我们前面已经申述过的，这就是使我们养成一种习惯，即在自然中运用智慧。智慧是自然本身不断交互作用的一部分。无论如何，交互作用总是在进行着，并产生着变化。离开了智慧，这些变化就是不在指导之下的。

——《确定性的寻求：关于知行关系的研究》（1929），

《杜威全集·晚期著作》第 4 卷，2015：137-138

把学生业余时间的活动看作扩大和延展学校工作这种意义上的补充物，还是把它仅仅看作抵消学校工作的一种补充物，这两者之间存在着巨大的鸿沟。

——《学校与白宫会议》（1932），

《杜威全集·晚期著作》第 6 卷，2015：113

实际上，人们所以反对学校中的自由，其真正的理由似乎是出于对自由的一种误解。批评者们把身体的自由与道德及智力上的自由搞混淆了。因为学生们走来走去，或者坐在地板上，或者椅子按直线排列，因为他们在用他们的手和嘴巴，参观者就认为他们的思想一定也是松散的；他们一定仅仅是在胡闹，他们的思想和道德决不会比他们的身体更受约束。

——《明日之学校》（1915），

《学校与社会·明日之学校》，1994：296

的确，社会的继续生存，必需通过教导和学习，这是那么显而易见，我们似乎过分详述了一个自明之理。……诚然，学校乃是传递的一种重要方法，通过传递来形成未成熟者的各种倾向；但是，这仅仅是一种手段，和其他许多机构比较起来，又是一种相对表面的手段。

——《民主主义与教育》（1916），1990：5

如果我们能够训练一个人，使他能考虑他的行动，并深思熟虑地实行这些活动，那么这个人到这种程度就是一个有训练的人。如果在这种能力以外，加上在外诱、迷茫和困难面前坚持明智地选择进程的能力，那他有了训练的精髓。所谓训练，就是具有运用自如的能力，即能支配现有的资源，以实现所从事的行动的能力。

——《民主主义与教育》（1916），1990：137

要想使价值得到具体的安定，主要的就要讲求改善行动的**方法**。单纯的活动、盲目的奋斗是不能促进事物进展的。只有通过行动，才可能控制结果所依赖的条件；而这种行动是有理智指导的，是掌握条件和观察顺序关联的，是根据这种知识来计划执行的。

——《确定性的寻求：关于知行关系的研究》（1929），
《杜威全集·晚期著作》第4卷，2015：23

只有当在较多的明显的活动时间之后，并且惯于组织不用脑子只有手和身体其他部分进行有益的活动，然后［儿童］才能有真正的沉思的时期。活动的自由也是一种保持身心健康的重要手段。……如果完全没有这种外部的自由，即使是一个成熟的个人，也不能接触能够发展其智慧的新的材料。这种自由活动的数量和质量是生长的一种手段，这是教育者在每个发展阶段都必须加以考虑的问题。

——《经验与教育》（1938），
《我们怎样思维·经验与教育》1991：282-283

　　儿童的精神活动在相当大的程度上是通过身体形式来表达的，这种形式就是运动。身体运动是精神生活的一个极其重要且不可或缺的特征，它并不像人们通常想象的那样，只是大脑活动的一个无关的附属品。身体运动是学习过程中的一个重要部分……爱的眼神、倾斜的头、轻抚的手都标志着大脑的敏捷状态，所有的身体活动都表明大脑在活动并时刻准备获取各种观念。

——《在杨百翰学院作的教育学讲座》（1901），

《杜威全集·晚期著作》第 17 卷，2015：190

　　机械学是与工艺有关的，它在社会的等级上就比较低下。进行工艺教学的学校便是实业学校，即向已经精通手艺秘诀的人们学徒。学徒从字面上讲就是"做中学"，而"做"就是机械地重复和模仿别人的动作，直至自己获得这种技巧为止。那些学习人文学科（liberal arts）的人，是拥有一定的权威地位、执掌着社会统治的人。这样的人生活富裕，闲暇自在，从事特别高尚而有势力的职业。而且，他们的学习不是机械地重复和亲身去使用材料与工具的操作，而是"理智上"的学习，是用心灵而不是用身体去学习的。

——《确定性的寻求：关于知行关系的研究》（1929），

《杜威全集·晚期著作》第 4 卷，2015：48

　　认识的问题就是发明如何从事这种重新安排的方法的问题。这个问题是永无止境、永远向前的，一个有问题的情境解决了，另一个有问题的情境又起而代之了。经常的收获并不是接近于一个具有普遍性的解决，而只是渐次改进了方法和丰富了所经验的对象。

——《确定性的寻求：关于知行关系的研究》（1929），

《杜威全集·晚期著作》第 4 卷，2015：190

　　［相对"管道式"的教育和"照相式的教育"］实验室的教育就是一种带

有实验性质的教育。它是一种通过研究、探寻和检验，以及通过观察和思考来获得发现的方法——所有这些过程都要求心灵的活动，而并不仅仅是吸收和复制的能力。

——《教育：修道院、交易柜台还是实验室》（1932），

《杜威全集·晚期著作》第6卷，2015：91

只要学和做分离，智力和道德的分离就必定不可避免地在我们的学校中继续下去（尽管有个别教师的努力）。

——《构成教育基础的伦理原则》（1897），

《杜威全集·早期著作》第5卷，2010：50

从各种观点、各种形式的活动这些有区别的方法中研究问题，当使用它们时，观察它们各自的结果。否则，活动计划将仅仅用来判断有巨大价值差异的事物，成为一句口号而已。……活动的原则将在整个教育计划公正的视角内占有一席之地。

——《活动运动》（1933），

《杜威全集·晚期著作》第9卷，2015：136-137

我们的目的是什么呢？目的在于建设自己，按自己的能力思想去做事。如失败了，从失败的地方就可以学习许多知识；如成功了，就可以知道自己的优点。

——《教育与学校的几个关键问题》（1920），

《杜威在华教育讲演》，2016：112

我们对于学生的活动，不要摧残它，要指导它，以达到良好的结果。这才对啦！要晓得我的主张不是仅仅养成个手足敏捷的学生，因为全体活动了，

与头脑活动有关的。

——《教材的组织》（1920），

《杜威在华教育讲演》，2016：186

盲动的习惯不过使吾人为动作之奴隶，有若牛马然，虽动作亦莫知其所之也。善记忆上下文，读之烂熟，考其意义，则茫然非不知，斯与牛马之盲动相去几希？……盲动的习惯在昔静的社会犹可敷衍，当今之世瞬息千变、不可捉摸，苟无理智的习惯，以适应时势之趋向，则难乎其为生矣！研究或掌管教育者于练思之事，诚不可忽也。

——《教育问答》（1919），

《杜威在华教育讲演》，2016：300

■ 课堂教学是一个交流中心

对大部分人来说，"课堂教学"这个词暗示着进行整齐划一的排练。所有学生被要求就同样的教材问同样的问题，而如果他们学同样的课本，就可以按同样的方式讲出同样的东西。……如果我们要将课堂教学社会化，那就要对学生们布置不同的任务，并且要求每个学生作出他们自己的贡献。……这样，课堂教学就不是整齐划一的背诵，而是所赋予的职责，课堂教学就成了一个交流的中心、一个交换的场所。一个人就既给予又索取。

——《教育中的个性》（1922），

《杜威全集·中期著作》第15卷，2012：146

我们都知道，如果儿童通过实际的动手活动来使用他们学到的观念，那他们就会对所学的东西有更好的理解。……我们无需让儿童用整整一个月来掌握"雪是白的"这一事实。我们常常把太多的精力投在反复的学习训练上，仅仅是为了获得更深的印象。一项简单的建构性工作，比如堆砖头或玩多米诺骨牌，经常能在很短的时间里达到一个月机械式的训练无法实现的效果。我想说的是，如果我们能够用更多的时间帮助儿童使用学到的观念，那将不需要如此费力地让他们机械式的学习。

——《在杨百翰学院作的教育学讲座》（1901），

《杜威全集·晚期著作》第 17 卷，2015：193-194

以分批分班的方式来对待学生，比以个性的方式来对待学生更加容易、方便和廉价。相当多的人能够学会操作机器，但相对少的人能够成为一名有创造性的艺术家。以分批分班的方式而不是以个性的方式来对待学生，就像操作一台顺利运转的机器那样相对简单和顺心。要了解机器的性能，知道如何适应它，需要的知识要多得多。

——《任课教师》（1922），

《杜威全集·中期著作》第 15 卷，2012：149

我所赞赏的价值是允许并鼓励每个学生作出自己的观察和思考，最终形成他自己的评价图式。如果说这一结果也被称为灌输，那么它至少是一种自我纠偏式的灌输，并不需要依赖批判性的鉴别与比较。因为我们是依据方法，而不是依据务必要得出的那个事先确立的结论，获得了统一的结果。

——《关于"自由与文化、社会规划与领导能力关系"的讨论》（1932），

《杜威全集·晚期著作》第 6 卷，2015：121

正是任课教师，与正在接受教育的个人接触。……的确，现实的教育，无论实际的教学与学习方式如何，都是在教室里通过师生之间积极的理智和道德上的接触而进行的。……在一定程度上，所有这些都是为了最终的消费者，

即教师与学生而存在的，因为他们在学校中直接进行个人接触。

——《任课教师》（1922），

《杜威全集·中期著作》第 15 卷，2012：151

说到最后，不仅社会生活本身的经久不衰需要教导和学习，而且共同生活过程本身也具有教育作用。这种共同生活，扩大并启迪经验，激发并丰富想象；对言论和思想的正确性和生动性担负责任。

——《民主主义与教育》（1916），1990：7

只有当我们期望并提供机会，使每个学生能够实现自由并通过与教师的接触来讨论教材，而不理会学习的陈规旧套，才能使我们对教育理论的改进产生实际效果，并把它们变为具体的学习课程。

——《任课教师》（1922），

《杜威全集·中期著作》第 15 卷，2012：154

如果生活中所有的事物都是一成不变的话，那么惯性方式就会放之四海而皆准，教师在课堂上需要做到的就是训练学生的做事效率。学生根本就不需要加强思辨能力的培养，我们要培养的无非就是高效运转的机器而已。一部构建完美的机器，只要结构稳固，它就可以高速运转。……一匹马拉磨的时候，什么都不用想，它只要努力迈步就可以了。从事机械重复性工作的人，只需要一种特定技巧与习惯。

——《教育平衡、效率与思维》（1916），

《杜威全集·晚期著作》第 17 卷，2015：68

■ 采用使能力和谐发展的教学方法

　　独断的方法培养的是驯良服从的人，这种方法在现代社会中不仅是无效的，而且实际上阻碍了社会最大潜力的开发。……教育革新家们相信，发展最完善的教育的真正原因，正是要防止上述情况，采用那些能使人的一切能力得到和谐发展的教学方法。

——《明日之学校》（1915），

《学校与社会·明日之学校》，1994：317

　　儿童在学校里，能否多得知识，全在方法的好坏。如教授有正当的方法，儿童就能得益；教授的方法不良，儿童不但不能得益，或竟有害。所以，教授儿童时，须知他们必定有一种需要，才发生求知识的欲望。

——《教授青年的教育原理》（1921），

《杜威在华教育讲演》，2016：150

　　方法就是经验材料最有效地和最有成果地发展的途径，因此，方法从观察经验过程得来，在这种经验中，个人的态度和行为举止与所学习的教材之间，并无有意识的区别。认为方法是某种孤立的东西，这种想法与心智及自我和事物世界隔离的观念相联系。这就使教学和学习成为形式的、机械的和强制的。

——《民主主义与教育》（1916），1990：191

　　如果儿童已准备好了从事这种意义上的工作而不引导他去做，那不是武断地阻碍他的发展，就是在他已准备好了按照一个观念去行动以后还强使他停留于感觉——兴奋的水平。一种在一定时期完全正常的活动，如果坚持要等一个人已经成熟到能从事包含更多思考的活动以后，那就变得支离破碎了。

——《教育中的兴趣与努力》，

《学校与社会·明日之学校》，1994：205

　　其实，教和学二者的值正好是相等的；同样，卖和买二者的价值也是相等的。要想提高学生的学习，唯一的办法是增加实际教学工作的质和量。因为学习是由学生自己来做的，并且是为了自己而做的，主动权在学生的手里。

——《我们怎样思维：再论反思性思维与教学的关系》（1933），

《我们怎样思维·经验与教育》，1991：29

　　一种扰人的良知告知教师：在他不假思索而摭拾的方法中，他遵从的是一种使人和事省心的学校的既定程序。……他领悟到，他对学生的教育是外在的例行公事。他感到，如果他使自己去悉心理解可对人性取得洞察的那种科学方法，并使自己以一种同情的态度去领会它的广大多样，那也许能从内部入手去释放种种潜力，而不是从外部把种种习俗惯例硬塞进去。

——《教育和社会导向》（1918），

《杜威全集·中期著作》第 11 卷，2012：49

　　在教育的各个环节，从课堂组织、维持纪律、提问方式，甚至到布置作业，都要讲究技巧。布置各种不同的作业，是教育艺术的组成部分，正如艺术家的技艺是一个人成为艺术家不可或缺的部分。但是，最为重要的是，对于教育的目的与意义的反思，让我们深刻体察到儿童人生发展的重要性；并不是只考察他们外在的行为，而是感知他们的感受、他们的想象。

——《教育平衡、效率与思维》（1916），

《杜威全集·晚期著作》第 17 卷，2015：70

通过师徒的个人相传来获得熟练的个人手艺的旧式手艺人正在逐渐消失，把人们集中起来操作分工精细的机器的批量生产将他们挤出了商界。在很多情况下，只需在机器旁操作几周便可获得全部所需的教育——应该说培训。批量生产造就了埋没个人才能和技艺的批量教育。

——《旧个人主义与新个人主义》（1930），

《杜威全集·晚期著作》第 5 卷，2015：46

主动的教育形式在道德上的有利条件，加强了它在智力上的好处。我们都看到，这种教学方法是如何需要给学生更大的自由，以及这种自由是学生智力和道德发展的一种积极因素。同样，用实际活动来取代通常孤立的书本学习，也取得了积极的道德效果，这种效果是任何一个采用两种教学方法的教师都具有的。

——《明日之学校》（1915），

《学校与社会·明日之学校》，1994：383

作为艺术家的教师，应该尽可能培养学生在处理生活世界问题时的艺术态度。也就是说，在解决所有问题之后，还需要解决生活道德与意义的问题，以便切实养成行之有效的行动准则。

——《教育平衡、效率与思维》（1916），

《杜威全集·晚期著作》第 17 卷，2015：70

为了使经验具有教育的价值，就必须将经验延伸到正在扩展中的教材领域中去，即延伸到事实的或知识的以及观念的教材中去。只有当教育者把教和学看作是经验改造的不断继续的过程时，上述的要求才能实现。只有当教育者具有长远的眼光，把每一种现在的经验都看作是可以决定未来经验形成的一种

动力时，上述要求才能依次实现。

——《经验与教育》（1938），

《我们怎样思维·经验与教育》，1991：302

教学应从学生的经验和能力出发，使学校在游戏和工作中采用与儿童、青少年在校外所参与的活动类似的活动形式。

——《民主主义与教育》（1916），1990：207

当我们思考年轻人的温顺时，我们首先就会想到成年人希望强加给他们的许多信息和想要他们重复的行动方式，接着就会想到带有侮辱性的强制、谄媚的贿赂和刻板的教学法，这种教学法会使年轻人的生气渐渐消失，使其活泼的好奇心变得迟钝。

——《人性与行为》（1922），

《杜威全集·中期著作》第 14 卷，2012：40

对教师来说，教学不再是一个有教育意义的过程。这种教师最多不过学会改进他现有的教学技巧；他既不能获得新的观点，也不能体验任何理智的伙伴关系。因此，教和学就变成了一套机械的东西，教学双方在精神上都很紧张。

——《民主主义与教育》（1916），1990：319

■ 记忆是一个主动的建构过程

记忆并不是一个被动的过程，过去经验不是自己原原本本地进入心智的。同样，在知觉过程中，当前经验也不是把它自己印刻于心智中。记忆是一个建构过程。实际上，记忆中包含的建构性活动比知觉过程中更多。

——《心理学》（1886），

《杜威全集·早期著作》第 2 卷，2010：121

只要事物仅仅存在于记忆里，我们便去注视之、检查之、思考之、反思之。它们是思考的材料，而非知识、智慧或判断。所以，明智的教师要考虑到记忆训练的必要性，要永远记住记忆本身不是目标。我们不要仅仅为了记忆而记忆，或者为了能够回忆而回忆，而是要为判断掌握很多合适的候选材料。

——《在杨伯翰学院作的教育学讲座》（1901），

《杜威全集·晚期著作》第 17 卷，2015：279

在回忆与判断之间只有很小的区别；而记忆或重现与判断之间有着巨大的区别。当我们回忆某件事情，将我们经验的不同部分整合到一起以便正确地组织一个有序整体时，实际上在判断并培养我们的判断能力。……记忆一直积累着，但它不能表现也不能给予事物价值。一个人的判断是基于很多事实的积累，并利用事实去前进，因为他知道事实的相关价值。

——《在杨百翰学院作的教育学讲座》（1901），

《杜威全集·晚期著作》第 17 卷，2015：279

判断和记忆之间没有中间墙或隔离物。判断是正确的记忆最终送达的终点、天然的仓库或站台。记忆是处于决断过程中的判断，判断是记忆的完成与明确化。记忆是吃下肚的食物，但未被彻底吸收和循环；判断则是让食物进入完整的循环——哪里需要，食物便可以被置于哪个过程。

——《在杨百翰学院作的教育学讲座》（1901），

《杜威全集·晚期著作》第 17 卷，2012：280

记忆是知识过程中比知觉更高一级的阶段，它可以被定义为：是关于过去曾经出现过但当前不在面前的特定事物或事件的知识。在知觉中，知识局限于当前的（present）呈现对象，记忆则使知识超越这一局限。严格意义上的知觉是没有过去或未来的。

——《心理学》（1886），

《杜威全集·早期著作》第 2 卷，2010：120

记忆显然意味着心智的联结、同化活动，同时也意味着辨别、分离活动。……就心智的同一性活动而言，记忆比知觉更向前迈进了一步。被知觉到的世界是以一个整体的形式与自我相区分的；而记忆的世界则被识别为自我曾经体验过的世界。并且，记忆还被认为是与当前的自我相区分的，它仍然是一个尚未完成的认知阶段。

——《心理学》（1886），

《杜威全集·早期著作》第 2 卷，2010：129

我们一般必须有一定量的重复。那么，什么可以防止它变得机械呢？那就是：防止成为纯粹的重复，重复要有变化。训练与重复、应用与重复之间存在着差别。仅仅一遍遍地、一天天地念"二乘以二等于四"，就是纯粹机械的重复。但是，给儿童使用这个知识的机会，创造多样的题目——这就是训练。这里有重复的一切积极价值，却没有任何让事情变得纯粹机械的危险。

——《在杨百翰学院作的教育学讲座》（1901），

《杜威全集·晚期著作》第 17 卷，2015：257

我们只期望儿童做会走路的百科全书。……我们不期望自己能记得全部地理学事实，却尝试要儿童记得它们。有人说"健忘"与记忆有完全同等的价值。既然我们无法记住一切，为什么不承认如下事实：一些事情比另一些事情更值得记住?

——《在杨伯翰学院作的教育学讲座》（1901），

《杜威全集·晚期著作》第 17 卷，2015：249

　　无论何国，多有此病。其病何为？即教育多重被动而忽自动。如教授各科，徒令学生复习重复习，几将"教育"二字变成一种"记忆"之代名词，殊失教育之本旨。

——《小学教育之新趋势》（1921），

《杜威在华教育讲演》，2016：293

　　一种错误的记忆是一种废料袋，里面塞进了一切东西。然而，一种正确的记忆是一种液体，里面溶解了许多东西，一旦恰当的时刻到来，它就取得了判断所需要的形式和分类。……对记忆的正确培养，就是培养给直觉提供材料的记忆。

——《在杨伯翰学院作的教育学讲座》（1901），

《杜威全集·晚期著作》第 17 卷，2015：280

第十三编 学习与思维

■ 思维起源于疑问

简要地说，思维起源于某种疑惑、迷乱或怀疑。思维不同于自发的燃烧，思维的发生也不是依据"普遍的原则"。思维是由某种事物作为诱因而产生……如果没有某些类似的经验，那么疑难终究是疑难。即使儿童（或成人）有了问题，若事先不具备某些类似情境的经验，要想促使他去思维，也是全然徒劳的。

——《我们怎样思维：再论反思性思维与教学的关系》（1933），

《我们怎样思维·经验与教育》，1991：11-12

思维始于疑难或不确定，它表明一种探索、搜索和寻觅的态度，而不是掌握和占有的态度。通过思维的批判过程，真正的知识得到了修正和扩充，我们对事物的信念也得到了相应的变化。

——《民主主义与教育》（1916），1990：310-311

思维是探究、调查、深思、探索和钻研，以求发现新事物或对已知事物有新的理解。总之，思维就是疑问。

——《我们怎样思维：再论反思性思维与教学的关系》（1933），

《我们怎样思维·经验与教育》，1991：221

实际问题中的理论增长——我们可以肯定一件事。如果要给予探索以坚实的基础，而不是让它们变成空中楼阁，那理论家们就必须从人们在自身行为中实际遇到的问题出发。

——《伦理学》（1908），

《杜威全集·中期著作》第5卷，2012：159

一切反思性探究都是从一个有问题的情境出发的,而且这种情境不能用它本身来解决它自己的问题。只有把这个情境本身所没有的材料引入这个情境,这个发生问题的情境才转化成为一个解决了问题的情境。

——《确定性的寻求:关于知行关系的研究》(1929),

《杜威全集·晚期著作》第 4 卷,2015:121

哪里有疑难未决的事,哪里就有反思。……既然思维发生的情境是一个疑难的情境,因此,思维就是一个探究的过程、一个观察事物的过程和一个调查研究的过程。在这个过程中,获得结果总是次要的,它是探究行动的手段。

——《民主主义与教育》(1916),1990:157

模仿仅仅是成人活动提供刺激的方法之一。……然而,仅有模仿并不能引起思维;如果我们像鹦鹉学舌一样,通过单调地仿效别人的外部行为来学习,那就永远也无须去思维;就是我们掌握了这一模仿行为,我们也无法确知我们所做的事情有什么意义。

——《我们怎样思维:再论反思性思维与教学的关系》(1933),

《我们怎样思维·经验与教育》,1991:171

在问题和疑问中寻找机会,这是科学的一个特性。由于认识即探究,因此,困惑和困难是探究得以蓬勃发展的源泉。会带来问题的差异和矛盾不应该是我们需要惧怕的、需要努力去艰苦忍受的对象,而应该是我们需要努力应对的对象。

——《旧个人主义与新个人主义》(1930),

《杜威全集·晚期著作》第 5 卷,2015:91

因为它被认为是属于想要的或有价值的某些东西,因此,它就占用了后者的吸引力或把持力。这就是向"自决的"注意力的转变，但却仅仅是个转变。只有当这个儿童以问题或疑问的形式考虑了结果，也就是他为自己寻求结论时，这种转变才会彻底出现。

——《非教育的教学》（1909），

《杜威全集·中期著作》第 4 卷，2012：159

当我们思考时，存在着某种我们直接加以思考的东西，我们面前摆放着要考虑的事、要深思的事、要估量的事等。我们正要去全力对付它们，试着去克服其困难，恢复其秩序。我们易于感知到的环境、各种条件、饱和状态等东西构成了某种包罗无遗的情境，它并没有汇入直接的反思材料之中。它并没有成为问题。

——《语境和思想》（1931），

《杜威全集·晚期著作》第 6 卷，2015：10

总之，"经验"对哲学方法的意义在于：我们要承认，如果提到带有其完整含义的思维认识，那么，思维的背景乃是不可或缺的东西。……要发现至深且广的语境，我们就得求助于对人类本性活动进行一般理解的那种需要。

——《语境和思想》（1931），

《杜威全集·晚期著作》第 6 卷，2015：17

他们会以这样的思考得到宽慰：他们本人所关心的是那种包括一切、遍布四处的经验语境，哲学思维无论是好是坏，它们都在这样的语境中发生；不联系这种语境，这样的思维终将是徒劳无功的，就像在真空中拍打翅膀一样。

——《语境和思想》（1931），

《杜威全集·晚期著作》第 6 卷，2015：18

如果思维不同实际的情境发生关系，如果不是合乎逻辑地从这些情境进而求得有结果的思想，那么，我们将永远不会搞发明、作计划，或者，永远不会知道如何解决困难和作出判断。

——《我们怎样思维：再论反思性思维与教学的关系》（1933），

《我们怎样思维·经验与教育》，1991：65

背景在某种形式上是不言明的，它不同程度地含蕴在所有的思维中，虽说背景并没有进入明显可见的视野，也就是说，它没有形成有意识地去观看、思考、探究、审视、反复考虑的那个论题的一部分。背景既含有时间，也含有空间。

——《语境和思想》（1931），

《杜威全集·晚期著作》第6卷，2015：10

思维产生于许多情境，在这情境中，思维的进步乃是许多事件的进程的一个实际部分，是用来影响结果的。只有逐步地、通过社会同情心的发展拓宽我们的眼界，思维才能包括我们直接兴趣以外的事。这个事实对教育具有巨大的意义。

——《民主主义与教育》（1916），1990：157

无论人们的怀疑和质问走得多远，它们本身不会导向悲观主义。但仅有困惑总不是一件好事。这种困惑要归于把旁观者的视线搞模糊了的战斗硝烟，而另一种不同的困惑则要归于战斗者失去了做事和前行的眼光，它表现为由不协调的运动和行动导致的混乱。困惑会趋于把心灵和观念遮蔽起来，从而造成无效果的行动。

——《摆脱教育困惑的出路》（1931），

《杜威全集·晚期著作》第6卷，2015：63

假设起源于探究之环境，而且严格地服从那个环境中的需要。它们总是面向反复检验。尤其要强调的是，它们从来就不是未经检验的。对这一点，必须要增加的一个说明是：假设是双面向的。它既是对探究中的方法态度的一个彻底考虑，也是对被检查的对象内容的彻底考虑，而且两者总是连接在一起。

——《认知与所知》（1949），

《杜威全集·晚期著作》第 16 卷，2015：67

作为教育者，我们关心的是学生应当认识到他们所学的数字或关于地球表面的知识是与沸腾的社会活动联系在一起的。问题不再是一种单纯的数量的事情，而是学习动机和目的的事情。

——《明日之学校》（1915），

《学校与社会·明日之学校》，1994：356

■ 思维是明智的学习方法

持久地改进教学方法和学习方法的唯一的直接途径，就在于注意集中严格要求思维、促进思维和检验思维的种种条件上。思维就是明智的学习方法，这种学习要求使用心智，并使心智获得到酬报。……思维也就是方法，就是在思维的过程中的明智的经验的方法。

——《民主主义与教育》（1916），1990：162-163

思维是知识发展过程中又一个阶段。……在思维中，心智的活动与在知觉中或在记忆中不同，思维中的心智活动不局限于特殊的事件或客体，也不局限于现在或过去。……思维努力去揭示事实的普遍意义。

——《心理学》（1886），

《杜威全集·早期著作》第 2 卷，2010：139–140

我们假设提问的深度和广度是不断增加的，它孤注一掷地战斗，一个个疑团不断被追击，被逼入绝境，于是彻底地清理其所涉及的领域。这样不断地停驻和追逐，组成了思维的阶段。……人类的天性不是将疑问坚持到底，而是尽快地解决疑问。

——《逻辑思维的几个阶段》（1900），

《杜威全集·中期著作》第 1 卷，2012：107

所谓思维或反思，就是识别人们所尝试的事情和所发生的结果之间的关系。……实际上，没有某种思维的因素，便不可能产生有意义的经验。……思维就是把我们经验中的智慧要素明确地表现出来。它使我们有目的的行动成为可能，因而是我们之所以拥有各种目的的条件。

——《民主主义与教育》（1916），1990：153–155

思维乃是在促使有问题的情境过渡到安全而清晰的情境时，所采取的一系列反应行为中的一种方式，这种行为方式是可以在客观上观察到的。

——《确定性的寻求：关于知行关系的研究》（1929），

《杜威全集·晚期著作》第 4 卷，2015：145

在面临一个问题时，思维总是力求把那些原来零碎的和分散的东西统一起来。行动在深思熟虑中追求完善；获得知识，就是把握了真理。

——《经验与自然》（1925），

《杜威全集·晚期著作》第 1 卷，2015：27

把这一条新闻和那一条新闻作为自身完成的东西，塞满我们的头脑，好像一本剪贴簿那样，这并不是思考。这是使我们变成一种记录的装置。考虑所发生的事情对可能发生、但尚未发生的事情的关系，这就是思考。

——《民主主义与教育》（1916），1990：156

无论什么时候，只要有反思，有选择性的强调和选择就是不可避免的。这并不是一件坏事。只有当选择的出现和进行被隐蔽起来、被伪装起来、被否认时，才会有欺骗。经验的方法发现和指出了选择活动，正和它发现和指出任何其他的事情一样。

——《经验与自然》（1925），

《杜威全集·晚期著作》第1卷，2015：28

利用这种讨论，使这种有疑问的事情和分歧发展成为确定的问题，使儿童真正感觉到困难的所在，然后让他自己去想办法寻找与问题有关的材料，让他自己去解决困难或找出解决问题的办法，这是理智上的显著进步。

——《学校与社会》，

《学校与社会·明日之学校》，1994：104

■ 学习就是要学会思维

学习就是要学会思维（Learning is learning to think）。……就教育的理智方面而言，是同培养反思性思维的态度紧密相关的。对已有的反思性思维的态度要加以保持，要改变那些比较散漫的思维方法，尽可能地形成严密的思维方法。……教育在理智方面的任务是形成清醒的、细心的、透彻的思维习惯。

——《我们如何思维：重述反思性思维对教育过程的关系》（1933），

《杜威全集·晚期著作》第8卷，2015：133-134

　　训练自身必须基于自然倾向，也就是说，它必须在自然倾向中找到出发点。没有训练就不能思维的人，决不会受训练而思维。一个人必须学会很好地思维，而不是思维。

——《我们如何思维》（1910），

《杜威全集·中期著作》第 6 卷，2012：161

　　越主动，越积极，加上自觉坚持这种期望和探究的态度，他就越能充满活力地学习，因为他有某个想要弄清的事物。他知道，书本里的东西和他从别人那里得到的东西将会帮助自己解决这个疑问。

——《在杨伯翰学院作的教育学讲座》（1901），

《杜威全集·晚期著作》第 17 卷，2015：233

　　认知的真正实践最后让人们看到了这一点：学习意味着发现而不是将传统记下来；认识是积极建构的而不是消极吸收的；我们必须坦率地承认，人的看法在性质上都是实验性的，其中包含着假设，要通过活动进行检验。

——《教育百科全书》第三、四、五卷词条（1912—1913），

《杜威全集·中期著作》第 7 卷，2012：230

　　一个人要想获得作出准确的定义、透彻的分类和完整的概括等能力，唯一的方法是根据自己现时的水平，进行灵活而周密的思维。一定要有某种理智的组织，否则就会形成含糊的、混乱的和不连贯的"思维"的习惯。

——《我们怎样思维：再论反思性思维与教学的关系》（1933），

《我们怎样思维·经验与教育》，1991：70

　　真正注重实际的人，对一个课题任意发挥自己的想法，不急于在每一点得到功效。专门注重于使用和应用的问题，会使眼界变得狭窄，终究要失败。

用过短的绳索把思想栓在使用的标杆上，毫无益处。行动的力量需要视野广阔而富有想象力。人们至少要有为了思维而对思维有足够的兴趣，才能摆脱常规和习惯的局限。

——《我们如何思维》（1910），

《杜威全集·中期著作》第 6 卷，2012：223

当我们试图开发人类智力的时候，必须不存在这样的恐惧。关于儿童应当思考什么，我们一定不能有疑虑。只要我们规定一个儿童应当思考什么，就使他根本无法进行思考了。

——《杜威访谈报道》(《纽约世界报》1922 年 8 月 27 日 ），

《杜威全集·中期著作》第 13 卷，2012：372

人们一般假定说，只要学生进行思维活动，无论哪种思维都有益于他的思维训练，并且学习的结果就是知识的积累。这些假定都容易培养肤浅的思维，损害富有积极意义的思维。

——《我们如何思维》（1910），

《杜威全集·中期著作》第 6 卷，2012：166

思维活动不是像机器那样，不是一种专门的、无差别的、可以用于任何学科上的现成工具；也不像灯光那样，可以照射到马匹、街道、花园、树木或河流上。思维活动是具体的，因为不同的事物使人联想到它们本身特定的意义，体现它们本身特有的情况，而不同的人以不同的方式做到这一点。正如身体的成长是通过事物的刺激，思维的发展是通过对问题的逻辑组织。

——《我们如何思维》（1910），

《杜威全集·中期著作》第 6 卷，2012：166–167

一个最聪明的人所能做的一切，就是更广泛地、更细致地观察正在发生的事情，然后从已经被注意到的东西中更谨慎地选择那些因素，这些因素恰恰指向将来要发生的事情。……任何思维过程的出发点都是正在进行中的事情，这种事情就它的现状来看，是不完全的，或是未完成的。

——《民主主义与教育》（1916），1990：155

我们既不要缓慢的思维，也不要草率的思维。我们既不希望胡思乱想，也不希望固执僵化。思维的连贯性意指材料的灵活性、多样性与方向的单一性、明确性相结合。

——《我们如何思维》（1910），

《杜威全集·中期著作》第6卷，2012：167

经验包含行动或尝试和所经受的结果之间的联结。把经验的主动行动的一面和被动的经受结果的一面割裂开来，就会破坏经验的极其重要的意义。思维便是准确地、审慎地把所做的事情和它的结果联结起来。

——《民主主义与教育》（1916），1990：161

在实践活动中，人们应该抓住出现的每个有利的机会，发展对理智问题的好奇心和敏感性。不要破坏自然倾向，而应该扩展自然倾向。

——《我们如何思维》（1910），

《杜威全集·中期著作》第6卷，2012：226

如果我们的学校培养出来的学生，在他们遇到的各类事务中，其思维的态度能有助于作出良好的判断，那就比只让学生拥有大量知识，或在专门学科分支中具有高度技能，要好得多。

——《我们怎样思维：再论反思性思维与教学的关系》（1933），

《我们怎样思维·经验与教育》，1991：94

如果一个人不能明智地估计什么是对于疑难问题的合适的解释，那么，即使他通过艰苦的思维学习，有了一大堆概念，那也是无济于事的。因为学问并不等于智慧，知识也并不能保证良好的判断。

——《我们怎样思维：再论反思性思维与教学的关系》（1933），

《我们怎样思维·经验与教育》，1991：103

这种观念最终被否决了。但是，这对具有反思性思维习惯的人来说有很大的益处，这种失败并不是单纯的失败。这种失败也是一种教训。真正善于思维的人，从失败中学到的东西，和从成功中学到的东西是完全相等的。

——《我们怎样思维：再论反思性思维与教学的关系》（1933），

《我们怎样思维·经验与教育》，1991：94

如果为观察而观察，我们可以很大程度上将二手材料的研究与正在形成的材料联系到一起，但这种观察缺少亲自参与所能带来的发现，不管在家庭还是在学校，大多数学生都有机会参与到某种形式的委员会和组织工作中，带着"集体经验"的观念和目标，他们有机会去亲自完成某事，而不只是简单地做事或执行某一计划。他们可以反思如何使自己的经历与想法变得有效，如何召集并运用他人的经历，从而通过共同行动达成决策。他们也许开创出一种必需但又几乎不存在的艺术，即民主思维或合作思维的艺术，并为它作出一定的贡献。

——《为谢菲尔德编〈集体经验的训练〉所作的序》（1929），

《杜威全集·晚期著作》第5卷，2015：332

如果个人的观察和来自他人（通过书本或语言）的知识传授都能适当进行的话，那么逻辑的训练就成功了一半。因为，观察和知识的传授是获得材料的途径，而它们进行的方法，对思维习惯又具有直接的影响。这种影响是比较深的，以致人们往往觉察不到。

——《我们怎样思维：再论反思性思维与教学的关系》（1933），

《我们怎样思维·经验与教育》，1991：206

教育者的部分责任是同等地研究以下两件事：第一，从现有经验的种种情况中提出问题，并且这种问题需是在学生的能力范围之内；第二，这种问题能够激发学生去自动地探索知识和产生种种新的观念。……这个是一个持续不断的螺旋形过程。

——《经验与教育》（1938），

《我们怎样思维·经验与教育》，1991：288

如果我们的机械性习惯方式与我们的思维能力不能相辅相成，那么，我们的精神生活就会出现问题。我们不仅在外在行为上会日益机械化、程序化，缺乏创造意识，而且内在的精神生活也会出现紊乱。

——《教育平衡、效率与思维》（1916），

《杜威全集·晚期著作》第17卷，2015：69

故贵思考，盖有思考然后可以知所选择。顾常人往往误会，以为养成思考非常困难，且与人生无关，不知思考者，不过准目的以定解决问题之方法耳。人无百年不变之目的，亦无百年不移之习惯。养成适当之习惯，以达必需之目的，此思考之事也。

——《教育问答》（1919），

《杜威在华教育讲演》，2016：300

思维本身在任何时期都是一样，思维是追踪并检查从生活事件和事实的暗示中得到的结论。……只有充分利用儿童经验中已经具有的生动的思维因素，

才能指望并确保青春期或者任何更后期的优良的反思性思维能力，顺理成章地得到发展。

——《我们怎样思维：再论反思性思维与教学的关系》（1933），

《我们怎样思维·经验与教育》，1991：73

思维的进一步问题就是要使思维在经验中占优势。这里所说的要使它在经验中占优势，不仅是灌输到别人头脑中去的思维的结果，而且是有能动的思维过程。

——《经验与自然》（1925），

《杜威全集·晚期著作》第 1 卷，2015：84

在现实生活中，在这些固定不变的因素之外，恰恰有许多意想不到的变化因素。我们不能简单地依照习惯的方式去面对，必须接受训练，丰富思维，用变通的方式来处理生活中意想不到的境遇。

——《教育平衡、效率与思维》（1916），

《杜威全集·晚期著作》第 17 卷，2015：68

当我们发现儿童很难从逻辑角度理解和解释一件事时，百分之九十九的情况是：问题的解决不在于纠正理性能力本身，而应该回到想象，这是理性思考的基础。在大多数情况下，如果对该件事最初的想象能变得更明确和更清晰，那么就会发现理性思考的过程自然会变得很顺利。

——《在杨百翰学院作的教育学讲座》（1901），

《杜威全集·晚期著作》第 17 卷，2015：217-218

■ 进行真正的有效的思维

一个人要有效地进行思维，必须已经具有或者现在具有许多经验，给他提供对付所遇困难的办法。困难是引起思维的不可缺乏的刺激物，但并不是所有困难都能引起思维。有时困难使人不知所措，他们被困难所吓倒，感到沮丧泄气。困难的情境必须和学生曾经对付过的情境有足够的相似之处，使学生对处理这个情境的方法有一定的控制能力。

——《民主主义与教育》（1916），1990：166-167

显然，教育上最主要的是考虑人类个体所实际产生的思维。教育的任务是培养适合于有效思维的态度，并且选择和安排教材，以及为了促成有效思维的态度，配合教材选择和安排一些活动。

——《我们怎样思维：再论反思性思维与教学的关系》（1933），

《我们怎样思维·经验与教育》，1991：59-60

［儿童］他直接得到的总不能是一个观念。只有当他亲身考虑问题的种种条件，寻求解决问题的方法时，才算是真正在思维。

——《民主主义与教育》（1916），1990：170

怎样确定已经发生过的推论是不是真正的推论呢？最好的方法是，看其结果能不能把困惑的、混乱的和不一致的情境转换成清楚的、有秩序的和令人满意的情境。……简而言之，真正的思维必然以认识到新的价值而告终。

——《我们怎样思维：再论反思性思维与教学的关系》（1933），

《我们怎样思维·经验与教育》，1991：83

在教育上可以得出的一个结论就是：一切能考虑到从前没有被认识的思维，都是有创造性的。一个 3 岁儿童发现他能用积木做什么事情；一个 6 岁儿童发现把 5 分钱和 5 分钱加起来成为什么结果，即使世界上人人都知道这种事情，但他仍然是个发现者。……如果"创造性"一词不被误解的话，那儿童自己体验到的快乐，就是理智的创造性带来的快乐。

——《民主主义与教育》（1916），1990：169

任何思维——只要它是思维——就都含有独创性的成分。……所谓独创性，是指学生对问题有亲身探讨的兴趣；对于别人提供的暗示有反复深思的主动精神，并且真心实意地循此前进，导出经得起检验的结论。……因为任何思维都是由个人自己去思维。

——《我们怎样思维：再论反思性思维与教学的关系》（1933），

《我们怎样思维·经验与教育》，1991：215

无论是科学的或哲学的思考，其意义不在于消除选择，而只是使它少些武断和更有意义一些。如果选择具有这样的品质和结果，以致当别人按照所指示的情况进行工作时足以引起他们的反思，那么选择的武断性就消失了；当进行选择的理由被发现是重要的而其结果是紧要的时候，选择就变得有意义了。

——《经验与自然》（1925），

《杜威全集·晚期著作》第 1 卷，2015：29-30

辨明错误，和导致真理一样，是要帮助别人看见和发现他在这之前所未曾发现和认识的东西。一切在反思和逻辑方面的机智和灵巧，都是在阐明和传达方向，这个方向指出了智慧的道路。

——《经验与自然》（1925），

《杜威全集·晚期著作》第 1 卷，2015：30

任何真正称得上是思维的东西，开始时都表现为要考虑的事，这些所考虑的事本身是片段化的、含有差异的。于是，思维就承担起用一种简易而连贯的整体造成统一化的任务。在这个意义上，所有思维的目的就是获得某种统一；但是，这种统一只是对那些材料和那些在既定情境中显得含糊不清、不够协调的事所做的统一化。

——《语境和思想》（1931），

《杜威全集·晚期著作》第 6 卷，2015：7–8

一个儿童从很早起就开始探索和考察他周围的事物和人。他很好奇。他触碰、尝味、观看、倾听，事物因而获得了意义。他发现了障碍，被迫寻找一种方法去做事或获取他想要的东西。……思维训练因而成为最理智的道德不可或缺的工具。

——《伦理学》（1932），

《杜威全集·晚期著作》第 7 卷，2015：34

真正可供选择的解决问题的方法并不是思维混乱，而是发展一种好奇的精神，使学生保持一种探索和寻求新视角的态度。……但是，如果仅仅是被动地开放，允许任何事物以自己的方式进入开放后的空洞的心灵，那么，开放性思维就是一件麻烦的事情。只有当一个人积极地开动脑筋，警觉地寻求更深一层的知识，开放性思维才是有意义的。

——《教育和社会秩序》（1934），

《杜威全集·晚期著作》第 9 卷，2015：142

科学的思维态度与儿童和青年的学习并非不相关联，儿童天生的、未受损害的态度具有热烈的好奇心、丰富的想象、对实验探究的喜好、接近而且非常接近科学思维的态度。

——《我们如何思维》（1910），

《杜威全集·中期著作》第6卷，"序言"，2012：143

在任何有效探究发现的情境范围内，"实在"意味着通过探究得到的或为现实或为潜在的那种肯定的结果。这里存在着某些能作出详细说明的混乱和偏差，借此探究得以展开。

——《语境和思想》（1931），

《杜威全集·晚期著作》第6卷，2015：8

在某些专门研究领域中，当人们意识到利用变异来作为新的观察、假设和经验的出发点所产生的力量时，这便是现代科学发展的开端。心灵从事于实验的习惯（不同于它的武断的习惯）的日益增长，乃是由于人们有了不断增长的能力来利用变异（而不是抑制变异）达到建设性的目的。

——《经验与自然》（1925），

《杜威全集·晚期著作》第1卷，"原序"，2015：6-7

科学的重点不在于寻找不同主题的统一的客观特征，而在于研究方法。据此观点，我认为，科学即意味着存在系统的研究方法；当我们将这些方法和各种事实练习起来时，便能更好地理解这些事实，并在控制这些事实时多些理智，少些偶然性与常规性。

——《教育科学的源泉》（1929），

《杜威全集·晚期著作》第5卷，2015：3

如果要说科学方法并不是某种神秘难解的东西，而是体现着对理智最有效的操作，那么，这一点是不证自明的。获得思想、观察和探究的科学态度，应当成为我们研究和学习的主要内容。

——《科学和社会》（1931），

《杜威全集·晚期著作》第 6 卷，2015：50

思想方法使材料不断地被发现并不断地被组织，使一位研究者可以重复他人的研究进而证实或证伪它们，并向人类的知识库添加新的内容。此外，研究方法往往会在使用的过程中自我完善，启发研究者发现新的问题，进行新的研究，从而改进旧方法，创造更好的新方法。

——《教育科学的源泉》（1929），

《杜威全集·晚期著作》第 5 卷，2015：4

简言之，只有当旧观念经历了微妙而广泛的变化之后，我们才能知觉到连续性与完成性；当一个新概念变成了"任何人都相信"的版本时，任何人都相信的东西已经经历了净化与转型。……发现新观念在哪个方面完成和组织了旧观念需要时间，同样在新观念中探查和消除旧观念也需要时间，因为旧元素是被理所当然地接受下来并受到无意识的保护的。

——《〈实用主义的形而上学〉导言》（1927），

《杜威全集·晚期著作》第 3 卷，2015：263

任何科学研究者都不可能将自己的发现作为秘密加以保守，也不可能在不丢失科学声誉的情况将自己的发现只作私用。一切发现都属于整个研究界。一切新的想法和理论都必须由研究界进行证实与检验。现在，进行合作研究的人越来越多，探索真理的人也越来越多。

——《旧个人主义与新个人主义》（1930），

《杜威全集·晚期著作》第 5 卷，2015：88

实际地说，当探究结束后，结果就是目的，这已足矣；在探究过程中，它的目的是发现困难，为的是找到如何解决它的办法。把探究的边界等同于探究过程中预期的目的，明显是很荒谬的。它假设探究所要做的工作事先已被完成，在进行着的探究案例中要做什么等同于在给定条件下如何做事，其中探究的首要职责是确认特定的时间和地点中的条件，因为后者是找出要做什么的不可或缺的必要条件，为了达到作为确定和终极的目标或终点。

——《重要性、意义与含义》（1950），

《杜威全集·晚期著作》第 16 卷，2015：267

注意力是导向未来的。……注意力的整个目标是让新东西得到控制，是探索、探究、调查，是把心智向外带到不熟悉的领域，是把知识的状态加以推进，把它们进一步扩展到神秘的、未知的边界。

——《在杨百翰学院作的教育学讲座》（1901），

《杜威全集·晚期著作》第 17 卷，2015：235

我们的学校，无论是旧的还是新的，在主要任务方面都失败了。即是说，我们的学校不去发展学生的判断能力和推理能力。……由于积累了各种各样的未经消化的知识，由于企图获得在商业界直接有用的各种形式的技能，而扼杀了学生的思考能力。

——《经验与教育》，

《我们怎样思维·经验与教育》，1991：300

"理解"意味着要动用脑力，但它又不仅仅只是动用脑力。……当我们说人们相互理解了，指的是人们达成了一致，统一了认识，从共同的角度出发，对相同的事物持有同样的观点，并有同样的感受。要相互理解，就必须有共同的立场。

——《理解与偏见》（1929），

《杜威全集·晚期著作》第 5 卷，2015：316

■ 反思性思维的作用及阶段

　　那些懂得什么是较好的思维方式，并且知道为什么这些思维方式比较好的人，只要他愿意的话，他就可改变他个人的思维方式，从而使思维变得更有成效……较好的思维方式叫做反思性思维（reflective thinking），这种思维乃是对某个问题进行反复的、严肃的、持续不断的深思。

　　　　　　　　——《我们怎样思维：再论反思性思维与教学的关系》（1933），

　　　　　　　　　　　《我们怎样思维·经验与教育》，1991：1

　　反思性注意（reflective attention）总是包含有作判断、推理、深思熟虑，它意味着儿童有他自己的疑难问题并积极忙着寻找和选择恰当的材料，用以回答这个疑难问题，考虑这种材料的意义和关系——它要求何种性质的解决。问题是他自己的，因而对注意的原动力和促进因素也是他自己的——它是训练或控制力的获得，即是说，一种考虑问题的习惯。

　　　　　　　　　　　　　　　　——《学校与社会》，

　　　　　　　　　　　《学校与社会·明日之学校》，1994：105-106

　　有了疑难的状态，也有了先前的经验，能够产生一些联想，思维还未必就是反思性的……只有人们心甘情愿地忍受疑难的困惑，不辞辛劳地进行探究，他才可能有反思性思维……我们要想富有真正的思想，就必须愿意坚持和延续疑虑的状态，以便促进彻底的探究。

　　　　　　　　——《我们怎样思维：再论反思性思维与教学的关系》（1933），

　　　　　　　　　　　《我们怎样思维·经验与教育》，1991：12

　　反思，甚至是长久而艰苦的反思，也可能是与材料的产生有关系的。不过，如果材料被生动地吸收进当下的经验之中，那么表现就将显现出自发性。……我们每个人都会将过去经验中所包含的价值和意义吸收进他自身之中。但我们是在不同的程度上，并且在自我的不同层次上，这么做的。

——《作为经验的艺术》（1934），

《杜威全集·晚期著作》第 10 卷，2015：60

在一些情况下，一个信念稍微或几乎不尝试阐述支持它的根据就被接受了；在其他情况下，特地寻求一个信念的根据或基础，并且检查支持这个信念的恰当性。这一过程就被称为反思性思维，其确实有教育价值。

——《我们如何思维》（1910），

《杜威全集·中期著作》第 6 卷，2012：144

即使是问题的产生，也不是非得在时间上第一个到来。因为一个具有科学头脑的人会进行推理和实验，为了一个明显的目的，即发现可以在其上进行探究的问题。……非批判性的思考和批判性或科学性的思考之间的主要区别在于，后者试图在尽可能大的程度上把推论和检验的功能结合在一个行为之中。

——《对反思性思维的一个分析》（1922），

《杜威全集·中期著作》第 13 卷，2012：56

探究是随着反思性思维进行的，但这种思维绝不是旧传统所理解的那种封闭在"心"内的思维。实验探究或思维指一种指导下的活动而言，从事一些活动以改变我们观察对象和直接享有对象的条件，把它们重新加以安排。所感知的事物（原来只是单纯地激起或刺激）暗示着我们怎样去应付它们，怎样去处理它们。

——《确定性的寻求：关于知行关系的研究》（1929），

《杜威全集·晚期著作》第 4 卷，2015：79

反思与实践问题有关……着眼于对现实的过去的考察来探究可能的未来，这是反思所要履行的职责。在这种反思中，每一次对已设定的目的的改变，都要求相应地改变对过去所做的事情进行考察的反思行为。

——《经验与自然》再版导言（1948），

《杜威全集·晚期著作》第 1 卷，2015：289

观察应包含主动的探究。……根据合理的假设，即观察是一种主动的过程。观察即是探索，是为了发现先前隐藏着的、未知的事物，以达到实际的或理论的目的而进行的探究。

——《我们怎样思维：再论反思性思维对教学的关系》（1933），

《我们怎样思维·经验与教育》，1991：210

沉思包括扼要复述各种概念，把它们分类，进行比较，尝试找到一个可以把两者力量合并到自身的观念，寻找新的观点，开发新的提议，提出猜想与建议，作出选择和舍弃。

——《逻辑思维的几个阶段》（1900），

《杜威全集·中期著作》第 1 卷，2012：113

思想在实际的情境应用以前，缺乏充分的重意义和现实性。只有应用才能检验思想，只有通过检验才能使思想具有充分的意义和现实性。

——《民主主义与教育》（1916），1990：171

对于探究模式的寻求，并非胡乱或随意设定而成的。……什么是探究的定义呢？……探究是对于一种不确定情境的受控制或有方向的转变，使其中作为构件的诸特性和关系变得如此确定，以使原有情境中的各要素转变为统一整体。

——《逻辑：探究的理论》（1938），

《杜威全集·晚期著作》第 12 卷，2015：77–78

反思的探究在每个特殊的事例中都是从差别转向统一，从不确定的和模糊的位置转向明白确定的位置，从杂乱无章转向有条不紊。……反思性思维把混乱、模糊和矛盾转变成明朗、确切和一致。

——《经验与自然》（1925），

《杜威全集·晚期著作》第1卷，2015：50–51

思维就包含所有以上这些步骤——感觉问题所在，观察各方面的情况，提出假定的结论并进行推理，积极地进行实验的检验。

——《民主主义与教育》（1916），1990：161

判断、理解、概念等所有这些都是反思过程的组成部分。反思过程是指将一个复杂的、混乱的、不确定的情境转换为一致的、清晰的、决定的、或确定的情境。

——《我们怎样思维：再论反思性思维与教学的关系》（1933），

《我们怎样思维·经验与教育》，1991：138

关于反思性经验的一般特征……（1）困惑、混乱、怀疑。因为我们处在一个不完全的情境中，这种情境的全部性质尚未确定。（2）推测预料。对已知的要素进行试验性的解释，认为这些要素会产生某种结果。（3）审慎调查（考察、审查、探究、分析）一切可以考虑到的事情，解释和阐明有待解决的问题。（4）详细阐释试验性的假设，使假设更加精确和更加一致，因为与范围较广的事实相符。（5）把所规划的假设作为行动的计划，应用到当前的事态中去；进行一些外部的行动，造成预期的结果，从而检验假设。以上第三、第四步骤所达到的广度和准确度，使特异的反思性经验与尝试错误阶段的经验区别开来。这些步骤使思维本身转变为经验。

——《民主主义与教育》（1916），1990：160

思维就是一种有教育意义的经验的方法。因此，教学方法的要素和思维的要素是相同的。这些要素是：第一，学生要有一个真实的经验情境，即有一种对活动本身感兴趣的连续的活动。第二，在这个情境内部产生一个真实的问题，作为学生思维的刺激物。第三，学生要占有知识资料，并进行必要的观察来对付这个问题。第四。学生必须负责有条不紊地展开他所想出的解决问题的方法。第五，学生要有机会通过应用来检验他的观念，使这些观念的意义明确，并且让他自己发现它们是否有效。

——《民主主义与教育》（1916），1990：174

反思性思维的五个阶段或五个方面……它们是：（1）暗示，在暗示中，心智寻找可能的解决办法；（2）使感觉到的（直接经验到的）疑难或困惑理智化，成为有待解决的难题和必须寻求答案的问题；（3）以一个接一个的暗示作为导向意见，或称假设，在收集事实资料中开始并指导观察及其他工作；（4）对一种概念或假设从理智上加以认真的推敲（推理是推论的一部分，而不是推论的全部）；（5）通过外显的或想象的行动来检验假设。

——《我们怎样思维：再论反思性思维与教学的关系》（1933），

《我们怎样思维·经验与教育》，1991：88

■ 学会获得学问的方法

人类学习一种动作，能够发展许多方法，应用到其他情境，从而开辟继续前进的可能性。更重要的是，人类养成学习的习惯，并学会如何学习。

——《民主主义与教育》（1916），1990：49

照传统的教学方法，学生学习地图不是学习世界——是符号而不是事实。学生真正需要的并不是关于地形学的精密知识，而是自己怎样去寻求。……在学校中获得知识的真正目的是，当［知识］需要的时候，寻求怎样获得知识，而不是知识本身。

——《明日之学校》（1915），

《学校与社会·明日之学校》，1994：228–229

人类为了生存而不得不学习，他与其他人的交往几乎自动地促进这种学习条件。因此，在很大程度上人是学习的动物。只有愚蠢的人会逃避，逃避的过程就是不断增加对其他人身体的依赖。

——《致厄尔·凯莉》

（*John Dewey to Earl C. Kelley*，25 February，1951）

人们总是认为，在记忆中把教材储存起来，并能按照要求再现出来，这便是理解。而我们的讨论得到的真正结果却是：只有理解才是真正的学习。

——《我们怎样思维：再论反思性思维与教学的关系》（1933），

《我们怎样思维·经验与教育》，1991：123

在古代科学中，"学习"是属于低级存在的领域，属于转化、交易的领域。……有人用师徒关系的类比来考虑它，老师已经占有了真理，而学生只是去获得老师仓库里已有的东西。在现代科学中，学习是寻求前人所未知的东西。它是这样一项工作：在其中，自然界是老师，但是这位老师只有通过在探究的学生的学习，才能接近知识和真理。

——《经验与自然》（1925），

《杜威全集·晚期著作》第 1 卷，2015：103

如果在［学习］这一过程中，个人丧失了他自己的灵魂，丧失了对有价值的事物的鉴赏能力和与此有关的事物的评价能力；如果他对于所学过的知识丧失了应用的欲望，并且最重要的是丧失了从即将出现的未来经验中吸取意义的能力，那么，获得一套规定的有关地理和历史的知识，获得读和写的能力，到底又有什么用途呢？

——《经验与教育》（1938），

《我们怎样思维·经验与教育》，1991：271

儿童被要求学习太多的课程，只是集中透彻地学习一个主题确实是非常少见的。其实，他们不需要记住太多的知识，只需要学会需要的时候怎样获得知识。我们所有的人都需要打消这种思想，即我们上学是为了获得知识。事实上，我们只是为了获得某些习惯，比如身体上的自我控制、对内容的处理、怎样在我们需要的时候获得知识以有助于我们继续前进。

——《在儿童研究联合会上的演讲》（1914），

《杜威全集·中期著作》第7卷，2012：286

某些特点是进步学校所特有的，这些特点的本身不是目的，而是被利用的各种机会。对于学习的机会来说，这些特点的本身归结到为了获得知识，为了掌握一定的技能和技巧，为了获得社会上所需要的态度和习惯——我认为这是学习的三个主要方面……学习至少包括三个要素：知识、技能和品格。这三者之中的每一样都必须学习。

——《进步教育与教育科学》（1928），

《杜威教育论著选》，1981：263-264

学习阅读可能会培养出书呆子，他们无所不读，但却没有社会能力和办事能力与技巧。因此，学习阅读什么和如何学习阅读两者是密不可分的。遗憾的是，经验表明，那些能最快速最有效地培养阅读能力（或写作能力或算术能力）——即识字、发音以及组句的能力——的方法并没有兼顾对态度的培养，而正是这些态度决定着阅读能力将被如何使用，这才是更重要的问题。

——《教育科学的源泉》（1929），

《杜威全集·晚期著作》第 5 卷，2015：24

我要重申。长大的人越来越依赖发现东西的方法。我们想知道东西要到哪里去找，怎样使用书本来获得它们，但是，我们不让我们的记忆和良心承担世界重负。我相信，我们应该逐渐承认，对于儿童们来说情况也是一样。重大的事情是培养他们学会方法，用来动手解决问题。

——《在杨伯翰学院作的教育学讲座》（1901），

《杜威全集·晚期著作》第 17 卷，2015：249

一个确凿的事实是，儿童上学求知与吸收和复制其他人已经发现的东西同义。现成的材料预先提出的理性知识和理念具有压倒性的补充作用，教育的作用被假定为将这些东西传输进心智。学校成了输送管道和运货马车。知识的急剧增长扩大了从知识仓库和储存罐流向学生心智的知识储存货的数量。

——《创造与批判》（1930），

《杜威全集·晚期著作》第 5 卷，2015：100

科学并不是书本子上积聚的知识。化学、物理、天文等都不是科学的本身，只是科学的结果。真的科学之所以重要，不在它的结果，而在它的方法——就是重要在这些积聚的知识是怎样来的。若单知道这样那样的科学，而不知道科学的方法，算不得知道科学。

——《关于教育哲学的讲演》（1920），

《杜威在华教育讲演》，2016：38

在师范学院和其他地方，这种观念和原则已经被改变为一种现成条规的固定不变的教材，依照一定的标准化程序，用来教学和熟记。在必要时，像芥子泥一样，把它形式地应用到教育问题上去。换句话说，已经制度化了并继续存在了若干世纪的各种"学习"习惯，总是企图把那些观念和原则改变为它们自己的那个样子。

——《〈教育资源的使用〉一书引言》（1952），

Dewey On Education，1959：132

■ 讲课是激发和指导思维

用"讲课"（recitation）一词来指明在一节课的时间内，教师与学生、学生与学生之间最亲密的理智的接触这一具有决定意义的事实。"复述"（recite）一词的意思是再引证、重复、反复叙说……基本的事实是，讲课是刺激、指导儿童思维的场所和时间。

——《我们怎样思维：再论反思性思维与教学的关系》（1933），

《我们怎样思维·经验与教育》，1991：217

如果我们要激发学生的思维，而不是使他们单纯地学习一些文字，那么，学校任何科目的教学首先就应该尽可能不是学院式的。要懂得经验或经验情境的意义……

——《民主主义与教育》（1916），1990：164

讲课应当成为一种情境，使一个班、一个组形成一个社会统一体，有着共同的兴趣，在一个成熟的、有经验的人的领导下，促进理智的热情。……讲课这一段时间里的任务，就在于激起学生的心灵，使它有所作为，使学生产生某种程度的理智的兴趣。

——《我们怎样思维：再论反思性思维与教学的关系》（1933），

《我们怎样思维·经验与教育》，1991：219

教学的艺术，大部分在于使新问题的困难程度大到足以激发［学生］思维；小到加上新奇因素自然地带来的疑难，足以使学生得到一些富于启发性的立足点，从而产生有助于解决问题的建议。

——《民主主义与教育》（1916），1990：167

讲课要指导学生养成好的学习习惯。激励和指导应当同时进行。……从指导的方面来说，其所强调的是使讲课达到高潮；从理智的观点来看，是要促成良好的学习习惯。

——《我们怎样思维：再论反思性思维与教学的关系》（1933），

《我们怎样思维·经验与教育》，1991：220

故教授中最适合者，当以儿童为教学之中心，以儿童为目的、以科目为方法，启发儿童，使之好问难，好研究，有自动之精神、思考之能力，发展其个人之才能，庶将来置身社会，即可应用而谋生。

——《平民主义之教育》（1919），

《杜威在华教育讲演》，2016：222

教育是科学研究的领域……教育首先是一个需要学习、调查和探究的问题，这一问题是如此复杂和多样，因此需要长期而彻底的训练。这一简单的发现，几乎标志着对于旧有态度的革命性的转折。

——《教育的方向》（1928），

《杜威全集·晚期著作》第3卷，2015：194

我们的学生就不是一个整天做白日梦的空想理论家，或者是一个虚度光阴的无用之人，而是一个有激情、有愿望、有悲悯之心的人，一个有力量实现人生远大抱负的人。要达此目的，从学生入学第一天起，我们就应该对培养学生的理性思辨能力给以高度重视，正如我们高度重视训练学生的外在习惯一样。因此，就教育工作而言，教师所面对的重要问题在于平衡行动效率与思维能力，在于培养有意识、有计划行动的能力。

——《教育平衡、效率与思维》（1916），

《杜威全集·晚期著作》第 17 卷，2015：70

在理论上，没有人会怀疑学校中培养学生良好的思维习惯的重要性。但事实上，这个看法在实践中不如在理论上那样得到人们的充分的认可。此外，就学生的心智而论（某些特别的肌肉能力除外），学校为学生所能做或需要做的一切，就是培养他们思维的能力。

——《民主主义与教育》（1916），1990：162

课堂以内，完全是教师的讲演，学生没有思考的时间，又怎能希望社会改良进化呢？学校以儿童为中心，社会以青年为中心，所以，最希望学校养成一种有生气的儿童，社会养成一种有生气的青年。要怎样能养成呢？就是从自动开始。

——《"自动"的真义》（1920），

《杜威在华教育讲演》，2016：179

尽管灌输式的教学和被动吸收式的学习普遍受到人们的谴责，但为什么它们在实践中仍然是那么的根深蒂固？那是因为，教育并不是一件"告诉"和"被告知"的事情，而是一个主动的和建设性的过程。这个原则在理论上无人不承认，而在实践中又是无人不违反。

——《民主主义与教育》（1916），1990：42

和过去相比，我们需要更多的户外活动的场所；在教室里和操场上，需要更多的自由和自发的行动。这并非因为它是自我表现行为或自在的目的，而是因为在一定的自由活动场所里，我们可以给学生提供思考的机会，制定他们自己的计划，阐述他们自己的观点，实施他们自己的想法，并检验他们自己的计划和想法以确定它们如何发挥作用。这就是我说"困难是实践上而不是理论上"的意味。

——《教育中的个性》（1922），

《杜威全集·中期著作》第 15 卷，2012：145

儿童进入学校生活时，突然在儿童的生活中形成了一个裂口，儿童的学校生活经验同那些渗透了社会价值和社会性质的经验间出现了一条裂缝。因为学校是孤立自存的，因而学校教育也便具有专门的性质；因为学校生活与儿童的早期经验之间没有共同因素，所以儿童的思维便不能发挥作用。

——《我们怎样思维：再论反思性思维与教学的关系》（1933），

《我们怎样思维·经验与教育》，1991：57

我们在普及教育方面所作的值得称赞的努力褒奖了这种预制的物件及其机械的传输。恢宏的学校建筑和大班教学使教师的管理和教学机械化了。不同年龄的学生普遍缺乏从事独立的、活跃的智力活动的时间。

——《创造与批判》（1930），

《杜威全集·晚期著作》第 5 卷，2015：101

第十四编　创造与批判

■ 教育是一个养成创造力的过程

教育的最终目的就是创造出能力达到充分开发的人类。通过对人类进行加工,使男人女人拥有丰富的灵感、自由的思维和高雅的品位,具备知识以及适当的方法,社会也不断地得以重塑,而这种重塑使得世界本身也随之得到改造。

——《哲学与教育》(1930),

《杜威全集·晚期著作》第 5 卷,2015:230

学生们被要求勤奋努力、认真刻苦,按部就班地学习,因为教育直接关乎他们开创属于自己的未来,接受教育是一个人未来自我奋斗与自我实现的必不可少的准备环节。接受教育的根本意义,就在于它可以帮助个人开创自我,超越别人。

——《学校教育的社会意义》(1916),

《杜威全集·晚期著作》第 17 卷,2015:63

我想,在把年轻人想象成未来的守护者时,其中有一些新的、象征着我们正在进入的那个新世界的东西存在。在过去,他们被认为是装满了形成于过去传统的被动的容器。正如一种黏土,可以被塑造成与惯常的体制相一致的东西。……现在,如此这般教育年轻人,以便他们能够成为实际有用的、未来的创造者——因为唯有通过创造性的行动,他们才可能成为守护者——这个问题是一个极其艰难的问题。

——《在两个世界之间》(1944),

《杜威全集·晚期著作》第 17 卷,2015:382–383

不知教育是创造者，若依形式之习惯，则教育事业毫无兴味焉；能进取能行此法，则兴味生而思想启，教育始有进步之日也。

——《平民主义之教育》（1919），

《杜威在华教育讲演》，2016：223

教育本身就是一个发现的过程，它能发现什么价值是有用的，是需要作为目标加以追求的。判断价值的唯一方法就是去观察过程，观察该过程的结果，观察它们在发展的过程中进一步产生的结果，并将观察无限地进行下去。

——《教育科学的源泉》（1929），

《杜威全集·晚期著作》第 5 卷，2015：28

教育的功用就是发展天才，所以，人人都应该培养锻炼发展利用他的天秉。要是一大部分人都想受教育、都有求学向上的志愿，世界进步不更快吗？要是人人有智理的奢望，发扬踔厉、自培自发，社会进化不更快吗？

——《伦理讲演纪略》（1919），

《杜威在华教育讲演》，2016：324

各个人的心智在分量上是不同的。我们指望平常的人做平常的事，只允许超常的人有创造能力。平常的学生和天才学生之间的区别，就在于平常的学生缺乏创造性。……教师所要做的事，是使每一个人有机会在有教育意义的活动中使用他自己的力量。

——《民主主义与教育》（1916），1990：183-184

创造一种新型个人——其思想及欲望的模式与他人具有持久的一致性，其社交性表现在所有常规的人类联系中的合作性——的主要障碍，是早期个人主义典型特征的顽固存在。这种个人主义用一己的金钱利益观念来定义工业和商业。……旧个人主义的全部意义已经萎缩为一种金钱尺度与手段,这样说并不过分。

——《旧个人主义与新个人主义》(1930),

《杜威全集·晚期著作》第5卷,2015:64

我们在未来初等课程中有些控制因素——手工训练、科学、自然课、艺术和历史。这些学科使儿童积极的创造性冲动保持活力,并且引导它们,对它们进行训练以形成有效地参与社区的思维和行动的习惯。

——《初等教育的迷信》(1898),

《杜威全集·早期著作》第5卷,2010:206

总之,[我们]需要做的是提供机会,借此使儿童获得并和别人交换他自己所积存的经验、他的知识范围,校正和扩展他的新的观察,以便保持其想象不断发展,以便在对新的、庞大的事物的确定清晰的了解中寻求精神上的支点和满足。

——《学校与社会》(1899),

《学校与社会·明日之学校》,1994:103

如果我们叫儿童自己思维、自己创造,而不提供发动并指导思想所必需的任何周围环境的条件,那么,没有一个东西能够从"无"中发展出来,从粗糙的东西发展出来的只能是粗糙的东西。

——《儿童与课程》(1902),

《学校与社会·明日之学校》,1994:125

各人的观点、喜欢学习的对象以及处理问题的方式,都存在个别差异。如果这些差异为了所谓一致性的利益而受到压制,并且企图使学校中的学习和答问都必须按照一个单一的模式。就不可避免地使学生造成心理上的混乱和故意矫揉造作。学生的独创性就被逐渐摧毁，对自己的心理运作的质量和信心就被逐渐破坏，被反复灌输要驯顺地服从别人的意见，否则就是胡思乱想。

——《民主主义与教育》（1916），1990：318

我们必须记住，虽然我们在学校里总是把学生当作处于萌芽状态的科学家（他们在获得成就之前，有时莫名其妙地中断了自己的成才之路），但是大部分学生永远不会成为科学上的专家。对于这些学生来说，科学的价值在于给予日常环境和日常生活中的普通事件一种附加的意义。

——《科学教学中的方法》（1916），

《杜威全集·中期著作》第 10 卷，2012：107

精神态度的某种独创性同时也是自发的个性品质，所以，这里我必须说，教育作为一种强大的力量，要么能够保护和提倡这种创新态度，要么能够缓缓地最终扼杀这种创新态度。教育是当代拓荒的重大机遇之一，同时也是深陷许多重大难题的一个领域。

——《创造与批判》（1930），

《杜威全集·晚期著作》第 5 卷，2015：100

主动的道德是什么呢？就是创造、发明、活动等。这种主动的道德，要在学校里培养出来……要注重有活动的精神、创造的本领、发明的能力。……以上所讲的创造、发明、活动诸精神，教师先要自己练习，然后才可以教学生。

——《教材的组织》（1920），

《杜威在华教育讲演》，2016：186–188

首先引起我对教师更大自由问题感兴趣的东西，源于对学生更为多样、富于创造、独立不依和具有本原性的工作的兴趣。最后我发现，当教师未获得解放，仍旧被束缚于太多的陈规旧套，以及对统一的方法和教材过于渴望的时候，期待学生做富于创造性的独立工作是多么不现实。

——《任课教师》（1922），

《杜威全集·中期著作》第 15 卷，2012：154

　　教育者如能将困难和努力与思维的深度和广度的增加结合起来，就决不会错误很远。将［困难和努力］与单靠紧张、单靠力气结合起来的人，将永远不懂得在需要努力时怎样获得努力，又不懂得已激发起来的精力的最佳利用方法。

——《教育中的兴趣与努力》（1913），

《学校与社会·明日之学校》，1994：196

　　我们必须就学生将要面对的问题，给他们一种具体的和重要的知识。……我们需要尽可能地教育年轻人，让他们具备主动性、足智多谋，并且具有那些使他们变得聪明的知识，看看他们在步入社会时成为什么样子。

——《教育的社会目的》（1922），

《杜威全集·中期著作》第 15 卷，2012：136–137

　　我们学校确实能够培养出具有创造性智慧和负责任的成员，形成一种致力于全体社会成员持续成长的社会生活。这是一个非常困难的问题……教师和学生的精神遍及学校课堂里氛围、操场和街道，就是关键的因素。

——《致戴维·拉塞尔》

（*John Dewey to David W. Russell*，7 November，1949）

　　在我们对理智上的创造性和原创性望而却步，或者把它们隔离在远远不能为与孩子们的生活提供沃土的办公室里，只有通过统计和标准化的考试，才能接触到孩子们的生活。难怪我们不知道花费在教育上的所有精力和热情为什么收效甚微了。

——《教育怎么了？》（1925），

《杜威全集·晚期著作》第 2 卷，2015：99

在开发任何新的事物时，用不同的方法并肩工作，进行实验和比较是一个很好的计划。这种差异与某一特定的学校是好或坏无关，与向儿童们教授什么知识，以及与他们在家里和学校都很开心无关。

——《为什么有进步学校？》（1933），

《杜威全集·晚期著作》第 9 卷，2015：121

尽管大体上看我们进行的学校改革似乎是革命性的，尽管在其他方面我们会损失展示创造性和首创性的机会，但在相当程度上，我们还依然保留了传统主义的许多东西。

——《创造与批判》（1930），

《杜威全集·晚期著作》第 5 卷，2015：100

■ 发展就等于积极地创造

幼儿园教育者普遍没有研究儿童，没有进行足够的实验。……儿童应当忙于游戏，并且自由地工作。发展就等于积极地创造，并且在每一个阶段都是全新的。

——《在儿童研究联合会上的演讲》（1914），

《杜威全集·中期著作》第 7 卷，1012：283

我一直用的是"construction"这个词，而不是"creation"，因为这样似乎少些狂妄感。但是，我所指的意思是创造性心智（creative mind），是一种在操作过程中产生的真正创新的心智。其实，每一个人都具有自己的独特方面。每个人都站在与众不同的角度体验生活。因此，如果他能把自己的经验转变成一种观念，并把其传递给别人，那他与别人交流的经验一定是与众不同的。来到这个世界的每个人都是一个新的开始。

——《创造与批判》（1930），

《杜威全集·晚期著作》第 5 卷，2015：97

重要的是创造出新的手段，而不仅仅是改进已有的手段，因为"新的手段"不仅包括哪些更有效地实现已有目的的新手段，而且包括会带来本质上不同结果和目的的手段。

——《教育科学的源泉》（1929），

《杜威全集·晚期著作》第 5 卷，2015：23

我一直为人们对年幼儿童以及他们的言行表现出的兴趣而感到惊奇，即使尽可能地将亲朋好友的兴趣打个折扣，也还是会存在某种其他原因。我相信，这种原因就是对独创性的认可，以及对一种事实的反应。让家庭和朋友产生浓厚兴趣的是，儿童为这个世界带来的新的东西、新的观察世界和感觉世界的方法。

——《创造与批判》（1930），

《杜威全集·晚期著作》第 5 卷，2015：97

衡量独创性的不是物质产品，而是个人探究我们这个共同世界的方法。不是说，只有当一个人奉献给世界的某种发现是前所未有的，这个人的发现才是独创的。如果每次他都认真地发现，即便这个发现有千百人做过，他也是原创的。在一个人的智力生命中，发现的价值在于它对活跃的创造性心智的贡献。……关键是，它是第一手的发现，而不是从其他人那里趸批过来的第二手发现。

——《创造与批判》（1930），
《杜威全集·晚期著作》第5卷，2015：97-98

　　将真正的创造性和主动性精神活动的主要特性列出并不困难。它们是独立的和具有首创性的活动，是辨别判断的训练。遗憾的是，感性地理解和解释它们的主要特性特征要比理性地理解和解释容易。一个人做自己喜欢做的事情并不表明理智的首创性和独立性，除非他对喜欢做什么的鉴别力得到了很好的培养。

——《创造与批判》（1930），
《杜威全集·晚期著作》第5卷，2015：101

　　想象的最高形式是一种有组织的洞察力，它揭示出事物隐藏的意义。……想象的最高形式的特点是创造性，创造性想象并不局限于既有经验的分离和组合。……创造性想象赋予了对象以新的视角，因而使它们具有了新的意义。

——《心理学》（1886），
《杜威全集·早期著作》第2卷，2010：133

　　总之，创造性想象只是各种认识过程中所包含的观念化活动的自由行动。……创造性想象不是不切实际的异想天开，也不是心智的漫无目的的胡思乱想，它是一个一般化的活动。

——《心理学》（1886），
《杜威全集·早期著作》第2卷，2010：134

关于真正的大脑活动，还有一种表述，即没有建构，就没有教学。教学是指吸收的东西，建构是指输出，儿童尤其应该有一定量的阅读和唱歌活动。当他们长大些时，建构部分会更多地具有智力因素。

——《在杨伯翰学院作的教育学讲座》（1901），

《杜威全集·晚期著作》第 17 卷，2015：191

儿童应当对他要做什么有一种正面的意识，应当能够从根据他必须从事的工作的观念出发，对他的各种行为进行判断和批判。只有这样，他才有一个正常的和健康的标准，以使他能够恰当地评价他的各种失败，能够评估出这些失败的正确价值。

——《构成教育基础的伦理原则》（1897），

《杜威全集·早期著作》第 5 卷，2010：47

儿童们需要一定的孤立，他们必须自己做事并有时间去思考，这是对的。但是，对其创造性和独创性最好的激发，对其本性的唤起，只有在个体与其他人一起合作时才会出现。

——《教育中的个性》（1922），

《杜威全集·中期著作》第 15 卷，2012：146

只要一个人的行动真正体现了智性的选择，他就能学到一些东西，就像一个探究者可以通过由智性指引的行动从科学实验中学到些什么。无论实验失败还是成功，失败的实验甚至帮助更大。他至少可以找出之前选择的问题所在，他可以下次选择做得更好。"更好的选择"意味着更具反思性的选择，而"做得更好"则意味着与实现目的相关的那些条件更好地协调。

——《自由的哲学》（1928），

《杜威全集·晚期著作》第 3 卷，2015：78

美感不仅指向那些拥有美的形式的对象，而且通过与对象相连接从而变成了兴趣的来源，并因而导致一种满足这一兴趣的行为。……此时，美感就变成了创造性行为的动力，促使产生各种艺术形式。

——《心理学》（1886），

《杜威全集·早期著作》第 2 卷，2010：217

■ 知识应能转化为判断力

积累事实虽然可以让一个人的记忆力超群或非常博学，但如果这些知识不能转化为判断力，那就完全不能算作教育。也就是说，除非积累知识可以让一个人自主原创地形成相对的价值观，让一个人知道应该选择什么、摈弃什么，否则都不是教育。

——《在杨百翰学院作的教育学讲座》（1901），

《杜威全集·晚期著作》第 17 卷，2015：283

无论那些仅仅通过堆砌积累在记忆中的事实和原理有多么重要，它们都不是影响判断的必要因素，因而也不一定会影响性格。所以，只有知识转化为智慧后，才会通过反思和评估转化为我们的能力，进而成为我们性格中的一部分。

——《在杨百翰学院作的教育学讲座》（1901），

《杜威全集·晚期著作》第 17 卷，2015：283

盖刃必时时磨砺，始有效用；知识亦时时训练，始能判断。判断在人生行为至关重要，故判断必须由自己下的，绝非他人所能代替。养成学生之判断力，使彼于轻重缓急是非善恶之间，各人自有一种度量权衡。

——《品格之养成为教育之无上目的》（1919），

《杜威在华教育讲演》，2016：304

判断是智力活动的典型行为。……判断并不是一个新的、至今尚闻所未闻的心智活动，它只是对每一项心智活动的实质的有意识的识别——即对观念元素与现实之间的多重关联的识别。知觉是关于空间的判断，记忆是对时间的判断，想象是对观念意义的判断。

——《心理学》（1886），

《杜威全集·早期著作》第 2 卷，2010：148

在理智方面，我们必须有判断力，即通常叫作良好的鉴别力。单纯的知识和判断之间的区别，在于前者只是被掌握了而没有得到应用，而后者是以关于实现的目的所指导的知识。良好的判断就是对各自的或相称的价值的鉴别力。

——《教育中的道德原理》（1909），

《学校与社会·明日之学校》，1994：161

现在所需要的是要用智慧去检验历代所继承下来的制度和习俗实际上所产生的后果，以便用智慧去考虑。为了产生不同的后果，人们应该采取怎样的方法来有意地改变过去由制度和习俗所产生的后果。

——《确定性的寻求：关于知行关系的研究》（1929），

《杜威全集·晚期著作》第 4 卷，2015：175

系统化过程，这是推理的更高的发展水平。它不仅仅从事实中发展出依存关系，它还进一步意识到没有任何一种关系是孤立存在的。各种关系构成了一个系统，这就是系统化。

——《心理学》（1886），

《杜威全集·早期著作》第 2 卷，2010：159

积极参与知识的开发是人的最高特权，是他的自由的唯一担保。当我们的学校真正成为知识开发的实验室，而不是装好了信息漏斗的碾磨机，那么，我们将不再需要讨论科学在教育中的地位问题了。

——《作为题材与作为方法的科学》（1910），

《杜威全集·中期著作》第 6 卷，2012：59

了解什么是科学方法、知道科学方法是用来干什么的人……他将看到，科学方法起着推波助澜的作用，进一步扩展延伸了原本就永无完结的过程；而在这一过程中，人们把取自狭窄的背景环境中的事件、事实不断放大，使之适用于无限广阔的时空背景。他还将看到，这么做的结果不仅未导致其地位进一步"降低"（即变得更为狭窄），而且恰恰相反……对于这些交流互动中愈益清晰而确定地发生着的一切，人们的理解在不断加强。

——《何谓语言符号？何谓名称？》（1945），

《杜威全集·晚期著作》第 16 卷，2015：255

偏见源于不作判断，它甚至是一种愚蠢的判断。偏见先于判断，而且往往会妨碍和歪曲判断。……对于这个地球上一个具有完全理性的人来说，最令人难以置信的，莫过于偏见的大肆盛行……偏见如此顽固，如此难以对付，正是因为它源于人性中的非理性，源于非人的本能和冲动——恐惧、嫉妒、厌恶。

——《理解与偏见》（1929），

《杜威全集·晚期著作》第 5 卷，2015：317

因机械的习惯是一条故辙，它不容你走旁的路，所以读古书烂熟的人往往做古人的奴隶，用圣经贤传来支配他的一生。一见新奇，就拼命反对。他只配老死在旧状况里面，对于新状况，无论是想象的、实际的，他终是没有移动的希望，因为他已经被习惯四周包围起来了。

——《教育与学校的几个关键问题》（1920），

《杜威在华教育讲演》，2016：76

真正的无知是更为有益的，因为真正的无知很可能带有谦逊、好奇和虚心等特点；而只具有重复警句、时髦名词、熟知命题的能力就沾沾自喜，自以为拥有学问，从而把心智涂上一层油漆的外衣，使新思想再也无法进入，这才是最危险的。

——《我们怎样思维：再论反思性思维与教学的关系》（1933），

《我们怎样思维·经验与教育》，1991：197

普通学校的通病，就是教师同学生都认科学为一种专门的学问，不拿它当作最好的方法，去锻炼他们的判断、发明、观察的力量。

——《学校科目与社会之关系》（1921），

《杜威在华教育讲演》，2016：157

■ 创造与批判两者是一对伙伴

创造与批判两者是一对伙伴。真正的辨别力是创造性的，因为它表达了对所呈现的东西的最初反应，它是一种个人感受的体验。……喜爱某种东西的情感反应完全不同于理智的判断。

——《创造与批判》（1930），

《杜威全集·晚期著作》第5卷，2015：105

我们不能将创造与批判孤立开来，因为在我们思想与精神的"呼吸"中，它们是呼出和吸入的节律。……那些不是通过批判而形成的产物不过是冲动的迸发，那些不能导致进一步创造的批判会削弱冲动，并导致产生无意义的目的。正如呼气和吸气的合作，生命才得以维持和延续，批判和创造的相互联系是自然生命的表现。一个人越能正常地从肺部排出气体，就越能说明这个人的呼吸与肺部结构和隔膜协调一致；而且，他吸气越深，他的呼气也就越深。同可以观察到的外显活动一样，接受与吸收完全是生命活动形式。

——《创造与批判》（1930），

《杜威全集·晚期著作》第 5 卷，2015：106

为了获得真正独立的和具有首创性的思想，要做的工作比贴"进步主义"的标签要多得多。而且，除非它是独立的和具有首创性的思考，否则这种活动只不过是一种盲目的身体活动——它与作为创造条件的精神自由之间的距离甚远。将身体、手脚、眼睛、耳朵从约束和强制它们机械行动的物质环境中解放出来是独立思想的前提条件，但它只是一个条件，而不是思想的本身。

——《创造与批判》（1930），

《杜威全集·晚期著作》第 5 卷，2015：101

讲到创造这一层，不是说一定要创造世界上没有的发明或前人所没有发明的东西，真正能发前人所未发的人，世界上能得几个，哪里能够人人这样呢？创造的意思是说自由发动，用自己的方法做自动的研究去获得新知识，新经验和那外面勉强输入的却是大不相同。平常幼稚园小学校里有种种表演手工等，一直到中等学校有试验室去做种种试验，还都是注意全身自由活动，使自己发现知识。这种自己发动、自己创作的精神，已经被旧日的方法弄坏了、摧残了……

——《教育与学校的几个关键问题》（1920），

《杜威在华教育讲演》，2016：88

积极的实现，即意义与力量实际上的丰富，开启了新的远景并规定了新的任务，创造了新的目的并激励着新的努力。……新的奋斗与失败是不可避免的。……这种情形是力量的扩展，而不是力量失败的后果；并且当这种情形被人们所理解和承认时，它就是对理智的一个挑战。

——《人性与行为》（1922），

《杜威全集·中期著作》第 14 卷，2012：176

所云发明与创造，不是专从结果方面说，但是也从方法方面说。发明不必定是发前人所未发，创造不必定是创前人所未创，只要我的方法与历程不苟同前人，那仍旧不失为发明与创见。真正有创见、有发明、有达到目的的方法才算是近于真实。

——《教育与学校的几个关键问题》（1920），

《杜威在华教育讲演》，2016：116

无论创造的数量受到多少局限，重要的不是这种工作的内容和领域，而是这种工作的质量和力度，以及大量个人所形成的累积效果。创造性活动是我们最大的需要，但批判和自我批判是通往创造性释放之路。

——《创造与批判》（1930），

《杜威全集·晚期著作》第 5 卷，2015：108

批判不是发现错误……批判不是去发现需要纠正的弊端。批判是对价值进行辨别判断，思考无论什么领域和什么时代，什么是较好的和什么是较坏的，以及为什么是较好的和为什么是较坏的。因此，对于创造性成果来说，批判性判断不是敌人，而是朋友和盟友。

——《创造与批判》（1930），

《杜威全集·晚期著作》第 5 卷，2015：102

　　困惑最终要归咎为头绪不清，正如以上述及的那种冲突所表明的，人们试图一方面追随传统，同时把全新样式的材料和兴趣引入其内——试图用一件新外套把陈旧的东西裹起来。旧瓶装新酒的比喻未免显得陈腐，然而却找不到更为合适的其他比喻了。

——《摆脱教育困惑的出路》（1931），

《杜威全集·晚期著作》第 6 卷，2015：74-75

　　没法酿造文化的新酒，并把它装在新的容器里，这并非使人望而却步之事。只有提出新的目标，才能把人们去清理和整合教育资源的那股热情干劲激发起来。唯有确立这样的目标，才能减少困惑；纵使靠它们不能结束冲突，但至少能使冲突成为理智的有益的东西。

——《摆脱教育困惑的出路》（1931），

《杜威全集·晚期著作》第 6 卷，2015：75

　　我们心智的反常和问题，在于我们未能观察到创造和批判活动节律的规律。我们并不是接受的印象太少，而是我们的接受没有辨别性和选择性。在接受中，被动性是必要的，但是，我们却允许接受的被动性转变为行动的被动性。因此，我们被淹没在强加给我们的外部印象的洪水中，结果形成了一潭死水，允许人们向其丢弃各种外来的杂物。

——《创造与批判》（1930），

《杜威全集·晚期著作》第 5 卷，2015：107

■ 创造与批判需要勇气

　　批判能力最基本的需要是勇气，其最大的敌人是怯懦，换个说法，也可以委婉地称之为理智懒惰（intellectual laziness）。简单的做法，就是接受所传递的东西。这样做，不仅省力气，而且可以将责任归于他人。

——《创造与批判》（1930），

《杜威全集·晚期著作》第 5 卷，2015：103

我们在努力解决既有问题的时候，难道不也需要同一种科学精神吗？对于我们共同的职业、共同的命运，必须具有更加强烈的意识；对于科学的方法、探究和宣传的方法应用到教学工作，我们必须怀着更加坚定的渴望。……我们的判断力、勇气和自我牺牲精神要配得上我们对自身使命的尊重，这个使命只能是发现真理、传播真理。

——《在美国大学教授联合会上的开场讲演》（1915），

《杜威全集·中期著作》第 8 卷，2012：80

为什么个人的辨别能力（即批判能力）会在实践中失败。这种失败在许多情况下有其根深蒂固的原因，即缺乏一种独立判断和选择的教育。但是，有许多人在智力方面有准备但却由于道德原因失败了——首先是缺乏思考的勇气，其次是缺乏大声表达自己见解的勇气。

——《创造与批判》（1930），

《杜威全集·晚期著作》第 5 卷，2015：104

必须要有某个人，他有足够的想象力来摆脱现有的、极易得到公认的"思想"模式。这需要胆量，需要超越陈规和习俗去思考的勇气，需要以一种新的方式并为了新的结果而运用现有科学材料的创造力。……这个先行者成功地造起了他的桥——并最终创造出一种新的技艺或科学技术——因为他有一个创造性的头脑所具备的勇气。

——《作为工程技术的教育》（1922），

《杜威全集·中期著作》第 13 卷，2012：283

新理的发明不是因为要发财，不过因为研究科学。有坚忍的精神、有胆量、有勇气、不被古人的思想束缚，所以就能发明新理。

——《工艺与文化的关系》（1920），

《杜威在华教育讲演》，2016：244

从思想方面来看，人并不真正天生就是个体主义。引发思想上的个体主义的主要力量是科学精神，因为它容许一个人在思想上采取不同于大众的态度，无视他人的冷眼，沉着而勇敢地坚持不懈。

——《〈改造〉文章摘要：〈自然科学中的理想主义〉》（1921），

《杜威全集·中期著作》第 13 卷，2012：378

可以说，一个思想家，一个献身于科学研究和哲学思考的人，他不仅是用理性工作，而且是在理性中工作。

——《民主主义与教育》（1916），1990：269

就我的目的而言，所有这一切的重要干系在于，全新的探究和反思方法已经成为当今受过教育的人在有关事实、存在和智识的所有问题上表示赞成的最终裁量者。毫不夸张地说，"智识权威的座次"已经发生革命。事情的核心在于这种革命本身，而非它对于这个或那个宗教信念的特定影响。在这种革命中，每个失败者都会激发新的探究；每个胜利者都会开启更多发现的大门，而且每个发现都是在智力土壤中播下一粒新的种子，从中生长出结满全新果子的新鲜植物。

——《共同信仰》（1934），

《杜威全集·晚期著作》第 9 卷，2015：19

科学工作者面临一个进退两难的局面，他的职业特性需要他与当前的社会活动和利益保持一定的距离。他的工作需要集中时间和精力，以对问题进行深入的思考。就像有的人被教导进入祈祷室一样，科学家必须进入密闭的实验室、博物馆进行研究，事实上，科学家必须排除足够的干扰。……另外，一个科学家不可能对所有的知识领域展开探索。知识必定被分解为各种问题，一般来说，这些问题的细节和阶段必须分成更小的单元。对科学的进步而言，一定程度的专业化是必要的。

——《知识分子的最高责任》（1934），

《杜威全集·晚期著作》第 9 卷，2015：79

我能想到的第一件事情是：从事科学的人应该对自己进行再教育。他应该了解他对更广泛的人类事务负有责任，他应该把科学方法应用到这些事务上去。……我认为，从事科学的人对自身进行批判地再教育，是一个更务实的智能组织的必要的前提条件。

——《世界最高知识法庭》（1936），

《杜威全集·晚期著作》第 11 卷，2015：97

科学的进步并非使人被束缚于固定的完成的结构，科学进步的每一步都伴随着人的自由扩展，使人能够利用自然界能量作为其动力之源，首先解放其目标，然后提供实现这些目标的手段。

——《解放社会科学家》（1947），

《杜威全集·晚期著作》第 15 卷，2015：184

因现在为新的世界，有几多新的现象、新的问题发生，然不能以积习应付之，务须训练有创造的心力以应付之。

——《自动道德重要之原因》（1921），

《杜威在华教育讲演》，2016：347

　　道德的情境是在公开行动之前须要判断和选择的一个情境。这个情境的实际意义——就是说要来满足它的那个行动——不是自然明白的，而是要寻找的。有互相反对的欲望，也有不能两全的善行，所需要的是去找出行动正路和正善。所以考究是必须的……这个考究就是智慧。

——《哲学的改造》（1920），1958：97-98

■ 理智的自由具有最重要的意义

　　只有理智的自由才是唯一永远具有重要意义的自由，这就是说，理智的自由就是对于有真正内在价值的目的能够作出观察和判断的自由。……必须把如同囚犯的囚衣和拘禁囚犯的镣铐之类的措施全部废除掉，才能使个人在知识上有自由生长的机会，而没有这种自由，就没有真正的和继续的正常的发展。

——《经验与教育》（1938），
《我们怎样思维·经验与教育》1991：281

　　简而言之，真正的自由是理智的。它依靠训练有素的思维能力，依靠研究事物的"叩其两端"的能力和深思熟虑对待事物的能力。要有能力去判断手边的哪些证据对于作出决定是需要的。如果没有证据，那就要能说出在哪里以及怎么样才能找到这类证据。

——《我们怎样思维：再论反思性思维与教学的关系》（1933），
《我们怎样思维·经验与教育》，1991：74

　　自由第一的要素是精神或心理的特征。自由的真义是要使人人有创造的能力，自思、自行、自决、自裁……解除外界的束缚是消极的自由，养成创造的能力才是积极的自由。积极的自由不是徒然解脱束缚所能得的，还要有知识的发展，能洞察物理、判决是非、自思自行、不顾俗论，去谋思想的进化。……想真正的自由一定要有知识的发展、创造和裁判的能力。

——《伦理讲演纪略》（1919），

《杜威在华教育讲演》，2016：341

个人的自由表示一个积极的进程，即能力从障碍脱出的进程。但是，既然社会只能在新资源任其自由处置时遂其发展，则以为自由对于个人有积极意义的而于社会则为消极意义的那个想法是悖理的。……这样的能力发挥，如果不允许实验超脱既成习惯的界限以外，那是做不到的。

——《哲学的改造》（1920），1958：123

自由主要是思维在学习中所起的作用，这种思维是属于个人的。自由指理智上的创造性、观察的独立性、明智的发明、结果的预见性以及适应结果的灵活性。

——《民主主义与教育》（1916），1990：317

自由是一种让选择变得更为灵活多样、更具可塑性、更能认识到自身意义的行动倾向，这种行动倾向同时也扩大了选择能够不受阻碍地进行运作的范围。

——《自由的哲学》（1928），

《杜威全集·晚期著作》第3卷，2015：81

研究的自由、不同观点的容忍、交流的自由，把发现的东西分配到每一个人手里，把他当作智识的最后消费者，这些都是既包含在民主方法之中，也包含在科学方法之中。

——《自由与文化》(1939)，2013：86

没有探讨的自由，没有教师和学生探究社会中起作用的各种力量以及引导这些力量的方式的自由，就不可能创造出有序社会发展所必需的明智行动的习惯。

——《学术自由的社会意义》(1936)，
《杜威全集·晚期著作》第 11 卷，2015：296

科学态度和科学方法是最基本的方法，也是自由、有效、理智的方法。特殊学科揭示了科学方法的含义及其功能。要让所有人都成为某种特殊科学的开创者，既不切实际，也不可取。但让所有人都具有科学态度，既是值得追求的，在某些条件下也是可行的。

——《作为社会问题的科学统一》(1938)，
《杜威全集·晚期著作》第 13 卷，2015：239

人类精神自由的事业，获得人的能力充分发展的机会的事业，自由主义长久以来代表的事业，是如此珍贵并且根深蒂固，因而不会永远被淹没，在犯了百万年的错误之后，理智认识到自己是一种方法，它不会永远迷失在黑夜之中。自由主义的任务是尽最大的努力，以最大的勇气，使这些珍贵的东西一刻也不丢失，并从此时此刻得到加强和扩大。

——《自由主义与社会行动》(1935)，
《杜威全集·晚期著作》第 11 卷，2015：47

当我们行动时，我们愈知道自己在做什么，就愈自由。……当环境迫使我们采取一定的行动，但对如何行动还没有智慧的线索来进行指导时，我们的选择便是摇摆不定的，而且是极端任意武断的。

——《确定性的寻求：关于知行关系的研究》（1929），

《杜威全集·晚期著作》第 4 卷，2015：160

自由若不加以限制，就是自由的消极方面，其价值仅仅在于它是一种取得力量的自由的工具……在任何情况下，自然的冲动和欲望都是一种起点，如果对冲动和欲望不加以某些改造、某些批判，使它们保持本身原有的形式，那么，就不会有理智的生长。……过分地强调把活动当作目的，而不强调理智的活动，就会导致把自由同要立即实现的冲动和欲望看作是一回事。

——《经验与教育》（1938），

《我们怎样思维·经验与教育》，1991：283–287

如果社会条件为一个人的自发偏好准备了有利的前景，并且体制及赞美和认可的习惯也让他做事变得容易，这个人获得的正是行动相对不受阻碍的外在自由，就像那个被宠坏的孩子一样。但是，就选择的多样性和灵活性而言，他并没有多少自由，偏好被局限在已经铺好的路线上，最后个体变成了成功的奴隶。

——《自由的哲学》（1928），

《杜威全集·晚期著作》第 3 卷，2015：80

人有理智，有思考能力。人不仅是物理存在的样态，也是心灵的样态。只有拥有了力量，人才是自由的；而只有当人根据整体而行动，并通过整体的结构和动力得到强化时，人才有力量。……只要人分享了整体的力量，他就是自由的。

——《自由的哲学》（1928），

《杜威全集·晚期著作》第 3 卷，2015：76

　　归根结底，自由是重要的，因为它是个人潜能得以实现的条件，也是社会进步的条件。没有光，人将毁灭。没有自由，光亮就会变得暗淡，黑暗开始笼罩。没有自由，古老的真理就会变得陈腐破旧，从而不再是真理，仅仅是外在权威颁布的命令。没有自由，新真理的寻求，人性可以更安全正当行走的新路径的开辟就到了尽头。自由对个人的解放，是社会朝着更加符合人性的、更加高贵的方向前进的最终保障。

——《自由》（1937），

《杜威全集·晚期著作》第 11 卷，2015：197

　　当我们为巨大的物质变化以及成功地减少荒芜土地的成就感到骄傲之时，我们依然可能忽略了心理变化、精神变化和道德态度变化的意义和范围。所以，我要重复一下，我们来自一个一切都需要自己动手的文明，在那个时代，紧迫的需要促使人们开动脑筋去创造和制造……

——《创造与批判》（1930），

《杜威全集·晚期著作》第 5 卷，2015：99

　　让我们中的任何人都不要认为在称为自由思考和自由言语的东西中，首要的是自由。"自由的"这个词不是必要的，而是多余的，正是思考本身，有意义的生活才是重要的。离开了交谈，离开了话语和交流，就不存在思想，也不存在意义，而只是哑默的、荒谬的、毁灭性的事件。

——《事件与意义》（1922），

《杜威全集·中期著作》第 13 卷，2012：243

　　显然，习惯限制着理智的范围，并确定理智的阈限。习惯是把心灵之眼限制在前面路途之上的障眼物。……墨守成规者的道路，是他无法跳出来的壕沟；壕沟的边沿禁锢着他，并且如此彻底地指引着他的路线，以至于他不再思考他的路途或目的地。

——《人性与行为》（1922），

《杜威全集·中期著作》第 14 卷，2012：107

当儿童掌握了走路和说话的能力，就可以自由地与别人交往。当然，这意味着儿童不仅获得了智力和道德的自由，而且包括有能力主动地做事，尝试并熟悉不同的事物。走路就是一种最基本的道德自由的外在化的符号，然后是说话；接着，一个社会交往的丰富世界就展现在儿童眼前。

——《在杨伯翰学院作的教育学讲座》（1901），

《杜威全集·晚期著作》第 17 卷，2015：222

毫无疑问，"自由"这个词被用在了许多事情上，这些事情披着各色羽衣；而且，"自由"这个词的魔力在很大程度上来自它与不同事业之间的联系。因为需求不同，它的形式也不同，它的"用途"在于帮助人类处理许多困境。

——《自由的哲学》（1928），

《杜威全集·晚期著作》第 3 卷，2015：69

人类总是持续地向更加自由进步的，这是因为自由和责任总是紧密地连结在一起。真正应该提出的问题是：儿童在课堂中能够承受多少自由度？我们没有权利给他们过多的自由，因为他们仅仅是孩子，还缺乏经验。要知道，不是为了给他们自由而给他们自由，因为实践表明：只有通过自由，我们才能增强责任。很多学校的纪律，其实只是将孩子和责任剥离开的诡计。……儿童可以实现在责任范围之内的自由。剥夺所有的自由是不正确的，但是给予他们太多的自由更加不正确。

——《在杨伯翰学院作的教育学讲座》（1901），

《杜威全集·晚期著作》第 17 卷，2015：286–287

当我看到我们的学校和其他机构的主要目的是发展永不停止且有辨识力的观察力和判断力，我开始相信，较之于让他人服从我们的意志而将我们的信念强加于他们之上，我们更关心自由。

——《自由的哲学》（1928），

《杜威全集·晚期著作》第 3 卷，2015：84

我们清楚，我们的学校，公立的也好，私立的也罢，在教学上都没有获得应有的自由。它们身处的氛围，它们的精神渗透，在水平和质量上，都无法达到它们本该具有的允许智力自由的程度。

——《劳工教育的自由度》（1930），

《杜威全集·晚期著作》第 5 卷，2015：260

教育的自由的观念包含学生的自由，这比包含教师的自由甚至更为重要；至少，在可能把两者区分开来的情况下是这样。教师的自由是学生的自由学习的必要条件。

——《学术自由的社会意义》（1936），

《杜威全集·晚期著作》第 11 卷，2015：294

简言之，人们不会考虑去获得行动中的自由，除非他们在行动中遇到的条件阻碍了他们的原始冲动。教育的秘密在于调和那些影响思想和预见的偏好与阻碍物，并通过这种对于性情和观点的改变来影响外在行动。

——《自由的哲学》（1928），

《杜威全集·晚期著作》第 3 卷，2015：80

■ 自动教育促使创造力发展

无论施教育者与受教育者，不可徒重模仿教育。今所需者，主动教育，即创造教育也。外国所已发明者，因当从而学之，然若徒务模仿，而不思自创，则收效亦俭矣。必各人自信有自创能力，发其自创能力求新改良新发明。

——《教育与实业》（福州）（1921），

《杜威在华教育讲演》，2016：254

真正的自动，是有目的地动作、有意义地动作。……自动，不是任性去做。有许多人，不知自动真义；以为我自由行动，别人不能干涉我；这是大错的。真正的自动，是和社会的进化互相连带的，是和社会的利益互相牵制的。

——《"自动"的真义》（1920），

《杜威在华教育讲演》，2016：178

自动乃印象、思考、展示三部的完全进行，由五官的接触，一一亲自试验，然后得一种结果。所以，自动是实验主义必需的手续。

——《"自动"的真义》（1920），

《杜威在华教育讲演》，2016：178

每个进行这种探寻的人都会发现，其中许多东西都是无用的杂物，是难以忍受的负担。然而，我们还是把这些无用的杂物放在储藏室里，并承担着这些沉重的负担。……当我们摆脱了这些无用的杂物和沉重的负担，能够释放创造能力的正是这些方法……

——《创造与批判》（1930），

《杜威全集·晚期著作》第5卷，2015：108

真正自治的基础，就是本着积极的、创造的态度去维持公共利益、管理和秩序，可以养成他们的自动力、创造力。必须有了这样的经验以后，才可以定规则去管理学校。

——《学校与社会的关系》（1921），

《杜威在华教育讲演》，2016：168

思考也可能是沿着完全不同的另一个方向进行。它可能不是引向重新考虑目的，而是寻求新的方法；简言之，是去寻找发现和发明。……"需要是发明之母。"

——《教育中的兴趣与努力》（1913），

《学校与社会·明日之学校》，1994：192

只拿增进财产来做一切的欲望，决计不会成伟大的事业。所以，总要用自己的理想，来创造轰轰烈烈的发明事业，和自然界奋斗，使于人类有益，用实验的方法得美满的效果，不怕艰难困苦，努力前进。……再从聪明理智方面来讲，一个人最好有创造性。

——《教育与实业》（苏州）（1921），

《杜威在华教育讲演》，2016：249

第十五编　伦理道德与品格养成

■ 一切道德都是社会性的

道德判断与道德责任都是社会环境在我们身上引起的结果，这两个事实意味着一切道德都是社会性的。这不是因为我们应当考虑我们的行为对其他人的福利所产生的影响，而是因为事实如此。……无论我们意识到这一事实与否，我们的行为都是以社会为条件的。

——《人性与行为》（1922），

《杜威全集·中期著作》第 14 卷，2012：191

从哲学讲，道德教育的含意很深，最重要的是"个性"与"社会"的关系。道德教育不如旁的教育。它一方面发展个性，养成个人的知识能力感情；一方面发展之后，还须使社会的同情格外增加。所以，问题在怎样使个性发展，同时并把同情的范围扩大，对于社会情愿尽忠、情愿牺牲。

——《关于教育哲学的讲演》（1920），

《杜威在华教育讲演》，2016：65

道德情感是唯一外显的社会情感。很明显，道德情感始终包含在社会情感当中，而只有道德情感才通达到意识层面。社会情感的本质就在于，一个人感觉到他自己与一个比他特殊的个人存在更加广泛和持久的自我是同一的。

——《心理学》（1886），

《杜威全集·早期著作》第 2 卷，2010：229

最高的道德动机和道德力量不是别的，它恰恰是社会性的智慧——观察与理解社会状况的能力，以及社会能力——经过专门训练的控制能力而为社会的利益和目标服务的工作。凡是能阐明社会构造的事实，凡是能增加社会资源的能力的培养，都是道德。

——《教育中的道德原理》（1909），

《学校与社会·明日之学校》，1994：158

行为总是人们共同参与的，这就是它与生理过程的区别。行为应该是社会的行为，但这不是伦理意义上的"应当"。无论是善的行为，还是恶的行为，都是社会性的。

——《人性与行为》（1922），

《杜威全集·中期著作》第 14 卷，2012：14

道德品质存在于行为者的习惯素质里，并且包含在这些素质的趋势中，即保护（或阻碍）社会共同体的和可能共有的价值。

——《伦理学》（1908），

《杜威全集·中期著作》第 5 卷，2012：299

行为本身具有两个方面。一方面，行为是活动的一种形式，是操作的一种形式，是某人做某事。没有行为者，就没有行为。……另一方面，社会必须通过一些个体或群体的活动，满足其需要，实现其目的。

——《构成教育基础的伦理原则》（1897），

《杜威全集·早期著作》第 5 卷，2010：42-43

只有当我们联系到与学校有关的更大范围的社会活动来解释学校活动时，我们才能真正找到判断它们的道德上的意义的任何标准。

——《教育中的道德原理》（1909），

《学校与社会·明日之学校》，1994：147

对儿童的活动能力，对他在建造、制作、创造方面的能力有吸引力的每一种教学方法的采用，都标志着把伦理的重心从自私的吸收转移到社会性的服务上来的机会。手工训练不仅是用手，不仅是智力的，在任何一位优秀教师的手里，它易于、而且几乎是当然地有助于社会性习惯的发展。

——《教育中的道德原理》（1909），

《学校与社会·明日之学校》，1994：152

美德的定义——正是自我和行为者，最终承担了维持并扩展那些使生活更加合理、更加善的价值。……因此，任何导致这些善的品格特征都会得到尊重，都会被赋予正面价值；而任何被发现具有相反倾向的自我倾向都会受到谴责——即具有负面价值。其结果是：支持和传播理性的与公共的善的品格习惯就是美德，具有相反效果的品格特征就是邪恶。

——《伦理学》（1908），

《杜威全集·中期著作》第5卷，2012：280

其实，道德和有关我们和别人的关系的一切行为同样广泛。虽然我们做事的时候也许没有想到我们行为的社会意义，但是所谓道德，潜在地包括我们的一切行为。

——《民主主义与教育》（1916），1990：374

所谓德行，就是说一个人能够通过在人生的一切活动中与他人进行交往，从而使自己充分地、适当地成为他所能形成的人。

——《民主主义与教育》（1916），1990：374–375

只有明智地承认自然、人与社会的连续性，才会保证如下道德的发展，即这种道德将是严肃的而不是狂热的，是有抱负的而不是多愁善感的，是与现实相适应的而不是守旧的，是合理的而不是功利的，是理想主义的而不是浪漫主义的。

——《人性与行为》（1922），

《杜威全集·中期著作》第 14 卷，"导论"，2012：10

如果我们不考虑在人格构成中所发现的道德上和宗教上的分裂，那我们就难以适当地估计文化对今天构成自由的因素的效果。如果我们不从当前失调的情况中构成理智上和道德上的统一，那我们无论在理论上或实际上都不能成功地处理如何创造真正民主的问题。

——《自由与文化》（1939），2013：41

无论在学校里或在校外，一切的生活就可说是社会的。所以，学校里应当培养学生有社会性的道德。平常对于道德观察的错误，就是以为道德这件事是孤立的，于是不得不特辟一部用修身教授来培养品性。其实品行之造成是全体的事情，与全校的一切生活和精神有密切关系，不能从特殊的方面加工夫的。……因为学校里的一切设施都和道德教育有间接和直接的关系，不过分量稍有不同就是了。

——《教育与学校的几个关键问题》（1920），

《杜威在华教育讲演》，2016：120

■ 真正的道德行为是理性行为

简而言之，真正道德的（或正确的）行为是在明显特殊的意义上的聪明行为；它是理性行为。它不仅仅是在行动时想到的、被看作善的，而且在大多数清醒的、持久的思考中一直被认为是"善的"。

——《伦理学》（1908），

《杜威全集·中期著作》第5卷，2012：221-222

道德就是要培养良知和判断我们正在做的事情所具有的意义的能力，并运用这一判断来指引我们所做之事。这一点不是通过直接培育某种被称作良心、理性或一种道德知识的官能来达到的，而是通过培养那些经验已经表明使我们在感知我们刚开始出现的活动趋向时保持敏感、大度、富有想象力和公正的习惯与冲动来达到的。……因此，重要的是培育那些对情形进行广泛地、合理地、同情地考察的习惯与冲动。

——《人性与行为》（1922），

《杜威全集·中期著作》第14卷，2012：127

道德生活隐含了（1）用智慧指引并控制行为，以及（2）与我们的同伴——整个群体保持良好关系。我们或许因而会说，这些促进智慧发展、促使我们与伙伴合作并情感相通的东西，为道德奠定了基础。

——《伦理学》（1932），

《杜威全集·晚期著作》第7卷，2015：32

须知道德有三个部分：（1）知识；（2）感情；（3）能力。先有了知识，知道因果利害及个人与社会的关系，然后可以见诸行为。不过单有知识，而没有感情以鼓舞之，还是不行，所以，又要感情引起他的欲望，使他爱做、不得不如此做，对于社会有一种同情和忠心。但是，单有知识、感情还没有用，所以还须有实行的能力，对于知道了要做和爱做不得不做的事体，用实行的能力去对付它。

——《关于教育哲学的讲演》（1920），

《杜威在华教育讲演》，2016：63

道德行为的实践者在作出这种行为时，必须有某种"心境"。首先，他必须知道他在做什么；其次，他必须选择这种行为而且是就其本身选择它；再其次，这种行为必须是养成的稳定的品格的表达。换句话说，这种行为必须是自愿的；也就是说，它必须表明是一种选择。而且，为了至少是充分的道德，这种选择必须是某种人格的总体意义的表达。

——《伦理学》(1932)，

《杜威全集·晚期著作》第 7 卷，2015：134

讲真话、诚实、耐心、自尊，所有这些都随着人们理智水平的改变而改变，随着人们对人与事物关系的洞见的增加而改变。只有人们的理智之风吹过这些法则，才使它们避免了一切空想终将腐化的命运。

——《道德理论与实践》(1891)，

《杜威全集·早期著作》第 3 卷，2010：83

所谓自治，不是要用狮子搏兔的法子去歼灭情绪，是要培养它，使它又强又好，还要利用到好的地方去，使它以正确的思想观念为标准。故养成正确的观念，即所以节制情绪。所谓克己，是要引起优美情绪，去驱逐那不良的情绪，换句话，就是要思想和情绪得其均衡罢了。

——《伦理讲演纪略》(1919)，

《杜威在华教育讲演》，2016：315

道德的问题是要调和自为和为人，总要兼顾两全、一举两得才好。真正自为并不是自私，自私不可有，自为不可无。人人都有自爱的义务。都应该爱自己的机体，尽力养护；都应该爱自己的心灵，尽力发达。

——《伦理讲演纪略》(1919)，

《杜威在华教育讲演》，2016：321

　　义务和欲望的冲突是成长的自我的伴随物。……必须不断满足他人的期望和要求，其价值在于使行动者避免故步自封，避免退回到已经形成的习惯，好像它们是决定性的。这样的话，所有形式的义务的现象都是由有目的的扩展和性格的重建导致的现象。因此，只要对义务的认识能够成为显著增强的动机，它就能够最有效地起作用。

——《伦理学》（1908），
《杜威全集·中期著作》第 5 卷，2012：256-257

　　道德的问题，从智力方面考虑，是在客观目的方面要努力达到的自我的寻找和发现；在公开的实践方面，是自我在客观实现的努力中的丧失。这就是在自我克制、自我忘却、无私利的概念中的永恒真理。

——《伦理学》（1908），
《杜威全集·中期著作》第 5 卷，2012：276

　　道德问题是从构成自然的、自我的原始本能的冲动中，形成一个自觉的自我的问题。在自觉的自我中，社会化的欲望和情感占据上风；在其中，最终的和控制的思考原则，即对客体的热爱，使这种改变成为可能。

——《伦理学》（1908），
《杜威全集·中期著作》第 5 卷，2012：278

　　保持和传播理智上的价值、道德上的良善、艺术上的美妙，以及在人类关系中维持秩序和礼节等，都是依赖于人们的行为的。

——《确定性的寻求：关于知行关系的研究》（1929），
《杜威全集·晚期著作》第 4 卷，2015：20

　　良知首先是关于行为的理智德性，也就是说，它是用理智进行道德关系分析的已经形成的习惯。……良知是从品格中生长出来的反思性理智。

——《批判的伦理学纲要》（1891），

《杜威全集·早期著作》第 3 卷，2010：309

　　如果把道德特性等同于服从外在的权威指令，那么这种习惯可能导致我们忽视这些理智态度的伦理价值。但是，就是这种习惯往往把道德简化为死板的和机械的惯例。

——《民主主义与教育》（1916），1990：373

　　没有什么东西像冲动一样容易被愚弄，而且没有任何人像被强烈的情绪所支配的人那样容易上当受骗。因此，人的理想主义很容易化为乌有。高尚的冲动就会被唤起；对不可思议的未来，会有一种模糊的期望和强烈的希望。旧的事物会迅速消逝，而新天地将会诞生。

——《人性与行为》（1922），

《杜威全集·中期著作》第 14 卷，2012：155

　　道德的进步以及性格的塑造取决于辨别细微差异的能力、觉察到以往未被注意的善与恶的能力、考虑到怀疑与选择的需要时时处处会抵触这一事实的能力。这种辨别细微差异的能力一旦丧失，这种进行区别的能力一旦变得迟钝僵化，那么与此同时，道德便会衰退。

——《道德的三个独立要素》（1930），

《杜威全集·晚期著作》第 5 卷，2015：217

　　挡我们道的是许多过时的传统习俗、老掉牙的标语口号，它们取代了思维的责任，也将我们那种置于牢固地位的损人利己的自我利益掩饰了起来。

——《科学和社会》（1931），

《杜威全集·晚期著作》第 6 卷，2015：51

哪里有智慧的自由流传，哪里才会形成有益于卫生的环境。我们的身体需要光明和循环流通的空气，培育我们的理智和道德也需要光明和循环流通的空气。压制和秘而不宣会产生不公正，会造成心理与道德的失调。

——《教育与生育控制》（1932），

《杜威全集·晚期著作》第 6 卷，2015：123

■ 反思性道德与习俗性道德

凡是能够影响行为，使行为有所改进和改善的观念就是"道德观念"（moral ideas）……"关于道德的观念"（ideas about morality），在道德上可以是漠不关心的，或不道德的或道德的。在关于道德的观念、关于诚实、纯洁或仁慈的知识中，没有使这些观念自动地转变为良好的品格或良好的行为的性质。……"道德的观念"和"关于道德的观念"之间的这一区别，给我们说明了校内的教师和校外的教育评论之间一种不断出现的误解的根源。

——《教育中的道德原理》（1909），

《学校与社会·明日之学校》，1994：142-143

实践意识与理论意识的区别，在于前者是对要做某事的意识。这种对要做某事的意识，就是对义务的意识。……这就是道德理论和道德实践的关系。理论是为了知道应当的行为举止而剖析当下既定的行动状况；实践是对由此获得的观念的实现，实践是被付诸行动的理论。

——《道德理论与实践》（1891），

《杜威全集·早期著作》第 3 卷，2010：89

实际上，只有把反思性的选择融入其中的行为，即思虑的行动，才是明显的道德行为。因为只有在这时，才开始出现比较好与比较坏的问题。

——《人性与行为》（1922），

《杜威全集·中期著作》第 14 卷，2012：171

自由主要被用来满足道德需求和促进道德兴趣。道德需求和道德事业的核心是选择，这一断言假设了很多东西。赋予选择以尊严、表达选择在人类事务中的意义、将选择置于人类道德斗争和成就的中心从而来放大其意义，这些愿望都反映在自由的观念之中。我们有一种不可战胜的感觉，那就是：选择就是自由。

——《自由的哲学》（1928），

《杜威全集·晚期著作》第 3 卷，2015：69

习俗性道德（customary morality）和反思性道德（reflective morality）在理论上的区别是非常清楚的，前者把行为的标准和规则归入祖先的习俗，后者诉诸良心、理性或某些包含思想的原则。这种区别既明确又重要，因为它转移了重心。而且，这种区别是相对的，而不是绝对的。

——《伦理学》（1932），

《杜威全集·晚期著作》第 7 卷，2015：131

行为和品格是严格相关的，贯穿于一系列行为的连续性和一致性，是态度和习惯持久的统一性的表现。行为相互一致，是因为它们都出自同一个稳定的自我。习俗性道德会忽略品格和行为之间的联系；反思性道德的本质就是它意识到持久自我的存在，以及它在外部行为中所起的作用。

——《伦理学》（1932），

《杜威全集·晚期著作》第 7 卷，2015：138

我们注意到：不同的社会环境在形成关于善的实际判断的力量方面，作用是大不一样的。……现在，毫无疑问，社会舞台如此复杂，如此瞬息万变，其作用是使人分心的。很难找到任何指南，可以给予行为稳定的指导。结果，对真正的反思的、经过推敲的道德的要求，从来就没有这样强烈过。这几乎是对道德上放任自流或不理智和教条地坚持武断而形式化的规范的唯一替代。

——《伦理学》（1932），

《杜威全集·晚期著作》第 7 卷，2015：185

在习俗性道德中，可能列出一个邪恶和美德的清单或目录。因为美德反映了某些明确存在的风俗，而邪恶反映了某些偏离或违反风俗。因此，赞成和反对的行为，就像属于它们涉及的风俗一样，具有同样的明确性和确定性。在反思性道德中，美德的清单具有更加暂时的地位。贞洁、仁慈、诚实、爱国、谦虚、宽容、勇敢等都无法给出确定的含义，因为每一个都表达了一种对正在变化的目标和制度的兴趣。

——《伦理学》（1932），

《杜威全集·晚期著作》第 7 卷，2015：203

反思性道德是反思的，包括思考和知识。这样说，已经是老生常谈了。然而，这老生常谈引发了重要的理论问题。在道德意义上的知识特性是什么？它的作用是什么？它是如何起源和运行的？

——《伦理学》（1932），

《杜威全集·晚期著作》第 7 卷，2015：207

如果观念和目的存在于某一权威的心中就足够了，那么这种观点就会支配着正规的学校教育。这种观点也弥漫在源于日常联系和交流的无意识教育之中。在服从被看作是常规之处，道德的创新性就必定是十分古怪的。

——《人性与行为》（1922），

《杜威全集·中期著作》第 14 卷，2012：41

■ 道德品格是教育的最高最后的目的

我们现在要问，道德教育是不是可从表面的知识使他与真的道德连起来。倘真明白了道德为教育的最高最后目的，那么，应该找方法使行为与道德打通，知了便去行。这样，也许可以做到道德为最高最后的教育目的的希望。

——《关于教育哲学的讲演》（1920），

《杜威在华教育讲演》，2016：62

夫所谓品格问题，即德育问题。……盖德育精神本无往不在，故虽教算学、博物、理化等科时，皆有德育问题在内。提出德育为另一部分，此乃一大错误。盖必须使德育问题无往而不在，然后能达到讲求德育之真正目的也。

——《品格之养成为教育之无上目的》（1919），

《杜威在华教育讲演》，2016：302

常言道，品格发展是学校一切工作的最终目的。难就难在践行这种观点而造成这种践行上的困难的原因，又在于对品格是什么没有一个明确的观念。

——《构成教育基础的伦理原则》（1897），

《杜威全集·早期著作》第 5 卷，2010：58

无论何种社会，都有重视品行的观念，都应该看道德为重大的事，道德问题为社会要紧的问题，还要找出原理为社会指南。真正有道德的人就是重视道德的人。此种崇尚道德的观念在社会变革时代尤其重要。

——《伦理讲演纪略》（1919），

《杜威在华教育讲演》，2016：309

品格之养成为教育之无上目的一语，此各教育大家之所公认，因此发生次起之诸问题：第一品格为何？第二品格须如何养成？第三学校科目甚多，教员所教科目亦甚多，有何方法何余暇讲求品格道德等问题而教授之于学生？

——《品格之养成为教育之无上目的》（1919），

《杜威在华教育讲演》，2016：302

显然，不能有两套伦理原则或两种伦理理论，一套为校内生活，一套为校外生活。因为行为是一致的，所以，行为的原则也是一致的。

——《教育中的道德原理》（1909），

《学校与社会·明日之学校》，1994：144

每一建设者所建并非他所知的东西，不管是更好还是更差，他决不能预见到行为的所有后果。……道德行为者的最大需要就是品格。品格使他尽可能地心胸开阔，易于认识其行为的后果。

——《伦理学》（1908），

《杜威全集·中期著作》第 5 卷，2012：190-191

在道德上，品格和行为举止是同一个东西，先是内审，然后是外察。……我们分辨品格的本性的唯一方式，是分辨从中产生的行为举止。但另一方面，行为举止除了表现品格外，它只是外在的形式。

——《批判的伦理学纲要》（1891），

《杜威全集·早期著作》第 3 卷，2010：204

　　道德意味着行为意义的增长，至少意味着那种由于对行为的条件与结果的观察而产生出来的意义之扩展。……就"道德"一词最宽泛的意义而言，道德就是教育。道德就是了解我们将要去做的事情的意义，并在行动中运用这种意义。

——《人性与行为》（1922），

《杜威全集·中期著作》第 14 卷，2012：172

　　意志或品格意味着对目的的聪明预见和达到目的的坚决努力。离开有意的、希望的目的，意志或品格是无法设想的。

——《伦理学》（1908），

《杜威全集·中期著作》第 5 卷，2012：180

　　不利于成功的条件，也许仅仅是引发勇敢、耐心和友善等美德的手段。只有在品格内部产生的后果和形成的习惯或养成素质的行为倾向，才真正具有道德意义。

——《伦理学》（1908），

《杜威全集·中期著作》第 5 卷，2012：174

　　自愿行为的核心是它的智力的或有意的特点。个体在智力上对善的关心，隐含在他的真诚、忠诚和正直中。在构成个体品格的所有习惯中，评价道德情景的习惯是最重要的，因为这是决定所有其他习惯的方向和重塑的关键。

——《伦理学》（1908），

《杜威全集·中期著作》第 5 卷，2012：291

　　盖良好品格，应以良好习惯养成之，非纸上格言所能养成之也。因记许多之道德名词虽容易，而欲使之实在施用于社会则甚难，故必须将道德消纳于各科之中，使之无往而不在，不直接教导之而间接教导之，不有意教导之而无意教导之。

——《品格之养成为教育之无上目的》（1919），

《杜威在华教育讲演》，2016：302

道德就是学，就是生长。……成长并不专指肉体，最紧要的是精神观念的、知识能力的成长。……伦理一科是自然的、必要的，与学问教育有密切的关系；进一层说，教育的程序即道德成长的程序。

——《伦理讲演纪略》（1919），

《杜威在华教育讲演》，2016：306

这是每位老师和家长所面临的一个关键性和实践性的问题：我将我的孩子提供去做这个正确行动的什么理由？为了使他可能自己认识到那是对的，我将诉诸他的什么动机？……为做那个对的事情，给儿童一个理由，向他提出一个动机——我不管是什么——就是具有和运用一种道德理论。

——《德育中的混乱》（1894），

《杜威全集·早期著作》第4卷，2010：105

活动需要积极的品行——有活力、主动性、创造性——这些品格比在执行命令中哪怕是是最完美的忠诚来说对世界更具价值。学生看到了他的工作价值，因此看到了自己的进步，这激励他去追求进一步的结果。

——《明日之学校》（1915），

《学校与社会·明日之学校》，1994：384

在一个有目的、而且需要与别人合作的作业中所学到的和应用的知识，乃是道德知识，不管有意把它视为道德知识，还是无意把它视为道德知识。因为这种知识能养成社会兴趣，并且授予必需的智慧，使这种兴趣在实践中生效。

——《民主主义与教育》（1916），1990：373

在美感中，不管激起我们情感的是规则的图形、奇异的风景、悦耳的曲调、动人的诗歌还是美妙的图画，美感的本质都在于让人感到这些美好的事物和人本身的天性之间的和谐。

——《心理学》（1886），

《杜威全集·早期著作》第 2 卷，2010：216

简而言之，审美的重现是有生命的、生理上的、功能上的。所重现的是关系而不是元素，这些关系在不同的语境中重现并且有着不同的结果，因而每次重现既是纪念品又是新奇物。在其满足被唤醒的期待的同时，它又建立起新的渴望，激起新的好奇，确立起变化的悬念。

——《作为经验的艺术》（1934），

《杜威全集·晚期著作》第 10 卷，2015：144

本质上，谨慎行为并不是道德行为。……那么，两者之间的区别何在呢？……简而言之，两者之间的区别在于：谨慎行为是根据结果来衡量的，而道德行为则是根据动机来衡量的。……*简而言之，那些仅仅根据其动机来对它们进行判断的行为，才属于道德氛围。*

——《心理学》（1886），

《杜威全集·早期著作》第 2 卷，2010：272

道德控制的结果就是性格的形成。当每一个道德行为被执行后，它都会对人格产生影响。行为在特定的方向上组织着人格。它赋予人格以特定的倾向。道德行为是在一个人形成对自己的观念中产生的，其目的是让他可以实现他自己。这种道德自我的实现构成了性格。

——《心理学》（1886），

《杜威全集·早期著作》第 2 卷，2010：280

一个人应该——无论他实际上是否——期望意志力的训练，品格的培养与成熟，对任何地方所发现的真理的敬重，摆脱自负并尊重他人的观点，对他们的意图的同情，在生活的事务中有高尚的目的并愉快地接受取得的机会，相信任何真实、可爱、广受好评的事物。

——《大学课程：应该从中期望什么？》（1890），

《杜威全集·早期著作》第 3 卷，2010：42

在兴奋和理想之间的平衡中，可以找到正常的道德结果。如果兴奋过于微弱或者弥散，行为者将缺乏动力。如果兴奋相对太强，行为者无法控制被激发的能量，他将失去理智而被自己的兴奋所左右，换句话说，他会堕入盲目的情感。

——《与意志训练有关的兴趣》（1896），

《杜威全集·早期著作》第 5 卷，2010：99

在生活的实际冲突中，个人必须有能力站得住脚，有所作为。他必须有主动性、坚持性、坚定性、勇气和勤勉。简言之，他必须具有"品格的力量"所包含的一切东西。毫无疑问，个人在这方面的天赋是差别很大的……

——《教育中的道德原理》（1909），

《学校与社会·明日之学校》，1994：160

需要反复思考，深思熟虑，去斗争和努力。如果结果是成功的，那么新的习惯就会养成，但将在一个更高的水平上。因为新的习惯、新的品格体现了更多的智慧。

——《伦理学》（1908），

《杜威全集·中期著作》第 5 卷，2012：11–12

道德不是达到其他目的的一种手段，它本身就是目的。为了确保快乐，把美德降低为工具或手段，其实是糟蹋和损毁了美德。

——《伦理学》（1908），

《杜威全集·中期著作》第 5 卷，2012：174

要知道哪些是道德上不变的要素。依我看来，约有三种，这三种要求是放诸四海而皆合、放诸百世而皆准的原理。（1）成长或发展的责任。……（2）对公益的尊崇。……（3）对道德的重视。

——《伦理讲演纪略》（1919），

《杜威在华教育讲演》，2016：309

现在最重要的就是必须打破科学知识和道德知识之间的传统壁垒，这样才可能经过有组织的和连续不断的努力，把所有可以利用的科学知识用于人道的和社会的目的。

——《伦理学》（1932），

《杜威全集·晚期著作》第 7 卷，2015：222

问题是在研究知识方面的学科是否与道德有密切关系。倘找不出关系，不能与道德联合起来，那么，我们不如取消理想的希望，老实说，教育的目的不在道德而在知识就完了。所以，现在应该研究的问题，是怎样可以用知识的教育做到道德教育的目的。

——《关于教育哲学的讲演》（1920），

《杜威在华教育讲演》，2016：59

愚人犯罪，他自己不知道为什么有罪，所以，没有良心上的痛苦，也永无进德的希望。受过教育的人不然，他有错自己知道，会改过自新，所以，道德无止境。道德愈高，向上的善念又多，行善的机会又多。从社会方面来看，也是如此。……新文明有新需要，就应该有新道德。

——《伦理讲演纪略》（1919），

《杜威在华教育讲演》，2016：308

如果道德理论中的教诲有什么实践价值的话，它有的是有助于在所教导的人的头脑中形成一种习惯，一种为他自己和在他自己身上领悟他人所置身于其中的实践状况之本质的习惯。

——《中学伦理学教学》（1893），

《杜威全集·早期著作》第4卷，2010：51-52

■ 道德教育的社会方面和心理学方面

我们在教育上所需要的，是真正相信能够有效应用的道德原理的存在。……这些道德原理需要用社会的和心理学的名词去论述，以使它们变得更周全。……我们需要把道德转译成我们的社区生活的条件和各种力量，转译成个人的冲动和习惯。

——《教育中的道德原理》（1909），

《学校与社会·明日之学校》，1994：164

可以把行为看作一种个人的态度和素质的表现以及社会结果的实现和社会的维护。把行为看作个人行动的方式、亲身地做事，就使我们从道德的社会方面转入到道德的心理学方面。

——《教育中的道德原理》，

《学校与社会·明日之学校》，1994：159

　　道德教育集中在把学校作为一种社会生活的方式这个概念上，最好的和最深刻的道德训练，恰恰是人们在工作和思想的统一中跟别人发生适当的关系得来的。现在的教育制度，就它对于这种统一的破坏或忽视而论，使得达到任何真正的、正常的道德训练变为困难或不可能。

——《我的教育信条》（1897），

《杜威教育论著选》，1981：5

　　离开了参与社会生活，学校就既没有道德的目标，也没有什么目的。只要我们把自己禁闭于成为孤立机构的学校，我们就没有指导原则，因为我们没有目标。

——《教育中的道德原理》（1909），

《学校与社会·明日之学校》，1994：146

　　道德判断中所判断的对象或所构成的情境不是一个冷冰冰的、遥远的和漠不相关的外在对象，而是最独特地、紧密地、完善地为这个行动者自己所具有的对象；它就是作为对象的行动者。……道德判断实际上表现一种人与人之间的关系，而人与人之间的关系就是我们所谓"社会的"的意思。

——《对道德进行科学研究的逻辑条件》，

《人的问题》，1965：199-200

　　在课堂里，社会组织的动机和凝固剂也同样是缺乏的。在伦理方面，目前学校可悲的弱点在于，它所致力的是在社会精神的条件显然十分缺乏的情况下培养社会秩序的未来成员。

——《学校与社会》（1899），

《学校与社会·明日之学校》，1994：32

威胁着学校工作的巨大危险，是缺乏养成渗透一切的社会精神的条件；这是有效的道德训练的大敌。因为只有具备一定的条件，这种精神才能主动地出现。

——《民主主义与教育》（1916），1990：375

儿童在校内与他们在校外所得到同样的道德动机和关系的实际认识程度，可用以作为衡量他们不同于人为的真正的道德成长的尺度。只有当学校具有社会的环境，呈现日常生活中的灵活而不拘形式的关系时，儿童才能获得真正的道德的成长。……学校的社会精神，就这样供给儿童居于统治地位的道德的动机。

——《大学初等学校的课程和方法》（1897），

《杜威学校》，1991：25-26

一切行为都是最终地、主要地产生于先天的本能和冲动。我们必须知道这些本能和冲动是什么以及在儿童发展的某一特定阶段它们是什么，以便知道求助于什么，建立在什么基础之上。忽视这一原理就会导致对道德行为的机械模仿，但模仿在伦理上将是僵死的，因为它是外部的，它的中心是在个人之外而不是在个人之内。

——《教育中的道德原理》（1909），

《学校与社会·明日之学校》，1994：159

与我们的道德意识有关的任何关于道德理论的陈述所说明的各种关系是

否真实，最后必须经过心理学分析的检验。……心理学分析并不为我们树立一个实际所经验到的目的或理想，无论这种目的或理想是属于道德方面或其他方面的。它也不想告诉我们这种目的或理想是什么。但是，心理学分析却告诉我们形成和享有一个目的有什么意义。

——《对道德进行科学研究的逻辑条件》，
《人的问题》，1965：196

我们的道德原理需要用心理学名词来加以说明，因为是儿童为我们供给了实现道德理想的唯一工具和手段。……在我们从历史、地理和数学中获得道德的潜能以前，我们必须知道，用心理学名词说，也就是作为亲身经验的方式，什么是历史、地理和数学。

——《教育中的道德原理》（1909），
《学校与社会·明日之学校》，1994：160

■ 道德共同体与学校道德三位一体

"道德共同体"（moral community）这个术语只能意味着一个行动的共同体，它是通过各种不同人的合作性行为而成其所是。……社会的道德活动与个人的活动也是这样。各种功能越个人化，统一性就越完善。因此，行为者功能的实践，既是对他的界定，也是对他的统合。它使他成为一个明确的社会成员，同时又使他成为社会中的一员。

——《批判的伦理学纲要》（1891），
《杜威全集·早期著作》第3卷，2010：275

为了改变另一个人的实际性格或意志，我们必须改变融入他的习惯之中的客观环境条件。……我们不能直接地改变习惯，直接地改变习惯这种观念是非常不可思议的。但是，我们可以通过改变环境条件，通过明智地选择和权衡我们所关注的事物以及影响欲望满足的事物而间接地改变习惯。

——《人性与行为》（1922），

《杜威全集·中期著作》第 14 卷，2012：16

学校在社会方面的伦理责任，也必须用最广泛和最自由的精神予以解释。对儿童的训练，将使他得以管束好自己，并对自己负责；不仅使他适应正在进行的变革，而且要使他具备形成和指挥这种变革的力量。

——《构成教育基础的伦理原则》（1897），

《杜威全集·早期著作》第 5 卷，2010：45

学校道德的三位一体（the moral trinity of the school）……要求是：社会的智慧、社会的能力和社会的利益。我们的对策是：（1）本身就是［一个］社会机构的学校的生活；（2）学和做的方法；（3）［学校］课程。

——《教育中的道德原理》（1909），

《学校与社会·明日之学校》，1994；158

我们需要把道德转化为共同体生活的实际环境和动力，转化为个人做事的各种冲动和习惯。我们要做到的是：认识到道德原则和其他力量在同等意义上都是现实的，认识到道德原则是共同体生活和个人活动结构所固有的。……凡是在这种信念中工作的教师都会发现，每门学科、每种教学方法以及学校生活中的每件小事都蕴含着道德的生活。

——《构成教育基础的伦理原则》（1897），

《杜威全集·早期著作》第 5 卷，2010：62

　　如果这种道德训练看起来是缓慢和迂回曲折的话，我们甚至可以用这种观点来激励自己，那就是：美德不是一种奇迹，而是一种征服；而且，品质不是一个偶然事件，而是有机体能力的有效增长。

——《公立学校课程的道德意义》（1909），

《杜威全集·中期著作》第 4 卷，2012：168

　　只要现在的学校教学法不能经受这些问题的检验，道德上的结果就必然是不能令人满意的。除非我们愿意为它付出代价，我们就不能获得积极的品格力量的发展。我们不能窒息和压抑儿童的能力，或使它们由于没有运用机会而渐渐夭折，然后又期望他们主动性的、一般勤勉的品格。

——《教育中的道德原理》（1909），

《学校与社会·明日之学校》，1994：162

　　我们在教育上所需要的是：真正相信能够有效应用的道德原理的存在……这些道德原理需要用社会的和心理学的词去论述，以使它们变得更周全。……道德原理也在同一个意义上是实际的，它们是社区生活中和个人活动的结构中所固有的。……依据这个信念去行动的教师就会看到：每一门学科，每一种教学方法，学校中的每一个偶发事件，都孕育着培养道德的可能性。

——《教育中的道德原理》（1909），

《学校与社会·明日之学校》，1994：164

　　我此刻不必一一遍举算学、历史、地理、物理、化学等每科在社会方面的利用，做道德教育的重要工具，诸君可以推想而知。……道德教育的重要，就因为它无往不在，所以断不是修身、伦理等科以一两小时的训练工夫可以办得到的。惟各方面都含有这道德教育的大目的，然后可以做到。

——《关于教育哲学的讲演》（1920），

《杜威在华教育讲演》，2016：65

请记住，我不是就事论事地提出这些观点的，而是根据这样一个普遍的原理：当一个学科是按照了解社会生活的方式去教的时候，它就具有积极的伦理上的意义。

——《教育中的道德原理》（1909），

《学校与社会·明日之学校》，1994：157

没有任何事情比公众和教育专家理解它们各自的功能更有用了。……没有任何东西像关于教育中的道德原则的讨论那样，如此触及我们教育思想的根本了。我们很高兴来呈现一位思想家关于它们的处理，他对于学校教学方式改革的影响在他的同侪中是无与伦比的。在他关于道德教育的社会和心理要素的讨论中，有很多东西表明了什么应该由社会意见来决定，什么必须留给训练有素的教师和学校官员。

——《〈教育中的道德原则〉编辑"导言"》（1909），

《杜威全集·中期著作》第4卷，2012：264

道德的历程既然是经验进善的一个连续的行径，教育的历程和［道德的历程］它是完全相同的。

——《哲学的改造》（1920），1958：109

平常我们看道德的事情是孤立的，和智育分离没有大关系。譬如有的人有了专门学术或技能，而道德上品性上并不发展。世上虽有这种人，但品性发展而智育不发展——思想闭塞——那种品性，也绝不会十分发展的。……真实的道德要有积极的发展，必定要用极丰满的思想去指导行为。不是这样，道德就单是消极的意思，或者是坐在安乐窝里不能自脱的意思。

——《教育与学校的几个关键问题》（1920），

《杜威在华教育讲演》，2016：119

■ 学校生活过程中的道德教学

有意识的道德说教在教室中已有时日——如果有过的话，错误在于把伦理教诲混同于记诵和鼓吹伦理格言。最有效的道德教学来自时刻牢记学校生活过程的个体性；设定道德教诲而不是从学校本身发生的事情中生成道德教诲，抑或不是引发学生对自身作为其中一分子的生活一样的关注，注定是形式主义的和敷衍了事的，注定导致大量一知半解的格言硬化儿童的心灵，而不是导致有益的发展。而且，如果道德教诲不是构想为像培育儿童自身的良心那样来设定行为规范方面的教诲，那么，在一些儿童身上就有培养一种病态良知的危险……

——《中学伦理学教学》（1893），

《杜威全集·早期著作》第 4 卷，2010：49

除非学校工作的重点是放在明智的活动上，放在积极的探究上，［否则］它就没有为作为良好品格构成成分的判断力供必要的条件。

——《教育中的道德原理》（1909），

《学校与社会·明日之学校》，1994；163

从本质上说……凡是人的目的，不管它是不是伦理目的，都必定是人自身有能力去实现的目的；它必定与人自身有着直接而切身的联系。除非人有自身的目的，或人是自身的目的，否则，空谈伦理理想皆是胡扯。

——《伦理学和物理学》（1887），

《杜威全集·早期著作》第 1 卷，2010：168

总之，人们不必施行公正、爱和真理的道德规则；但人们必须公正地、实事求是地并且有爱心地做事。这就意味着，他必须回应他所处的各种现实关系。实事求是地做事，就是要尽可能全面地观察问题、考虑问题；公正地做事，就是要按照具体情形中每个组成要素在体系中的位置，相应地给予其适当的、客观的考虑；有爱心地做事，就是要将整件事情当作自己的事情来考虑，而不是将它分成我的你的，只顾自扫门前雪，不管他人瓦上霜。

——《道德理论与实践》（1891），

《杜威全集·早期著作》第 3 卷，2010：86

在唤醒道德上未成熟者的道德意识时，共同体可能诉诸希望和恐惧的动机。但即使这一事实也不意味着，对于儿童而言，义务必然是通过惩罚的恐惧或奖励的希望而建立起来的。

——《批判的伦理学纲要》（1891），

《杜威全集·早期著作》第 3 卷，2010：286

在自我面前提出各种各样目的的力量，构成了"选择的自由"，或"潜在的自由"。……自由作为构想目的并在行动中实现理想目的的力量，既是责任的基础，又是赞同（或反对）的基础。

——《批判的伦理学纲要》（1891），

《杜威全集·早期著作》第 3 卷，2010：288-289

自由的能力在于形成一种关于目的的理想或概念的力量。现实的自由存在于那种实际上使人满足的目的的实现。……简言之，在"自由"这个词的积极意义上，只有那种善的人，那种真正实现其个体性的人才是自由的。

——《批判的伦理学纲要》（1891），

《杜威全集·早期著作》第 3 卷，2010：291

在中学教授伦理学……但它们在我看来完全奠基于一种错误的伦理学观

念之上，即奠基在这样的假设之上——只要你能把道德规范和区别足够多地交给一个孩子，那么你就已经不知不觉地增进了他的道德存在。对于所有这一切，我们再怎么经常地予以抗辩都不过分。从伦理理论方面，我们必须申明，所有这一切都是对伦理学的科学方法和科学目标的嘲讽。从实践道德方面，我们必须申明，道德规范的谆谆教诲并不比天文公式有可能造就人格。

——《中学伦理学教学》（1893），

《杜威全集·早期著作》第 4 卷，2010：49-50

在对伦理学的任何正确学习中，学生不是在学习僵硬的行为规范，而是在学习人们在相互作用的复杂关系中捆绑在一起的方式；他不是在学习他自己的情操和道德态度，而是在学习像那些流体动力学事实或者发动机的活动事实一样客观的事实。

——《中学伦理学教学》（1893），

《杜威全集·早期著作》第 4 卷，2010：50

在教授大学生伦理课方面，我一直感到需要使讨论尽可能地接近学生自己所思所想。尽管伦理学是哲学性学科中最具有实践性的一门……我们容易忘记是在讨论现实的行为，而代之以讨论康德、穆勒或者斯宾塞的伦理理论。

——《德育中的混乱》（1894），

《杜威全集·早期著作》第 4 卷，2010：95

如果有这样的人，即任何追逐课堂之外声名狼藉的方法的人，即我不会反对他们在课堂上做同样的事情，但是，我必会勾销他们的学籍。将他们清除出校门。而且，我反对品学兼优的学生在其他事情上正直，而在课堂上求助于不光彩和不诚实的方法。

——《论作弊》（1893），

《杜威全集·早期著作》第 4 卷，2010：318

事实上，训练说没有取得成功。假定儿童在从事一件他所不愿从事的工作时，较之心甘情愿从事的工作能得到更多智力的和精神的训练，这是愚蠢可笑的。

——《教育中的兴趣与努力》（1913），
《学校与社会·明日之学校》，1994：169

学校中道德教育最重要的问题是关于知识与行为的关系。因为，除非从正式的课程中所增长的学识足以影响性格，就是把道德的目的看作是教育上统一的和最终的目的，也是无用的。

——《民主主义与教育》（1916），1990：377

就讲道德方面，从前的种种格言式、教训式的方法收效很少。倘能用演戏的方法输入道德教育，收效一定比那种纸上空谈的道德教育更大。我从前讲过，道德教育应该要先从行为做起。

——《关于教育哲学的讲演》（1920），
《杜威在华教育讲演》，2016：16

温顺不被看作是学习这个世界不得不教授的任何东西的能力，而被看作是对反映出他们当前习惯的其他人所提出的那些教导的服从。真正的温顺就是渴望学习所有积极的、探求的、不断扩展的经验教训。

——《人性与行为》（1922），
《杜威全集·中期著作》第 14 卷，2012：40

道德评价的直接特点，在儿童时期和青年时期受到的教育中得到加强。儿童周围都是成人，他们经常对其行为作出价值评价。这些评价不是冷漠的、理智的，而是在强烈的情绪性的条件下作出的。人们通过给幼稚的反应灌输敬畏和神秘的因素以及通常的奖励和惩罚，为儿童接受这些评价付出了努力。

——《伦理学》（1932），

《杜威全集·晚期著作》第 7 卷，2015：210

第十六编　职业教育与大学教育

职业是开启幸福之门的钥匙

职业教育的首要价值是教育性的

使职业教育和普通教育相连

大学的生命在于不断重生

大学教育的重要价值

反对大学中无用的通识教育

■ 职业是开启幸福之门的钥匙

职业是唯一能使个人的特异才能和他的社会服务取得平衡的事情。找出一个人适宜做的事业并且获得实行的机会,这是幸福的关键。天下最可悲的事,莫过于一个人不能发现一生的真正事业,或未能发现他已随破逐流或为环境所迫陷入了不合志趣的职业。

——《民主主义与教育》(1916),1990:324

职业是一个表示有连续性的具体名词。它既包括专业性的和事务性的职业,也包括任何一种艺术能力、特殊的科学能力以及有效的公民品德的发展,更不必说机械劳动或从事有受益的工作了。我们不仅要防止把职业的概念局限于生产直接有形的商品的职业,也不要认为职业的区分是相互排斥的,每个人只有一个职业。

——《民主主义与教育》(1916),1990:323

无论什么人,总应该有一种职业。有了职业,一方面可以对社会有所贡献,一方面可以发展自己的才能;其结果则不但个人得享幸福,而且社会幸福也可以因此而日长增高。

——《职业教育之精义》(1920),

《杜威在华教育讲演》,2016:236

职业就是指任何形式的继续不断的活动。这种活动既能为他人提供各种形式的服务,也能运用个人的能力来达到各种结果。

——《民主主义与教育》(1916),1990:335

人在世上，俱当有职业，俾可从事为人类谋幸福，及对于社会有所贡献，总求所做的事，必能适于社会的需要才好。

——《专门教育之社会观》（1920），

《杜威在华教育讲演》，2016：130

人们所从事的各种职业，都是为了满足人类的种种需要和目的，这些职业都在维持着构成我们所生活的世界的种种事物与其他事物之间的种种关系。……没有各种职业——这些职业是基本的社会生活即人类生活——文明就无从绵延下去。

——《明日之学校》（1915），

《学校与社会·明日之学校》，1994：312

无论何时，人类占优势的职业就是生活——就是智力和道德的生长。在儿童期和青年期，由于他们比较不受经济的压迫，这个事实是赤裸裸的，没有隐蔽的。预先决定一个将来的职业，并使教育严格为这个职业做准备，这种办法要损害现在发展的可能性，从而削弱对将来适当职业的充分准备。

——《民主主义与教育》（1916），1990：326

重要的差异在于"职业"这个词汇在内涵上的不同。这些含义既不同于将"职业"当作一种直接经济目标的面包、黄油概念，也不同于人实践其道德和理智命运的职业概念。依据前者，人们不难将不断增长的职业化趋向，作为导致我们所有教育灾难的源泉加以抨击。使用后者，人们则容易将这种趋势称颂为一种把自由和文化教育的理想从形式化和沉闷的歪路僻径带回到具体的人类意义之中。

——《现代职业教育趋势对大学中专业学习和非专业学习的影响》（1917），

《杜威全集·中期著作》第 10 卷，2012：120

　　要把职业教育的意义解释得充分一些，以避免给人这样的印象，即以职业为中心的教育，不是仅仅属于金钱性质，就是具有狭隘的实用性质。一种职业只不过是人生活动所遵循的方向，使这些活动因其结果而让个人感到有意义，同时也使他的朋友感到活动有好处。

——《民主主义与教育》（1916），1990：322-323

■ 职业教育的首要价值是教育性的

　　认为职业活动只具有单一的功利性或经济性价值，是一个致命的错误。它们的首要价值是教育性的。这种价值在于对儿童思维的训练是与那些因为值得做而吸引他们的事物密切相关的，而不是通过在一定程度上是形式化的任务和操练对思维能力的训练。

——《实用主义对教育的影响》（1908），

《杜威全集·中期著作》第4卷，2012：151

　　因为人人都要有谋生的机会，人人都要有职业的企求，所以，职业教育是最切实要紧的了。如果教育没有实效（efficiency），那教育是没有价值的。现在既然人人都要有职业，有相当的职业去满足他的人生需求和必要，当然要使他有充分的预备，足以应用于社会。

——《普通教育与职业教育之关系》（1920），

《杜威在华教育讲演》，2016：245

　　我们的职业教育的目的在于对现存的学校进行重组，以便给所有学生一种对有用工作的真诚尊重、一种提供服务的能力、一种对社会寄生虫的藐视，无论这些寄生虫被称为流浪汉还是"社会"的领导者。

——《学会获利：职业教育在公共教育综合方案中的位置》（1917），

《杜威全集·中期著作》第 10 卷，2012：118

最根本的问题不是要训练各个人从事于某种特别的职业，而是要使他们对于必须进入的职业产生生动的和真诚的兴趣，如果他们不愿成为社会寄生虫的话，并且还要使他们知道关于那种职业的社会的和科学的态度。其目的不是要训练养家糊口的人。

——《明日之学校》（1915），

《学校与社会·明日之学校》，1994：357

若从社会国家方面着想，去提倡职业教育，增加社会一般人的生产力，增进一般人的生活程度，使全社会的人大家享受着幸福，大家能利用余暇享受快乐的生活，则职业教育岂不是当务之急呢？

——《职业教育之精义》（1920），

《杜威在华教育讲演》，2016：239

在学生离开学校以前，他都有机会学习较多种类职业中的任何一种职业的专门过程。……使得他从事的无论什么工作都真正成为一门职业，一门终身的职业，而不仅仅是一种只是为了工资才去做的日常工作。

——《明日之学校》（1915），

《学校与社会·明日之学校》，1994：366

只要我们不再把纯粹知识和纯粹活动对立起来，职业教育的问题就能得到解决。它的目标不再是为了既定的工业结构去培养人，而是利用工业和职业工作来改善教育。通过这种方式，我们可以提高实践活动的认识水平，最后使既定的劳动体制得到改革。

——《从社会的角度看教育》（1913），

《杜威全集·中期著作》第 7 卷，2012：94

专门教育就是一种职业教育，培养个人的知识与技能，在社会上做有用的分子。……职业教育的要旨，在于用科学方法提高一国的经济状况与国民生活。无论受此种教育与办此种教育的人，其宗旨都为改良一般人的生活与经济状况。有了这一个心理，便近乎为一种公益有利的事业。

——《专门教育之社会观》（1920），

《杜威在华教育讲演》，2016：130

实业教育可以被当作物质繁荣中一种不可或缺的因素，或者在国家之间商业优势的竞争中作为提升国家竞争力的一个要素……但是，它们都把实业教育当作达到某种外在目的的工具，它们轻率地忽略了在我们文章的题目"工业民主社会中实业教育的需要"所表达出来的主题。

——《工业民主社会中实业教育的需要》（1916），

《杜威全集·中期著作》第 10 卷，2012：109

我们应该对学校的职业教育进行指导，但不是为了适应任何特定的需要，而是为了发展年轻人应对紧急情况的能力，让他们自立，让他们独立思考。所从事的工作越一般，越需要个人的想象力、创造力和主动性（而不是简单地让他们根据确定的规则进行特定的工作），这样的学校才能更好地实现他们的社会目的。

——《教育的社会目的》（1922），

《杜威全集·中期著作》第 15 卷，2012：138

教师们必须提出方法，帮助学生获得某种职业训练从而有能力面对现代生活的复杂环境，使他们成为自己命运的主人，能够从事自己的职业，成为积极的而不是消极的经济单元。同时，教师们必须共同努力，看看如何提高品位、欣赏力和利用闲暇时间的能力。

——《教育的社会目的》（1922），

《杜威全集·中期著作》第 15 卷，2012：140

从广义方面讲，一切教育都带有职业的性质。因为小学校里无论什么科目，都和将来成人后的职业有直接或间接的关系。凡是科目都要实用，都能够使人的性格完满发展、得到很大的幸福。

——《教育与学校的几个关键问题》（1920），

《杜威在华教育讲演》，2016：106

国之有教育与实业，如人之有两足焉。……设有一国，教育发达实业不发达，或是实业发达教育不发达，则其国必不能进步。故欲国基巩固，国运永续进行，必须教育与实业同时发达；不但如此，其发达尚需互助进行。

——《教育与实业》（1921），

《杜威在华教育讲演》，2012：252

■ 使职业教育和普通教育相连

单有专门的技能，没有相当的教育，是很不好的，必定要有种种机会去发展个人。使人人都有机会受教育。施这教育的时候，要注意社会方面，要注重个人前途之增进，要注重个人自能认识其本能。……但单有普通教育，没有职业教育，也是不好；顶好是两个同时并行，就是说普通教育和职业教育同时并授。……总之，职业教育之外，还要有普通教育，二者相连训练，方才可以适应社会、发展实业、振兴国家。

——《普通教育与职业教育之关系》（1920），

《杜威在华教育讲演》，2016：246

现在所谓"职业教育"一个名词，已经流行很广。但职业教育的问题，就是要把普通教育来改造一番，使一切普通学校中科目渐渐和社会的实际生活接近，两方面生出密切的关系。……使普通学校成为职业化，乃是广义的职业教育。

——《职业教育之精义》（1920），

《杜威在华教育讲演》，2016：236

把青少年的职业教育与普通教育分隔开来，势必使教育变得更加狭窄，变得毫无意义和毫无效果，还不如对传统教育的训练内容进行重组，以发挥当今环境下的劳动知识——那些积极的、科学的和社会的东西。

——《教育与行业培训：答戴维·斯内登》（1915），

《杜威全集·中期著作》第 8 卷，2012：325–326

教育中有种种对立，如劳动与闲暇的对立、理论与实践的对立、身体与精神的对立、心理状态与物质世界的对立，回顾一下这些对立背后的理智的臆断，就可以明白，它们最终表现为职业教育与文化教育的对立。

——《民主主义与教育》（1916），1990：322

这些想要打破继承而来的传统之动机支撑着这种持久不解的努力，这种动机一直贯穿在整个教育活动的过程之中，其目的是建立一个自由的教育，去填补职业和文化之间的鸿沟。

——《教育中的文化和工业》（1906），

《杜威全集·中期著作》第 3 卷，2012：216

　　从职业指导的角度看，［工业教育］这种方法比起让学生固守教室直到他永久地走进一个工厂来，具有某些明显的优点。他在工厂的实际工作具有一种试验的性质……学生有了一个试验他自己的兴趣和能力的机会，并且考察他对它们的判断是否正确；如果判断不正确，那他就有了一点科学依据，并在这基础上建立一种更为正确的判断。

——《明日之学校》（1915），

《学校与社会·明日之学校》，1994：376

　　我反对将职业教育视为一种培训，因为它没有把推进理智的进取心、创造性和执行力作为最高目标，而这些品质和能力将把工人变成自己辛劳生活的主人。

——《教育与行业培训：答戴维·斯内登》（1915），

《杜威全集·中期著作》第 8 卷，2012：325

　　工业方面的职业有了比过去多得多的理智内容，以及大得多的文化修养的可能性。这就需要一种教育，使工人了解他们职业的科学的和社会的基础，以及他们职业的意义。现在对这种教育的需要变得非常迫切，因为没有这种教育，工人就不可避免地降低到成为他们所操作的机器的附属品的角色。

——《民主主义与教育》（1916），1990：330

　　职业教育最重要的观念就是，职业教育并不是"营业教育"（trade education）、不是做专门行业的教育。……职业教育应该注重使人懂得实业工业所应知的科学方法：一方面应用手足肢体发展的本能，一方面不能不注重知识、知道科学的所以然。否则对于行业没有趣味。

——《关于教育哲学的讲演》（1920），

《杜威在华教育讲演》，2016：57

职业教育并不新鲜，它已经成为唯一被大部分人所接受的教育。新鲜的是，获得这种教育的机会可以在其他地方而不是在家里或商店里，可以通过其他方式而不是契约或对伙伴的模仿。……越多的科学探究精神和对思考的热爱被引入职业教育，就越有利于产生广泛和自由的理智兴趣和品味。

——《文化与教育中的职业精神》（1923），

《杜威全集·中期著作》第 15 卷，2012：162

［职业教育］给每个学生应该具备的理论知识赋予实践的价值，并且给予他一种对他周围环境的条件和制度的理解能力。当这一点做到了，学生就具备了正确选择工作和引导自己努力去获得必要的技能所必不可少的知识和智慧。

——《明日之学校》（1915），

《学校与社会·明日之学校》，1994：391

这一计划在愉快的实践中结合了三个理念——劳动、教育和科学。这三者的结合，是我长久以来所相信的。回顾悠久的历史，展望在许多方面还不确定的未来，我坚信，这三个理念的成果丰硕的相互作用和合作必将带来一个自由、繁荣和富有创造力的文化：劳动，代表着所有进步力量的团结；教育，是行动所必要的启蒙；科学，提供了扩展知识的界限，以及是使行动知性化和有效的手段。

——《给约翰·杜威劳动研究基金会朋友们的话》（1939），

《杜威全集·晚期著作》第 14 卷，2015：231

任何技能如果能加深知识和完善判断，就容易在新的情境中被应用，并受个人的控制。……任何教育如果只是为了传授技能，这种教育就是不自由的、不道德的。

——《民主主义与教育》（1916），1990：274-275

实际上可以认为，职业趋势的一个意思在于：学院和非专业化研究生院越来越多地通过参照职业学院的需要和兴趣来决定自己的工作。学院越来越多地趋向于预备性的职业学校——即便这一趋势还不为很多人所知，我认为依然有可能发现，与原先的情境相比，现在的情境具有那种"越来越多"的特征。

——《现代职业教育趋势对大学中专业学习和非专业学习的影响》（1917），

《杜威全集·中期著作》第 10 卷，2012：120

我希望这样一种对职业化趋势的利用，会使得专业学校的职业化自身变得不那么狭隘——不那么技术化。这样一种转型，并不仅仅是一种虔诚的热望。我们已经在业已变化的关系中发现这样一种要求了。在这种关系中，专业向现代社会的条件靠拢；而且，如果我没有搞错的话，许多专业学校已经面临这种要求的具体表现。

——《现代职业教育趋势对大学中专业学习和非专业学习的影响》（1917），

《杜威全集·中期著作》第 10 卷，2012：122-123

如果在学校里学到的事实与观念紧密地联系着基本的社会需求和可用来共同满足那些需要的资源，联系着人们认识当前阻碍资源使用的那些力量，那么，知识的本性和有利于（而不是有害于）社会的行为之间有着紧密联系的观念就蕴涵着这样的结论：学生们应该以更重要的方式获得更多的知识，并且对于真理的意义有更加深刻和持久的理解。

——《教育中的合理性》（1936），

《杜威全集·晚期著作》第 11 卷，2015：308

■ 大学的生命在于不断重生

每一项有生命的制度都是合作性的创造活动，只要制度在，创造性的合作工作就不会停止。大学像家庭和民族一样，其生命在于不断重生。重生意味着不断推出新的想法和行动，永远处于改变之中。

——《教育：1800—1939》（1929），

《杜威全集·晚期著作》第 14 卷，2015：193

现代大学并不是完全为了重复过去的知识而存在的；它存在，恰恰是因为存在着这么多的领域——在这些领域中，相对而言，我们并没有走得很远；但是，在这些领域中，最重要的是，我们应该走得更远；而且，在这些领域中，大学的存在所培育起来的那种探究和讨论是前进的唯一手段。

——《作为一门大学学科的教育》（1907），

《杜威全集·中期著作》第 4 卷，2012：129

只要当学术自由不再被当成是某种独立的、只关系到大学的事情，教育自由的提升才有真正的希望。保证教育自由是一个整体性的问题，它涉及整个体系。……年轻人也许是自由和有创造性的，对此我并不怀疑，但是到大学才影响他们的心灵已经太晚了。

——《现代教育的破产》（1927），

《杜威全集·晚期著作》第 3 卷，2016：212

我们可以坚称，一方面，个人必须忠于真理，个人必须有确信之勇气；另一方面，个人必须不能因为它们可能有的不合流，即它们的自由表达可能会给他的职业带来不利的影响而令自己偏离对于真理的专注和献身。

——《学术自由》（1902），

《杜威全集·中期著作》第 1 卷，2012：44

  一个有理性的人，不会寄生于他所取得的成就之上，也不会给自己设定遥不可及的模糊目标，而是将他的思想与精力专注于自己当下的生活。……一个人无论遇到怎样的问题，都可以归结为一个问题，衡量其成败的尺度也只有一个——他是否能克服生活中的差异与变化的边际，切实有效地超越现实中的自我？绝对的成果是空虚无意义的，切实运用这一成果从而实现真正的超越才是实在的拥有。

——《在圣何塞州立师范大学毕业典礼上的致辞》（1901），

《杜威全集·晚期著作》第 17 卷，2015：56

  现在的问题应该是：如何来改善高校的生活条件——既包括智识层面，也包括物质和社会层面。毫无疑问，对于这一问题的理性讨论和对于结果的用心实施，必将使高校生活及毕业后生活的健康程度在大范围内得到普遍的改善。

——《妇女健康与高等教育》（1885），

《杜威全集·晚期著作》第 17 卷，2015：7

■ 大学教育的重要价值

  大学的重要不在它所教的东西，而在它怎样教和怎样学的精神。它代表的是知识的重要；它代表的是光明，它反对的是黑暗；它代表真理的势力——不是遗传下来的真理势力，是由理性制成的、再由人生行为实验过的真理势力。它的责任是传播和识，不是要把学过的深深地藏起来；它是活水的源头，不是贮藏财产的铁箱。信仰真理、信仰智力是造成舆论和指导舆论的根底。……大学要信仰真理和知识，去打到舆论的仇敌。

——《大学与民治国舆论的重要》（1919），

《杜威在华教育讲演》，2016：257-258

一个人选择进入大学生活的航程，是一次去远方港口并且在空间、时间、语言和思考方式上游历国外许多国家的旅行。如果这样的精神旅行没有消除一个人观点和方法上狭隘、窄小的倾向，那它就不能达到它的目的。

——《大学课程：应该从中期望什么？》（1890），

《杜威全集·早期著作》第3卷，2010：43

大学都知道，大学为最高学府，中间培养领袖的人才。……大学是陶铸领袖的洪炉，所以时时都要向前努力，不能丝毫退后。因为人群的领袖，总要做个模样给人家看看。……所以做领袖的，先要把他的目的和宗旨看得透彻。领袖可比开路先锋一样，他所走的路不错，自然人家都跟着他走，一定也是不错。

——《大学的旨趣》，

《杜威在华教育讲演》，2016：259-260

大学有特殊的校制来教育高等的知识和技术，不是为了个人财力上、知识上着想，也不是为了养成官僚，而是为了公共的利益。……它有许多问题：交通的方法、征税的方法、森林保护的方法、教育制度的养成……这些问题全仗高等知识的解决。……将来为养成服务公共事业精神的中心，永远为社会的灯［塔］！

——《大学与民治国舆论的重要》（1919），

《杜威在华教育讲演》，2016：258

人文的和文化的东西毕竟具有包罗其他一切事物的范围。在学校教育较高阶段中，当然必须准备专家和专门工作者。在他们方面，把他们所研究的学科在一定程度上从它们的社会联系与社会功能相对地隔开来，这是合适的。

——《什么是社会研究》（1938），

《人的问题》，1965：148

大学教育持久的和富有成效的结果，应该是对一个人的人性本质的训练。只有这种训练确实是实用的和为生活做准备的，因为它是伦理学的。它是真正的智育的唯一基础，因为只有当所有大学课程的研究在人类、在社会中发现一种融合时，它们才开始不再是断简残篇。

——《大学课程：应该从中期望什么？》（1890），

《杜威全集·早期著作》第 3 卷，2010：44

现在需要的，是不再怀疑［大学扩张］这个运动在教育方面的重要性。扩展学术，传播学者的研究成果，给予大学人士与他们其他的生活方面相对于自己更为紧密的联系，是一件有益的事情。……什么是大学扩张？它必须是大学内在精神的延伸。

——《评论视角》（1891），

《杜威全集·早期著作》第 3 卷，2010：168–169

男女同校教育的根本理由是能够把男性和女性在智力探究和讨论联系起来，使他们互相认识到对方的看法、思想和工作方法，可以学习互相尊重和同情，这种智力的同情和尊重是合适社会的和道德的性别态度的最基本因素。个体性别差别的互相调整，必须在生命中的某个时间进行。

——《致阿朗佐·帕克》

（*John Dewey to Alonzo K. Parker*，25 July，1902）

■ 反对大学中无用的通识教育

我们会发现，我们的大学成了无根基的土坯房，充斥着无用的"通识"教育，同时伴随着过分限定目标和内容的特殊教育形式；我们的研究院，成了那些想要继续保持模糊不清之理性兴趣的人的避难所。

——《现代职业教育趋势对大学中专业学习和非专业学习的影响》（1917），

《杜威全集·中期著作》第 10 卷，2012：124-125

推进启蒙或提供更多人文教育的方法，毫无疑问会使不同文明之间更好地增进理解成为可能并收到一些效果。随着社会交流的增进，我们特别称之为"异化"的那种差异将会减轻。如果不同文明之间建立起亲近的关系，它们也许就能相互从对方身上吸取一些东西。

——《〈改造〉文章摘要：种族偏见的一个哲学解释》（1921），

《杜威全集·中期著作》第 13 卷，2012：381-382

有知识而不知利用，好像把东西关在房子里头一样。虽是有这东西，但叫作没有也可以的。……所以，大学领袖的人才，是利用知识方面的。

——《大学的旨趣》（1919），

《杜威在华教育讲演》，2016：261

尽管我忽视了专业教育的作用，但我大胆地假定，最终的结果可能是令人愉快的——这种解决问题的途径在很大程度上拓宽了专业教育的范围，深化了它的精神。……不过我确信，假如我们的大学成为专业教育的主要预备场所，而艺术和科学的研究院除了标签之外完全成了一个专业学校，那么，这种损害会威胁到我们国家自由理智生命的成长。

——《现代职业教育趋势对大学中专业学习和非专业学习的影响》(1917),

《杜威全集·中期著作》第 10 卷,2012:122

科学在逻辑方法和结果上都发生了巨大的变化。我们生活在一个完全不同的社会环境里。令人惊讶的是,居然有人以为,回到这些作者的观点和方法,就是要在当前情况下做他们在古希腊和中世纪所做的事情。对于高等教育屈从于直接和短暂压力的治疗方法,并不是修道院式的隐居。高等教育只有……紧紧把握当代科学与社会事务,才能焕发出理智的勃勃生机。

——《赫钦斯校长改造高等教育的建议》(1937),

《杜威全集·晚期著作》第 11 卷,2015:314

实业教育体系在工业的民主社会中所做的第一件事情,就是学习今天在农业、制造业和运输业中最重要的过程,以便了解构成这些产业的基本和一般的因素,进而能够发展出一种新的"通识教育",而为特殊的职业进行的更专门化、更有技术含量的训练工作则可以在这个体系的顶端进行。

——《工业民主社会中实业教育的需要》(1916),

《杜威全集·中期著作》第 10 卷,2012:112

第十七编　儿童与成人

■ 儿童的生活是一个整体

儿童的生活是一个整体，一个总体。……儿童所关心的事物，由于他的生活所带来的个人的和社会的兴趣的统一性是结合在一起的。凡是在他的心目中最突出的东西暂时对他构成整个的宇宙。……归根结底，它是儿童的世界。它具有儿童自己的生活的统一性和完整性。儿童一到学校，多种多样的学科便把他的世界加以隔裂和肢解。

——《儿童与课程》（1902），

《学校与社会·明日之学校》，1994：116

我们都必须记住"儿童"不是一个独特的种类或者物种，而是人类自身处于发展的某一独特阶段。个体生命的这个时期比起其他时期来说，无疑发展得更加迅速。它的必然性更加紧迫，它的外在结果更加明显和惊人。

——《欧文·W.金所著〈儿童发展心理学〉之引言》（1903），

《杜威全集·中期著作》第3卷，2012：223

本质上来说，每一种感觉都是一种情感。……我们可以推测，在婴儿拥有知识之前，他早就拥有了感觉；在婴儿识别出彩色物体或者能发声的物体之前，他的眼睛和耳朵早就有了感受。可以猜想，这些感觉和我们自己的消化感觉是非常相似的。它们就是情感。

——《心理学》（1886），

《杜威全集·早期著作》第2卷，2010：173

有机体的感觉赋予我们一种总体的健康感。健康感或者说活力感，是从每一个器官中产生的感觉所拥有的各种细微情感的总和。……这种情感在童年时代最为强烈。……但是毫无疑问的是，童年时期的"活力"感确实比后来任何时期的都要鲜明生动得多。

——《心理学》（1886），

《杜威全集·早期著作》第 2 卷，2010：175

科学延伸到儿童，意味着它具体化了他的结构和规律。有俗话云："来吧，让我们和儿童一起生活！"这就表达了我们以上所言的全部意思。它意味着不同类型兴趣之间的合作、互动和强化。

——《对儿童研究的解释》（1897），

《杜威全集·早期著作》第 5 卷，2010：169

在尝试意义上做实验，或者想看看什么事情将会发生，这是儿童最自然的本性，这确实是他的首要关注点。学校在很大程度上要么忘记了这种本性，要么在事实上压制了这种本性，以至于它一直不得不在恶作剧中或者甚至以实际的破坏行为来寻找出路。

——《教育中的民主》（1903），

《杜威全集·中期著作》第 3 卷，2012：178

当儿童醒着的时候，总是非常忙碌，如果我们分析这种倾向，那就会发现他的大脑通过身体这个媒介，总是在寻找某物。……他就不是一张白纸。正相反，他的饥饿是一种动力，会促使他积极地寻找食物。同样地，儿童的眼、耳、手指、鼻子都像胃一样有饥饿感，于是他们自然地渴望提供人的健康和完整生活的东西，渴望形式、颜色和声音，尤其渴望接触各种事物并用来做些事情。

——《在杨百翰学院作的教育学讲座》（1901），

《杜威全集·晚期著作》第 17 卷，2015：188

当儿童真正在学习看、听和行走时，他是在解决一个个问题。……这些问题实际上比我们想得要复杂，在处理这些我们看来没有太多智力难度的问题的过程中，儿童开始接受最初的心智训练，因为他必须运用记忆和判断来学会看、听、行走和说话。

——《在杨百翰学院作的教育学讲座》（1901），

《杜威全集·晚期著作》第 17 卷，2015：221

初等教育根据于两种重要事实：第一，儿童时期是最初受学校教育的时期。这时期儿童的吸收力最大、伸缩力最强，变好变坏都可以的。第二，这时期是个基础的时期，不但是中学、大学的基础，尤是他一生事业、习惯、嗜好的基础。

——《关于教育哲学的讲演》（1920），

《杜威在华教育讲演》，2016：46

■ 儿童行为的自我展现

儿童身上这些不同形式的饥饿感及欲望，我们称为本能。儿童生来就带着许多原初的倾向、本能或冲动，一有任何机会，这些本能总能成功地得以表现。除非受到绝对的压制，否则，儿童的本能注定会自我展现出来。……这些本能促使儿童去摸索、探究、试验。

——《在杨百翰学院作的教育学讲座》（1901），

《杜威全集·晚期著作》第 17 卷，2015：188

儿童在进入这个时期之前，他处于自然生活状态，是天真、客观的。随着青春期的开始，他的主体存在开始萌芽；他开始认识到他自身的独特意义，并开始具体发展他的个人智力与道德关联，开始不断实验这些关联并运用作为人类整体生活存在的方法不断修正它们。在青春期，儿童开始自我探索、自我反思，开始探询事物的意义，以及人与事物的关联。

——《从大学立场看高中心理学教育》（1886），

《杜威全集·早期著作》第 1 卷，2010：66-67

在个体生命中，本能活动是先出现的。但是，一个个体是作为婴儿来开始其生命的，而婴儿都是具有依赖性的存在。如果没有那些具有已经形成习惯的成人给予的帮助，那么，婴儿的活动最多只能持续数小时。而且，婴儿依赖于成人的，不仅仅是养育之恩，不仅仅是维持生命所需要的食物和保护的不断供给，而且是有机会以有意义的方式来表达他们的天生活动。

——《人性与行为》（1922），

《杜威全集·中期著作》第 14 卷，2012：57

尽管两年半的婴儿早期阶段属于学龄前，但婴儿在这个阶段的大脑发育很值得重视，尤其是从教育的角度来看。总的说来，这个时期最主要的任务是让大脑学会把身体作为自己的工具来控制。

——《在杨百翰学院作的教育学讲座》（1901），

《杜威全集·晚期著作》第 17 卷，2015：219

儿童企图伸手去抓月亮，因为抓不到而郁闷地哭泣，这说明这时儿童的空间视知觉是不完善的，因为它还没有和肌肉感觉联合，他不能正确地判断距离。

——《心理学》（1886），

《杜威全集·早期著作》第 2 卷，2010：112

冲动本身带来了可能性，但并不保证稳定地重新组织各种习惯以满足新的情形中的新要素。在儿童和成人中类似的关于冲动与本能的道德难题，就是运用它们形成各种新习惯，或者同样地运用它们来更改旧习惯，以至于它在新的条件下也可以非常有用。冲动在行为中的地位是重新调整和重新组织的枢纽。……冲动是获得自由的源泉，是不可或缺的；但是，只有在它被用来赋予习惯以针对性和新颖性时，才能释放出力量。

———《人性与行为》（1922），

《杜威全集·中期著作》第 14 卷，2012：66

一个婴儿所具有的不成熟的、分散的冲动，除非通过社会的附属与伴随，否则就不能协调而成为有用的力量。他的各种冲动，只不过是吸收他所依靠的更加成熟的人所具有的知识和技能的起点。它们是伸出去的触角，从风俗中收集所需的营养，最终使这个婴儿能够独立地去行动。它们是把现存的社会力量转变为个人能力的媒介，它们是重构式生长发展的手段。

———《人性与行为》（1922），

《杜威全集·中期著作》第 14 卷，2012：60

婴幼儿时期的儿童并不能区分事实与观念。他不把观念当作观念，而是马上认为它们是外部世界的东西。向一个儿童说些他知道的单词，比如一个著名的物体或者人物，以此来让他了解一个观念，此时他会围着说出这个单词的人找这个东西。儿童的意识跟动物一样，完全是实用的。那些观念并不能引起他的注意。事物、行动才是儿童所关注的。

———《确证的逻辑》（1890），

《杜威全集·早期著作》第 3 卷，2010：67

从知觉冲动中产生、并构成了游戏的大部分素材的冲动，就是模仿或者复制任何可以看到的运动的冲动。这一点在婴儿身上同样是特别明显的。这种冲动不仅可以在婴儿的运动中观察到，还可以在他们与家长的关系中看到。其实，模仿是婴儿教育中最主要的因素之一。通过纯粹的模仿力量，儿童掌握了大量关于他所处环境的审美特征和道德特征。

——《心理学》（1886），

《杜威全集·早期著作》第 2 卷，2010：240

实现潜质并不意味着为了填满某个预设的理想自我而去行动，而是意味着在实现它的全部意义这样一个高度上去行动。每当那个儿童完全倾其现存力量行动的时候，他实现着他的艺术潜质。实现潜质意味着具体地行动，而不是抽象地行动。……无论如何，实现潜质意味着使得那个要采取的特殊行动成为整个当前自我的一个行动，而远非达到一个遥远的理想自我的一个步骤。

——《作为道德理想的自我实现》（1893），

《杜威全集·早期著作》第 4 卷，2010：44

一个发现引起另一个发现，爱好研究的兴趣引起儿童自己主动地从事探索，这往往成为严格的理智训练。循着这种自然生长的途径，凭借儿童自己求知的愿望，把他引导到读、写、算、地理，等等。

——《明日之学校》（1915），

《学校与社会·明日之学校》，1994：232

我觉得，儿童在洗盘子时可以培养想象力。儿童一旦拥有行为的自由，他们就是诗人和艺术家，他们把想象力投入他们手头的工作中。儿童的思想是无穷无尽的、模糊不清的和情绪性的。

——《与早期教育有关的游戏和想象力》（1899），

《杜威全集·中期著作》第 1 卷，2012：244

　　儿童的体力和好奇心能够引导积极的道路上去。教师将会发现，学生的自发性、活泼和创造性有助于教学，而不是像在强迫制度之下那样成为要被抑制的讨厌的东西。

——《明日之学校》（1915），

《学校与社会·明日之学校》，1994：298

　　当一个儿童开始学习行走时，他就敏锐地观察，并专心而热烈地实践。他注意将要发生的事情，并好奇地注视着每一个偶然事件。其他人所做的事情，他们所给予的帮助，他们所树立的榜样，都不是作为限制来起作用的，而是鼓励了他自己的行为，并强化了个人的知觉和努力。最初的蹒跚学步，是对未知事物的一种富有浪漫气息的探险；而且，每一种获得的力量都是对人们自己的力量和世界奇观的一种令人欣喜的发现。我们也许不能在成人的习惯中保持这种理智上的热忱，这种在新发现的力量中所获得的新鲜的满足感。

——《人性与行为》（1922），

《杜威全集·中期著作》第 14 卷，2012：43

　　只要观察一下婴儿，就会发现一种能力是如何比另一种能力提前成熟的——学会用眼睛凝视物体、抓握、坐、爬、行走以及说话，也会发现每一种功能在成熟之后是如何被用于促进另一种能力和适应力的成熟的。没有哪个家长会犯下忽视成熟多重性这一特点的错误。

——《教育衔接的一般性原则》（1929），

《杜威全集·晚期著作》第 5 卷，2015：235

　　幼儿能够如此之快地学习，是因为他的需要如此强烈并具有这样一种本性，以至于身边的事物自然而然、几乎不可避免地提供了满足的手段，并因此提供了持续向前或成长（学习）的手段。成人可能会感到奇怪，某个产生声音的过程的重复何以对幼儿充满了魅力，实际上，幼儿只不过是以这种方式学习事物的性质，以及他自身能力和行动的本性和意义，这是与他的内在渴求和需要相适应的。

——《什么是学习》（1937），

《杜威全集·晚期著作》第 11 卷，2015：185

■ 游戏就是儿童的工作

对儿童而言，游戏就是他的活动、他的工作、他的事务。游戏是一个严肃的问题，他会全神贯注地投入其中。这是一份工作。因此，很多事情对成人而言是工作，甚至是苦差事；对儿童而言是一种游戏，比如扫除冲洗、卫生打扫、洗刷盘子，等等。……自然而然地，游戏就是儿童的工作，工作（如果真正引起儿童兴趣的话）就是游戏。

——《与早期教育有关的游戏和想象力》（1899），

《杜威全集·中期著作》第 1 卷，2012：241–242

任何时代任何人，对于儿童的教育，尤其是对于年幼儿童的教育，无不在很大程度上依赖于游戏和娱乐。游戏是如此出自自然的和不可避免的……

——《明日之学校》（1915），

《学校与社会·明日之学校》，1994：277

无论如何，游戏的出发点是生命展示自身的积极过程。当刺激指引这种活动采取不同形式的时候，某些形式会带来特别的回报。刺激不仅会激起某种形式的活动，活动带来的反应也会回馈给刺激以继续保留它或改变它，而刺激的变化会带来更多的活动。

——《教育百科全书》第三、四、五卷词条（1912—1913），

《杜威全集·中期著作》第 7 卷，2012：236

唯一自然的方法，就是把游戏作为幼儿的主要［活动］。确实，幼儿生活中的最主要时间是消磨在游戏上的，不是从事他们从大点的儿童那里学来的游戏活动，就是玩他们自己发明的游戏……的确，做游戏的快乐，多半出于寻找和制造必要的东西的过程之中。这种游戏的教育价值是显而易见的。它能教给儿童他们生活于其中的世界。

——《明日之学校》（1915），

《学校与社会·明日之学校》，1994：279

可以说，［古代希腊哲学家］柏拉图最先在教育中发现的游戏的重要性，与［德国教育家］福禄培尔对游戏重要性的再次发现，构成了教育方法的基本原则。所有后来的成长，其基础都在早期的活动；就个人的意识而言，这种早期活动都是自发的游戏。因此，有必要使早期的游戏活动成为这样一种类型，即它能够自然地发展成为后期更具有反思性和创造性的活动模式。

——《教育百科全书》第三、四、五卷词条（1912—1913），

《杜威全集·中期著作》第 7 卷，2012：238

在识别一个物体和倾向于伸手抓住它之间似乎存在某种联系。我们可以观察到。这一倾向在婴儿身上就已经完全发展起来了。婴儿不久就伸手去抓住任何一个出现在他视线范围内的东西，这种冲动很轻易就发展为游戏冲动。

——《心理学》（1886），

《杜威全集·早期著作》第 2 卷，2010：240

儿童的游戏最初显示的东西，与小猫的游戏并没有太大的区别。可是，随着经验的成熟，儿童的活动就越来越被一种要达到的目的所控制；目的变成了贯穿于一连串行为之中的一条线索；它使这些行为变成一种真正的系列、一个具有明确开端并向着目标平稳前进的活动过程。因为对于秩序的需要被组织起来了，所以，玩耍（play）就变成了一种游戏（game），它具有了"规则"。这里也存在着一种逐渐的过渡，以至于游戏不仅包括对朝向一个目的的各种活动的一种安排，而且包含对材料的一种安排。

——《作为经验的艺术》（1934），

《杜威全集·晚期著作》第 10 卷，2015：237

儿童们在休息时或在课后做游戏，从"捉人游戏""一只老猫"到打篮球和踢足球，这些游戏中都有规则，这些规则指导儿童的行为。这些游戏不是随意进行的，也不是临时想起的一些动作连续起来组成的。没有规则，就没有游戏。

——《经验与教育》（1938），

《我们怎样思维·经验与教育》，1991：274

这种自然自发的表达是游戏，相应地，儿童所有的不为到达某种外在目的而进行的活动都是游戏。……游戏是可以被传授的，不是玩耍——也就是说，游戏的本质是儿童自身态度、倾向、意象等的成长和表达。

——《与早期教育有关的游戏和想象力》（1899），

《杜威全集·中期著作》第 1 卷，2012：241

每个人都熟悉，一个婴儿会花很长时间一再重复做一个同样的动作，或试探某一个物体，两三岁的儿童会以浓厚的兴趣建造一座木塔，或往一只桶里填沙子。他们许多次而不是一次地做，而且总是同样被深深吸引，因为对于他们来说这是真正的工作。

——《明日之学校》（1915），

《学校与社会·明日之学校》，1994：385

游戏不等于儿童的外部活动。更确切地说，它是儿童的精神态度的完整性和统一性的标志。它是儿童全部能力和思想以具体化的和令人满意的形式表现的身体运动，他自己的印象和兴趣等的自由运用和相互作用。

——《学校与社会》，

《学校与社会·明日之学校》，1994：86

孩提时代适当的游戏有助于减少儿童的特殊化，为儿童提供实践的时间和机会，促进其智力发展和开发其动手能力，这些在当时可能没有什么用处，但对于儿童以后实际生活中效率的提高大有用处，更不用说还会丰富和扩充其个性的发展。……从深远的意义说，儿童的游戏就是现实生活的预演，而且完全是出自其兴趣和能力。

——《心理发展》（1900），

《杜威全集·中期著作》第1卷，2012：141

注意游戏（games）和玩耍（play）之间的两点区分。在游戏中，有确定的目的，有儿童们称为目标的特定东西。因为有这个需要达到的特定东西，游戏中必须有规则，有需要遵守的原则。

——《在杨伯翰学院作的教育学讲座》（1901），

《杜威全集·晚期著作》第17卷，2015：242

工作与游戏的区别是什么？我们所以叫它工作，不叫它游戏，其根本不

同的地方就是它的目的在要造成一种看得出的、可以留存的产品，不像游戏的
单使儿童有兴味、有动作罢了。儿童倘有想留下一点结果的意思，不单玩玩就
算了，那就是从游戏时代进到工作时代来了。不过工作与游戏，在儿童眼里区
别不大甚严。往往我们成人认为极苦的事体，如煮饭、烧菜等，大家都不要
干，要使厨师去干的，在儿童却极喜欢并极有趣味，当作一种游戏去干。

——《关于教育哲学的讲演》（1920），

《杜威在华教育讲演》，2016：17

　　当儿童们做游戏的时候，他们常常被说成是假扮的。然而，儿童们在游
戏时至少忙于行动，这些行动赋予他们的想象力是一种外在的显现。在他们的
游戏中，观念和行为完全是融合在一起的。

——《作为经验的艺术》（1934），

《杜威全集·晚期著作》第 10 卷，2015：237

　　通过想象自己在做事，儿童开始熟悉其中的各个方面和各种关系。想象
是一种替代手段，儿童通过它，获得了许多凭借其实际能力本无法体验到的复
杂经验。因此，一旦儿童的想象力受到抑制，游戏时间缩短，那他的发展就必
然会受到阻碍，这些游戏是儿童们全方位接触外界的触须，使他们熟悉了那些
本没有机会了解的事实和活动。

——《在杨百翰学院作的教育学讲座》（1901），

《杜威全集·晚期著作》第 17 卷，2015：224

　　尽管有些儿童的谎言后果非常严重，但许多所谓的撒谎，从成人的角度
来看，根本不能作为道德败坏的表现。他们只是儿童游戏中的一些形象，产生
的原因是儿童不能区分想象和事实。……我更倾向于不要把儿童的许多源于想

象的小故事当回事，除非他们为了欺骗而撒谎，在后一种情况下，我们会发现撒谎背后还隐藏着别的目的。

——《在杨百翰学院作的教育学讲座》（1901），

《杜威全集·晚期著作》第 17 卷，2015：226

■ 教育重心的转移

现在我们的教育中正在发生的一种重心的转移。这是一种变革，一场革命，一场和哥白尼把天体的中心从地球转到太阳那样的革命。在这种情况下，儿童变成了太阳，教育的各种措施围绕着这个中心旋转，儿童是中心，教育的各种措施围绕着他们而组织起来。

——《学校与社会》（1899），

《学校与社会·明日之学校》，1994：44

儿童是起点，是中心，而且是目的。儿童的发展、儿童的生长，就是理想所在。只有儿童提供了标准。……毫不夸张地说，我们必须站在儿童的立场上，并且以儿童为自己的出发点。

——《学校与社会》（1899），

《学校与社会·明日之学校》，1994：118-119

在这种学校里，儿童的生活就成为压倒一切的目的。促进儿童生长所需的一切媒介都集中在那里。……当我们这样以儿童的生活为中心并组织儿童的生活时，我们就看到他首先不是一个静听着的人，而是完全相反。

——《学校与社会》（1899），

《学校与社会·明日之学校》，1994：45

我们可以说，儿童或少年的教育使他养成一种新的习惯，实在是世界将来的极大希望。倘使没有新习惯的发生，自然灰心厌世，从此没有改良、纠正的希望了。须知儿童便是代表将来，老年人便是代表过去，过去的成功与失败我们都可不必计较，有了儿童便可重新做过。这就是儿童代表新希望的道理。

——《关于教育哲学的讲演》（1920），

《杜威在华教育讲演》，2016：21

要抓住儿童的自然冲动和本能，利用它们使儿童的理解力和判断力提到更高水平，使之养成更有效的习惯；使他的自觉性得以扩大和加深，对行动能力的控制得以增长。如果不能达成这种结果，那游戏就会成为单纯的娱乐，而不能导致有教育意义的生长。

——《学校与社会》，

《学校与社会·明日之学校》，1994：93

对于儿童来说，自由就是提供机会，使他能尝试他对于周围的人和事的种种冲动及倾向，从中他感到自己充分地发现这些人和事的特点，以致于可以避免那些有害的东西，发展那些对他自己和别人有益的东西。

——《明日之学校》（1915），

《学校与社会·明日之学校》，1994：297

我的意思当然不是说教育不应该以学生为中心。教育以学生为出发点和终点，这是显而易见的。但是，学生不是孤立的事物，他并非生活在自身内部，而是生活在一个有自然有人类的世界中。他的经验不会止于本能和情感，而必须投入到一个拥有对象和人物的世界中去。而在一种经验相对成熟之前，本能甚至都不清楚自己要接触什么，为什么要接触它，因为它们是盲目的，是不成熟的。不能确保对它们加以控制和引导，不仅仅是放任它们盲目冲动地活动那么简单，而且还会导致幼稚、自我、未开化的行为习惯的产生。

——《新式学校存在多少自由？》（1930），

《杜威全集·晚期著作》第5卷，2015：250

■ 成人与儿童之间的冲突

儿童具有特别的能力。忽视这个事实，便是阻碍生长所依靠的器官的发育或使它们畸形发展。……忽视这个事实，发展就会受阻扰，成为被动的适应。换言之，常态的儿童和常态的成人都在不断生长。他们之间的区别不是生长和不生长的区别，而是各有适合于不同情况的不同的生长方式。

——《民主主义与教育》（1916），1990：54

儿童的心灵不同于成人的心灵，这当然不是一个新的发现，差不多每个人都知道这一点。但是，很久以来，儿童都被看作似乎只是一个微缩的成人、一个幼小的男人或女人。他在目标、兴趣和关注方面都被当作成人来对待，只是在能力和力量方面才强调儿童和成人之间的不同。

——《以现代心理学和教育学为条件的宗教教育》（1903），

《杜威全集·中期著作》第3卷，2012：158

如果我们假定儿童和成人的本性是一样的，唯一的区别只在于能力的大小方面，那么可以立即得出结论：儿童应该从成人的立场来被教育或者对待。不管在精神教育方面还是在其他方面，大多数的教育和授课都是以这个标准来进行的。

——《以现代心理学和教育学为条件的宗教教育》（1903），

《杜威全集·中期著作》第3卷，2012：158

无论如何，成人往往容易把自己的习惯和愿望作为标准，而把儿童冲动的一切偏差视为必须革除的弊端。遵循自然的观念，主要是对人为造作的反抗，而人为造作乃是企图直接强使儿童行为符合成人标准模式的结果。

——《民主主义与教育》（1916），1990：124

儿童的各种活动不像在成人看来是无目的的，而是一些方法，通过它们，他熟悉了自己的世界，学习使用自己的能力以及自己能力的限度。……但是，当［成人］由于儿童不停的活动而感到不耐烦时，就力图使他安静下来，他们不仅干扰了儿童的快乐和健康，而且把他寻求真正知识的主要途径切断了。

——《明日之学校》（1915），

《学校与社会·明日之学校》，1994：224

儿童的自然力量，以及对实现自我冲动的要求，是无论如何都不能压制得了的。如果外部的条件使得儿童不能把他的自然力量投入到他要做的工作中，如果他发现在工作中不能表达自己的意思，那他就学会了一种很神奇的办法，即集中他的注意力去处理所给的外部材料以满足老师的要求，用余下的心智力量追随对他有吸引力的意象。

——《与意志训练有关的兴趣》（1896），

《杜威全集·早期著作》第 5 卷，2010：89

尽管儿童时期是通过冲动使习惯成为可能的、显而易见的证明，但冲动绝不可能在成人生活中完全停止其更新作用。如果确实如此，那么，生活就会变得僵化，社会就会停滞不前。

——《人性与行为》（1922），

《杜威全集·中期著作》第 14 卷，2012：64

当那些忽视或者漠视这些更广博的学科的人直接投入到儿童研究中，期待获得有价值的结果时，这个方法恰像庸医的医术，结果必是混乱不堪的。……有关儿童的纯粹普遍的理论和事实，绝不能代替对个体儿童的内在洞察。

——《对当代儿童研究的明智和非明智的批评》（1897），

《杜威全集·早期著作》第 5 卷，2010：161

成人的理想状态就是能够活跃，而儿童则是愿意去学习。……对儿童，我们几乎没有给他们机会，让他们从亲身经历中去发现一些问题；我们也没有给他们机会去自主选择、分类、调整经验和观点，以此找出解决问题的方法。

——《心理学与社会实践》（1900），

《杜威全集·中期著作》第 1 卷，2012：96–97

要试图提前把成人的成熟观念或者精神性情感强加给儿童，这会导致严重的危险，即阻止了未来更深刻的经验的形成，而这些经验本来是可以变成他自己的真实存在的。

——《以现代心理学和教育学为条件的宗教教育》（1903），

《杜威全集·中期著作》第 3 卷，2012：160

成人不信任儿童所拥有的理智，却要求他完成一种需要更高级的理智才能完成的行为。如果它将是完全可理解的话。这种矛盾是通过向儿童灌输各种"道德"习惯来协调的……

——《人性与行为》（1922），

《杜威全集·中期著作》第 14 卷，2012：63

人的社会性的核心在于教育。以教育为预备和以成年为生长的一个固定限界是同一有害的非真理的两面。如果道德的要务在成年和在幼年都是经验的生长和发展，那么从社会的倚赖和社会的互相依存而得来的教训对于成年和对于幼年是一样重要的。

——《哲学的改造》（1920），1958：110

可塑性比弹性更加深刻，它主要是从经验中学习的能力，从经验中保持可以用来对付以后情境中的困难的力量，这就是说，可塑性乃是以从前经验的结果为基础，改变自己行为的力量，就是*发展各种倾向的力量*。……可塑性是保持和提取过去经验中能改变后来活动的种种因素的能力。这就是说，可塑性乃是获得习惯或发展一定倾向的能力。

——《民主主义与教育》（1916），1990：48–50

可塑性与独创性一直处于彼此对立之中。可塑性中最宝贵的部分就是形成独立判断和实施创造的习惯的能力，而这点一直受到忽视。……简言之，在年轻人的天生活动中，有一些活动倾向于调和、吸收和复制，其他一些活动则倾向于探险、发现和创造。但是，成人风俗一直被强调是保存和强化遵从趋向，而反对那些有助于变异和独立自主的趋向之风俗。……儿童身上令人愉快的独创性被驯服了。

——《人性与行为》（1922），
《杜威全集·中期著作》第 14 卷，2012：62

儿童能够学习，既不是因为大脑犹如一张白纸，就像人们经常打的一个比喻，也不是因为大脑像蜡版那样，可以任凭自然世界在上面留下印记。持这种观点的人，显然从没怎么观察过婴儿。儿童并不是被动地等着接受外界事物留给他们的各种印象，恰恰相反，儿童通常是非常积极主动的，对所有事物都精力充沛，以至于家长所面对的许多难题并不是如何启发儿童的各种活动，而是限制其部分活动。儿童真的是从不停息，因此常常被冠以淘气、调皮的说法。

——《在杨百翰学院作的教育学讲座》（1901），

《杜威全集·晚期著作》第 17 卷，2015：188

我为什么再三申明天然本能的重要，因为有许多教育学者把这个不学而知的本能看得太轻了，以为儿童一定不能由婴孩一脚跳到成人的阶段。所以，他们总想把儿童期缩短，将成人的知识经验硬装进去。他们以为儿童期是完全白费了的，哪里知道这是真正的教育基础！

——《关于教育哲学的讲演》（1920），

《杜威在华教育讲演》，2016：13

在阻碍教育进步的许多因素中，一个普遍存在并且非常严重的障碍便是大多数成人的教育观。在他们脑中，教育这一概念的形成源于对学生时代的记忆。当年的他们也许并不喜欢甚至还反抗过所受到的训导与管教；离开学校时，他们也许会记住学校的种种弊病，成年以后他们中有一小部分人会萌生出改革教育的愿望，但更多的人却形成了一种偏颇的教育观，认为教育本该如此……在他们眼中，这种教育改革往往只是画蛇添足，经不起时间的考验，只有他们记忆中的学生时代才构成教育最基本的模样。

——《为东部商科教师协会的首份年刊〈商科教育的基础〉所作的序》（1929），

《杜威全集·晚期著作》第 5 卷，2015：321

儿童在这愚昧无知的时代，一般人的心理都看他的心当作一只碗、一把壶的样子，这时候要装的东西甚少，自然什么人都可以教了。但是，儿童的态度、行为、思想和待人接物的习惯，都与他的一生有很大的影响。譬如他有好奇的心理，倘这时候不去鼓励它、利用它。使它成为试验的态度，只是压它下去，那么这心理便变为麻木了。又如好问的心理、冒险的心理，都可以养成他研究的态度和勇敢的性质。又如喜与人玩耍，可以利用它成为彼此亲爱互助的习惯，倘压它下去，便渐渐变为孤僻了。

——《关于教育哲学的讲演》（1920），

《杜威在华教育讲演》，2016：47

教授历史也和旁的科学一样，有个大弊病。就是教者教授儿童历史时，不拿儿童的眼光看儿童，却拿成人及历史家的眼光看儿童。历史上之事实在成人或历史家眼光中看起来，或者是很有系统、很有秩序、很能一线连贯。但是，在儿童眼里看起来，或者竟是一无意义、全属相反。

——《教育与学校的几个关键问题》（1920），

《杜威在华教育讲演》，2016：98

如果我们不能积极地给予所有儿童得到他们所应有的，那么我们至少可以不要再故意增加他们已经遭受的障碍。对于那些在大量儿童已经遭受的障碍上再增加更多艰苦和困难的人，我想《圣经》里的一句老话对他们是依然适用的："倒不如把大磨石拴在这个人的脖子上。"

——《制造商协会与公立学校》（1928），

《杜威全集·晚期著作》第 3 卷，2015：216

儿童研究结论应用于教育，将避免根本性错误。在我看来，这个错误是从教师或者父母的立场对待儿童，也就是把儿童看作是被教育、使之发展、接受指导和使之高兴的对象。

——《应用于教育的儿童研究结论》（1895），

《杜威全集·早期著作》第 5 卷，2010：156

■ 成人对儿童的影响是很重要的

　　成人对小孩子的影响是很重要的。然大抵成人习故安常，不像小孩子那样好学喜新，就生出弊病来了。他以为他的习惯总是对的，成人就是道德的目的和小孩子的模范。听说有个小孩子对他的母亲说："母亲，你去年说我总做不道德的事，今年又说我总做不道德的事，到哪年我才能无过呢？"他母亲说："成人做事无有不对，你长成大人的时候自然没有不道德的行为。"这话岂不可笑吗？

——《伦理讲演纪略》（1919），

《杜威在华教育讲演》，2016：306

　　成人的活动，在儿童心智的发展中起着重大的作用，因为成人的活动给世界上的自然刺激加进了新的刺激。这些新加入的刺激更准确地适应于人类的需要；它们更丰富，有更好的组织，范围更复杂，允许有更灵活的适应，因而也就能引起更奇异的反应。

——《我们怎样思维：再论反思性思维与教学的关系》（1933），

《我们怎样思维·经验与教育》，1991：172

　　成人只有通过对儿童的兴趣不断地予以同情的观察，才能够进入儿童的生活里面，才能够知道他要做什么，用什么教材才能够使他工作得最起劲、最有效果。

——《我的教育信条》（1897），

《杜威教育论著选》，1981：10

　　无论我们如何看待它，总是有人——成人或者儿童——实际上，无论怎样真实地训练这个人，赋予他的经验以秩序和能力、创造力和智力，这肯定在训练他的意志。

——《与意志训练有关的兴趣》（1896），

《杜威全集·早期著作》第 5 卷，2010：110

对这个时期儿童的探究进行指导，而不是放任其自生自灭。这对儿童们而言，或许是一个直接的智力帮助，同时也可以帮助他们减少智力甚至道德力的浪费。但是，不仅需要通过心理学来满足学生的自我意识萌芽的要求，而且需要在各种学习之间保持平衡关系。

——《从大学立场看高中心理学教育》（1886），

《杜威全集·早期著作》第 1 卷，2010：67

无论工作和游戏都必须让儿童自己去活动，自己去模仿，自己去发现。即使对于 6 岁儿童来说，围绕着他的各种事物的世界是一个尚未探索的领域。随着他的活动，他逐渐在调查研究中不断扩大小小的视野的一个世界，一个在他看来决不像在成人看来那样平谈无奇的世界……这就是他的知识的源泉。

——《明日之学校》（1915），

《学校与社会·明日之学校》，1994：231

6 岁或 7 岁入学的普通儿童正处于计数时期。为了获得新的能力，他现在需要的是更多的应用来表现自己的计数能力，否则发育就停滞了。……我们要通过度量指导学生确定数字的大小，由此数字意识就会变得充满生命活力和具有真正的教育性。……通过这些，计数的能力发展为控制和建构的工具，变得具有真正的教育意义。

——《有关数字心理学的一些评论》（1898），

《杜威全集·早期著作》第 5 卷，2010：143

现在，如果人类生活中的某个方面需要理想主义，并且需要这一理想主义是实际的，那就是培养年轻人。……任何真正的理智主义都会有这样的信念，即最有智慧、最好的家长想为自己的孩子提供的，也就是作为整体的共同体应该为作为整体的儿童共同体提供的。只要我们没有努力去实现这一理想，对于所谓的理想主义来说都是一种耻辱。但这并不是说，我们马上就能够实现这一理想。

——《制造商协会与公立学校》（1928），

《杜威全集·晚期著作》第3卷，2015：216

我们所认为的根本目标在这些活动的运作中是根深蒂固的。我们可以发现每一个儿童的能力倾向、爱好、能力及其弱点，要设法把他们的这些东西发展成个人的风格。这不是为了掩盖缺点，而是为了弥补缺点。

——《杜威略述乌托邦的学校》（1933），

《杜威全集·晚期著作》第9卷，2015：109-110

儿童的巨大的依赖性和无助感使得他必须去获得各种能力。在这个过程中，他学会了很多——成人教会了他如何去奋斗，教会了他欲望、努力和希望的意义，教会了他使用记忆和想象来规划并建构。

——《在杨百翰学院作的教育学讲座》（1901），

《杜威全集·晚期著作》第17卷，2015：220-221

［初等学校］这时期所求的知识虽少，但习惯的养成作用很大，引导他可以成为好习惯，否则也可以成为坏习惯。所以，这时期的教育比中学、高等学校教育尤为重要。从此可知，初等教育的目的并不在使儿童读许多书、得许多丰富的知识，而在养成将来应用的能力、技能和习惯。

——《关于教育哲学的讲演》（1920），

《杜威在华教育讲演》，2016：47

泥和木头皆是被动的，陶匠、木匠不能拿自己的思想和知识灌输到瓦器木头里面去。儿童却不是这样，他们有主动的能力，能够领略成人的思想和知识。儿童好学的思想实在非常恳切，可以说比成人要教他们的心还要恳切一些。他们有好奇心，见一事一物常常要去探问；他们还喜欢模仿，见成人一举一动他就要去学。儿童是极愿意受教的，倘使成人肯热心地教他，无论直接教育或间接教育，他皆喜欢领受的。

——《教育与学校的几个关键问题》（1920），

《杜威在华教育讲演》，2016：70

儿童不会被动地等着被带入某种经历，他会寻求各种经历。在他醒着的每一刻，都表现出这种原初的、自发的渴望，寻求获得更多的经历，从而熟悉这个世界中的各种事物和他周围的人。……教师或父母真正需要做的，只是提供使这些冲动得以自我表现的合适的物品和环境。只有这样，儿童才可能最大限度地表现本能。

——《在杨百翰学院作的教育学讲座》（1901），

《杜威全集·晚期著作》第 17 卷，2015：189

基本原则是：儿童总是和他自己当前的和紧迫的活动一起存在的，他不要求"被引诱""被倾诉"和"被发展"；教育者的工作，无论是父母还是教师，只是在与这些活动的联系中探知他们，为他们提供合适的机会和条件。

——《想象力与表达》（1896），

《杜威全集·早期著作》第 5 卷，2010：156

如果我们在儿童成长的最初七年，能够提供他最理想的社会环境——能够引导他建立与他人的良好关系，并促进其思想和想象力的发展，这将确保他在一个非常正确的方向上很好地成长。我们应该培养他们良好的社会才能、乐于助人的习惯，这些将会伴随他今后漫长的人生道路。

——《在杨百翰学院作的教育讲座》（1901），

《杜威全集·晚期著作》第 17 卷，2015：223

对于儿童成绩的进步与否，不得不用考试记分的制度来定。这不是评判儿童成绩的真方法。若真要评判儿童的成绩，那么应该看他们今天比昨天长进了多少，从前的缺点现在补正了没有，从前未发展的能力和兴趣现在发展了没有。总而言之，现在比从前是否进步。这才是评判儿童成绩的真问题。

——《关于教育哲学的讲演》（1920），

《杜威在华教育讲演》，2016：27

我们谈谈对一个儿童的溺爱和对儿童的娇生惯养。过度纵容儿童的影响是具有连续性的。它造成一种态度，使儿童自发地要求一些人和物去迎合他的未来的愿望和任性。它使儿童追求一种为所欲为的情境。它使儿童厌恶和无力应付那些需要花费力气和不屈不挠的坚持性才能克服障碍的情境。

——《经验与教育》（1938），

《我们怎样思维·经验与教育》1991：263

婴儿需要食物、休息和活动，这些需要从一个方面来讲当然是主要的，有决定意义的。必须给婴儿食品，保障其有舒适的睡眠，等等。但是，这些事实并不意味着，不论什么时候，只要婴儿吵闹发怒，父母就去喂食，而不必有一定的喂奶和睡眠的时间。精明的母亲要考虑到儿童的需要，但并不因此就放弃自己的责任，而是要调节客观条件，满足婴儿的需要。

——《经验与教育》（1938），

《我们怎样思维·经验与教育》1991：265–266

　　父母所受的较好的教育是对孩子进行较好的道德教育的一大因素。心理学仍然处于摇篮时代。但是，人性知识的增长，以及人性如何发展和改变的知识的增加，在上一代人中有极大的发展。它的增长与人际关系——在父母之间，与他们的子孙有关——如何影响性格有关。父母教育的重要性，由这种知识的增长发展而来。然而，仍有许多父母与新知识没有基本的接触，并且对孩子的道德品性的重要影响完全无知。

——《年轻人的性格培养》（1934），

《杜威全集·晚期著作》第 9 卷，2015：151

第十八编　教师职业精神与职业责任

■ 教师职业的社会尊严

教师不是简单地从事于训练一个人，而是从事于适当的社会生活的形成。每个教师都应当认识到他的职业的尊严，他是社会的公仆，专门从事于维持正常的社会秩序并谋求正确的社会生长。

——《我的教育信条》（1897），

《杜威教育论著选》，1981：12

只有当教育者独立、勇敢地坚持教育目标应该在教育过程中形成并实施时，教育者才会意识到自己的职能。如果教育者自己都不尊重自己的社会地位和工作，那么，其他人就更不会尊重教育者。……教育者在教育过程中占有一席之地，但教育者并不是教育过程，远远不是教育过程。

——《教育科学的源泉》（1929），

《杜威全集·晚期著作》第5卷，2015：28

教育上的资金投入是社会投资——国家未来幸福的、道德的、经济的、物质的和智力的投资。教师只是这一社会工作中的手段和代理。他们履行着任何一个社会群体应当履行的最重要的公共职责。他们理所应当提出的任何权利要求，并不是代表他们自身的个人利益，而是代表了社会和国家的利益。他们未来的状况，在很大程度上，由目前他们的行为状况和国内学校的这一代人所决定。

——《教育中的危机》（1933），

《杜威全集·晚期著作》第9卷，2015：99

像其他群体的成员一样，教师也需要个人安全感和工作应得的报酬。有效技能的保护和对社会必要的服务的保护，正处于危险之中。教育者意识到自己发挥着不可或缺的社会功能。当下的社会情况使他们认识到，实行这一功能亟须保护这个事实。

——《教育和我们当前的社会问题》（1933），
《杜威全集·晚期著作》第 9 卷，2015：105

事实充分证明，教育职业不会也不可能孤立起来闭门造车。作为人类、社会一员和教育工作者的教育者，不论教师还是行政管理者，即便在教育工作中表现得稳定而有效，自身都必须关心经济利益、条件、需求以及重建计划。

——《教育和我们当前的社会问题》（1933），
《杜威全集·晚期著作》第 9 卷，2015：105

各种职业中最重知识的有二，就是医学与教育。因为学医的人不但要极用心地研究医术，代人治病；并且要研究新的、发明新的，去教授别人。教育也是这样。所以，担任教育事业的人，不仅要增进自己的学问见识，而且必要有所贡献于教育全体。这个贡献是勿论大小多少的。

——《教师职业之现在机会》（1921），
《杜威在华教育讲演》，2016：390

教师的职业不是商业性的。……因为教育事业的基本假定是学校可以提供某些有价值的东西，而这些价值又有真正的社会需求，这种需求可能被唤醒，成为一种有意识的需要。这些价值就是各种技能、知识体系，它们是滋养心灵的食粮；它们塑造愿望，激发热烈持久的目标；它们培养思考、求知、判断的能力和意愿。

——《周年纪念致词》（1936），
《杜威全集·晚期著作》第 11 卷，2015：132

如果所有的机构和社会关系都有意识地为个性发展作贡献，那么对教师这个专门职业的需求会越来越少，乃至最后根本不需要吗？我们相信，教师这种特殊的职业会继续起作用，分工是一切有组织生活的特征。

——《展望：自由社会的自由教师》（1937），

《杜威全集·晚期著作》第 11 卷，2015：423

教师这个职业在提供道德和精神服务的机会方面，具有毋庸置疑的优越性。在这一方面，教师和牧师这份职业总是不相上下，无需进行任何令人厌烦的比较，我们就可以说：教育行业一些独有的特征在目前特别有吸引力。

——《致有志于从事教师职业者》（1938），

《杜威全集·晚期著作》第 13 卷，2015：288

做教员的……对于学校以外的事一概不问。这种人拿自己的责任未免看得太小；其实做教员的，对于社会服务是应当注意的。关于公共的利益、公共的幸福，都是应负的责任。……总之，诸位应当注意的一点就是：不但注意于学校以内，更当注意于社会；不但做学校的教师，更当作社会上一般人的教师、学生家属的教师。

——《教育者之责任》（1920），

《杜威在华教育讲演》，2016：380–381

作为教育者，我们的问题是挑选过去文化遗产中有意义的部分，它可以帮助我们解释今天的经验。而且，我们要不断强调现在和将来，否则就没有什么指导我们从过去挑选出最重要的东西，用于现在的教学和应用。

——《座谈会：今天的教育》（1937），

《杜威全集·晚期著作》第 11 卷，2015：446–447

教育工作提供的智力发展机会是如此明显，几乎不需要多加说明。所有所谓的学术性工作，使其从业者始终处于和书本、研究、观点的亲密接触之中。这些工作激发从业者增长知识和进行更广泛的智力接触的欲望。……并不是说，教育这个职业能够提供的智力成长的机会是独一无二的，而是说，它所提供的一些机会足够丰富且多样化，能适应不同的口味。既然学校会教文学、科学和艺术，那么在某些或者所有领域中进一步深造，就是可取的。这种继续学习不是副业，而是直接适应教育这一职业的要求和机会。

——《致有志于从事教师职业者》（1938），

《杜威全集·晚期著作》第 13 卷，2015：289

教员的职业所以可贵，正为做教员的人可得两种大益处：（1）可以把自己所学的学问随时长进；（2）可以有机会研究所教儿童的本能，可以学懂得人性，可以懂得"人"。一方面增加自己的学业，一方面学懂得人，这才是真正的教员。

——《现代教育之趋势》（1919），

《杜威在华教育讲演》，2016：271

对于那些能够胜任教师这项工作的人来说，教师这个职业包括三种回报，每一种回报都是特别而独一无二的。那就是：对知识的热爱；对智力成长、道德成长的同感；以及通过使组成社会的个体更好而使社会更好的兴趣。

——《致有志于从事教师职业者》（1938），

《杜威全集·晚期著作》第 13 卷，2015：291

我想要说，所有其他的教师组织都是有价值的。他们提高了学术领域的教学质量，并且改进了教学方法。但是，作为社会中的一个教师团体的社会权利和社会责任为基础的职业，要持续、公开和积极地为职业的社会功能的实现而奋斗，为道德、知识和职业社会水平而奋斗。

——《教育中的危机》（1933），

《杜威全集·晚期著作》第 9 卷，2015：101

对于教师来说，在影响教育与现实社会责任的紧密联系中，第一步是要对教育事务和学校的日常管理工作提出自己的主张。在学校内部的管理中，教师应该承担更多的责任；在学校外部，教师应该与公众和社区团体保持密切的联系。……教师首先要学会如何从身边熟悉的事情做起，这也是一个需要认真学习的课程。

——《教育和我们当前的社会问题》（1933），

《杜威全集·晚期著作》第 9 卷，2015：107

［面对经济和社会状况］教师所面临的第一个挑战就是团结起来，使自己对经济和社会的现实情况取得更为充分的了解，然后在教学中履行其影响公众舆论的权利和思想自由的义务，对种种现实情况提出应对之策。

——《经济形势：对教育的挑战》（1932），

《杜威全集·晚期著作》第 6 卷，2015：109

不但种种旧式的教育制度和组织都要经一番根本的改革，并且须使一般做教员的有充分的预备。教员必须有适当的学问，方才能随时应付变迁的社会需要；必须有精密的心思、细腻的耐性，方才可以随时观察儿童的性情兴趣；必须有浓厚的同情、慈祥的性情，方才可以替儿童设心处地，体会儿童的心思意义。做教员是一件神圣的事业，做小学教员更是一件神圣的事业；绝不是个人的饭碗问题，应该认作一件最宝贵的终身大事。

——《现代教育之趋势》（1919），

《杜威在华教育讲演》，2016：274

教师的职责是为共同体培养更高标准的智能，公立学校制度的目的是让尽可能多的人拥有这种智能。技能，即在许多职业上聪明有效地行动的能力，是一个社会达到的文明程度的标志和标准。教师的任务是帮助学生形成现代

生活所需的多种技能。如果教师达到了职业标准，那么，他们就帮助了品格
（character）的产生。我希望我无需对品格的社会价值多说什么。

——《教师和大众》（1935），

《杜威全集·晚期著作》第 11 卷，2015：122

不是从教师们在经济上的优势的立场出发，而是从儿童们的需要的立场
出发……我们不能让社群中头脑最好的人去从事其他工作，而让那些无法以其
他职业为生的人来教授我们的年轻人。而且，我们当然不能用孩子们的健康和
安全去冒险。

——《杜威访谈报道》（《纽约世界报》1922 年 8 月 27 日），

《杜威全集·中期著作》第 13 卷，2012：373

在农村地区，总体说来，几乎连假装保持专业标准和专业精神都没有。
像洗碗和在家照顾孩子一样，教书不再是一种专业了。它是一个很容易获取也
很容易丢掉的临时工作。大量人员涌入，是因为它与到外面工作却回报甚微相
比，并不要求同样多的社会经验。如果需要任何更多的特殊训练的话，那也不
会比任何一个曾经在学校的人所获得的更多。

——《教育怎么了？》（1925），

《杜威全集·晚期著作》第 2 卷，2015：96

看看发生了什么：通常情况是，把年龄最小的孩子丢给那些最没有经验
的教师和收入最低的教师。因为前者是最容易教的，所以理应安排公认最差的
教师。然后，由于是容易教的，在开始的时候就以最有害和不适当的方式养
成了习惯……

——《教育怎么了？》（1925），

《杜威全集·晚期著作》第 2 卷，2015：97

如果教师相信鼓励独立思考和创造性的冲动,那会怎样呢? 环境的压力没有给教师机会,她被迫墨守成规,她是机器上的一部分。整齐划一带来了速度,而仅仅速度就使她跨越要求她负责的地盘了。……因为工厂的工人面对的是机器,而学校面对的是人,他们会起来反对被作为机器对待的,这种压力和愤怒,远远不止是双重的。因此,教师第一时间在寻求逃离这种单调的工作。

——《教育怎么了? 》(1925),

《杜威全集·晚期著作》第 2 卷,2015:98

以科学管理和密切监督的名义,实际上,教师的主动性和自由越来越多地被剥夺了。借助成绩和智力测验,借助强行规定的打字通讯的稳定的发行流,借助简短而明确的教学大纲,教师沦落成了活的有声机。以责任和效率,甚至学科集中化的名义,极尽所能地使教师变成了处于屈从地位的橡皮图章。

——《教育怎么了? 》(1925),

《杜威全集·晚期著作》第 2 卷,2015:99

■ 教师职业精神的养成

无论哪种职业,都有它自己的精神。……职业的精神既如是之悠久,所以能发展它的理想、精神、习惯,足以感化职业者使他们有共同的目的,并且忠心于他们的职业。……这种精神——职业的精神——和教师的影响异常伟大。

——《教师职业之现在机会》(1921),

《杜威在华教育讲演》,2016:389-390

我们会承认那些具有明显职业精神的教师身上所具有的两个典型特征。其中一个特征体现在学生每天的作业上,体现在教师与学生每天接触到的教育和训练问题上。……在教师职业的方法和内容上兴趣较为持续的知识增长，这要求我们不仅仅做工匠，而且要做艺术家。我认为，职业精神的另一个特征是教师对于社会所负担的责任。

——《教师的职业精神》（1913），

《杜威全集·中期著作》第 7 卷，2012：81

为了［教师］这个职业，我们全都奉献一生。按我的判断，这是全人类最高贵的职业。然而，这一高贵职业给予我们的应该是一种责任感，而不是自鸣得意。这个职业之高贵，也要求我们全体认同这项伟大的事业，要求全体教育者具有团结一致，把这项事业推向前进的意识。在我看来，这一职业比另一些职业对于人的未来有着更大的意义，不论那些职业多么必要，与这种长效的、更超脱的教育工作相比，也许在行动和效力上更直接、更有形、更明显，有时更出彩。

——《致接受辞》（1937），

《杜威全集·晚期著作》第 11 卷，2015：418

我们都知道，我们究竟把多少时间、多少努力和多少精力用在培养教师的职业精神上面。我们都知道，我们确实是一再反复地强调，如果我们能够具有一种彻底的职业精神，如果这种精神渗透在所有教师和教育家们的身上，那我们在促进教育的事业上就能够取得比其他任何方式更好的成绩。

——《教师的职业精神》（1913），

《杜威全集·中期著作》第 7 卷，2012：81

总而言之，凡做教师的人一方面固要注重物质，同时其他方面又不要忘了研究学问的精神、职业价值的提高两个大题目。……最重要的、不要忘记的就是对于教育要有信仰心，然后心才可专。这种职业的精神和为教育而牺牲自己的毅力，较你们所学的知识格外可贵。

——《教师职业之现在机会》（1921），

《杜威在华教育讲演》，2016：393

世界上所有人，不管他们从事何种职业，如果他们发现无论自己有多少经验、多少智慧，做多少试验，产生多少结果，而所有这一切都得不到社会的认可，那么，他们的职业精神的发展就会受到阻碍。

——《教师的职业精神》（1913），

《杜威全集·中期著作》第7卷，2012：82

在师范学院里，教师训练的方法并不是形成未来教师的品格的唯一决定因素。但是，就训练方法是成功的情况来说，它形成他们作为教师的品格，因此成为他们的道德发展的一个重要的决定因素。

——《〈教育资源的使用〉一书引言》（1952），

Dewey On Education，1959：133

只有实验主义者而不是绝对主义者，才有权利宣称真理的至上性以及为了真理自身的目的而不是为了"纯粹行动"的目的去奉献生命。

——《知识的实验理论》（1906），

《杜威全集·中期著作》第3卷，2012：94

不管怎样，［在教师培训学院中］最滑稽的思想评价莫过于要学生上几堂课，基本上每堂课都全程监督他，而且几乎每堂课结束都评价他讲课的方式。这样的评价方法，可以让学生掌握一些诀窍和手段，但是不可能培养出有思想且独立的教师。

——《教育学中理论与实践的关系》（1904），

《杜威全集·中期著作》第3卷，2012：201

■ 教师是学校教育改革的直接执行者

教师是改革的直接执行者，如果他们没有这种信念，那么就不可能确实有效地实行改革，也不可能有其理想状态要求的那种精神。这样的话，改革很可能会彻底失败。

——《心理学与社会实践》（1900），

《杜威全集·中期著作》第 1 卷，2012：97

教育中的所有其他改革都有赖于那些从事教学工作的人们。如果任何设想的计划都能确保那些热爱儿童的教师们拥有个性和创造性，那么，我们也就别无奢求了。不幸的是，许多学校的组织都在向军队或工厂之类的机构看齐……这些学校在行政权力和从事教学工作的人之间几乎普遍竖起了一道隔墙，于是教师身上很少具有创造性。没有自由，就不会有个人的责任。

——《作为公民的教师》（1931），

《杜威全集·晚期著作》第 6 卷，2015：369

所有其他的改革，都取决于从事教师职业者的素质和性格的改革。……如果能制定一种计划，使教育这个职业得到具有道德力量、素质良好、同情儿童的内在需要以及对于教学和学术有兴趣的人，那么教育改革和其他教育问题的解决就不再有麻烦。

——《教育中的民主》（1903），

《杜威全集·中期著作》第 3 卷，2012：175–176

有什么样的教师，就有什么样的学校。那是合理的教育学的一个基本的和不可更改的原则。但是，当我们对学校工作进行反思时，当我们进行批评和致力于改革时，乐意并急切地希望做任何其他事情。我们却不乐意追问：是什么从教师的职业中保持了成熟、丰富、自由和独立的人格？

——《教育怎么了？》（1925），

《杜威全集·晚期著作》第 2 卷，2015：99

　　教育中的最真实的东西是："有什么样的教师，就有什么样的学校。"（As is the teacher, so is the school.）我们都知道这一点。一所学校和另一所学校之间的区别，一所学校中某个班级和另一个班级之间的区别，可以归因于校长或教师的人格。问题在于，我们该如何集中所有这些外在因素，以便它们真正地解放、帮助并保护课堂中的每个教师。

——《任课教师》（1922），

《杜威全集·中期著作》第 15 卷，2012：151

　　美国的教育理论是世界上可以找到的最先进的理论。……然而，美国大量的初等学校没有显示出受到先进的教育理论或实践影响的迹象。……在大城市，它们就是学院式的工厂……以最低成本大规模地生产标准化的产品。在农村，它们是毫无生气、死气沉沉的，而且设施落后，弥漫着背水一战的气氛。这种反差的原因是什么？概言之，答案就在古老的谚语中："有什么样的教师，就有什么样的学校。"然而，这个答案只告诉我们去哪里寻找问题，却没有解决问题。

——《教育怎么了？》（1925），

《杜威全集·晚期著作》第 2 卷，2015：94

　　学校的教学，除非充分重视这个心理学事实，否则不可能有根本的改变。仅仅有教育界领导和教育理论家引起重视是不够的。除非每一个教师都真正理解这个改革的科学基础和必要性，否则，他们不可能真诚地、全心全意地、想尽办法地实行这些改革。

——《心理学与社会实践》（1900），

《杜威全集·中期著作》第 1 卷，2012：96

一个教师，在培养个性的观念的约束之下，会在他现有的水平上或多或少地注意学生，以迎合他们现有的状态来尊重他们的个性特点。伴随这种同情的理解，接下来的实际工作需要改变、变革、重构的持续，没有终止。变革至少朝着更有效的技术、更强的自立、更深的思考，以及探究的秉性在遇到障碍时更持续地努力。

——《教育哲学的必要性》（1934），

《杜威全集·晚期著作》第 9 卷，2015：156

新社会的教师不是在现行舞台上盛开的花朵，而是年复一年向更恰当、更贴切、更平衡、更综合的生活理解前进的产物。这一代人所进行的斗争，为维护和扩大民主而进行的斗争，在很大程度上使教师不可能以老式学院文化的象牙塔方式进入［教师］这个职业。

——《展望：自由社会的自由教师》（1937），

《杜威全集·晚期著作》第 11 卷，2015：426

教师和教育的重要已经成为定论，无须乎再说。现在所要说的是西方一句格言，就是：学校优劣的判别，在看教师如何和学生如何。所以，如果教师多受过好训练、学问异常渊博，又复专心致志地对于学校，则这个学校的成绩必定特别优美、完善。反之，纵然建筑非常宽敞、设备非常完全，也不能收令人满意的效果。

——《教师职业之现在机会》（1921），

《杜威在华教育讲演》，2016：389

如果我们懂得这种情境，最好是促使教师们、家长们以及负责指导教育的人们这样理智地去理解我们自己时代的社会力量和运动，以及教育制度在其中所担负的职责。如果教师心目中没有一个社会目标，那么，这一点是不能成功的。

——《民主与教育行政》（1937），

《人的问题》，1965：55

从本质上讲，教育是一种社会的过程。这种性质能够实现的程度，取决于一些个人组成社会团体的程度。如果排斥教师，不把教师当作团体中的一个成员，那是荒唐背理的事情。因为教师是这一团体中的最成熟的成员，他对社会团体生活中的各种交互作用和各种交往负有独特的指导责任。

——《经验与教育》（1938），

《我们怎样思维·经验与教育》，1991：279

产生首创和创造力量的最好方法就是去实行它。……当教师由于共同参与在形成指导思想的过程中，而懂得了他们自己行动的意义的时候，他们反而不能够更好地完成他们的工作，这是不可能的。……如果不动员教师们出来，以一种能够对一般学校政策具有有机影响的形式，来交流他们成功的方法和结果，这种浪费不是大大增加了吗？

——《民主与教育行政》（1937），

《人的问题》，1965：50

如果教育力量是不合格的、不理智和不负责任的，那么肯定的是，主要问题将会是它们如何得到改进。教师只有通过分担一些有责任的工作，才能使他们变得更为胜任。如果认为我们必须等到他们完全准备好去承担理智的和社会的责任，那将会挫败在民主进程中所采取的每一个步骤。

——《教育中的民主》（1903），

《杜威全集·中期著作》第3卷，2012：175

［教师］他们所需要的首先是具有创造的力量和勇敢的性格。恐惧、守旧、懒散、认为成功是轻而易举之事，以及随波逐流等，都是教育进步道路上的障碍。太多被称为教育科学和艺术的东西，已经通过假装事先给予科学指导和保证这样的手段，而使制度习惯固定下来。

——《作为工程技术的教育》（1922），

《杜威全集·中期著作》第 13 卷，2012：285

为了具有进行教学改革的勇气，教师们需要得到积极的支持，不仅要获得教师自身组织中的积极支持，而且要获得与教师们有共同目的且已组织起来的团体的积极支持。……这不仅仅保护它们的个人利益，而且保护这个国家的年轻人和社会的未来。这个机会一定要加以利用，有着社会洞察力的教师们应该成为带头人。

——《教育和社会秩序》（1934），

《杜威全集·晚期著作》第 9 卷，2015：144

如果教师们变得有足够的勇气和自主性，坚持教育意味着创造一种明辨的头脑、一种倾向于不自我愚弄或为他人愚弄对象的头脑，那么情况将会如何呢？显然，他们将不得不培养悬置判断、进行怀疑、渴求证据、诉诸观察而非情绪、诉诸讨论而非偏见、诉诸探求而非惯常的理想化的习惯。如果发生了这些事情，那么学校将变成一种人性文明的警示前哨。

——《作为政治的教育》（1922），

《杜威全集·中期著作》第 13 卷，2012：290

因为某些原因，任课教师并没有成为改进教育实践的能动力量，而他们本该成为这样的力量。那些正在从事教学工作的人，那些正在与学生发生个人接触的人，那些正在对学生的性格和思想产生影响的人，并不是那些积极提出理论的人。我意识到，对这个情况可以有许多解释——比如没有时间、教师工作负担过重等。……但是，既然是教师在最终应用这种理论，难道他们不该在发展他们所运用的观念并使这些观念具体化和现实化方面扮演重要的角色吗？

——《任课教师》（1922），

《杜威全集·中期著作》第 15 卷，2012：153

我们初等学校的教师为什么会这样呢？什么是选拔他们的标准呢？什么使他们一如既往地如此呢？结果发现，责任在于共同体。我们不能把责任推脱给教师，因为他们是我们自己的信念、愿望和理想，以及我们所满意的事物的表现和产物。要查明学校怎么了，我们就必须考察教师；要查明教师怎么了，我们就必须考察我们自己。

——《教育怎么了？》（1925），

《杜威全集·晚期著作》第 2 卷，2015：94–95

教师这一职业最令人沮丧的一个方面，就是我们看到太多操碎心的教师，他们的面部布满了焦虑，这种焦虑反映在他们紧绷而尖锐的嗓音和焦躁的举止上。虽然对某些人来说，与年轻人接触是一种荣幸；但对有些人来说，这却是一种重负、一种他们不堪承受的重负。

——《致有志于从事教师职业者》（1938），

《杜威全集·晚期著作》第 13 卷，2015：290

职业的精神发展的阻力，就是学校与学校的竞争太甚。我并不是说这种竞争完全是不好的，它的确可以减少人的懒惰的根性、想着和别人比较优劣，学校各个方面也都可赖之进步。但是，竞争的结果最容易变成妒忌、猜疑、欺诈的心。此心一动，则学校与学校、教师与教师间相互联络的精神往往因之破坏。我说它是职业的精神发展的阻力，为的是这个缘故。

——《教师职业之现在机会》（1921），

《杜威在华教育讲演》，2012：391

■ 教师的职责是了解和引导儿童

教师的职责是了解儿童在他发展的某一时期力求表现出来的是什么能力，哪一类活动能使儿童的这些能力很好地表现出来，以便据此给儿童提供所需的刺激和材料。

——《学校与社会》，

《学校与社会·明日之学校》，1994：94

教师也应该负责任，看［学生］他对于哪一种感兴趣，便引导他向有兴趣的一方面去。教育的大病是不管学生性质相近与否，只是要他及格。教师所应该注意的，就是学生为什么这几科好、那几科不好。因为这不仅几分上下的区别，还可以观察学生的天才向哪一方面发展。

——《关于教育哲学的讲演》（1920），

《杜威在华教育讲演》，2016：51

对教学的检验毕竟依赖于学生精神的觉醒程度以及为自身而行动的能力。但这并不意味着教师是一个无足轻重的角色，不意味着他不能给学生以积极指导，也不意味着他不能使学生知晓那些通过以往心理学学习而得出的归纳结论。这意味着教师必须引导学生去再现并认识存在于他自身的那个对象。

——《从大学立场看高中心理学教育》（1886），

《杜威全集·早期著作》第 1 卷，2010：69

我们将根据儿童成长中特别阶段的具体需要，提供智力的和精神的营养。我们必须牢记，如同身体需要大量的食物，人的大脑同样需要大量的食物。当儿童不喜欢学习、反感学习时，必定是哪里出现了某些问题。要知道，食物不会贴着"食物"的标签，主动地呈现在我们面前。教师有责任发现儿童身上具有的各种兴趣和欲望。

——《在杨百翰学院作的教育学讲座》（1901），

《杜威全集·晚期著作》第 17 卷，2015：195

每天与学生见面，就会获得更多有关他们个人的认识，通过观察获得一部分情感与想象、感觉的联系，一部分也可以通过观察图画、动作获得等。当然，这只是一个相当基本的原则——引导实际观察工作作为建立理论的基础。

——《致弗兰克·曼尼》

（*John Dewey to Frank A. Manny*，26 March，1896）

我们面对的教育对象毕竟是一群男孩、女孩。学习的科目是次要的，儿童才是主要的。善于了解儿童自发性活动以及他们的想法，并懂得如何提供养料来激励这种成长的教师，即使当其他所有人都消失在远方的雾中，仍然会一直守护在儿童的身边，伴随他们成长。

——《在杨百翰学院作的教育学讲座》（1901），

《杜威全集·晚期著作》第 17 卷，2015：196

教师应当都去研究儿童的天性和学科，研究好了，然后顺着他的兴趣，由此动机以研究他的功课，就不至于叫学生不愿去学了。这个大题目，所包括的是很复杂的，没有一个教师能在一时解决的。无论男女教师，天天和儿童接近，一天发现一件事，自然能找出哪一种科目和儿童天性的哪一点相合。

日子久了，自当全和儿童相合，教授上就算成功了。

——《教育之心理的要素》（1921），

《杜威在华教育讲演》，2016：201

　　教师若真正知道所传授的主题以及所面对的个体心灵的本性，他便能发展出自己的方法。其结果要优于他通过学习某种与儿童没有多大关系的诀窍所能达到的。儿童研究正确地看待教师所需要的那类培训，从而赋予了该项工作一种活力。……儿童研究对所掌握到的真理赋予了生命力。

——《有关西奥多·B.诺斯〈我们的学校应把什么归功于儿童研究〉

一文的讨论》（1902），《杜威全集·中期著作》第 2 卷，2012：77-78

　　将来社会之命运，全在此无数之儿童。而今日陶冶无数儿童之责任，全在一般之教师。是以为教师者，有养成儿童自动自立之责任。故教学儿童，当利用儿童个人之才能，使成完善之人格、得有用之知识。故教师之责任綦重，非其他人物之所可比者。试就政治家而言，其交授者皆系成人。品性习惯早已养成，不易改变。教育家之于儿童则不然，盖儿童之品性习惯尚无固定，导善则善，导恶则恶。启导之责全在教师，其责任岂不大哉？

——《平民主义之教育》（1919），

《杜威在华教育讲演》，2016：223-224

　　教师们应该主要关心学校计划的必要性，主要关注对儿童们的要求，而这种要求与对儿童们的指导和训练相关。然而，当我们走得太远以至于只见树木而不见森林时，我们就知道，自开始以来，学校的工作一直起着社会结构中的黏合剂的作用，或者用一个不太生硬的隐喻来说，它一直起着穿针引线的作用，并把不同的线扭成一股。

——《学校作为发展儿童社会意识和社会理想的手段》（1923），

《杜威全集·中期著作》第 15 卷，2012：125

人类有好奇性质，儿童为最，故遇新事物，则必积至力注意。惟其有此性质，故能进步。教育者，启发儿童之好奇心，而授以适当之材料，与视儿童之头脑如盆盂，注以沟浍混浊之水，二者孰优孰劣，不难明察。

——《自动与自治》（1921），

《杜威在华教育讲演》，2016：362–363

随着对智力上和道德上的自由的意义的广泛理解，随着消极和强迫训练的观念的消除，教师不能运用自己的力量去观察和实验的主要障碍将会消除。需要个人观察、反思和实验活动的科学兴趣，将增进教师对于儿童的幸福怀有同情的兴趣。

——《明日之学校》（1915），

《学校与社会·明日之学校》，1994：311

教育者的主要责任是：不仅要通晓环境条件所形成的实际经验的一般原则，而且也要认识到在实际上哪些环境有利于引导生长的经验。最为重要的是，他们应当知道怎样利用现有的自然的和社会的环境，并从中抽取一切有助于建立有价值的经验的东西。

——《经验与教育》（1938），

《我们怎样思维·经验与教育》1991：264–265

教育者的责任就在于，从现有的经验范围内，选择那些有希望有可能提出一些新问题的事物，这些新问题能激起新的观察和新的判断的方式，从而扩大未来的经验的范围……在新的领域内，对理智地运用现有的观察力和记忆力提出种种新的需要。生长的连续性原则必须成为教师长久不变的座右铭。

——《经验与教育》（1938），

《我们怎样思维·经验与教育》1991：292

要成为在儿童成长中或成人的个性成长过程中的经验的中介，教师本人必须受到特别良好的教育。仅仅理解一个年龄段是不够的，因为对人生每一时期的理解都必须依据个体以前的经验，每一个决定都必须依据它在以后生活中的后果来作出。仅仅理解一个领域是不够的，因为未来的教师要透视整个宽广的经验架构。……教师是不间断的课程建设者，运用社群生活的材料和形式，并把这一切与被彻底理解的学习者群体的发展需要联系起来。

——《展望：自由社会的自由教师》（1937），

《杜威全集·晚期著作》第 11 卷，2015：425

它向教育者提出了一个问题，即教育者的任务是安排那种不仅不使学生厌恶、而能引起学生活动兴趣的经验，由于它促使获得渴望的未来的经验，所以它的作用比直接获得适意的经验还要大得多……因此，以经验为基础的教育，其中心问题是从各种现时经验中选择那种在后来的经验中能够丰满而具有创造性的生活的经验。

——《经验与教育》（1938），

《我们怎样思维·经验与教育》1991：255

作为教育者的成年人具有很成熟的经验，对青年人的经验能够作出一些评价，而经验不怎么成熟的人就做不到这一点。这样看来，教育者的任务就在于看到一种经验所指引的方向。如果教育者不用较为丰富的见识去帮助未成年者组织经验的各种条件，反而抛弃其见识，那么他的比较成熟的经验就毫无作用了。

——《经验与教育》（1938），

《我们怎样思维·经验与教育》1991：263

当您面对一群听众，要求他们回顾自己的童年，选出对他们帮助最大的教师时，你会发现……他们称赞的好教师，不会是呆板的教师，而是激励他们、打动他们的教师。这些是能发现学生身上最重要的精神特质的教师，并为学生的思维成长提供了必要的养料。儿童自己并不了解这些特点。其他教师也没能发现这些特点，但某位特殊的教师通过自然的本能，懂得了儿童在想些什么，并成功地将这些想法联系起来。这才是教育的伟大目标。

——《在杨百翰学院作的教育学讲座》（1901），

《杜威全集·晚期著作》第 17 卷，2015：195-196

这个问题是儿童问题。他的现在的能力要表现出来，他现在的才能要发挥作用，他的现在的态度要实现。但是，除了教师能了解——机智地和彻底地了解现在我们叫作课程里的种族经验以外，教师既不能了解儿童现在的能力、才能或态度是什么，也不能了解怎样使它表现出来，发挥作用，并得到实现。

——《儿童与课程》（1902），

《学校与社会·明日之学校》，1994：133-134

确实有必要向一个成长中的头脑展现一些事实，但是事实的展现和对事实的接受都不是教育。这个儿童用这些展现给他的事实去做什么——这才是教育的过程。为了使儿童的头脑有任何收获、任何渐进的变化、任何发展，头脑必须有自由去逐步整理它所接触到的这些材料。如果一个人以任何方式干预这个过程，如果他试图用他自己的或者学校当局的那些结论来代替这个儿童可能会得出的结论，那么他就不能自诩为一位教师。

——《杜威访谈报道》（《纽约世界报》1922 年 8 月 27 日），

《杜威全集·中期著作》第 13 卷，2012：371-372

如果说有这么一个学习的或者说大脑发育的单一过程，就像植物成长的一个过程那样，那么有关这个过程及其发展规律的知识应该对教师很有帮助，正如植物如何汲取养料并成长的知识对科学园丁或农民很有帮助一样。

——《在杨伯翰学院作的教育学讲座》（1901），

《杜威全集·晚期著作》第 17 卷，2015：187

教师提名自己成为整个学派、一个完成了的经典传统的代言人，并且为自己窃取了源于他为之代言的传统的声誉。其结果，就是压制了学生的情感和理智，他们的自由受到了压制，他们的人格成长受到了阻碍。但是，这不是因为过去的智慧和技能与学习者的个人能力之间的任何对立，而是在于教师的习惯、标准和思想观念。

——《个性和经验》（1925），

《杜威全集·晚期著作》第 2 卷，2015：45

因为教师的习惯如此地狭隘和一成不变，他的想象力和同情心如此地贫乏，他的知识视野如此地受限制，以至于以错误的方式引入了经验。教师的经验越全面和越丰富，他关于"传统"的知识就越充分；考虑到参与者而非主人的态度，他就越有可能以解放的方式来运用它们。简言之，自由或个性不是与生俱来的，或者是一种天赋。它是要实现的、予以锻造的东西。

——《个性和经验》（1925），

《杜威全集·晚期著作》第 2 卷，2015：47-48

教师和家长有同等的机会，直接参与与健康而均衡的理智和道德生活的培养之中。教师不仅具备接触大量孩子的优点，而且比家长能更明智而公正地进行评价，因为教师不会像家长那样陷入情感方式之中。

——《致有志于从事教师职业者》（1938），

《杜威全集·晚期著作》第 13 卷，2015：289

■ 教师是充满睿智的心灵医师

正确的心理学教学将倾向于阻止产生不良后果的习惯，因为正确的心理学将倾向于使学生的感情与理念独立于学生自身；然而，教师必须是充满睿智的心灵医师，以保障正确结果的出现。……唯一可能提出的首要原则是：教师必须与学生的精神保持最密切的联系。

——《从大学立场看高中心理学教育》（1886），

《杜威全集·早期著作》第1卷，2010：70

教师必须研究心理学。但是，心理学并不是一种抽象的学问，是要拿它当作一种有用的学问。……我有个提议，就是教师如何得教授的好法去教师儿童，以收效果。从心理学所得最重的事情，就是儿童的本能怎样的重要，儿童天然的活动怎样的重要。

——《教育之心理的要素》（1921），

《杜威在华教育讲演》，2016：200

教师的知识虽然很丰富、学问虽然很渊博，若是不知儿童的心理，就不能和儿童表同情。所以，做教师的不仅要注意儿童的读书和居住，还要观察他的心情、发展他的身体……教师必须研究心理学去观察儿童心理、决定教授方法。

——《教育者的工作》（1921），

《杜威在华教育讲演》，2016：396–397

我可以衷心信赖每一位教师，相信他们能给予关于自我意识以足够重视，这个自我意识正是心理学的职责所在。……无论我们对身体与心灵的关系持有何种观点，我们都知道，处于 14 到 17 岁的孩子们在生理发育的同时，也经历着智力的发育。在这段时期内，孩子们产生了类似于自我意识的东西。

——《从大学立场看高中心理学教育》（1886），

《杜威全集·早期著作》第 1 卷，2010：66

我们知道世界最有兴趣的事情，就是研究人的心理。学生与教员接触的时间既多，那么，就有考察儿童心理的机会。教员应当常常带一本日记簿，就是记在心里也可以，总之，对于学生的个性要时时记录起来。他的进步是怎样，退步是怎样。这是很有效力的方法。

——《教育者的天职》（1920），

《杜威在华教育讲演》，2016：376-377

要晓得，学生的个性是人各不同的。教师当从各方面着手去研究。……教师能够研究学生的心理，那么对于学生求学心的兴味很可以提起，把一切机械式的教授可以一齐除去。研究心理学，实在是学问中最有兴味的学问。譬如教师研究学生一切特性和个性，而因材施教，实在是很有趣的。

——《再说教育者的责任》（1920），

《杜威在华教育讲演》，2016：384-385

教员须留心学生的心性。积习教育、旧的教育只知供给教材，不问学生理会不理会，亦不问学生的心理如何。于此有故事可以相比。昔希腊有旅店，店主人供旅客所用之床制成长短大小一样，其意以为如各旅客对于所用之床，长则截就之，短则引伸之，以求适合。

——《自动道德重要之原因》（1921），

《杜威在华教育讲演》，2016：349

对模范教师或重要教师之教学活动的最初观察，不应当是以实用为导向的。学生不应该为了积累成功教学的方法而观察优秀教师是如何教学的。他们应该去观察心灵的互动，去观察教师和学生是如何彼此回应的——心灵之间是如何沟通的。他们应该首先从心理学而非"实用"的角度来进行观察。

——《教育学中理论与实践的关系》（1904），

《杜威全集·中期著作》第 3 卷，2012：194

教师教授时，应当注意个性的培养。是以个性更宜十分着重，好像某学生哪处是他的长处、哪处是他的短处。……教师对于学生心理方面，都要处处顾到。有长处的，应当鼓励他；有短处的地方，也要想个法子，叫他知悔。

——《教育者的天职》（1920），

《杜威在华教育讲演》，2016：376

教师使自己习惯于更高级的心理运作方式是很重要的。一位教师将来越是有可能从事基础教学，这种锻炼就越是必要的。……教师只有在更高级的思维方法下得到全面训练，并且时刻牢记充分和真实的思维活动意味着什么，才可能真正尊重儿童们的真诚和力量。

——《教育学中理论与实践的关系》（1904），

《杜威全集·中期著作》第 3 卷，2012：197

要注意的是，教师面对的是一个个富有个性的儿童，不能用心理学的治学态度去同他们打交道，那就背离了人性化教学，会扭曲甚至毁掉师生关系；而这种伦理关系对教学来说，又是至关重要的。

——《心理学与社会实践》（1900），

《杜威全集·中期著作》第 1 卷，2012：97

教师的工作主要限于以一种纯化的方式把上述观念传达给儿童，这种形式要求儿童必须经历被包括在概念中的建构性的过程。这种过程本身以后在反思中会变成一个对象。这个过程首先被运用在意识中，然后这种变为自觉的过程将会成为一种一般的心理学方法。

——《概念如何由感知而来》（1891），

《杜威全集·早期著作》第 3 卷，2010：120

总的看来，现阶段教师的努力没有收到很好的效果，有的彻底失败，有的背离初衷，有的毫无成效，因为他们没有分析儿童的性格特征。师生关系完全是具有伦理道德的、人性化的，教师很难走出这种束缚，进行更好更有效的教学。

——《心理学与社会实践》（1900），

《杜威全集·中期著作》第 1 卷，2012：99

教师必须激励学生发展积极、良好的习惯和兴趣。……总之，教师要和心理学的一些因素打交道。这些因素就是要促进一些好习惯的形成，防止一些坏习惯的养成，包括各方面的习惯：学习习惯、情感习惯和外在行为习惯。

——《心理学与社会实践》（1900），

《杜威全集·中期著作》第 1 卷，2012：99-100

了解这类（由内在注意力引发的）智力应用，识别它是否存在，明白它是如何被激发和维持的，如何通过得到的结果检验它，以及如何检验由它引起的明显效果，这些是教师工作最高级的特征与评判标准。这意味着对心灵的洞察，区分真实行为与伪装行为的能力，以及鼓励真实行为而阻止伪装行为的能力。

——《教育学中理论与实践的关系》（1904），

《杜威全集·中期著作》第 3 卷，2012：190-191

就个人成长的方向来说，教师和父母一起与个人有着最密切的关系。教师的分工，应该是其他职业对个人发展的可能贡献的中介或解释者。他并不独占教育功能，也没有传授知识和制定法律的特权。……有时候，日常生活过程中的事件适合于促进和引导儿童个性的成长。然而，我们常常需要教师用他的专长来改进社会事件和机构的教育影响。

——《展望：自由社会的自由教师》（1937），

《杜威全集·晚期著作》第 11 卷，2015：423

为教师者，能如是致力研究生徒之个性，结果必生特殊之兴味、特殊之感情。此兴味与感情，可以鼓励教育之研究，实为从事教育者所必要。师范学校之生徒，须肄习心理学、教育史、儿童研究等学科，以领受教育之知识。然此种知识，不仅能领受为己足，必思如何利用之，如何实行之，而后能收其效。

——《平民教育之真谛》（1919），

《杜威在华教育讲演》，2016：215

现在我们回想起从前教授我们的教师，最容易想起的不是学问丰富技能精良的教师，而是提起我们求知心的兴味的教师。这种教师，我们最容易记起他，可见引起学生求知心的兴味，是一种很要紧的事情。不过方才所说的求知的兴味，师生之间是很容易传染的，就是教师的一切兴味和欲望信仰，学生能在不知不觉中一齐同化。

——《再说教育者的责任》（1920），

《杜威在华教育讲演》，2016：384

当儿童从这种无意识的、非正式的学习环境进入学校环境中，这些智力倾向、饥饿或欲望尽管不会像在学前阶段那样，以一种热烈的、活跃的方式表现自身，但是否仍会保持一种苏醒的、富有生机的、敏感的状态，并时时在寻求它们的食粮？如果是的话，那么，教师的任务就不仅仅是激起欲望，或是提取出这些冲动，而且要提供适当的养料——智力上和精神上的食粮来满足这些欲望。

——《在杨伯翰学院作的教育学讲座》（1901），

《杜威全集·晚期著作》第 17 卷，2015：189

有许多教师觉得自己对于学问上的兴味不算浅薄，不过对于个人人格上觉得不满足。往往教授学生只在学问上着想，以为学问是一种工具，将来用了它生活，这是很错的。要晓得，学生的个性是人各不同的。教师当从各方面着手去研究。

——《再说教育者的责任》（1920），

《杜威在华教育讲演》，2016：384

■ 真正的教师是艺术家

教师是艺术家。教学是一种艺术，真正的教师就是艺术家，这也是一句老生常谈。教师是否有权加入艺术家的行列，要看他是否能够培养青年或儿童也具有艺术家的态度……既要提出激动人心的目的，又能有训练实施的手段，并使两者和谐一致，这既是教师的难题，又是对教师的酬报。

——《我们怎样思维：再论反思性思维与教学的关系》（1933），

《我们怎样思维·经验与教育》，1991：238–239

教学如同演奏钢琴，存在着技巧。如果这种技巧要在教学中发挥功用，则要依赖于基本原则。……正如每一位教师都熟知的，儿童拥有内在和外在的注意力。内在注意力意味着对身边事物无保留、无限制、全身心地投入。它是对智力直接且私人性的运用。因此，它成为智力成长的基本条件。

——《教育学中理论与实践的关系》（1904），

《杜威全集·中期著作》第 3 卷，2012：190

有的教师像伟大的乐队指挥一样，用高超的技艺统管忙碌的课堂活动或课外活动，由此产生和谐是一种奇妙的经验。但是，这样的教师很少，我们也不大知道如何能够把他们训练成这样。……从现在的种种局限到饱学之士，通过多种生命潜力的组合给青年和成人提供智力指导，这是一个巨大的飞跃。

——《展望：自由社会的自由教师》（1937），

《杜威全集·晚期著作》第 11 卷，2015：425

如果教育要迈入专业化，那我们就要把教育看作是一种艺术性工作，需要具有与音乐家、画家和艺术家一样的个人热情和想象力。每一名艺术家都或多或少地需要某种机械性技能，但如果艺术家过分追求形式规则性技能，而失去其个性观念，那他就不再是一名艺术家，就会根据他人制定的既定的蓝图、图样和计划，沦为工匠的水平。

——《任课教师》（1922），

《杜威全集·中期著作》第 15 卷，2012：154

教育艺术是强迫每个人受教育的艺术，不管他是否感兴趣，因为它密切地关系到他自己的行为。……概括地说，提高教师的培训看来也不能保证改善教育。家长、学校领导、纳税人有最后发言权，而这最后发言权的性质又取决于他们的教育。他们可能也会阻止或者歪曲最好的计划。教育就在这样的圈子里循环。那些受教育者也是那些施教者；习惯已对教育事业产生了深刻影响。在人人都发展到没有偏见、愚蠢和冷淡之前，似乎没有一个人能在完全意义上真正受教育。

——《身与心》（1927），

《杜威全集·晚期著作》第 3 卷，2015：28

我们可以希望社会将鼓励教师以创造性精神解决专业问题。我们预见行政管理工作将能提升自由而明智的个性，而不依赖于规则、规定、正规程序和旧习惯。在这些条件下，教育将成为如今少见的高级艺术。

——《展望：自由社会的自由教师》（1937），

《杜威全集·晚期著作》第 11 卷，2015：427

一个东西越机械化，我们就越能操纵它；它越是重要，我们就越要用我们的观察和兴趣来使自己适应它。换句话说，掌握一种真正的艺术标准并不容易，当然，这也是教师的真正要务。

——《任课教师》（1922），

《杜威全集·中期著作》第 15 卷，2012：149

大学初等学校本身的教育工作是一种联合事业，许多人参与了这个事业的过程……教师们的智慧、机敏和献身的精神，使［学校］它的原来不定型的计划转变成明确的形式、生活的实体和它们本身的活动。

——《学校与社会》（1899），"作者说明"，

《学校与社会·明日之学校》，1994：23

只有当教师的作用改变为帮助者和观察者，每个儿童的发展就是目的，这样的自由才成为工作上必不可少的东西，就像在只许儿童背诵的环境下安静是必不可少的一样。

——《明日之学校》（1915），

《学校与社会·明日之学校》，1994：299

教师的实际问题在于保持平衡，既不能展示和解说得太少，以致不能刺激反思性思维；也不能展示和解说得太多，而抑制学生的思维。

——《我们怎样思维：再论反思性思维与教学的关系》（1933），

《我们怎样思维·经验与教育》，1991：224

防止科学结论向行动规则的简单转化。……这一结论虽然不能被转化成具体的固定规则，但仍具有价值。真正了解和理解这个结论的教师会改变自己的个人态度，会随时对本不会察觉到的现象进行观察，并有能力解释某些原本会带来困惑与误解的事实。有了这种了解与理解之后，他的教育实践活动就会变得更理性、更灵活，并可以更有效地处理具体的实际现象。

——《教育科学的源泉》，

《杜威全集·晚期著作》第 5 卷，2015：7

教师不允许和不鼓励学生用多种方法应付所发生的问题，这是对学生的智力发展设置障碍，好像把眼罩套在马的眼睛上，把他们的眼光限制在教师所同意的道路上。然而，教师之所以热衷于呆板的教学方法，也许是因为用了呆板的教学方法，就能够取得迅速的、可以确切计量的和正确的结果。教师急于要求学生给他"答案"，是他们热衷于刻板的和机械的教学方法的主要原因。教师喜欢采用强迫和高压的方法产生于相同的根源，对学生的机灵的和多样的理智兴趣产生同样的结果。

——《民主主义与教育》（1916），1990：187

这种对兴趣和习惯的利用，使兴趣更丰满、更广泛、更精致和控制得更好，可以看作是教师的全部职责。……兴趣在其现实中是运动不止的，是不断生长着的，是更加丰富的经验和更为全面的能力。如何使用兴趣来保证知识的增长和效率的提高，就是优秀教师的定义。

——《与意志训练有关的兴趣》（1896），

《杜威全集·早期著作》第 5 卷，2010：108

教师缺乏创造力和建设性努力，而这些是实现教育功能所需要的。学生发现，学校的环境在阻挠着（或者至少是缺乏）个人智力的发展和运用这种智力的责任感。

——《教育中的民主》（1903），

《杜威全集·中期著作》第 3 卷，2012：173

真正的学习过程是从教师到儿童身上。儿童所接收的知识依赖于教师的思想和意识，依赖于他的思维方式。正是通过教师，儿童才能接受有意义、有价值的东西，甚至是教材的使用价值。教师对教材内容的理解程度是至关重要的，如果他的理解是充分的和全面的，那么儿童同样能充分和全面地理解教材；如果他的理解是机械的、肤浅的和受限制的，那么儿童的理解也是如此相对的限制。

——《教育现状》（1902），

《杜威全集·中期著作》第 1 卷，2012：195

科学方法在其最广泛的意义上，就是在科学教学的智力方面的证明；并且，科学的心灵习惯的形成，将成为高中科学教师的基本目标。科学方法在其最广泛的意义上，不只是单纯的测量、操作和试验技巧。

——《中学物理教学的目标和组织》（1909），

《杜威全集·中期著作》第 4 卷，2012：158

缺少了内在性向度的课堂教育，教师不可能成为一名艺术家，无论他对技术性层面的问题把握得多么纯熟，尽管这些方面的技术对于一位成功的教师同样是必不可少的。

——《教育平衡、效率与思维》（1916），

《杜威全集·晚期著作》第 17 卷，2015：70

如果教师是熟练的、机智的，如果她是所谓优秀的严格训练的信奉者，那儿童就会实实在在地学会以某种方式保持其感官处于专心致志的状态，但是他也将学会将他本来会集中注意于有意义的教材的思想［转到］别的方面去。

——《教育中的兴趣与努力》（1913），

《学校与社会·明日之学校》，1994：173

自由就体现在儿童对待材料的使用上。……教师的作用就是要做到与这种自由相协调，教师要被训练得不去干预儿童的任何自发活动，并且绝不强迫他去注意不能自然注意到的地方。

——《明日之学校》（1915），

《学校与社会·明日之学校》，1994：305

对教师来说，教材中的知识远远超过学生目前的知识水平，重要的问题在于提供明确的标准，使他自己明白未成熟学生的粗糙的活动所具有的许多可能性。

——《民主主义与教育》（1916），2012：193-194

我们可以有一本按照专家推荐来写就的教科书，但这毕竟最终决定不了教师如何使用它，如何处理它，以及如何对它提问。你可以在纸上列出足够丰富的题材，而教师的人格和智力可能使这些题材发生收缩和干涸，并在它到达

学生那里时成为一些枯燥的事实。你可以有一个研究课程的大纲、一个书面形式的大纲，而在课堂里，学生面对的学习课程，因为教师将他们的思想放到了里面，因为教师所使用的方法，因为教师布置的课外任务，从而可能变得非常充实、丰富而生动。

——《任课教师》（1922），

《杜威全集·中期著作》第 15 卷，2012：151-152

　　教师们首先必须详细而精确地了解学生在家庭中受到哪些实际情况的影响，由此就可能根据学生的环境条件解释他在学校里的习惯和行为——而这个工作，还不仅仅是笼统地了解一下就行了，而要像一位高明的医生那样，根据病因正确地诊断他所审察的病情。

——《苏维埃俄罗斯印象》（1928），

《杜威全集·晚期著作》第 3 卷，2015：174

　　假设上面的结论，即某个年龄段的男女生成熟速度不同，被后续的研究所证实，并且作为事实被大家接受。这一结论虽然不能被转化成具体的固定规则，但仍具有价值。真正了解该结论的教师会改变自己的个人态度，会随时对本不会察觉到的现象进行观察，并有能力解释某些原本会带来困惑与误解的事实。有了这种了解与理解之后，他的实践活动会变得更理性、更灵活，并可以更有效地处理具体的实际现象。

——《教育科学的源泉》（1929），

《杜威全集·晚期著作》第 5 卷，2015：7

　　实验室所得的科学结论，只是严格地适用于将其他因素都排除在外的情况。这种排除在个体教育中是不可能的。个体教育有着极多的变量。教师的智慧是多是少，取决于他多大程度上考虑了当前的具体工作并没有明显涉及的变量。这种判断能力产生于质性情况中，其本身也必定是质性的。

——《教育科学的源泉》（1929），

《杜威全集·晚期著作》第 5 卷，2015：25

对于那些特别关乎人的正常和非正常发展问题的材料，如何对它们进行调和便成为一个特殊问题。不能安心地等到出现病症、需要进行治疗时才去解决，而要有建设性的预防行动，学校以及家庭便是采取这种行动的天然场所，教师连同家长则是这种行动的实施者。但是，如果没有与教育而非治疗相关的系统知识，那教师和家长就会无能为力。

——《哲学与教育》（1930），

《杜威全集·晚期著作》第 5 卷，2015：229

在好奇心方面，教师通常有更多的东西要学而不是要教。教师很难期望点燃好奇心或者甚至对它感兴趣。他的任务莫如说是使好奇心的神圣火花保持活跃并扇动已经燃烧起来的火焰，教师应当保护探究的精神阻止它从过于兴奋变得厌烦，从遵循常规变得呆板笨拙，通过教条式的指导而变得固定不变，或者由于随意在无聊事情上的练习而变得懒散。

——《我们如何思维》（1910），

《杜威全集·中期著作》第 6 卷，2012：164

一般说来，教师必须搞清楚好奇心是什么，而不是盲目培养学生的好奇心。教师很难期望激发甚至增加学生的好奇心。……当儿童的好奇心已形成了求知的欲望时，教师必须知道如何传授知识；当儿童由于缺乏寻问的态度、把学习看作是负担，探索精神大为减弱时，教师必须知道如何停止传授预定的知识。

——《我们怎样思维：再论反思性思维与教学的关系》（1933），

《我们怎样思维·经验与教育》，1991：33

给学生留下最持久的印象的教师，能够唤起学生新的理智兴趣，把自己对知识或艺术的热情传导给学生，使学生有探究的渴望，找到本身的动力。这是一件最为紧要的事。有求知的渴望，心灵就会有所作为；没有求知的渴望，即使给他塞满了知识，到头来也几乎毫无所得。

——《我们怎样思维：再论反思性思维与教学的关系》（1933），

《我们怎样思维·经验与教育》，1991：219

教师本身必须有真正的理智活动兴趣，必须热爱知识，这样，于无意中就会使其教学充满生机。一位令人生厌的、敷衍了事的教师将使任何学科变成死物。

——《我们怎样思维：再论反思性思维与教学的关系》（1933），

《我们怎样思维·经验与教育》，1991：220

诸位在学校里所得的各种知识，将来拿去教人，那是很容易的。今天所要郑重申明的，就是诸位所习的各科固然要一一装在脑子里。但是到教人的时候，不是拿脑子里所装的一一搬出来就算了事；必定要培养一种兴趣。对于学问上有很大的热忱、有继续研究的精神，时时在知识改造中，那么，所有的知识就可以继续有进步。这种研究的精神，是学生的精神，也是教育者应有的精神。

——《教育者之责任》（1920），

《杜威在华教育讲演》，2016：379

充满活力的教师能够传播知识，激励学生通过感官知觉和肌肉活动的狭窄的门户，进入更完满、更有意义的人生；而单纯的教书匠，却止步不前，无所作为。

——《我们怎样思维：再论反思性思维与教学的关系》（1933），

《我们怎样思维·经验与教育》，1991：242

职业教师像父母一样，使个体儿童处在关注的中心，以便知道各种机构的教育工作是否适合儿童的需要。教师将是儿童发展的学习者、个体儿童的友好向导、和谐群体活动的组织者，还是一个思考社会秩序对个性成长影响的"通才"。即使学校没有我们现在提供的那些做样子的设施，他也有可能把教学做得很好；但是，这要求他对人的理解达到今天很少达到的专家水平。

——《展望：自由社会的自由教师》（1937），

《杜威全集·晚期著作》第 11 卷，2015：424

无论一个学者多么优秀，教师和学者的区别就在于：教师有兴趣观察别人的思维过程，能敏锐地感受到别人所表现出来的所有反应信号。教师是否具有这种反应才能，对于选择教师这个职业是非常重要的。一种个体感受对于一位教师来说非常重要。……［非常优秀的教师］他们对与之交往的人的思维过程和运作有快速、准确而不间断的感受。他们自己的思维就是在与他人思维的和谐一致中运作的；他们能够理解他人的困难，对别人的问题能够感同身受，并分享他人的智力激荡。

——《致有志于从事教师职业者》（1938），

《杜威全集·晚期著作》第 13 卷，2015：290-291

一位教师应该具有对某一学科非同寻常的热爱和才能，如对历史、数学、文学、科学、艺术或者其他任何学科。只有这样，教师才会对所有学科中的真知灼见有感觉，才不会沦为死板的、马虎的、只会"照本宣科"的人，才能把对学问的热爱潜移默化地传递给别人。

——《致有志于从事教师职业者》（1938），

《杜威全集·晚期著作》第 13 卷，2015：290

为教师者，务利用其学科，以陶怡生徒之判断力、思想力、创作力，使对于以后之生活，能应用其知识能力以顺应环境，此即教育之真义也。

——《平民教育之真谛》（1919），

《杜威在华教育讲演》，2016：215

我们可以把每一次练习都作为一次建构性训练——能创造出智力的表达。但是，如果一位教师的教学理念是检查儿童在多大程度上能够复述所学的东西，那就无法实现建构性训练的目的。当我们提问的方式不是单纯地考察死记硬背时，就能够帮助儿童将两个或三个看似无关的事实联系起来。

——《在杨百翰学院作的教育学讲座》（1901），

《杜威全集·晚期著作》第 17 卷，2015：192

为教师者，因当养成学生自动之能力，尤不可不养成自己自动之能力是也。即今后之教师，当时时熟思如何可解脱古人之成法、如何可发古人所未发、如何可革除教育制度之未善，而使之日就于完美，熟虑之后，必继之以试验。有自动的研究，有自动的查察……有自信之能力。

——《平民教育之真谛》（1919），

《杜威在华教育讲演》，2016：216-217

在讲课中，教师与学生达到了最紧密的接触，指导儿童的活动，激发儿童求知的热情，影响儿童的语言习惯，指导儿童的观察等种种可能性，都集中在讲课上。……讲课的方法是对教师能力的严峻考验，例如，教师判断学生理智现状的能力、为引起学生理智的反应而提供种种情境的能力等。总之，这是对教师的教育技巧的一个严峻考验。

——《我们怎样思维：再论反思性思维与教学的关系》（1933），
《我们怎样思维·经验与教育》，1991：217

自己对于学问有用兴趣、有研究的精神，做了教员之后，一登讲台，学生都受他的感动，蓬蓬勃勃地有生气，如同火光能够照耀全室。一种是死的、是机械的；一种是活的、是有生气的。这两种的影响不同，就是求学时代、对于求学的见解不同罢了。

——《教育者之责任》（1920），
《杜威在华教育讲演》，2016：379

我指的想象力，是一种对不在场的事物的理解能力，而不是虚构非真实的事物的能力。我的观点是：形象化描述是教师启发学生智力的最主要的手段，它帮助学生理解那些没有直接被他们的感官感知的事实与素材。

——《在杨百翰学院作的教育学讲座》（1901），
《杜威全集·晚期著作》第 17 卷，2015：209

教师自己若要免去那机械的危险，唯一的方法就是要努力将自己造成一个学者，就是要有一种特别的嗜好去研究某种科学——如文学、哲学、经济学等——无论哪一种科学需要于一定时间、热力、毅力地去研究它，那么，学生也就仿照他的办法，受知识的影响。并且，教师不但要研究他所应研究的功课，对于其他的科目也要注意。

——《教育者的工作》（1921），
《杜威在华教育讲演》，2016：396

　　小学教员自己须有博物知识，于学校附近的植物，先加一番研究。就是山川河流，也应当知道，不一定详细考察，总要有些普通知识。有时可以率领儿童，做校外教授，比较校内教授有益得多。不但这样，小学教员对于学校附近的古迹名胜、在历史上的关系——什么时代成立，什么人创造等——都应知道，就是名人坟墓，也要考察一番。

——《教授青年的教育原理》（1921），
《杜威在华教育讲演》，2016：151

　　我们平时考查教员的成绩，最好不要看他教授的多少，只要看他教书的方法如何，他能不能引起学生知识的欲望，能不能唤起学生多方面的兴趣。

——《现代教育的趋势》（1921），
《杜威在华教育讲演》，2016：291

　　对于那些"天生的"教师来说，学问在没有共享之前是不完整的。他或她不会因学问自身而感到满足。他们希望能用这些学问来点燃别人思想的火花；对他们来说，没有什么比看到别人获得思想的火种并燃成燎原之火，更为快乐的了。

——《致有志于从事教师职业者》（1938），
《杜威全集·晚期著作》第 13 卷，2015：290

　　教师须有一种兴趣，在教授学生的时候，也像微生虫传播一样的快。使感情全体能够感动学生，而学生也自然有一种感情。有许多教员，没有研究过教授的方法，他教授学生不能引起什么兴味，这不但学生无兴味，就是教员也没有一些儿快乐。

——《教育者的天职》（1920），
《杜威在华教育讲演》，2016：376

假如拿有限的知识来教人，他的教授必定是呆板的、循例的，而教者自身也是无兴趣的。这种教育是敷衍塞责的教育、机械的教育，不能使学生得有何种的利益，对于社会更不能有所贡献了！

——《教育者之责任》（1920），
《杜威在华教育讲演》，2016：379

教育者需要知识是当然的事，不用细说了。……但是，其中有一件事是不可不知道的，什么呢？就是教员觉着自己年龄比学生高、知识学问比学生好，对于功课便就不再研究，用的讲义年年都是一样，这是很危险的。教授儿童固然是非常容易、毋需费力，但是因为不太费力便就不继续研究，当然也就不能进步，对于知识的兴趣也就消失了。

——《教育者的工作》（1921），
《杜威在华教育讲演》，2016：396

还有一种妨害真正精神的发展的阻力，就是做教师的对于学科上多不肯用功。教师日常所接近的皆系知识未曾成熟的青年，所以，他们常常觉得自己的学问已经很高深渊博，去教那些知识未曾成熟的青年已是绰绰有余，求进步的心也就日渐消沉下去。

——《教师职业之现在机会》（1921），
《杜威在华教育讲演》，2016：391

儿童记忆这种人为的、呆板乏味的成人的逻辑模式，使儿童自己的生动的逻辑思维活动逐渐陷入愚笨、矛盾和没有成效的状态。教育学之所以名声扫地，多半是由于教师们采用了这种被误解的逻辑方法。有许多人认为"教育学"就是一套机械的、有意的手段，用某些铸铁模型似的外部的计划来代替个别人的心理活动。

——《我们怎样思维：再论反思性思维与教学的关系》（1933），

《我们怎样思维·经验与教育》，1991：67

　　制定的规划和指定的教学方法会被证明是对教学能力的毁灭。没有人会把他的全部身心投入到这种指定的任务中去。如果说靠留声机来进行教学很糟糕，那么，让教师成为留声机同样是糟糕的事情。

——《作为公民的教师》（1931），

《杜威全集·晚期著作》第 6 卷，2015：370

　　许多教师由于没有研究训练的含义，便错误地认为他们从事的工作是在训练学生的心智。然而，事实上，他们造成了学生对学习的厌恶情绪，使学生感到学习不是一种极其快乐的活动，而是一件令人烦闷不快的事情。

——《我们怎样思维：再论反思性思维与教学的关系》（1933），

《我们怎样思维·经验与教育》，1991：71

■ 教育过程是师生共同参与的过程

　　要使教育过程成为真正的教师和学生共同参与的过程，成为教师和学生真正合作的相互作用的过程，教师和学生两方面都是作为平等者和学习者来参与的。

——《〈教育资源的使用〉一书引言》（1952），

Dewey On Education，1959：130

教师在学校中并不是要给儿童强加某种概念，或形成某种习惯，而是作为集体的一个成员来选择对于儿童起作用的影响，并帮助儿童对这些影响作出适当的反应。……教师的职务仅仅是依据较多的经验和较成熟的学识来决定怎样使儿童得到生活的训练。

——《我的教育信条》（1897），

《杜威教育论著选》，1981：5-6

学校里的一切事情，教师和学生当合而为一，互相尽职，不必分彼此的权限。……教师能时时在此处着想，就能造就学生完全的自治。做教师的切不可把一切事务都留给自己去做，使学生误会学校就是教师的学校。应该与学生一起去做，使他们知道学校是自己的学校。

——《学生自治的组织》（1920），

《杜威在华教育讲演》，2016：355

学与教的过程是不可分的，就如同买与卖不可分一样。如果没有人卖出，就没人能买入；同样，如果没人学习，那我们就无法教学。我想你们会认识到，事实上，只有当有人在学时，我们才可能教；就像只有当有人买时，我们才能卖出。

——《在杨伯翰学院作的教育学讲座》（1901），

《杜威全集·晚期著作》第17卷，2015：187

可以把教学和出售商品两相对比，没有买主，谁也不能卖出商品。如果一位商人说，即使没有人买走任何商品，他也能卖出大宗货物，这是天大的笑柄。然而，或许有一些教师，他们不问学生学得了什么东西，而竟自认为他们做了良好的日常教学工作。

——《我们怎样思维：再论反思性思维与教学的关系》（1933），

《我们怎样思维·经验与教育》，1991：29

对学校而言，需要科学对待的问题必定源自和学生的关系。因此，只有当授课教师积极地参与进来，研究者才可能有充足的主题来确定并控制研究问题。

——《教育科学的源泉》（1929），

《杜威全集·晚期著作》第 5 卷，2015：18

这个故事讲述了儿童、教师、教材、教学方法与训练是如何一起生长的。……通过让我们感知到在儿童与教师分享共同的工作与玩耍行为时实际发生了什么来传达上面这些价值：在简单的、几乎是天然的环境中，儿童与教师需要不断地满足新的要求，不断地实现新的机会。

——《勇敢的福音》（1928），

《杜威全集·晚期著作》第 3 卷，2015：256

既然教育并不是一种在真空发生作用的功能，而是由人来执行的，那么，教育的自由，具体讲来，就意味着学生和教师的自由：作为一个教育机构的学校的自由。把学生包含在教育自由这个观念中去，比把教师包含在这个观念中更为重要。如果这两者是可能分开的话，至少它会是重要些。教师的自由是学生学习自由的必要条件。

——《民主与教育行政》（1937），

《人的问题》，1965：59

教员应当使学生怎样自动呢？用什么方法呢？它的结果又怎样呢？教员只使学生自己做，是不成功的。教员应使学生有一定的目的和需要，然后才有真正利益。

——《现代教育的趋势》（1921），

《杜威在华教育讲演》，2016：290

教师的工作仍然是、永远是社会前沿（social frontier）。教师必须总是在生活的生成点上对待生活。过去和现在都只是原料，教师和学生必须从中创造出将来。教育仍然是社会前沿的探险活动。

——《展望：自由社会的自由教师》（1937），
《杜威全集·晚期著作》第 11 卷，2015：427

教育家、教师、家长和国家的问题就是要提供一个能促成教育性的和发展性的环境；哪里出现了这种环境，教育所需要的唯一的［条件］就具备了。

——《教育中的兴趣与努力》（1913），
《学校与社会·明日之学校》，1994：213

教师在教育事业中的任务在于，提供刺激学生的反应和指导学生学习过程的环境。归根到底，教师能做的一切在于改变刺激，以便反应尽可能使学生确实形成良好的智力和情绪的倾向。

——《民主主义与教育》（1916），1990：192

［教师］需要做的事情是提供机会，借此使儿童获得并和别人交换自己所积存的经验、他的知识范围，校正和扩展他们的新的观察，以便保持其想象不断前进，以便在对新的、庞大的事物的确定、清晰的了解中寻求精神上的支点和满足。

——《学校与社会》，
《学校与社会·明日之学校》，1994：103

教师作为集体的成员，具有更成熟的、更丰富的经验以及更清楚地看到在任何所提示的设计中继续发展的种种可能，不仅有权而且有责任提出活动的方针。……只要教师了解儿童和教材，就不需要任何害怕成人强加什么东西，可是这些意见的意义并不仅仅就是把这个事实表明出来。

——《进步教育与教育科学》（1928），

《杜威教育论著选》，1981：262

因为授课教师才是与学生有直接接触的人，所以，科学研究正是通过他们才能最终传达给学生，授课教师是教育理论的结果进入学生生活的渠道。我认为，如果授课教师主要只是充当接受渠道和传播渠道，那么，进入学生头脑的会是已被严重改变和歪曲过的科学结论。

——《教育科学的源泉》（1929），

《杜威全集·晚期著作》第 5 卷，2015：18

教师是使思维作出反应的促进因素。然而，把教育者（不论是家长或教师）的外来的影响局限到儿童的模仿之上，那是对别人的理智影响的极其表面的肤浅的规点。模仿只不过是更深的原则即刺激和反应原则中的一个事例。教师所做的每种事情以及他们采取的方式，都引起儿童这样或那样的反应，而每种反应都使儿童养成这样或那样的态度。

——《我们怎样思维：再论反思性思维与教学的关系》（1933），

《我们怎样思维·经验与教育》，1991：49

教育者义不容辞地要制订一种更明智的、因而也是更困难的计划，他必须精细地考虑他要对付的一些个人的特殊的能力和需要，同时必须安排为了取得经验而提供教材或内容的情境，以便满足他们的各种需要和发展他们的各种能力。这种计划必须具有相当的可变性，容许经验的个性能够自由得到表现；而且这种计划又必须具有相当的坚定性，使能力的继续发展得到明确的方向。

——《经验与教育》（1938），

《我们怎样思维·经验与教育》，1991：278-279

做教员者，如能对于学生有一致进行共同利益的观念，视学生的快乐就是自己的快乐、学生的进步就是自己的进步，那么，不但不以为苦恼，转觉得很快乐的了！

——《教育者之责任》（1920），

《杜威在华教育讲演》，2016：380

教师的任务是要了解这种可被利用的诱因。因为自由的作用是进行理智的过程和判断，用来形成一种目的。教师对学生智力的练习给予指导，其目的是有助于自由，而不是限制自由。有时，教师似乎竟不敢对一个团体内的成员应做什么事提出一些建议。

——《经验与教育》（1938），

《我们怎样思维·经验与教育》，1991：288

教育即生活，教育即行动。作为一种行动，教育要比科学更广。但是，科学能使从事教育活动的人变得更加理性，更加善于思考，更加清楚自己的职能，从而能在未来改善并丰富过去的行为。

——《教育科学的源泉》（1929），

《杜威全集·晚期著作》第5卷，2015：29

平常的教员，都以为自己的程度好、知识高，希望自己的学生和他一样造成。这种教员，只需教学生怎样做，完全抹杀学生自己发展的精神。所以，我们做教员的，应当把这种观念打破。

——《现代教育的趋势》（1921），

《杜威在华教育讲演》，2016：292

■ 教师是明智的教育领袖

教师是领导者。……实际上，教师是一个社会团队的明智的领导者。教师作为一个领导者，依靠的不是其职位，而是其广博、深刻的知识和成熟的经验。认为自由的原则仅仅使学生具有特权，而教师被划在圈外，必须放弃他所有的领导权力，这不过是一种愚蠢的念头。

——《我们怎样思维：再论反思性思维与教学的关系》（1933），

《我们怎样思维·经验与教育》，1991：227–228

教育家包含教育行政人员与学校教师。在不同的教育家中，求其共同之点，就是有"领袖的责任"。领袖是教育家的第一责任。……领袖所做的事，不过提出知识、意见供同伴之参考，使同伴观念明澈，更引起其感情，使其自动去做，并不从外方用高压强迫他做事。

——《教育家之天职》（1920），

《杜威在华教育讲演》，2016：372

教师是做学生行路的先导，处处要在学生前面指导，不是在学生后面观察。教师既然有这样重的责任，而做教育的领袖；那么，必定要具有品格、富于知识、使学生服从信仰。所以，无论什么做领袖的人，要觉他自己一切言行，旁边都有步趋的人；而他自己的一种目的，能够使他人不得不跟他走。

——《再说教育者的责任》（1920），

《杜威在华教育讲演》，2016：383

为教师的……乃是一个真正的指导者。他知道目的所在，还知道怎样引导才能达到这目的地。他原是在前边领着他人走的，好像一个引路的人，对于前途的阻碍都是很明了的。……所以，教师永远不能忘了他的职务是要做个领导者，还要永远不能放弃他做引导的职务。他的职务并不是发号施令，只要能知道目的地所在和达到目的的方法，永远在前做一个引导者，那就是教师的职务了。

——《教育者的工作》（1921），

《杜威在华教育讲演》，2016：397

教师是一名向导和指导者，教师掌舵，而驱动船只前进的力量一定是来自学生的。教师愈是了解学生以往的经验，了解其愿望、理想和主要的兴趣，就愈能更好地理解为使学生形成反思性思维所需要加以指导和利用的各种工作动力。

——《我们怎样思维：再论反思性思维与教学的关系》（1933），

《我们怎样思维·经验与教育》，1991：29-30

教育者的责任……仔细地分起来，有三个要素：（1）对于知识应负的责任；（2）对于学生应负的责任；（3）对于社会应负的责任。

——《教育者之责任》（1920），

《杜威在华教育讲演》，2015：379

教育好像一根绳——三股做成的，取这个譬喻的意思就是说教育有三个要素：（1）社会的要素。就是社会各种的情况、生活、需要，等等。（2）知识的要素。对于各种学问须研究精通。（3）个人的要素。学生的身心两方面怎样构造、怎样组织，本着什么原理去发达、生长和发展。

——《教育者的工作》（1921），

《杜威在华教育讲演》，2015：394

教育的领袖有三种要素或三种资格：（1）对于知识有热诚；（2）对于被领导者有兴趣与共同利益；（3）明白所做的事对于社会的价值。

——《教育家之天职》（1920），

《杜威在华教育讲演》，2015：372–373

做教育领袖和向导的人，应当有几种能力：（1）知识技能要丰富（对于知识方面）。（2）要有无限的同情对于学生（对于学生方面）。（3）知道自己对于达到目的要有兴味（对于社交方面）。

——《再说教育者的责任》（1920），

《杜威在华教育讲演》，2016：383

教育者欲为社会领袖，须具备三要素：（1）一定目的。教育者须认定目的地，切实引导一般青年到达于目的地。（2）一定方法。教育者既认定目的，必求所以达此目的之良法，即指引一般青年到目的地之途径也。（3）坚忍力。教育者定目的与方法矣，无坚忍力以持之，必不能久久兴奋。

——《教育者为社会领袖》（1921），

《杜威在华教育讲演》，2016：386

其为领袖教育者，欲解为领袖之方法，不可不明三种特别任务：（1）须以学问灌输学生。……（2）须制造学生人格。……（3）须指导社会。

——《教育者为社会领袖》（1921），

《杜威在华教育讲演》，2016：387

无论教育行政人员或教师，总要（1）明白教育史的沿革，拿从前的教育学说和现在的比较，作为参考。（2）研究心理，明白人的天性，确定教育的趋向。（3）考察世界教育的新趋势，取长去短，生出新思想方法。教育家纵不能兼顾这三种，至少也要得一种。不然，则与被指导者不能发生关系，惟有事事敷衍而已。老教师自谓经验丰富、不必继续研究，是很危险的事。对于这种人须设法指导，使能超脱狭隘的成见、希望求得新知识，对于心理学、教育史、教育行政等科学发生无限乐趣，那么不令他研究，也不肯不研究。

——《教育家之天职》（1920），

《杜威在华教育讲演》，2016：373

幼儿园的事情应该全部由幼儿园教师来规划。作为一个探索者，儿童的每个探索步骤都是从她们所了解的到她们所不了解的。……我不是为规定做辩护，而是强调扩充材料。这就依赖于儿童的洞察力、智力，以及教师的经验。

——《与早期教育有关的游戏和想象力》（1899），

《杜威全集·中期著作》第1卷，2012：243

如果所有学校管理者和校长都具有相当的知识和智慧，而且如果他们有时间和机会用自己的知识和智慧影响寻求他们帮助的年轻教师的发展，那么，我想，学徒期的用处将会被简化为使年轻教师能够尽快适应角色，并把不适合的人及时筛选掉。

——《教育学中理论与实践的关系》（1904），

《杜威全集·中期著作》第3卷，2012：201–202

［教师］他们仍然沉迷于个人因素，除了由儿童发出命令外，他们找不到可以替代成人发出命令的其他方法。我们想要的是远离任何方式的个人命令和个人控制。一旦重点落到具有对教育有价值的经验上，重心就会从个人因素转移到学生和教师共同参与的与时俱进的经验上。教师因为更加成熟，知识更加丰富，便成为共同活动中天然的领导者，并且自然而然地得到接受。

——《新式学校存在多少自由？》（1930），

《杜威全集·晚期著作》第5卷，2015：251

对儿童来说，教师人格的影响和课业的影响是完全融合在一起的，儿童不能把这种影响分离开来，甚至也不能把二者的区别搞清楚。

——《我们怎样思维：再论反思性思维与教学的关系》（1933），

《我们怎样思维·经验与教育》，1991：49

教师的品行、性格和他对于学校的用心与学校之关系极大，即其在社会上所受的敬礼，也是教育成功的元素。所以，做教师的人最重的性格就是热心，敷衍塞责绝没有成功的。做教师的人，不但对于所教授的科目应该尽心预备，并且应该想着提高教师的职业标准。

——《教师职业之现在机会》（1921），

《杜威在华教育讲演》，2016：389

教师的作用必须从一个向导和指挥者变为一个观察者和帮助者。由于教师注意到每个学生而着眼于允许每个人最大限度地发展思维和推理能力，并且利用读、写、算的课作为训练学生判断力和活动能力的工具。因此学生的作用也必然发生改变，它变成了主动的而不是被动的，学生成为询问者和实验者。

——《明日之学校》（1915），

《学校与社会·明日之学校》，1994：316

那些自称为教育家的人，如果放弃选择在他看来有利于学生成长的环境的责任，让年轻人在无组织的和任意的力量面前毫无办法，那么，他们肯定会在自己的一生中后悔不已。在教育的环境中，教师的知识、判断或经验是一个较强的而非较弱的因素。他不是以作为处于高位并拥有专制权威的裁判官起作用……

——《教育哲学的必要性》（1934），

《杜威全集·晚期著作》第9卷，2015：157

教育行政家与教师应有感动的能力——并不是专制的、独裁的。学校中的课程管理上，虽要有一种普通的规定，使大家不致分歧。但是教育行政上，很有一种趋势，就是划一，反把教师的才力湮没了！教师中很有灵敏活泼的，行政家应当怎样可以使教师的能力增加、鼓励他的兴趣？

——《教育行政之目的》（1920），
《杜威在华教育讲演》，2016：143

在一个有良好秩序的学校里，对这个人或那个人的控制，主要是依靠各种活动和维护这些活动的情境。教师要把以个人方式运用权威的机会减少到最低限度。当有必要断然地讲话和行动时，那也是为了团体的利益，而不是为了显示个人的权力。

——《经验与教育》（1938），
《我们怎样思维·经验与教育》，1991：276

在传统学校里，教师的个人命令往往使用得过分，传统学校里的秩序完全凭靠服从成年人的意志，出现这种现象的原因是由于传统学校的情境几乎迫使教师不得不这么做。……传统学校不是由人们参加共同活动而结合起来的小组或团体。因此，它缺少正常的合适的控制条件。为了弥补这个缺欠，在相当的程度上，不得不依靠教师的直接干涉，即通常所谓的"维持秩序"。教师能够维持秩序，是因为教师有执行维持秩序的职能，而不是因为秩序存在于共同参加的活动中。

——《经验与教育》（1938），
《我们怎样思维·经验与教育》，1991：276-277

不幸的是，他们虽然注意到了这种不民主的情形并努力改变它，但一般说来，他们构想出来的只是一种补救办法，即把专业问题上的决策权转移到学校管理者那里。……他们只是尝试着采用专制原则来弥补民主体制的一个弊病。因为不管学校系统的领导人是多么英明，或有专长或仁慈，一人独断独行的原则总是专制主义的。

——《教育中的民主》（1903），

《杜威全集·中期著作》第 3 卷，2012：174

　　如果教师确实是称职的，而不仅仅是主人或"权威"，他应该充分了解自己的学生，了解他们的需要、经验、技能和知识程度等，能够就做什么与他们进行讨论，而不是发号施令地对他们提出目标和计划；而且，能够和任何其他人一样自由地提出建议（暗示教师是那个且唯一没有要展现"个性"和"自由"的人，如果在它的实施中不是这么悲伤的话，那会是非常有趣的）。

——《个性和经验》（1925），

《杜威全集·晚期著作》第 2 卷，2015：46

　　教育不是简单的，是复杂的。要成就一个教师必须有什么样的知识学问。但是，只有知识学问，并不能算一个完全的教育者。教育者和政治家是一样的，必须知道社会的情况、需要等等，而后用适当的方法去发展他的教育目的。所以，教育者除了知识学问以外还需要明了社会的情形，并且还要知道儿童心理怎样地诱导。因为教育包含很多事业是不容易做的，然而也是很有趣味的。若按多种的元素去预备，一切的职业都没有比得上教育的。

——《教育者的工作》（1921），

《杜威在华教育讲演》，2016：394

　　对于组织学校教育行政的人，都应该有学者的态度。如照着机械的行政做去，乃是机械的、呆板的，对于大的目的不看见了。所以，教育家应当用学者的态度研究问题。不但教育行政人员应该如此，教师也当如此。

——《教育行政之目的》（1920），

《杜威在华教育讲演》，2016：140

■ 教育科学的最终实现是在教育者的头脑里

学生在师范学校学到的教育科学、教育历史和教育哲学知识，其价值在于为他们观察、判断实际情况提供启发和指导。……简言之，传授有限教育内容的教学，其价值在于它对个人的观察和判断态度的形成所产生的影响。从上述讨论，我们可以得出一个最终结论：教育科学的最终实现不是在书本里，不是在实验室里，不是在教师培训课堂里，而是在教育者的头脑里。

——《教育科学的源泉》（1929），

《杜威全集·晚期著作》第 5 卷，2015：12

领导教育事业应该成为它们［教师培训学院］必不可少的职责。我们需要做的，不是仅仅培养出能够更好地完成当前任务的教师，而是改变教育的观念，从而促进教育事业的发展。

——《教育学中理论与实践的关系》（1904），

《杜威全集·中期著作》第 3 卷，2012：202

我们必须将教育科学的源泉与教育的科学内容区分开来。我们不断混淆两者，还往往认为某些研究结果只要是科学的就自然属于教育科学。只有当我们牢记这种研究结果是教育科学的源泉，是通过教育者的头脑这一媒介使教育更加理智时，教育科学才会获得启迪，变得清晰，并取得进步。

——《教育科学的源泉》（1929），

《杜威全集·晚期著作》第 5 卷，2015：13

事实上，根本的问题是要使教育者自身的态度发生一种改变。令人吃惊、有时简直令人震惊的是：那些对教师及其工作加以培训指导的人，竭尽全力地改进已被人们使用过的那种特殊技能，并设置高度特殊的目标。在这一过程中，使技能得以存在的那些具有指导和激励意义的目标就从人们的视野中消失了，因而学校在办学中很少体现出自己的社会责任感。

——《学校与白宫会议》（1932），

《杜威全集·晚期著作》第 6 卷，2015：114

这种在科学上赶时髦的感觉为害无穷。它拖延着新的教育类型的诞生，因为它阻碍着一个非常必需的东西，即新的个人态度。有了这种新的态度，一位教师就会成为一个有创造力的先行者，利用已知的东西，并且在形成并解决一些问题的经验过程中学习；那些问题是一门早熟的教育"科学"如今正在试图先于经验而加以表达和解决的。

——《作为工程技术的教育》（1922），

《杜威全集·中期著作》第 13 卷，2012：285

根据我的判断，教育更需要教师用基于人类兴趣和福祉的眼光来看待他们的特殊专业。如果能够做到这一点，那教师的能量就得到释放，思想活动就能得到促进，而这些在实践上都是不可抗拒的，并将很快引发管理形式上的变革。

——《现代教育的破产》（1927），

《杜威全集·晚期著作》第 3 卷，2015：211–212

毫无疑问，想要在教育领域中充当先行者的人，需要一种广泛而严谨的思想装备。实验不是盲目地碰运气，或者怀着也许会产生某样好东西的希望瞎胡闹。想要发展出一种新的教育类型的教师们，比循规蹈矩的教师们在科学、哲学和历史方面需要更加严格而全面的训练。

——《作为工程技术的教育》（1922），

《杜威全集·中期著作》第 13 卷，2012 : 284

  准教师们脑中带着这些观念来到师范学院或大学接受训练。他们主要想弄清楚如何教学最有可能实现成功。直言不讳地说，他们想获得秘诀。对这些人来说，科学是有用的，因为科学能让各种具体做法得到最终认可。科学很容易就被当作是商品销售过程中的担保人，却很难被视作照亮眼前事物的明灯，或者是照亮脚下之路的路灯。

——《教育科学的源泉》（1929），

《杜威全集·晚期著作》第 5 卷，2015 : 6

  在我们的现代理论和学校的实践中已经了解并接受的东西之间出现的鸿沟之一，在很大程度上是由于这个事实，即任课教师在知识上的责任没有得到足够的承认或弘扬。……教师不应该是填写由别人所开的药方的职员。他们不能像厨房里的厨师那样，照着一本烹饪书，根据书里菜谱的比例混合配料，而不知道为什么要这样做或那样做，或者期待做出任何发现和改进。真正的厨师要创造出所有我们喜欢吃的、改进了的菜肴。学习过程的持久改进，必须是任课教师奉献、检验、创造和明智地进行实验的结果。

——《任课教师》（1922），

《杜威全集·中期著作》第 15 卷，2012 : 153

  在学校里，[教师]他们迫于压力，追求立竿见影的效果，要在短时间内快速地展示出实用性。他们倾向于把统计学研究和实验室实验的结果变成指导学校管理与教学的指南和规则。教师往往把结果直接拿来用于实际使用。于是，他们便没有足够的时间去缓慢地、逐步而又独立地形成理论，而理论正是构建一门真正学科的必要条件。这一危险在教育学中尤其突出……

——《教育科学的源泉》（1929），

《杜威全集·晚期著作》第 5 卷，2015：7

在为教育科学确立问题的教育实践和为这些问题提供解决方法的科学之间，存在另一种联系、一种更为积极的联系。我反对扶手椅上的科学，并不是要反对坐在扶手椅上进行思考。任何一门科学要想发展，在头脑中安静地进行一些彻底的思考与实验室里的感官活动和动手活动同等重要。扶手椅可以是进行这种思考的好地方。我反对扶手椅上的科学，是要反对思考对于思考资源的脱离。

——《教育科学的源泉》（1929），

《杜威全集·晚期著作》第 5 卷，2015：16-17

规律和事实对教育实践——所有的教育都是一种实践的，或理智的，或随意的、习以为常的——的价值是间接的，即为教育者提供可用的思维工具。

——《教育科学的源泉》（1929），

《杜威全集·晚期著作》第 5 卷，2015：11

如果学校新教育要适宜于现社会，那么，教育者应该知道科学进步的真意义是什么，思想方法的变迁和新方法的建设是怎样，对于社会人生政治宗教的影响是怎样。然后教育不至于变为机械的、模仿的教育。

——《关于教育哲学的讲演》（1920），

《杜威在华教育讲演》，2016：33

我不喜欢"学术自由"这一词，因为自由没有任何学术性。心灵的自由、思想的自由、求知的自由、讨论的自由，这些都是教育，离开这些自由的元素，教育——真正意义上的教育就无从谈起。抨击所谓的学术自由，就是抨击智力的整体性，因而也就是抨击教育这个观念，抨击教育实现其目的的可能性。没有精神的自由，你可以进行培训，但却无法从事教育。正如一个广告曾经说的，你可以教一只鹦鹉说"替代品一样好"，但鹦鹉却并不知道自己在说什么。这就是培训和教育的区别。教育是一种觉醒，是心灵的运动。

——《劳工教育的自由度》（1930），

《杜威全集·晚期著作》第5卷，2015：259